川黔铁路遵义城区段

外迁工程总结

渝黔铁路有限责任公司　编　著

西南交通大学出版社
·成　都·

图书在版编目（CIP）数据

川黔铁路遵义城区段外迁工程总结 / 渝黔铁路有限责任公司编著. —成都：西南交通大学出版社，2020.10

ISBN 978-7-5643-7735-9

Ⅰ. ①川… Ⅱ. ①渝… Ⅲ. ①铁路工程－建设－概况－遵义 Ⅳ. ①F532.873.3

中国版本图书馆 CIP 数据核字（2020）第 196169 号

Chuanqian Tielu Zunyi Chengquduan Waiqian Gongcheng Zongjie

川黔铁路遵义城区段外迁工程总结

渝黔铁路有限责任公司　编著

责任编辑	李彤梅
助理编辑	王同晓
封面设计	曹天擎
出版发行	西南交通大学出版社（四川省成都市金牛区二环路北一段 111 号 西南交通大学创新大厦 21 楼）
发行部电话	028-87600564　028-87600533
邮政编码	610031
网址	http://www.xnjdcbs.com
印刷	成都勤德印务有限公司
成品尺寸	210 mm × 285 mm
印张	22
插页	1
字数	670 千
版次	2020 年 10 月第 1 版
印次	2020 年 10 月第 1 次
书号	ISBN 978-7-5643-7735-9
定价	198.00 元

本书编委会

（按姓氏笔画排列）

主　编： 王明慧

副主编： 刘学龙　李开兰　黄　旭　蒋　征　颜　勇

编　委： 王　聪　王建华　王旗兵　吉国栋　伍好泉　刘伟帮
肖　斌　张兆锋　张兴林　张顺熙　周健全　周铭湘
姚云晓　莫　凯　黄成华　曹义华　蒋树平　鲁军良
曾　艺　樊进强　潘柯翰

主要参编人员：

王　军　王　宣　王为政　王金波　王建福　巨光明
石　鑫　龙小海　付成开　刘　波　刘　敏　刘　琨
刘　霁　刘卫赟　刘长春　刘武成　闫振华　李东斌
李永生　杨　斌　杨文楼　杨全明　肖家强　何　龙
何建效　余　雷　余松鸿　张　伟　张　忍　张　桥
张李民　张君超　陈　聪　陈希平　陈科伟　苗春林
罗　杰　罗　媛　罗德洪　周忠德　胡　峰　胡红林
黄正友　黄雄新　梁　萍　梁浩波　韩　磊　韩学军
智　慧　程凤蕾　鲁　杰　谢成名　潘雪锋　薛　浩

序言

既有川黔铁路1956年4月开工，1965年10月交付运营，其北接成渝、襄渝，南通黔桂、昆贵、湘黔等铁路，是西南地区路网骨架的重要组成部分。川黔铁路是经过遵义市境内的一条客货运输线路，随着经济社会的发展，穿城而过的川黔铁路制约了城市发展的空间布局，影响了中心城区的建设，因此将川黔铁路遵义段外迁迫在眉睫。

2015年7月，川黔铁路遵义段外迁工程动工，整体向城区外迁2 km；2019年11月25日，川黔铁路遵义城区外迁段正式开通运营。川黔铁路外迁工程自川黔铁路高炉子站接轨，向南经董公寺站、遵义站（原名：遵义东站）、龙坑站（原名：和平站）后，接入川黔铁路南白镇站、阁老坝站，线路全长37.404 km。川黔铁路遵义段外迁工程的建设，不仅大大提高了川黔铁路运输能力和运输服务质量，促进了遵义城区的经济发展，而且将与建设中的黔渝快铁形成一个对外开放的铁路运输大动脉，进一步释放遵义开发开放的新活力。

渝黔铁路有限责任公司作为建设单位，负责工程的建设和管理，坚持“百年大计，质量第一”的方针，认真贯彻执行国家和原中国铁路总公司有关质量管理法规，以先进技术和管理经验为支撑，对建设工程质量实施全过程监控，确保主体工程质量“零缺陷”。施工过程中，参建单位积极主动，不等不靠，科学编制施工组织，合理配置资源，严格执行施工方案，强化过程监督管理，按时按量完成了全部施工节点，为我国的铁路建设积累了宝贵的经验。

《川黔铁路遵义城区段外迁工程总结》对川黔铁路遵义城区段外迁工程建设过程中的建设经验和新工艺、新材料、新设备、新技术应用成果进行了全面梳理与系统归纳，从综述、建设管理、勘察设计和工程施工四个方面全面、真实、客观地记载和反映了整个项目的工作情况，系统总结了建设过程中取得的宝贵经验和成果，全面展示了全体建设者为该工程所做的贡献。

《川黔铁路遵义城区段外迁工程总结》一书对完善我国铁路建设技术标准和管理标准、提高铁路建设水平、留存铁路建设史料具有十分重要的意义，同时也能为其他建设项目提供参考借鉴。

渝黔铁路有限责任公司

2020年7月

目 录

第三篇　勘察设计

第四篇　工程施工

附　录

01 第一篇

综　述

第一章 综 述

第一节 建设目的和意义

一、线路概况

川黔铁路遵义城区段外迁工程位于遵义市中心城区，自北向南经汇川区、红花岗区和遵义县（于2016 年 6 月撤销，并设立播州区）。线路自川黔铁路高炉子站接轨，向南经董公寺站、遵义站、龙坑站后，接入川黔铁路南白镇站。线路标段为 K256+000 ~ K293+300，全长 37.404 km，其中改建线路长 33.254 km，既有线长 4.150 km，线路设计速度为 120 km/h。

二、建设目的和意义

（一）合理利用城市空间布局，促进遵义城区经济发展

遵义市是黔北地区的工业基地，是我国重要的铁合金生产基地。川黔铁路是穿越遵义市城区的一条通车铁路，李家湾站至阁老坝站段全部位于遵义市境内，途经汇川区、红花岗区及遵义县。随着货运量的增加，川黔线主要的货运站遵义北站、遵义南站、南宫山站与城市用地混合，不符合遵义市城市总体规划和产业布局思路，影响城市发展；同时，既有铁路对城市造成明显的分隔，限制了城区交通和居民出行，影响了中心城区的建设。

（二）提高运输能力和运输服务质量

既有川黔铁路的运输能力饱和，运输组织灵活性差，客、货列车无法增加运输数量，也无法进行运输产品结构调整；大坡度制约了牵引质量的提高，运能与运量矛盾突出；线路曲线半径小于 800 m，最小曲线半径仅为 250m，曲线长度占线路总长的 40.6%。客、货列车运行速度低，区间走行时分长，既不满足旅客运输“安全、快捷、舒适”的要求，又不能实现高附加值货物对时效性、安全性等高质量运输的要求。

（三）川黔铁路遵义城区段线路外迁工程是遵义市发展规划的重要部分

川黔铁路遵义城区段线路外迁工程是 2014 年国家新开工的 64 个铁路重点项目之一，也是遵义市抢抓《国务院关于进一步促进贵州经济社会又好又快发展的若干意见》（国发〔2012〕2 号文件）及重庆至贵阳铁路扩能改造工程建设历史机遇而实施的重大项目，建设该项目对建成黔川渝结合部中心城市具有重大现实意义。

（四）增强城市群与外界的联系，促进区域经济的发展

在释放出城市空间的同时，这条连接周边省会城市和黔北城市群的铁路“新线”也将与黔渝快铁共同形成一个对外开放的铁路运输大动脉，进一步释放遵义开发开放的新活力。

第二节　建设项目总体目标

一、工期目标

计划总工期 36 个月。工程计划 2014 年 12 月 30 日开工，2017 年 12 月 30 日竣工，由于地方资金不到位，实际开工时间为 2015 年 7 月，竣工日期为 2017 年 12 月。

二、投资目标

总投资控制在原中国铁路总公司批准的概算范围之内。

三、质量目标

坚持“百年大计，质量第一”的方针，认真贯彻执行国家和中国国家铁路集团总公司有关质量管理法规，以先进技术和管理经验为支撑，对建设工程质量实施全过程监控，确保主体工程质量“零缺陷”，工程质量符合下列要求：

（1）符合国家和中国国家铁路集团有限公司有关标准、规定及设计文件要求，各检验批、分项、分部工程施工质量检验合格率达到 100%，单位工程一次验收合格率达到 100%。

（2）在合理使用和正常维护条件下，路基、桥梁、隧道等工程结构的工程质量满足使用要求；在正常使用和保养的前提下，确保桥隧主要承重结构 100 年、无砟轨道 60 年的使用期要求。

（3）开通速度达到设计速度目标值。

（4）杜绝工程质量重大事故。

四、安全目标

无重大及以上施工安全事故，无因建设引起的重大及以上道路交通事故，无重大及以上火灾事故，无铁路营业线交通 C 类及以上事故，控制和减少一般责任事故。

五、环保目标

把工程设计和施工对环境的不利影响减至最低限度，确保铁路沿线景观不受破坏，地表水和地下水水质不受污染，植被有效保护，噪声、振动和扬尘对环境的影响得到有效控制，文物得到有效保护。坚持做到“少破坏、多保护，少扰动、多防护，少污染、多防治”，使环境保护监控项目与监控结果达到设计文件及有关规定；做到环保设施与工程建设“同时设计，同时施工，同时交付使用”。

六、文明施工目标

做到现场布局合理，施工组织有序，材料堆码整齐，设备停放有序，标识醒目，环境整洁干净，实现施工现场标准化、规范化管理。

七、维护稳定目标

依法合规取得建设用地，妥善处理地方阻工、强买强卖等问题，严格落实架子队管理模式。建立健全矛盾纠纷调查处理工作机制，及时化解处理各类隐患性、苗头性纠纷，严防发生群体性事件。

第三节　建设程序与决策

一、项目建议书

2013 年 3 月底，中国中铁二院工程集团有限责任公司完成《改建铁路川黔线遵义市中心城区李家湾至阁老坝段外迁东移工程预可行性研究（送审稿）》并报送遵义市发展和改革委员会。2013 年 4 月 9 日至 10 日，原中国铁路总公司对川黔线李家湾至阁老坝段预可研送审稿进行了审查。

2013 年 9 月 16 日，原中国铁路总公司以《关于川黔铁路遵义城区段线路外迁工程项目建议书的批复》（铁总计统函〔2013〕727 号）批复了项目建议书。

二、可研报告批复

2014 年 9 月 5 日，原中国铁路总公司、贵州省人民政府以《关于川黔线遵义城区段线路外迁工程可行性研究报告的批复》（铁总计统函〔2014〕1316 号）批复了可行性研究报告。

三、初步设计批复

2014 年 10 月 15 日，原中国铁路总公司、贵州省人民政府以《关于川黔线遵义城区段线路外迁工程初步设计报告的批复》（铁总办函〔2014〕1466 号）批复了初步设计。

四、规划

2014 年 6 月 17 日，贵州省住房和城乡建设厅颁发本项目建设项目选址意见书（选字 520000201400008 号）同意川黔线遵义城区段线路外迁工程境内规划设计。

五、用地

2014 年 9 月 22 日，原国土资源部下发《关于川黔铁路遵义城区段线路外迁工程项目建设用地预审意见的复函》（国土资预审字〔2014〕175 号）。

六、环评

2014 年 9 月 12 日，贵州省环境保护厅《贵州省环境保护厅关于川黔铁路遵义城区段线路外迁工程环境保护审查意见的函》（黔环函〔2014〕490 号）。

第二章　工程概况

第一节　主要自然特征和地质概况

一、地形地貌

线路呈北南走向行进于云贵高原区，总体为北低南高，间属云贵高原溶蚀洼地。两侧平行山脉走向发育，有长达数千米的长条形溶蚀槽谷地貌，属条形中山，其高程从 900 ~ 1100 m 不等。岩溶地貌占据主导地位，在褶曲翼部，由于碳酸盐岩与碎屑岩相间分布，岩溶地貌呈带状展布，多为低缓的峰丛谷地，在靠近分水岭、构造影响强烈处形成犹如侵蚀地形一般的“V”型峡谷。

二、工程地质概况

沿线覆盖层的主要类型为第四系全新统人工填土、粉质黏土、黏土、红黏土、（松）软土等。下伏基岩主要有侏罗系、三叠系、二叠系、志留系、奥陶系的灰岩、白云岩、泥灰岩、砂岩、泥岩、页岩、页岩夹煤层等地层。地质构造复杂，断裂和褶曲发育；不良地质主要有岩溶及岩溶水、煤矿采空区、顺层、岩堆、断层破碎带等；特殊岩土主要为人工填土、软土、松软土以及红黏土，地下水在含煤地层段具 H1 侵蚀；夹煤线或薄煤层及膏岩地层段具 H2 ~ H3 侵蚀。

三、水文地质特征

依据测区出露的地层岩性及含水地层储水空间的成因、特征和地下水赋存形式，将测区地下水划分为松散岩类孔隙水、碎屑岩类裂隙水、碳酸盐类岩溶水三大类。

松散岩类孔隙水主要赋存于中第四系坡残积、坡洪积、冲积等江河的阶地及河漫滩的砂、砾卵石层、松散地层孔隙中，一般为潜水，主要接受大气降雨补给。因松散岩为透水层，其富水性差且不稳定，因而地下水水量不大；碎屑岩类裂隙水主要分布于砂岩、泥质砂岩等碎屑岩地层中，主要接受大气降雨入渗补给，向低洼处排泄。碳酸盐类岩溶水主要赋存于灰岩、白云岩等组成的碳酸盐岩类含水岩组中。大气降水一部分沿地表溶隙、溶缝、落水洞、溶斗等岩溶通道直接进入地下，补给岩溶地下水向仁江河、湘江河、乌江排泄。结合区域水文地质特征和野外实地调查分析认为，拟建线路隧道大多处于地下水的垂直循环带或季节交替循环带内，部分隧道的部分地段则处于地下水的水平循环带和深部循环带内。

四、气象特征

遵义市位于云贵高原向四川盆地和湖南丘陵过渡的斜坡地带，降雨适中，气候属亚热带湿润季风气候。雨季一般开始于 4 月中下旬，结束于 10 月中下旬。降水主要集中于每年夏季的 5 月至 8 月，以大雨、暴雨为主要降水形式。

境内夏无酷暑，冬无严寒，降雪稍多，潮湿阴冷。年平均气温 14.6 ~ 15.3 °C，极端最高气温 34.5 ~ 37.5 °C，极端最低气温 − 7.8 ~ − 6.6 °C；多年平均降雨量 857.5 ~ 1 134.8 mm，最大日降雨量 173.3 ~ 197.3 mm；年平均风速 1.5 ~ 2.62 m/s，最大风速 13.0 ~ 23.0 m/s；年蒸发量 828.2 ~ 1 749.0 mm；年雾日数 7 ~ 14.6 日；最大积雪深 10 ~ 22 cm；多年平均日照时数 843.5 ~ 1 239.4 h。

五、地震动参数

根据《改建铁路重庆至贵阳线扩能改造工程场区地震动参数区划报告》（中震安评〔2009〕65 号）结论：重庆 ~ 綦江段（DK0 ~ DK92）、贵阳段（DK330 终点）地震动峰值加速度为 0.05g，綦江 ~ 贵阳段（DK92 ~ DK330）地震动峰值加速度为<0.05g，地震动反应谱特征周期值，重庆 ~ 贵阳均为 0.35 s。改建川黔铁路李家湾至阁老坝段地震动峰值加速度为<0.05g，地震动反应谱特征周期值为 0.35 s。

第二节　主要技术标准

一、正线主要技术标准

（1）铁路等级：Ⅰ级。
（2）正线数目：单线。
（3）设计行车速度：120 km/h。
（4）最小曲线半径：800 m。

（5）限制坡度：6‰，加力坡 13‰。
（6）牵引种类：电力。
（7）机车类型：客机 SS7C；货机 SS3。
（8）牵引质量：3 650 t。
（9）到发线有效长度：850m（双机 880m）。
（10）闭塞类型：继电半自动。

二、其他线路主要技术标准

正线与既有铁路的联络线，其平面设计标准应根据所确定的行车速度按相应速度标准的新建铁路设计规范或规定执行。

第三节　主要工程特点和工程数量

一、工程特点

（一）地形、地质条件复杂

线路所经地带处于西南地区沉降褶带东缘即川东褶带与川鄂湘黔隆起褶带西缘交接部位，山脉走向与地质构造线相一致，地形地貌受地质构造控制，线路途经地带地形总的趋势南低北高，属低山区。沿线地质构造复杂，岩体破碎，不良地质发育，主要有滑坡、顺层、顺层偏压、危岩落石、煤层瓦斯、浅层天然气、断层破碎带等。

（二）桥隧比例高，桥隧相连，施工难度大

川黔线路桥隧占比例较大，占正线长度的 63.34%。全线共有 5 座 1 km 以上的长大隧道，桥梁共有 24 座（其中疏解线路桥梁 4 座），地质条件复杂，围岩类别变化较大，且隧道围岩多为Ⅳ、Ⅴ级围岩，隧道施工工期相对较长，施工难度较大，隧道施工进度控制着全线总工期。沿线或为地形陡峻区、或为人口居住区，弃渣场地不易选择，渣场距隧道远且分散。

（三）工程量大、专业类型多，施工管理组织协调难度大

工程项目涵盖征地拆迁、路基、桥涵、隧道、房屋、其他运营生产设备及建筑物、大型临时设施和过渡工程、配合辅助工程等所有站前站后工程项目，以及协助建设单位做好项目开工准备工作、竣工验收工作和铁道行业现行规定应纳入监理范围的其他内容。涉及的专业类型多，施工组织系统安排和协调管理难度大。

（四）环境保护、水土保持要求高

工程沿线地区分布有各类环境敏感区，环境保护、水土保持要求高。铁路施工应妥善处理好施工对环境的影响，特别是桥梁钻孔桩泥浆排放、路堑开挖、隧道弃渣等，必须满足环保要求，施工中做好路基边坡绿化及生活垃圾处理等，避免对地下、地表水、河流、环境造成影响。

二、主要工程数量

（一）建设用地

原国土资源部批复川黔铁路遵义城区段线路外迁工程用地总面积 280.71 hm^2，其中永久用地

197.33 hm^2，临时用地 83.38 hm^2。

（二）轨道工程

本线铺设正线有砟轨道 36.1 单线公里，无砟轨道 8.92 单线公里；站线有砟轨道 34.75 单线公里，普速道岔 96 组，铺道砟 $14.69 \times 10^4\ m^3$。

（三）路基工程

本线改建线路长 33.254 km，区间路基土石方总量为 $108.04 \times 10^4\ m^3$，站场土石方总量为 $499.79 \times 10^4\ m^3$。

（四）桥梁工程

本线共有铁路桥梁 24 座计 10 401.6 延米；共有新建及改建涵洞 30 座计 1 507.77 横延米；框架桥 3 座（新建 1 座、既有顶进 2 座），桥面面积 374.8 m^2；跨线公路桥 1 座计 40 延长米，桥面面积 2 115.6 m^2。

（五）隧道工程

全线共有新建隧道 13 座计 13 291.8 m，其中 2 km 以上的隧道 1 座计 2 645 延米，1～2 km 的隧道 4 座计 6 668.8 延米，1 km 以下的隧道 8 座计 3 978 延米。

（六）房建工程

全线设 7 个车站，其中客运站 1 个（遵义站）、有技术作业的中间站 1 个（阁老坝站）、中间站 4 个（李家湾、高炉子、龙坑、南白镇）、会让站 1 个（董公寺站）；设 2 个线路所（谢家坝和桐子线路所）。

（七）四电工程

1. 通信

通信长途光电缆敷设 78.4 km；站场光电缆敷设 17.63 km；漏泄电缆敷设 13.296 km；直放站 16 站，铁塔安装 3 座。

2. 信号

信号组合架及机柜 112 架；电源屏设备 5 套；新设计算机联锁设备 3 站，改造 1 站；TDCS 设备新设 2 站，修改 3 站；微机监测设备 4 站；新增联锁道岔 83 组、阁老坝站利旧使用 17 组；光电缆线路 116 条 km；信号机 146 架；轨道电路 185 区段。

3. 电力

电力 10 kV 电源线路 11.739 km，综合贯通线路 39.209 km；10 kV 站区线路 17.058 km，低压线路 70.363 km；变配电所 1 座，远动间 2 座，远动箱变 4 座，普通箱变 8 座，投光灯塔 20 座，灯桥 2 座。

4. 接触网

接触网承导线架设 64.497 条公里，回流线架设 31.17 条公里，架空地线架设 28.35 条公里，供电线架设 9 条公里；110 kV 牵引变电所 1 座，开闭所 1 座。

5. 房屋

新建生产生活房屋及四电设备房屋总建筑面积 38 725.6 m^2。

（八）声屏障

声屏障 4.008 单侧公里，计 10 505 m^2；隔声窗 3 820 m^2。

第三章 建设概况

一、参建单位情况

（1）建设单位：川黔铁路遵义城区段线路外迁工程由贵州省遵义市政府出资，渝黔铁路有限责任公司负责建设管理。

（2）设计单位：中铁二院工程集团有限责任公司。

（3）施工单位：中铁八局集团有限公司、中铁建电气化局集团有限公司、中国建筑股份有限公司、中铁十一局集团有限公司、中铁电气化局集团有限公司和中国铁路通信信号股份有限公司联合体。

（4）监理单位：北京现代通号工程咨询有限公司、长沙中大建设监理有限公司。

（5）施工图审核单位：中铁第一勘察设计院集团有限公司。

（6）沉降观测评估及 CPⅢ控制网测量评估单位：四川西南交大铁路发展股份有限公司。

（7）第三方检测单位：四川铁正建设工程质量检测有限公司、武汉铁辰工程检测有限公司。

（8）隐伏岩溶检测单位：中铁第四勘察设计院集团有限公司。

二、建设经过

建设过程中，各参建单位认真贯彻原铁道部和原铁路总公司有关规定，统筹落实质量、安全、工期、投资、环境保护等管理目标，按照标准化管理要求，坚持高标准设计、高质量施工、高效率管理，推进项目建设各项工作，完成了建设任务。

2014 年 12 月 16 日开始土建施工准备；

2015 年 8 月 1 日站前工程开工；

2016 年 6 月 1 日站后四电工程开始施工，2018 年 1 月 31 日完工；

2016 年 10 月 18 日开始架梁、铺轨；

2017 年 11 月 1 日完成全线长轨铺设。

2018 年 1 月 31 日至 2018 年 6 月 20 日完成静态验收；

2018 年 8 月 21 日至 2018 年 11 月 3 日完成动态验收；

2018 年 12 月 3 日完成初步验收；

2019 年 11 月 25 日开通运营。

本线控制工期工程为老木岩隧道、汤家湾隧道。其中，老木岩隧道：土建工程总工期 22 个月（含无砟轨道施工工期），2015 年 9 月 1 日开工，2016 年 12 月 23 日隧道已贯通，2017 年 6 月 25 日完工。汤家湾隧道：土建工程总工期 19.5 个月（含无砟轨道施工工期），2015 年 11 月 25 日开工，2017 年 7 月 11 日完工。重点工程为向家湾山特大桥，总工期 10 个月， 2016 年 1 月 10 日开工，2016 年 11 月 10 日完工。

第四章 综合评价

第一节 本建设项目总体情况总结

川黔铁路遵义城区段线路外迁工程于 2015 年 7 月正式开工，2017 年 12 月完工。本工程的主体和附属工程已全部完成；问题整改已基本完成；变更设计手续全部完成；地方资金全部到位，包括资本金和因站房规模扩大引起的投资增加部分；建设用地手续和成用地组卷已完成；环水保自主验收完成，包括公示和备案手续；外部电源全部接通；市政配套具备与正线同步开通的条件；生产生活设施同步建成；外部环境整治及时彻底，水井封闭、电力迁改、油气管线改移、危爆物品场所搬迁、彩钢房和临时房屋拆迁加固等全部完成，满足了铁路项目开通的十项条件，并于 2019 年 11 月 25 日顺利开通运营。

本工程执行了国家和原铁路总公司有关政策、规定和强制性指标，以及有关设计规范和批复意见；建设用地已依法批复；劳动卫生、安全设施按批准的设计建成；环保设施按环境影响报告书及批复要求基本建成；水土保持设施按水土保持方案及批复要求基本建成；建设项目档案收集、整理及编制质量基本符合初步验收条件；消防工程验收合格。根据成都局的动态检测报告，原中国铁路总公司工程质量监督管理局成都监督站工程质量安全内部监督报告等，动态验收速度达到了 120 km/h 标准，工程满足设计要求，工程质量合格，工程验收程序符合规定。

第二节　本建设项目取得的经验和体会

改扩建工程临近营业线或既有线施工路段，为了从源头上消除安全隐患，主要从以下几方面进行严格管理。

（1）参与既有线施工的施工单位所有管理人员，都必须参加并通过由各铁路局组织的既有线施工培训，持证上岗。

（2）既有线施工现场必须设置专职安全员、防护员、驻站联络员，且安全员、防护员、驻站联络员必须是施工单位的在职职工。

（3）既有线施工方案必须经所辖铁路局审批，并有报批的施工计划，并严格按照施工计划组织施工，严禁超范围施工作业。

（4）既有线施工一般都涉及对既有线既有设施，如通信、信号、电力电缆的迁改或保护，要求设备的产权单位或管理单位必须派人到现场防护。

（5）大型施工机械作业，必须实行“一机一人、车过机停”的防护措施。

（6）施工作业区与既有线间设置物理隔离防止施工机械设备侵限，有效地保障铁路通信安全、铁路既有线行车安全和机械施工安全，方能确保工程安全、平稳、有序地进行。

电力工程设计与其余各专业的接口界面较多，施工图应重点关注接口设计，避免预埋管线、电缆沟槽、开孔等接口的设计遗漏问题，否则，土建工程一旦实施，再进行弥补就会非常困难，甚至造成废弃工程。

设计单位、施工单位、建设指挥部积极交流，协同配合施工。设计单位迅速响应，施工单位提出的问题得到及时解决，建设指挥部所提要求得到积极配合。

桥梁拆除与还建跨越既有线时，梁体拆除及架设请点封锁施工，安全风险大。为了保证既有线行车安全，桥梁拆除前需搭设防护棚架。

第三节　本项目的建设性意见

本线长大隧道众多，地质条件复杂，风险高，因此在施工过程中，需加强超前地质预报及监控量测的管理，将超前地质预报及监控量测纳入工序管理；及时根据超前地质预报资料做好围岩变更，加强初期支护，确保隧道开挖过程中的安全。

川黔铁路遵义城区段线路外迁工程站前工程因受渝黔线并行影响，因此在标段划分时，分同步段与不同步段，有的地段存在相互干扰，组织施工协调难度加大。为此，在今后的项目建设过程中，要高度重视影响既有铁路枢纽的建设项目，在工期、安全方面充分考虑运营、征拆、大临设施、管线迁改等因素的影响，同时加大多项目的综合协调力度，在项目前期建设过程中，客观测算项目总工期。

02 第二篇

建设管理

第一章　建设管理模式

川黔外迁铁路项目由贵州省遵义市政府出资，根据原中国铁路总公司要求及渝黔铁路有限责任公司与遵义市政府达成的协议，由渝黔铁路有限责任公司作为项目建设管理单位，对项目建设管理负责。

川黔外迁铁路项目建设资金全部来源于贵州省遵义市政府，初步设计总概算达 29.08 亿元。在川黔外迁铁路工程中，采用了资产置换模式，其关键点是由地方政府承担整个外迁工程段项目的建设费用（含征地拆迁工作及费用），由铁路方负责工程建设。项目建成后的资产，由地方政府全部移交成都局，成都局将既有资产移交给地方政府，同时因成都局既有铁路土地资产在城区，地方政府另再提供部分开发用地，或既有部分土地可以开发的，在符合城市规划的前提下与地方政府协商共同开发。

由遵义市铁路建设投资股份有限公司负责开工前的各项手续的报批及征拆工作，开工后根据年度投资计划以按月预付、按季结算的方式向渝黔铁路公司拨付工程款。由渝黔铁路公司按照批准的建设规模、技术标准、投资和建设工期组织建设，保证工程质量达到规定质量目标。

川黔外迁铁路项目的管理模式为董事会领导下的总经理负责制、项目实行施工总价承包制、设计咨询制、工程监理制。

第二章　建设管理机构

第一节　建设管理机构的设置

一、建设管理机构概况

渝黔铁路有限责任公司设总经理 1 人、副总经理若干，设立工程管理部、安全质量部、计划财务部、物资设备部和综合部五个业务部门，在遵义市设现场指挥部，负责川黔外迁铁路项目的组织管理。

二、责权体系

渝黔铁路公司是川黔铁路外迁建设组织实施机构，是实现建设目标的直接责任者，建设工程项目管理的主要任务是在建设工程项目可行性研究、投资决策的基础上，对建设准备工作、勘察设计、施工至竣工验收等全过程的一系列活动进行计划、协调、监督、控制措施，实现质量、安全、工期、投资效益、环境保护、社会稳定“六位一体”建设目标。完善的权责体系设计是建设管理起点，是渝黔铁路公司的组织结构得以有效运行的关键，通过明确不同管理层次在各项主要业务活动中的权限和责任，从而确保建立高效的组织运行系统。

（一）公司的主要管理职责

公司的主要管理责任包括以下内容：

（1）贯彻国家和国务院铁路主管部门的有关工程建设的方针、政策、法规和规定，按照批准的建设规模、技术标准、建设工期和投资，组织川黔外迁铁路工程项目建设，就工程质量、安全、工期、投资等全过程对委托方负责。

（2）组织勘察设计招标，组织实施勘察设计、工程地质勘察监理和设计咨询工作。

（3）组织施工、监理、物资设备采购招标，与中标企业签订合同。

（4）办理工程质量监督手续。

（5）负责审批建设项目中单项工程开工（复工）报告。

（6）组织编制建设项目施工组织设计。

（7）负责审核施工图，供应设计文件，组织工程设计现场技术交底。

（8）编报建设项目年度建设计划及建设资金预算建议。

（9）组织、协调工程建设中出现的问题，负责统计、报告工程进度。

（10）按规定办理变更设计。

（11）按规定组织或参与对工程质量、人身伤亡和行车安全等事故的调查和处理。

（12）负责工程项目的财务管理工作，按规定使用建设资金，办理与工程项目有关的各种结算业务。

（13）负责验工计价，及时办理工程价款的资金的拨付与结算。

（14）负责工程竣工验收前期工作，组织编制工程竣工文件和竣工决算，组织编写工程总结。

（二）公司总经理管理职责

公司总经理的管理职责包括以下内容：

（1）组织编制项目初步设计文件，对项目工艺流程、设备选型、建设标准、总图布置提出意见，提董事会审查。

（2）组织工程设计、施工监理、施工队伍和设备材料采购的招标工作，编制和确定招标方案、标底评标标准，评选和确定投、中标单位。实行国际招标的项目，按现行规定办理。

（3）编制并组织实施项目年度投资计划、用款计划、建设进度计划。

（4）编制项目财务预、决算。

（5）编制并组织实施归还贷款和其他债务计划。

（6）组织工程建设实施，负责控制工程投资、工期和质量。

（7）项目建设过程中，在批准的概算范围内对单项工程的设计进行局部调整。

（8）根据董事会授权处理项目实施中的重大紧急事件，并及时向董事会报告。

（9）负责生产准备工作和培训有关人员。

（10）负责组织项目试生产和单项工程预验收。

（11）拟订生产经营计划、企业内部机构设置、劳动定员定额及工资福利方案。

（12）组织项目后评价，提出项目后评价报告。

（13）按时向有关部门报送项目建设、生产信息和统计资料。

（14）提名请董事会聘任或解聘项目高级管理人员。

第二节　部门职能

一、综合部工作职责

综合部工作职责主要有以下内容：

（1）负责公司行政事务、党务管理及工会工作。做好信息的上传下达，统筹协调各部门工作，做好重要工作事项的催办、落实。

（2）做好各类信息的收集、汇总和整理工作，对外发布公司重大信息，对内收集各类重要信息，及时掌握公司各类工作动态。

（3）负责公司公文、文档的收发、登记、呈批、传阅、催办、缮印和公司发文审核工作。负责文件的分类、立卷、归档工作。

（4）负责公司重要会议和重大活动的筹备和组织。组织或指导其他部门做好会议筹备、会议记录以及相关文件整理等工作。按领导要求参加、列席会议并做好记录，根据需要编发会议纪要或其他文字材料。

（5）负责公司宣传报道工作。收集整理工程建设有关影像资料和相关信息，监督和检查公司文化图书、音像制品的使用情况。负责编写大事记，做好公司史志管理工作。

（6）负责公司机要、保密工作。

（7）负责公司印鉴、介绍信、工作证、乘车证管理工作。

（8）负责公司对外公关和上级领导、来宾的接送、接待工作。负责外事任务的办理和接待工作。掌握公司招待费的支出和使用情况。

（9）负责公司办公和公共设施的规划、美化、绿化工作，管理好公司员工生活、工作等服务设施，保证公司办公和公共环境的整洁卫生。

（10）负责公司员工生活后勤保障和车辆、驾驶员管理工作，做好车辆的日常维修保养和驾驶员的道路交通安全教育，合理安排车辆使用。

（11）负责公司道路交通安全和消防安全工作。

（12）负责公司办公用品、设备的购置、发放和日常维护工作。负责公司报纸、杂志的订阅和发放。

（13）负责公司的综合治理、节能、计划生育和信访工作。负责公司值班计划的安排，并检查值班制度落实情况。

（14）负责制订公司机构设置及定员编制方案，拟定部门职责范围、岗位工作职责和岗位任职标准。

（15）负责公司人事管理工作。做好人员的考察、调配和日常考核、奖惩工作，做好员工的教育培训及专业技术职务评聘工作。

（16）负责员工劳动合同的管理工作。

（17）负责公司法律事务工作。

（18）负责制定公司党群类各项工作制度，对公司党群各项工作的落实情况进行督促、检查。开展执法监察，负责抓好公司党风廉政建设和组织协调反腐败工作。

（19）负责公司企业文化建设，组织开展劳动竞赛、合理化建议和文化体育活动，建立健全员工生活保障体系。

（20）完成领导交办的其他工作。

二、计划财务部工作职责

计划财务部工作职责主要有以下内容：

（1）负责公司财务管理工作。建立健全各项财务管理、资金管理和费用审批等内部控制制度，并认真组织落实。

（2）负责公司工程建设期间建设资金的筹融资和管理工作。办理建设资金的筹集、支付、清算、结算工作，监督检查承包单位资金使用情况。

（3）负责编制公司财务报表，分析财务状况，考核财务计划执行情况和资金安全及资金使用效果。

（4）负责公司计划、统计管理工作。组织编制建设项目年度建议计划，下达年度、季度计划，检查、考核投资计划执行情况，提出年度调整计划建议；负责建设项目统计工作，建立统计台账，编制统计分析，报送工程统计报表，考核统计质量。

（5）负责合同归口管理工作。负责合同的审查、签订、登记、立卷归档及合同备案工作；组织有关合同的洽谈，检查、督促合同履行；组织对参建单位投标承诺兑现及合同履行情况进行评议。

（6）参加初步设计初审和施工设计审核工作。

（7）负责组织工程、监理、咨询等招标工作，参与物资设备采购招标工作。组织编制招标文件、标底编制与审查及招标、评标工作。

（8）负责概预算管理和工程的计价、清算工作。参与变更设计管理和概算调整工作，审核设计变更费用，归口掌握项目投资控制情况。

（9）参与对设计单位考核及对施工、监理单位的信用评价工作。

（10）参与单位工程质量验收、建设项目初步验收和竣工验收工作。

（11）负责定期检查、分析建设资金使用情况，定期组织建设项目经济活动分析，建立投资台账，定期进行财产清查。负责内部财务监察工作，配合上级进行审计、财务检查。

（12）负责提报建设单位管理费预算及使用情况，实时监控；办理费用报销、工资发放和计提各项工资附加费用等工作。

（13）负责税收协调及职工社保、医保、住房公积金等交缴工作，依法纳税。

（14）负责组织竣工决算、组固及固定资产移交工作。

（15）完成领导交办的其他工作。

三、工程管理部工作职责

工程管理部工作职责主要有以下内容：

（1）建立健全公司工程管理的各项制度和办法、措施，并组织实施。

（2）负责工程建设项目的组织实施和现场管理工作，协调施工安排，处理施工中的有关问题。

（3）负责组织可研、初步设计初审和施工图设计审核工作，配合施工图投资检算工作，监督和检查设计单位对审查、审核意见的执行情况。

（4）负责组织建设项目环保、水保、地质灾害、压覆矿床、地震安全性、防洪、通航、海事安全评估及资料的汇总、报批工作；负责三电迁改、沿线立交、征地补偿、拆迁、取弃土场、地下管线、文物考古等协议的签订工作。

（5）负责全线征地拆迁和工程建设协调工作，办理建设项目用地预审、报批相关手续，检查指导各施工单位征地拆迁和地亩竣工资料的组卷交验工作，负责征地拆迁计价的审核工作。

（6）参与监理、工程咨询、施工总承包及物资设备采购的招评标工作。参与工程施工合同、监理合同、设计合同、工程咨询合同、主要物资设备采购合同的审核工作。监督检查勘察设计合同和工程咨询合同的执行情况，对勘察设计费、工程咨询费的支付进行签认。

（7）负责组织设计技术交底、交桩工作，负责组织协调精测网管理工作,办理建设项目开工审批手续。

（8）负责组织编制全线指导性施工组织设计，负责审批施工单位实施性施工组织设计、总体施工计划、阶段施工计划和重大施工方案，并监督实施。

（9）根据技术标准和规范，组织制定或审查采用新技术工程和技术复杂工程的施工方法、施工工艺。

（10）负责变更设计工作的日常管理，组织Ⅰ类变更设计的初审和报批，Ⅱ类变更设计的审查。

（11）负责工程调度工作，全面掌握现场情况，及时收集工程信息，编制工程周报及月报，定期分析总结工程建设情况。

（12）负责对勘察设计和工程咨询进行日常管理和考核，督查勘察设计进度，督促设计单位做好优化设计工作，协调工程建设过程中有关设计、咨询问题。

（13）组织解决工程建设中的主要技术问题，组织科技攻关，组织编制或审查重大技术方案。负责主要设备及系统选型的研究审查工作。

（14）监督和检查施工合同执行情况，检查工程进度、质量、安全、环境保护、水土保持、文物保护和文明施工等各项措施落实情况，对检查发现的问题及时督促整改。

（15）负责工程建设的验工工作。

（16）组织对设计单位施工图考核工作，参与对施工单位、监理单位的信用评价工作，组织对施工、设计、咨询单位的季度和年度考核评比工作。

（17）负责四电工程前期方案的研究和落实；负责组织落实站前站后四电接口工程。

（18）按照原铁路总公司对系统集成的总体要求，负责技术系统集成工作。

（19）负责科研和试验项目的管理，制定科研开发年度计划，组织编写试验项目的试验方案并组织实施，组织科研项目的立项、大纲（方案）评审以及成果鉴定和验收等工作。负责新技术、新工艺、新材料、新设备的推广和应用。

（20）参与建设工程质量、安全事故的调查处理。

（21）配合建立突发事件应急处理机制，参与突发事件处理工作。

（22）组织编制建设项目竣工综合调试计划，组织综合调试。组织编制工程竣工文件和工程总结，参加单位工程质量验收、建设项目初步验收和竣工验收。

（23）负责技术文件、技术资料管理，做好设计文件、图纸及技术资料的分发登记、保管和移交归档工作。

（24）负责公司建设项目信息系统建设和日常管理维护工作。

（25）完成领导交办的其他工作。

四、安全质量部工作职责

安全质量部工作职责主要有以下内容：

（1）负责制定公司有关安全、质量管理制度，建立健全公司安全和质量保证体系，并组织实施。

（2）负责督促各参建单位建立健全安全、质量保证体系以及安全质量保证措施的制定，并监督检查其体系的运行和措施的落实。

（3）负责办理工程质量安全监督手续，配合质量安全监督机构的质量安全监督检查工作。

（4）负责建设全过程的安全、质量监督检查工作，定期组织工程安全、质量检查，及时通报和处理工程质量和安全工作中存在的问题。

（5）负责制定安全事故和工程质量事故的应急处理预案。负责组织或参与工程安全事故、质量事故的调查处理工作。负责组织事故救援和路外伤亡事故的处理工作。

（6）负责组织考核监理单位资信，对各监理单位进场人员、仪器及设备进行审查，督促监理单位严格履行职责。参与工程、监理、物资设备采购等招标工作，负责安全质量的审查把关。

（7）负责组织审查地勘大纲并监督检查地勘质量。负责地勘监理的管理工作，监督和检查地勘监理合同执行情况。

（8）负责工程监理的管理工作，组织对工程监理单位进行信用评价，监督和检查监理合同执行情况。

（9）负责工程质量检测与试验管理工作，监督和检查工程检测合同执行情况。

（10）负责制定工程质量创优规划并监督实施，负责样板示范工程管理工作。

（11）组织对施工单位的施工企业信用评价工作。

（12）负责组织、督促、检查参建人员的安全培训工作。

（13）负责防洪、防火、用电安全检查，负责制定防洪抢险预案，并督促检查参建单位相应预案的制定和落实。

（14）负责营业线施工安全管理和运输协调工作。

（15）建立突发事件应急处理机制，负责组织突发事件处理工作。

（16）参与初步设计初审和施工设计审核及设计技术交底工作。参与指导性施工组织设计编制和实施性施工组织设计审查及变更设计审查工作。

（17）配合有关部门参加工程的验工计价、工程初验和竣工验收工作。

（18）负责监督检查各种生产设备和环保设施的安装、使用、管理和维修情况。负责环境保护的监督检查、环境污染的治理和劳动保护的日常监督和管理工作。

（19）完成领导交办的其他工作。

五、物资设备部工作职责

物资设备部工作职责主要有以下内容：

（1）负责建设项目物资设备管理工作，建立健全物资设备采购供应管理体系和质量控制管理体系。负责编制物资设备管理有关制度和办法，检查指导有关参建单位物资设备管理工作。

（2）负责甲供物资设备招标采购及合同执行，对主要材料、设备款的支付进行签认。监控物资设备质量，协调资源分配和采购各方关系。

（3）负责甲供物资设备管理工作。及时上报物资设备采购计划，按时完成物资设备采购相关工作，组织物资设备的供货与调剂。

（4）负责提出甲控物资设备合格供应商范围，对甲控物资设备招标程序、是否为合格供应商以及物资设备质量进行监督，核备招标结果和合同备案。

（5）负责对承包人自购物资设备采购质量达标等工作的监督、检查管理。

（6）负责外资采购材料、设备归口管理工作。负责外资采购物资、设备计划的申报和物资、设备的接运、验收工作。对外资采购物资设备的计价、结算进行签认。

（7）负责对甲供、甲控物资设备供应商进行信用评价。

（8）深入施工现场，调研物资设备使用方向、供求进度、供应质量、存在问题和现场物资设备管理情况，加强和改进物资设备供应管理工作。

（9）完成领导交办的其他工作。

六、遵义指挥部工作职责

遵义指挥部工作职责主要有以下内容：

（1）认真贯彻执行国家、中国国家铁路集团有限公司、公司有关政策、法规、标准、规范、建设程序、制度和办法。负责管段内工程建设的组织实施和现场管理工作，协调处理现场工程建设中的有关问题，督促落实工程质量、安全、工期、投资、环保的过程控制、组织协调等工作。

（2）负责组织重点工程施工组织方案的优化与审查。

（3）参加项目开工报告的编制，负责单位工程开工报告的审核。

（4）负责管段内征地拆迁的协调管理工作。

（5）负责管段内工程进度、质量和安全、工地标准化等的检查与控制，督促施工单位实行架子队管理模式。

（6）检查营业线施工安全，监督施工单位的大型机械管理。

（7）组织召开现场例会，掌握施工进度情况，定期对施工进度和质量安全情况进行分析总结，对存在的质量安全、进度方面的问题提出整改措施并组织落实。

（8）负责组织或参与突发事件的应急处理，第一时间到达事件发生现场，组织控制事件发展，并及时向公司报告。

（9）组织或配合公司对工程质量、安全、环保事故的调查和处理工作。

（10）负责对管段内参建单位验工计价数量的审核工作。

（11）负责监管段内物资设备质量，掌握现场供需动态，及时向公司反馈信息。

（12）参加甲供、甲控物资设备检查，组织对施工单位自购物资设备、原材料检查，对存在问题提出整改意见并督促落实。

（13）组织设计（现场配合组）、监理、施工单位对200万元及以下的Ⅱ类变更设计进行现场核实、确认，对200万元以上的Ⅱ类变更设计进行现场核对和初审后，报公司变更设计领导小组审查签发；参与Ⅰ类变更设计的初审。

（14）配合公司做好设计技术交底及现场交桩工作，监督检查施工单位技术交底。

（15）检查施工、监理单位的安全、质量、环境保护（水土保持）保证体系及相关规定、办法、制度在工程建设中的贯彻落实。

（16）建设项目工程质量、安全、进度、环境保护、水土保持、文物保护、文明施工等的日常检查、监督工作。

（17）段内项目信息、调度报表、各类档案的建立、上报与管理工作。

（18）单位的标准化工地进行现场管理、协调和日常考核工作。

（19）地方政府、相关铁路单位、咨询、设计单位（现场配合组）、监理单位、施工单位之间工程建设中的协调工作。

（20）公司组织的优质工程评定工作、信用评价工作。负责组织指挥部管段内参建单位的信用评价日常检查工作。

（21）公司组织的工程竣工验收工作。

（22）完成上级交办的其他工作。

第三章 标准化管理体系

第一节 管理制度

渝黔铁路公司在完善权责体系设计的基础上，建立健全了不同管理层面的管理职能、权限和责任的标准化规则制度。为全面落实“六位一体”的管理要求，根据原中国铁路总公司《关于深化铁路建设项目标准化管理的指导意见》（铁总建设〔2013〕193 号），渝黔铁路公司还结合本线建设管理面临的实际，构建标准化管理体系，实现管理制度标准化、人员配备标准化、现场管理标准化、过程控制标准化，带动和推进设计、施工、监理等单位标准化管理，推动施工建设工厂化、集约化生产。

第二节 人员配备

一、组建高素质的建设管理团队

公司根据各部门工作职责设置工作岗位，配备具有一定专业技术水平的专业工程师，实现岗位设置、人员配备、岗位工作标准、人员素质达标，使公司成为高素质的建设管理团队，实现人员配备标准化。

建设管理指挥部经常组织全员学习管理和业务知识，积极选派人员参加原中国铁路总公司和成都铁路局举办的各种培训班，并结合项目特点，开展专业培训活动，切实提高全员对建设单位标准化管理的认识和实施标准化的能力，以提高业务素质和工作能力。实现岗位设置满足管理要求，人员素质满足岗位要求。

二、督促参建单位按照合同约定设置现场管理机构

（1）要求勘察设计单位依据现场实际，调整和完善设计现场配合机构，选派施工图设计的主要技术人员常驻现场配合施工。通过培训，提高设计配合人员素质，并对配合人员的工作成效进行考核。各参建单位要在认真学习相关的铁路建设的法律、法规、规范、标准等和公司的相关规定的基础上，履行投标承诺，满足现场施工生产需要，妥善解决人员配备问题，保证精兵强将建设川黔外迁铁路，实现人员配备标准化。进一步健全、完善培训机制，实现全员持证上岗。

（2）依据合同和投标承诺对各参建单位人员进行严格审查，足额配备优秀的管理人员、技术人员、施工人员，对主要岗位人员调整做出严格规定和审批要求，逐级审核各参建单位主要技术管理人员、试验人员、特种作业人员及队伍的相关资质情况。

第三节　现场管理

一、文明工地建设标准

（1）川黔外迁铁路工程从文明施工推行工程建设标准化，要求现场管理及作业人员佩戴上岗证和标准化着装。施工现场采用封闭式管理，非工程相关人员严禁随意进入施工现场。靠近城区内的施工现场和有特殊要求的库房均实施封闭式管理，并设置禁止标识、警示标识、指令标识、提示标识，并配以相应的警示语句。

（2）便道、便桥施工，总体规划，管理有序，标识齐全；特别是现场的消防出入口、紧急疏散通道等符合消防的要求，设置明显标识。有通行高度限制的地点设限高标志。

（3）施工现场原材料、中间产品管理规范，堆码整齐。施工现场在醒目位置设置统一规定的“七牌一图”（即标准化创建目标及工程创优牌、工程概况牌、管理人员名单及监督电话牌、消防保卫牌、环境保护牌、安全生产牌、文明施工牌和施工现场平面图）。现场各种安全标识牌按照《铁路建设项目现场安全文明标志》（建技〔2009〕44 号）统一制作。

（4）临时管线，按照施工用电专项组织设计与平面布置进行架设和管理电力线。夜间施工时，现场设有满足施工安全要求的照明设施。

二、架子队管理

严格按照合同要求督促施工单位落实架子队管理模式，并按规定的队长、技术主管、技术员、质检员、安全员、测量员、试验员、材料员、领工员和工班长配备架子队管理人员，且确保配备的管理人员满足任职条件。同时，要求施工单位项目部制定年度培训计划，并按培训计划开展培训，确保人员培训合格方可上岗。

三、现场工装设备管理

机械设备悬挂安全操作规程，施工现场各类机具设备需定期检查；运输车辆防护符合当地的相关

规定；起重机械的使用符合现行《起重机械安全规程》（GB/T 6067）的规定；卷扬机安装牢固、稳定，严禁发生位移和倾斜；操作位置视野须开阔，联系须方便；钻孔施工设备停放地点平整、夯实，避开高压线；挖掘机、装载机作业时，铲斗内、臂杆、履带和机棚上不准载人。机械在操作中，其回转范围内严禁有人或机械通过。

四、原材料管理

用于正式工程的砂石料分仓分类堆放，并按规定进行材料的质量检验状态标识。

五、现场环境保护管理

施工现场环境保护满足下列要求：

（1）保持现场良好的作业环境。

（2）有防止大气、噪声（振动）污染，水土保持和其他保护环境卫生的有效措施。

（3）采取防止扬尘措施、绿化等措施。

（4）大型临时设施的场地、弃渣场坡面应按设计进行复垦或绿化，防止水土流失。

（5）不随意占用或破坏与施工现场周围相邻的土地、道路、绿地以及各种公共设施场所。

（6）定期对现场人员进行培训教育，提高其文明意识和素质，树立良好形象。

六、工地试验室及混凝土拌和站管理

工地试验室、拌和站是混凝土质量保证的源头和关键环节，公司高度重视对工地试验室、拌和站的管理、提高混凝土质量。并定期组织建设各方进行检查。

七、现场监控检查

现场监控检查主要利用监理单位作为公司检查的延伸，加强日常现场工作的督查，公司检查组在利用定期、不定期的检查对存在的惯性、主要问题进行分析、处置，确保问题的有效落实。

八、监理管理工作标准

监理单位按照国家相关法律、法规和合同约定，全面推进监理单位的标准化管理，按照“五定”要求实施监理行为。

第四节　过程控制

一、工期控制

明确责任部门，由公司工程部具体负责，根据项目部初步设计批复意见明确的建设工期编制施工组织设计，明确线下、轨道、房建、四电等工程的节点工期。公司各级领导及相关专业工程师定期检查现场工期控制情况、召开阶段性生产会议确保工期可控。对于施工单位，公司督促其根据指导性施工组织编制实施性施工组织设计，明确工期目标。并根据现场工程实际进展情况及时采取分析、纠偏等措施。

二、质量控制

渝黔铁路公司根据上级单位总的要求确定了公司质量工作方针和质量控制目标，构建责任体系，明确质量责任，并按照分级控制体系，实现对施工质量全方位、全过程的有效控制，并根据全过程控制方案对各个阶段的质量管理进行评估，确保按照质量过程控制标准及时发现问题，解决问题。以“零容忍”的态度确保工程质量的“零缺陷”。各参建单位采取各种形式广泛深入开展质量意识教育，为确保全线工程质量奠定坚实的思想基础。通过试验总结技术参数、施工工艺标准，验证主要设计参数，分析试验中发现的质量问题，吸取不足和教训，为大面积展开施工提供可靠的技术支持和有效的质量控制措施。

三、安全控制

安全控制归公司安全质量部管理，同质量控制一样。第一，公司根据现场工程特点确定了具体的安全工作总方针和控制目标。第二，建立了责任体系，明确了各参建单位的职责、分工。第三，实施分级控制体系，建立了科学有序的分级管理机制，分清了主次，把全面安全管理理念和要求落实到工程安全管理的每个环节。第四，按照工程实施的各个阶段落实评价评估体系有效运转。

四、投资控制

投资控制归口公司计财部管理。首先本着加强公司铁路基本建设项目部投资管理，实现铁路建设项目质量安全工期目标，节约建设资金，发挥投资效益，制定了投资控制目标。第二，构建了投资控制责任体系。第三，加强了投资控制的过程管理，通过计划、实施、检查和调整四个过程进行循环管理，对执行过程中的偏差，认真组织分析，采取了有效的纠偏措施。

五、环境保护和水土保持控制

首先，公司严格执行“三同时”制度，坚持施工生产和环境保护同步进行，制定环保目标和指标，预防污染，并持续改进，确保了实现环保控制目标。第二，构建了责任体系。第三针对不同的污染源制定了具体的主要保护措施。

六、技术创新

技术创新归口公司工程管理部落实，统一由公司总工程师负责提出争创目标。首先建立目标体系，第二构建了责任体系。

第五节 “四化”支撑

一、机械化

机械设备按照“先进性和适用性相结合，安全环保和实用新技术相结合，单项施工和整体配套施工相结合”的原则，分专业按工作面配备成套机械设备。施工单位严格按投标承诺配置机械和设备。

二、信息化

全面推进建设管理信息系统建设（RCPMIS），充分借鉴全路建设项目管理信息系统建设与应用的经验，建立一个以网络技术、计算机技术与现代信息技术为支撑的信息平台，覆盖项目管理参建各方的信息系统，实现工程管理的“信息化”。积极运用信息化的管理手段，实现信息的及时传递和对作业现场的实时监控。

三、工厂化

认真贯彻“施工生产能工厂化的则工厂化，工厂能大则大，社会工厂能利用则利用”的原则，针对川黔铁路项目的特点对各专业工程规划工厂化实施内容。

对混凝土、桥梁、双块式轨枕、钢构件、沟槽盖板、钢筋混凝土构件（路基防护栅栏、桥面栏杆等）、路基填料的级配碎石全部实行工厂化集中生产制作。

四、专业化

积极推进专业化架子队建设。对路基、隧道、桥梁、轨道、四电、站房等工程，按专业化组织施工。分专业划分施工单元按工作面管理组建专业化架子队。

第四章 设计管理

第一节 预可研与可研阶段

2012 年，渝黔铁路开工建设。遵义市抓住该线从城区过境的时机，提出川黔线线路外迁工程与渝黔铁路 28 km 并行线路同步建设。2013 年 9 月和 2014 年 9 月，原铁路总公司、贵州省政府分别《关于川黔铁路遵义城区段线路外迁工程项目建议书的批复》、《关于遵义城区段线路外迁工程可行性研究报告的批复》（铁总办函〔1466〕号）批复项目的预可研、可研。

第二节 初步设计阶段

2014 年 11 月，原铁路总公司、贵州省政府以《关于遵义城区段线路外迁工程初步设计的批复》批复了川黔外迁铁路项目的初步设计。

第三节 施工图设计阶段

一、指导原则

初步设计文件初审工作，要贯彻“以人为本、服务运输、强本简末、系统优化、着眼发展”的建设理念，体现“提高质量、节省投资、保护环境”的总体要求。

二、组织程序

（1）初步设计初审工作由渝黔铁路公司负责组织，咨询单位、勘察设计单位等参加。

（2）初步设计初审工作由渝黔铁路公司技术负责人全面负责，渝黔铁路公司工程管理部、计划财务部负责各自职责范围内的相关专业的审查。

（3）勘察设计单位应按要求提交完整的初步设计文件及初审所需的必要图纸和资料，认真对待初审工作和初审意见，并书面答复对初审意见的落实情况。

（4）咨询单位负责对初步设计进行初审并提交书面意见，对初审意见的质量和有效性负责。

第四节　项目实施阶段

一、施工图审核流程

渝黔铁路公司各部门、咨询单位、设计单位共同对咨询流程进行了反复研究讨论，制订了施工图审核流程和时间要求，流程如图 2-4-1 所示。

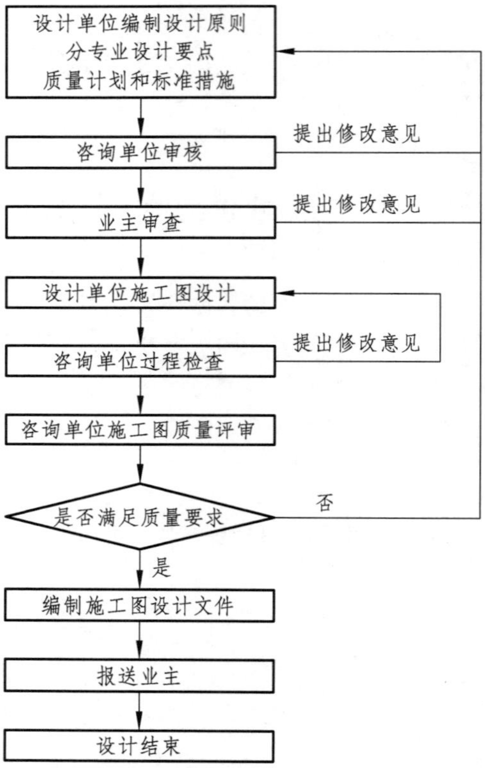

图 2-4-1　施工图设计审核流程

二、施工图审核内容

（1）川黔外迁铁路初步设计批复意见及原铁道部和原中国铁路总公司有关规范、规定、文件的执行情况。

（2）是否满足运营安全相正常运行要求。

（3）工程建设强制性标准的执行情况。

（4）施工图设计文件编制内容、深度和质量是否达到《铁路基本建设项目预可行研究、可行性研究和设计编制办法》规定和有关规范、规程要求。

（5）工程措施、工点技术措施、施工过渡措施、安全措施、施工组织方案。

（6）防火、节能、环保、水保、消防、建筑抗震措施。

（7）地质灾害防治措施。

（8）工程数量、设备和材料数量、用地数量、审核拆迁数量，并于初步设计数量进行对比。

（9）检查投资检算编制，并与初步设计概算进行对比，以审核工程投资控制效果。

（10）标准图及通用参考图选用。

（11）设计文件的总体性和专业见的衔接。

三、施工图现场核对与完善

依据川黔外迁铁路施工承发包合同的规定，施工单位应对承包标段内线、桥、隧、涵、路基工程在工点开工前进行施工图现场核对，完善施工图设计。未经现场核对、完善的工点不予开工。

（一）组织

在渝黔铁路公司组织领导下，工程咨询、设计、监理、施工单位参加，进行施工图核对现场办公。参加施工图核对的人员应具有丰富的现场施工经验或相应的专业技术知识。

（二）核对条件

在设计、施工单位完成现场交接桩，经现场贯通复测无误，且一个标段（或一个大的段落）的施工图（或施工资料）已到位的情况下，才具备现场核对条件。

（三）核对程序

施工单位先按施工图现场放样。要求涵渠标出轮廓线及出入口高程，桥梁标出墩台（特别是跨越重要道路及其他建筑物两侧的墩台）位置、轮廓线，隧道标出隧道洞门位置，洞身开挖及边仰坡开挖轮廓线，路基标出挡护构筑物轮廓线，取（弃）土场的位置。现场放样经复核准确无误后通知监理单位。

监理单位会同施工单位对现场进行首轮核对。

由监理单位汇总并提出需由咨询、设计、监理、施工四方重点核对完善的工点、部位，特别是需进一步完善的隧道洞口位置及防护、桥梁墩台位置及防护、路基挡护及排水系统、涵渠新增、取消、改孔、方向、高程和功能兼顾及建议、需进一步地质补勘的部位等事宜，报渝黔铁路（咨询、监理、施工单位有不同意见一并上报）。

由渝黔铁路公司牵头，咨询、设计、监理、施工单位参加，进行现场核对、现场办公。现场核对时，首先由监理单位现场监理工程师提出对首轮施工图核对完善的建议，施工单位项目总工程师予以确认及提出补充意见，设计单位介绍工点设计意图和设置原则，并对施工、监理单位提出的核对完善方案提出意见，经充分论证后形成现场纪要，设计变更事宜按规定程序处理。

（四）具体要求

经现场核对无需完善的工点才能申请开工。已确定需完善的工点均纳入变更设计管理，由设计单位按会议纪要要求编制变更设计图纸、文件，经批准后由施工、监理单位实施。

如现场需要补充地形资料，由施工单位于 3 日内提交给设计单位。若需补充大量的地质、水文资料等，由建设指挥部通知设计单位补充资料。设计单位 3 日内组织人员、设备到场，展开工作，并按有关规定进行变更设计资料、图纸、文件管理。

若需与地方政府、企业补充完善相关协议时，由渝黔铁路公司组织办理，设计、施工单位予以配合。

各专业设计现场核对表由监理单位填写，参加核对的各方都单独执有一份，并作为技术管理文件和监理批准工点开工的依据之一。监理在批准工点开工报告时应说明该工点施工图现场核对情况。监理单位应根据施工复测、图纸到位、施工准备情况、督促、检查施工单位及时放样，并组织进行首轮核对。监理月报中应及时反映现场设计核对的内容及进展情况。

四、变更设计办理

严格按照《铁路建设项目变更设计管理办法》（铁建设〔2005〕146号）确定变更分类原则、变更设计项目划分原则和责任、变更设计程序和分工、变更设计时限等规定。

（一）Ⅰ类变更设计情况

见渝黔铁路工程总结。

（二）Ⅱ类变更设计情况

中铁八局川黔铁路遵义城区段线路外迁工程总计Ⅱ类变更17个，具体变更统计如表2-4-1。

表2-4-1　Ⅱ类变更设计统计情况表

序号	专业	Ⅱ类变更（处）
1	桥梁	1
2	隧道	4
3	路基	2
4	站场	6
5	大临变工程	1
6	轨道	1
7	道路改移	2
合计（处）		17

川黔铁路遵义城区段线路外迁工程具体Ⅱ类变更统计如下：

通信专业：共有Ⅱ类变更13个。包括西南三号环搬迁、阁老坝待乘室增价叫班电话、GSM-R系统优化等。

信号专业：共有Ⅱ类变更9个。包括信号驼峰减速器变更、阁老坝站室内增加防雷接地装置、阁老坝站驼峰增加调车计划传输系统等。

信息专业：共有Ⅱ类变更12个。包括增加信息综合视频监控系统、增设Ⅰ类视频接入点设备、遵义站区伸长生活房屋增加综合布线系统等。

电力专业：共有Ⅱ类变更5个。包括阁老坝机务折返段增加配套供电系统、阁老坝10 kV配电所同心变电源线架空改入地。

变电专业：共有Ⅱ类变更2个。包括高炉子变电所及阁老坝开闭所增加复示终端系统、牵引变电所增加接触网隔离开关监控主站设备等。

接触网专业：共有Ⅱ类变更20个。包括支柱基础开挖方式变化、给位于道路变的支柱拉线基础增设防撞墙等。

房建专业：共有Ⅱ类变更55个。包括阁老坝油库变更、增加机务正被综合管理系统等。详见变更设计文件。

给排水专业：共有Ⅱ类变更 5 个。包括阁老坝污水处理厂增加排污设施、救援列车停留线增设给水栓等。

机务专业：共有Ⅱ类变更 9 个。包括阁老坝机务折返段洗车设备设备基础及增设洗车机挡水墙、阁老坝机务折返段干砂设备设备基础、室外管沟等。

站场专业：共有Ⅱ类变更 4 个。包括阁老坝货场硬化面补强变更、阁老坝站平交道变更、阁老坝站增加排水沟、接车亭等。

站房专业：共有Ⅱ类变更 2 个。包括遵义站房内办公用房改四电房屋、遵义静态标识变更。

第五章　质量与安全

第一节　质量体系的建立与运行

一、构建严密的质量管理体系

（一）加强组织领导，组建质量管理机构和质量保证体系

公司成立以主要领导挂帅的质量管理领导小组，设立安全质量部，负责全线安全质量管理日常工作。各参建单位建立以第一责任人为组长，相关部门、专业技术管理人员参加的质量管理组织，建立完整的质量管理组织机构和质量保证体系。

建立以公司、设计、监理和施工单位参与的质量保证组织体系，所有参建单位必须建立一套完整的质量保证体系、质量事故申报体系及质量巡查考核体系，做到目标明确，机构健全，制度完善，措施有效，落实到位。

质量保证组织体系分质量管理体系、质量分级控制体系、质量评价评估体系。

1．质量管理体系

公司成立由各部门负责人、各参建单位第一负责人参加的质量管理领导小组。各参建的施工、监理、设计单位分别建立以第一负责人为组长，各部门参加的质量小组，并延伸到各工地及作业队、组，接受公司的质量领导小组领导，建立完整的质量管理组织机构和质量保证体系，制订各类质量管理制度。

2．质量分级控制体系

1）根据标段工程项目不同分三个等级控制管理

Ⅰ级工程包括工程规模大，技术难度突出，对全线施工进度具有决定性影响，被列为全线控制工程的项目。

Ⅱ级工程包括工程规模较大，有一定的技术难度，对全线施工进度起重要控制作用，被列为全线重点工程的项目。

Ⅲ级工程包括除Ⅰ、Ⅱ级外的其他工程。

2）成立各级管理小组，落实分级管理

Ⅰ级工程管理小组由公司总经理负责，小组成员由公司工程部、安质部和设计、施工、监理单位负责人组成。

Ⅱ级工程管理小组由公司安质部及工程部负责人负责，小组成员由有关专业工程师，设计、施工、监理单位主管负责人员组成。

Ⅲ级工程管理小组由公司专业工程师负责，小组成员由设计、施工、监理单位有关人员组成。

各参建单位根据工程分级，分别建立健全Ⅰ、Ⅱ、Ⅲ级工程管理小组，明确各小组所负责主要的工程项目。

3）各级质量管理小组的主要职责

负责审定分管工程的质量目标、施工方案，监督控制分管工程保证制度和责任制度的落实，协调并解决遇到对质量、安全、进度有影响的各种问题，负责组织召开分管工程的质量事故分析会，对工程质量事故进行彻底的原因分析，负责监督事故处理方案的落实，负责定期组织分管工程的全面质量检查工作，负责组织分管工程的质量评定及验收工作。

4）定期分级检查

各级工程管理小组要组织小组成员对所管工程进行定期检查及不定期检查工作。

3．质量评价评估体系

建立健全质量评估评价体系，主要包括：设计文件质量评估评价；工程实体质量评估评价；施工企业工程信用评价；设计单位施工图考核；监理单位信用评价；工程质量巡视检查等。

施工组织质量管理工作程序详见图 2-5-1。

（二）明确质量方针目标，落实质量责任

渝黔铁路公司结合川黔外迁铁路建设实际，坚持“百年大计，质量第一”的方针，认真贯彻执行国家、有关部委和原中国铁路总公司有关质量管理的法律、法规、规范、标准，落实标准化管理，对建设工程质量实施全过程监控，确保主体工程质量“零缺陷”。具体目标如下。

（1）符合国家和原中国铁路总公司有关标准、规定及设计文件要求，各检验批、分项、分部工程施工质量检验合格率达到 100%，单位工程一次验收合格率达到 100%。

（2）在合理使用和正常维护条件下，路基、桥梁、隧道等工程结构的工程质量满足使用要求；在正常使用和保养的前提下，确保桥隧主要承重结构 100 年、无砟轨道 60 年的使用期要求。

（3）开通速度达到设计速度目标值。

（4）杜绝工程质量重大、大事故。

实行分级管理，在层层分解质量目标的基础上，建立了质量责任制。公司对安全质量负总责，设计单位对勘察设计质量全面负责；咨询单位重点解决好工程建设中的重大技术、质量问题，把好技术质量关；监理肩负起对工程实施方案审批及安全质量的监控职责；施工单位对工程安全质量负主体责任。实行在质量管理和创优领导小组领导下各职能部门分工负责、各工区项目部逐级负责的管理模式与机制。参建各方依法对建设工程质量各负其责，实行质量终身负责制。公司与施工、监理单位每年签订质量包保责任状，切实履行总监负责制和施工单位项目经理为质量第一责任人，通过分级签订质量责任状，层层落实质量责任制。

（三）健全质量管理制度，强化贯彻落实

渝黔铁路公司建立健全了相应的质量管理制度，主要包括：工程质量监督制度；地质勘察监理管理制度；施工图审核管理制度；技术交底管理制度；施工测量复核管理制度；教育培训持证上岗管理制度；技术资料管理制度；精品（样板）工程评选实施细则；工程原材料质量监控制度；试验室管理制度；混凝土拌和站管理制度；混凝土梁预制场等验收和生产许可证制度；工程质量检测和试验制度；工序质量检查验收制度；质量保证措施（方案）审批制度；工程施工质量验收评定制度；施工过程质量检查制度；工程质量报告制度；工程质量举报制度；质量安全管理责任人登记制度；质量管理信息化制度。

质量管理工作程序

阶段	工作内容	项目管理机构	设计单位	施工单位	监理单位	备注
建设前期	质量体系	成立质量管理机构，制定管理细则，建立质量控制体系				
	质量目标	质量工作领导小组研究决定本项目的质量控制目标				
	设计质量	组织设计文件的咨询、审核，确保设计质量	分解质量目标，组织设计			
		组织或参与设计审查，提出完善质量目标的意见	按审查意见修改			
	质量保证体系	建立参建各方的质量保证体系，包括资源配置、管理制度、质量控制重点和通病防治等	建立设计质量保证体系	建立质量自控体系	建立质量监控体系	质量保证体系应按程序，经指挥长签字发布，定期分析完善
	质量管理组织	成立质量管理工作领导小组，组长单位	成员单位	成员单位	成员单位	
	办法和制度	制定质量管理制度和创优规划	建立相应的质量管理设计制度	细化分解质量目标编制本单位质量管理办法和创优规划	细化分解质量目标，编制本单位质量管理办法和创优规划	
施工准备	施工组织设计	编制指导性施工组织设计时，包含质量保证措施，对参建单位的质量管理要求，包括质量管理制度要求和质量管理人员配置要求等	参与审查实施性施工组织设计	编制实施性施工组织设计时，包含细化的质量保证措施、质量管理制度要求、质量管理人员配置等	审查实施性施工组织设计，并上报审查意见	
	质量监督手续	依据《铁路建设工程质量安全监督管理办法》办理质量监督手续	依据合同和投标文件,提供有关资料	依据合同和投标文件,提供有关资料	依据合同和投标文件，提供有关资料	
	开工报告	报批项目开工报告，按规定审查或审批标段、重点工程及单位工程开工报告		做好开工准备工作并上报开工报告，报监理审查	上报审查意见或按授权批复开工	
	施工图核对	组织施工图核对，落实质量措施（包括“四新”技术应用）	参加核查，提出意见或建议，根据核查意见进行修改	参加核查，提出意见或建议	参加核查，提出意见或建议	包括项目管理机构组织的咨询审查
	质量培训	参加或组织有关工程建设管理和技术培训，取得相应资格	参加或组织质量培训，取得相应资格	参加或组织质量培训，取得相应资格	参加或组织质量培训，取得相应资格	

阶段	工作内容	项目管理机构	设计单位	施工单位	监理单位	备注
施工准备	技术交底	组织对施工单位的技术交底，检查施工单位对作业层的技术交底情况	参加对施工单位的技术交底	组织对作业层的技术交底，并留有交底记录	参加对施工单位的技术交底，检查施工单位对作业层的技术交底情况	
工程实施	质量措施的落实	组织对照标准、设计文件等进行检查	配合检查，重点对照设计文件，及时补充完原设计未考虑或考虑不周而存在的质量隐患设计	对照标准、设计文件组织实施，反馈设计中未考虑或考虑不周而存在的质量隐患，并采取防范措施	对照标准、设计文件等进行监控，及时反映设计中未考虑或考虑不周而存在的质量隐患	
	进场材料	组织甲供料的供应，监督甲供料和施工自购料是否满足要求	参加项目管理机构组织的检查	规范管理进场材料，及时做好试验检验工作	检查出厂证明、质量保证书、合格证等，平行抽检、平行检验，见证试验	
	隐蔽工程	组织对照标准、设计文件进行检查		对照标准、设计文件组织实施，留有文字记录、影像资料，填写相应检验批	检查施工准备，旁站施工过程，做好记录和签证	
	第三方检测	经上级主管部门批准后，可委托第三方对施工、监理单位的检验试验工作进行抽检和验证		做好现场检测准备工作，填写好基础表格，组织整改	做好对施工检测的见证检测，督促施工单位整改，做好监理的试验整改	第三方检测单位应及时反馈检测结果，出具检测报告，留存额外样品，以备产生争议时进行复验
	重大施工技术方案的实施	组织对重大施工技术方案的审查，履行程序审批或上报审批	参与审查，配合检查落实	编制重大技术方案，履行内部审批程序，按批准后的方案完善施工组织（包括作业指导书）并实施	参与审查，制定专项监理细则，监督重大施工技术方案的实施	项目管理机构应制定重大施工方案技术管理办法及工作程序
	内业资料	做好项目管理机构的内业资料，检查施工单位各类内业资料的及时性、正确性和完备性	做好设计的内业资料，配合检查施工单位各类内业资料的及时性、正确性、完备性	做好材料检验、过程评定、隐蔽工程、竣工验收、文件管理等内业的归集整理工作	做好监理内部的内业资料，检查施工单位各类内业资料的及时性、正确性、完备性	各方应及时签证有关内业资料
	质量会议以及质量的分析和评估	定期召开质量领导小组会议，分析、评估质量体系及工作状况，提出阶段性的质量工作计划、控制重点和措施	参加质量领导小组会议和有关会议，配合监督各项质量措施的落实	参加质量领导小组会议，组织本标段的质量会议，落实各项质量措施	参加质量领导小组会议，把质量管理纳入监理组织的会议内容，监控各项质量措施的落实	分析质量保证体系是否有效运转是质量工作的基础
	质量事故报告、调查、处理	按相关规定要求上报，组织或配合事故调查，处理善后工作	按相关规定要求上报，组织或配合事故调查，处理善后工作	按相关规定要求上报，并应严格保护事故现场，采取有效措施抢救人员和财产。配合事故调查，处理善后工作	按相关规定要求上报，配合事故调查，处理善后工作	

阶段	工作内容	项目管理机构	施工单位	监理单位	设计单位	备注
竣工验收及保修阶段	单位工程验收	组织验收	做好现场准备，填写好基础表格，组织整改，及时归档验收资料	参加验收,监督整改,及时归档验收资料	参加验收,及时归档验收资料	
	竣工验收	组织静态验收、动态验收，向有关部门报送验收申请表，做好验收工作	完成自检，向项目管理机构申请子系统（专业）验收	参加验收	参加验收	
	工程移交	配合接管单位组织移交（包括竣工资料）	移交工程和竣工资料	移交（包括竣工资料）	移交（包括竣工资料）	
	工程保修	依据质量缺陷、保修项目、范围、内容和责任划分，确定工程保修	进行保修，并按质量缺陷、责任的界定与划分，承担相应的经济赔偿	保修监理：按质量缺陷、责任的界定与划分，承担相应的经济赔偿	按质量缺陷、责任的界定与划分，承担相应的经济赔偿	

图 2-5-1　施工组织质量管理工作程序

二、质量体系的运行

（一）体系文件的培训

在体系正式运行前，将策划的内容根据实施需要对各施工、设计、监理单位相关管理人员进行培训，确保各单位知道自己要做什么、如何做以及要过到什么目标，然后按规定的要求实施。

（二）运行实施的证据

通过施工日志、监理日志、旁站记录、巡视记录等手段为质量管理体系的实施留下证据。在确定实施证据时应考虑适用、有效、方便使用和验证。

（三）实施有效性的验证

通过审查各专业工程施工技术方案的质量保证措施是否满足工程质量标准要求，检查施工技术质量措施的实施情况，抓好重难点工程、技术复杂工程和关键工序的质量控制工作，参与工程质量检查等手段，验证质量管理体系实施效果及是否达到了规定要求。

（四）自我评价机制的建立和持续改进

其中信息是评价的依据。

第二节　质量事故的处理与闭合

一、质量事故处理规定

为加强川黔外迁铁路的工程质量管理，及时调查处理工程质量事故，根据有关规定，建立了工程质量事故报告处理制度。

（1）工程质量事故发生后，施工单位立即采取有效措施，抢救人员，防止事故扩大，并保护事故现场，并组织人员采取拍照或录像等方式反映现场情况。

（2）工程质量事故发生后，必须逐级上报。

（3）由于工程质量事故导致试运营线路或运营线路发生行车安全事故或对运输生产造成一定影响时，公司安全质量部按原铁道部《铁路行车事故处理规定》规定报告相关单位或部门。

二、质量事故调查处理

公司接到事故报告后，尽快成立工程质量事故调查组，并由公司质量主管副总经理牵头，与施工、勘察设计、监理及有关单位一起进行事故调查。

三、质量事故的修补及加固

首先认真分析事故发生的原因，及时制订补救或修复方案，其次加强整改过程监督，严格执行。

第三节　安全体系的建立与运行

一、健全安全管理机构，落实安全生产责任制

（一）安全管理组织机构

公司成立安全生产管理领导小组，安全生产管理领导小组由公司领导、相关部门负责人、段落指挥部负责人组成，负责工程建设安全生产管理的组织领导工作。领导小组办公室设在安全质量部，配备专职安全监督管理人员。

各参建监理单位配备相应机构和专职安全监理工程师，负责监理对象的安全日常监督检查工作。

各参建施工单位成立安全生产领导小组，项目经理为组长，是安全生产管理的第一责任人，对安全生产负有全面责任。副经理为副组长，职能部门和施工队负责人为组员。设立专门机构负责工地安全生产现场管理，组织日常检查。施工单位施工现场按施工人员的 1%～3%配置专职安全管理人员，项目部设专职安检工程师，施工队设专职安全员，班组设兼职安全员，全员参与管理。

（二）建立和完善安全生产体系

安全生产保障体系覆盖参建各单位、自管理层到作业层，认真执行职业健康安全管理标准，坚持管生产必须管安全，实行安全包保责任制。

公司安全生产领导小组主要职责是建立安全生产责任制，检查、考核公司各级领导、各部门安全生产责任制落实情况；确定安全生产管理方针和目标；审定公司有关的安全生产管理办法；定期组织安全生产检查，组织安全生产专题会议，协调布置安全生产工作；按有关规定，组织编报工程建设安全生产应急预案；依照国家及原中国铁路总公司有关安全生产法律法规的规定，及时上报安全生产事故情况，积极配合安全生产事故的调查。设计单位在施工图设计中把安全措施考虑到位。

咨询机构审查设计图纸，确保设计图纸的质量，保证结构设计的安全性能。

施工单位保证投入足够的安全经费，完善安全防护设施，配齐安全检查人员。

监理单位应有针对性的制定确保各项安全措施落实的监控措施，制定履行监理职责的考核办法和失职追究制度，对施工现场安全人员到位、安全措施、特种作业人员持证上岗等，进行严格检查和落

实，并负责日常的安全巡检，发现安全隐患，负责督促整改落实到位。

（三）检查制度

渝黔铁路公司为全面落实安全生产管理，建立健全了一系列的安全生产管理制度，组织定期和不定期检查，每季度至少组织一次管段内的安全大检查，驻地监理和施工单位每月组织一次检查并将检查结果报现场指挥部。监理和施工单位的专职安全员进行日常检查，发现安全隐患及时下发整改通知书，限期整改。安全检查结果应每月随工程月报报安质部，纳入各施工单位年度综合考评。

川黔外迁铁路工程有效地执行了公司的安全管理制度，促进了施工、监理单位对组织体系建设、投入人员素质进行全面控制，加深了对安全质量管理重大意义的认识，规范了管理行为。

二、安全生产管理重点

（一）安全生产管理重点内容

根据本线地质条件、地形地貌，确定风险源及风险级别，纳入安全生产管理重点。

（1）隧道施工。重点是瓦斯隧道，其设备配置、施工作业程序、施工通风方案、施工管理等应按现行《铁路瓦斯隧道技术规范》（TB 10120—2002）、《煤矿安全规程》、《防治煤与瓦斯突出规定》等规范相关要求办理；浅埋隧道施工、地质复杂隧道及隧道不良地质段落等的施工安全控制；下穿铁路、高速公路隧道确保运营安全；隧道弃砟防次生地质灾害。

（2）桥梁施工。重点是高墩施工防高空坠落和落物伤人；跨越既有公路桥梁的安全防护；通航河流施工平台的防撞和各种运输船只的安全行驶；防现浇梁支架垮塌、防掉梁、防起重机和架桥机倾覆；水上作业及防洪防汛；大跨、结构复杂的桥梁施工。

（3）营业线施工管理。

（4）高边坡路基、深基坑施工管理。

（5）雨季防洪、防泥石流。

（6）森林防火。

（7）火工品管理。

（8）机械设备的安全使用，交通车辆安全管理。

（9）临时用电的安全管理等。

（二）重点控制工程

1．隧道工程

具体针对不同的隧道安全风险，制定专项安全方案及安全应急救援预案，组织专家评审后，报监理单位审查、公司审批。

2．桥梁工程

制定专项安全方案，组织专家评审后，经监理单位审查，报建设单位审批后实施；安全警示标志完备；高空防护设施完备，严格安全防护网，防止设备、物品等高空坠落，人员安全带牢固可靠、在施工中系于稳固结构上；人员上下通道安全可靠，涉及提升机架等须定期请专业检测机构检定；悬灌模架设计合理，刚度、强度足够，固定牢固；预防各种自然灾害措施得当；完善应急救援预案，并演练成熟。

3．路基工程

深路堑、陡坡路基、顺层路堑、不良地质路基（滑坡、泥石流、采空区、落石防护、岩溶）等路基工点及深基坑开挖。

主要安全措施制定专项安全方案，经监理单位审查，报建设单位审批；安全警示标识完备；开工前及每班开工前，检查并清除影响作业范围的所有危石、可能坍塌的土体等，下班前，清理完所有清刷的土石，并重新立好安全警示；预防泥石流、岩溶等各种自然灾害措施得当；完善应急救援预案施。

三、安全生产保障措施

（一）与各级单位签订安全承包合同

施工单位制定安全包保责任制，逐级签订安全承包合同。达到全员参加，全面管理的目的，充分体现“管生产必须管安全”和“安全生产，人人有责”的管理机制。

（二）加强安全教育与培训

参建单位项目经理部经常开展安全生产宣传教育活动,使广大员工真正认识到安全生产的重要性、必要性，牢固树立“安全第一，预防为主”的思想，自觉地遵守各项安全生产法令和规章制度。

项目开工前，由安全质量部对所有参建员工进行上岗前的安全教育，并做好记录。教育内容包括安全技术知识、各工种操作规程、安全制度、工程特点及该工程的危险源等。经考试合格后，方可上岗作业。对于从事电器、爆破、焊接、机动车驾驶、张拉等特殊工种的人员，经过专业培训，获得安全操作合格证后，方准持证上岗。

（三）制定安全管理制度，加强安全生产检查

1．安全管理制度

各参建单位根据公司的安全生产管理办法，结合各单位及项目特点，制定具有针对性的各项安全管理规章制度。做到有制度、有考核、有奖惩，使各项工作有章可循，主要包括以下内容：安全生产监督制度；安全生产责任制度；安全生产教育培训制度；安全技术措施交底制度；特种作业人员持证上岗制度；自升式架设设施装拆及检测制度；操作规程、防护用具和书面告知制度；安全检查考核制度；现场危险源管理制度；专项安全方案编制审批与施工制度；施工现场安全生产事故应急救援制度；事故报告报告制度；其他各种安全管理规定。

2．安全生产检查

1）开工前的安全检查

工程开工前，由项目安全领导小组会同有关部门，对将开工的项目进行全面的安全检查验收，检查验收的主要内容包括：施工组织设计是否有安全措施，施工机械设备是否配齐安全防护装置，安全防护设施是否符合要求，施工人员是否经过安全教育和培训并考试合格，施工方案是否进行交底，施工安全责任制是否建立，施工中潜在事故和紧急情况是否有应急预案等。

2）定期安全生产检查

项目经理每月组织一次由有关职能部门的负责人和项目专职安全员参加的安全生产大检查，并积极配合上一级进行专项和重点检查；施工队每旬进行一次检查；班组每日进行自检、互检、交接班检查。

3）经常性的安全检查

安检工程师、安全员日常巡回安全检查。使用《事故易发点检查表》每日进行检查，检查重点：爆破施工、炸药库设置及危爆物品管理、施工用电、机械设备、脚手架工程、模板工程、焊接作业、季节性施工等。

4）专业性的安全检查

针对施工现场的重大危险源，项目经理部专职安全员负责对施工现场的特种作业安全、现场的施工技术安全进行检查。设备管理人员负责对现场大中型设备的使用、运转、维修进行检查。

5）季节性、节假日安全生产专项检查

夏季检查防洪、防暑、防雷电措施落实情况；冬季检查防冻、防煤气中毒、防火、防滑措施落实情况；春秋季检查防风、防火措施落实情况；节假日加班及节假日前后安全生产检查。

对安全检查中发现的问题和隐患要做好登记和分析。从管理、技术措施等方面分析原因，在此基础上，以《隐患整改通知书》的形式，督促整改，消除隐患，并督促隐患部门，定人、定时、定措施整改到位。

第四节　安全事故的调查与处理

（1）公司接到行车事故通报后立即组成以总经理或项目主管副总经理为组长，安质部部长为副组长，有关部门负责人为组员的事故调查处理组，迅赶赴现场，进行调查处理。

（2）事故发生后，在成都铁路局、公司事故调查处理组到达现场前，由事故发生所在地参建单位协助车站组成临时调查处理小组。其任务是做好线路救援抢险的准备工作，做好内业资料的准备工作，保存证物，查找事故线索及原因，做好记录，向路局、公司事故调查组汇报。

（3）公司调查组赶赴现场后，立即组织对上述内容进行复核、补充，认真开展综合分析，找原因，制定防范措施。加强对事故关系人员进行调查，检查有关技术文件的编制、填写情况，必要时采取技术鉴定措施确保全面调查，取得第一手真实材料，为综合分析作支撑。

（4）公司相应领导牵头对事故组织分析，安质部部长或副部长组织有关部门、参建单位对故障进行分析；事故或故障分析要按照事故“四不放过”原则（原因未查清不放过，责任人员未处理不放过，整改措施未落实不放过，有关人员未受到教育不放过）深入分析事故原因，吸取事故教训，制定科学严密的防范措施，防止类似事故重复发生。

第六章　施工组织

第一节　指导性施工组织设计

一、编制依据及原则

（一）编制依据

（1）《中国铁路总公司贵州省人民政府关于川黔铁路遵义城区段线路外迁工程初步设计的批复》（铁总计统函〔2014〕1466号）。

（2）川黔铁路遵义城区段线路外迁工程施工图设计文件。

（3）国家法律、法规和原铁道部与原铁路总公司规章制度。

（4）本项目有关标准、规范、规程。

（5）《铁路工程施工组织设计指南》（铁建设〔2009〕226号）。

（6）现场调查情况。

（二）编制原则

（1）满足建设项目技术先进、经济合理的要求，做到及时编制，对不符合施工现场要求的计划、方案要及时研究调整，切实起到指导施工的作用。

（2）要在充分调查当地的人文自然条件、水文地质、气候气象和交通运输等条件基础上，因地制宜地编制施工组织设计方案。

（3）根据项目特点要求，针对可能发生的对工程建设造成不良影响的各类自然灾害和突发事件建立预警机制并做出相应的预案。

（4）积极采用新技术、新材料、新工艺、新设备，以解决施工难题，保证施工质量和安全，加快施工进度，降低工程成本。

（5）施工组织设计要体现科学性、合理性，要有较强的可操作性，做到准确实用。

（6）按国家有关法律、法规要求，安排好环保、水保及文物保护工作。

（7）注意站前、站后工程以及各相关专业的接口。

（8）结合工程实际，安排科研及试验项目。

二、施工组织总体安排

全线计划开工日期 2014 年 12 月 16 日，竣工日期为 2017 年 12 月 15 日。建设总工期 36 个月，其中施工工期 34 个月（含施工准备）。

三、总体施工顺序

（一）总体施工组织安排原则

1．统筹规划、均衡生产

在施工组织中遵循的原则：整体道床服从于铺轨需求的原则；隧道施工顺序服从于整体道床施工顺序的原则；桥梁下部及路基施工顺序服从于架梁施工顺序的原则；大型临时设施服从于主体工程施工顺序及节点要求的原则。以长大隧道、特大桥作为重点组织施工，综合考虑站后、站前工程间及各专业间的关联，统一安排和筹划，确保均衡生产。

2．重点先行

具备开工条件后，所有重点地段同步实施。按架梁方向和顺序依次展开跟进，确保全线工程按期保质建成。

（1）路基工程，路基施工安排架梁通道上的地基加固处理工程优先施工，先架方向路基优先完工的原则安排施工顺序，确保架梁工期的实现，为成段连续施工无砟轨道提供条件。

（2）桥梁工程，重点特殊结构梁先期开工。先期架梁区段桥梁下部工程和特殊结构梁工程以满足架梁需求为目标组织多单元平行的流水施工；梁场建设和制梁生产是桥梁施工的重点，力争尽早开工，满足架梁的工期要求。

（3）隧道工程，部分隧道弃渣要作为路基填料，尽量安排与路基工程同步施工。全线地质条件复杂、施工难度大的优先安排开工。

3．突出难点、有序推进

根据全线关键线路进行节点工期控制。对长大隧道、路基地基处理、T 梁预制架设、无砟轨道施工、各专业接口等重难点环节预先规划，做到有实施预案、有执行计划，使全线工程建设有序推进。

（二）总体施工顺序与全线关键线路

总体施工顺序：施工准备（征地拆迁）→桥梁下部、路基施工、隧道工程、梁场建设与制梁及运架设备准备→架梁及桥面施工→无砟道床施工→铺轨施工→“四电”工程施工→初验、安全评估。

全线关键线路：施工准备→铺架施工→“四电”工程施工→运行试验→初验、安全评估。

第二节 指导性施工组织设计的特点与重大调整

一、川黔外迁铁路指导性施工组织设计的特点

（一）川黔外迁铁路工程特点

（1）工程量大、专业类型多，施工管理组织协调难度大。
（2）不良地质分布广、特征多。
（3）工程结构物较集中，桥隧比重大。
（4）部分桥梁大跨度特殊结构及高墩施工难度大。
（5）隧道地质复杂、开挖断面大、软弱围岩多。
（6）环境保护、水土保持要求高。

（二）各专业工程的建设

1．路基工程

川黔铁路遵义城区段线路外迁工程线路改建长度为33.254 km。路基总长（含站场）为22.956 km，占改建线路长度的69.03%。

（1）优先安排预压路基和先架梁区段的路基施工，确保运架梁通道畅通和满足无轨道及道岔的施工工期需求。

（2）路桥相间地段，合理组织路基预压与运架梁的工期计划，减小工期压力。

（3）改良土、级配碎石场拌施工，沥青混凝土集中搅拌，构件集中预制，实现工厂化、标准化加工生产。

（4）采用功能齐全、性能先进的地基处理、填料改良、级配碎石拌合、路基填筑、沥青混凝土摊铺施工设备，实现机械化施工。

（5）建立路基工程施工地质核查、试验检测、路基沉降监测、路堑高边坡变形监测的信息系统，实施“监测—分析—调整”的信息化和动态化管理。

重点路基工程有：① 高路堤。坡面设三维排水柔性生态护坡、人字形截水骨架内灌草护坡，水平铺设土工格栅，一级边坡平台处设置路肩挡土墙。② 深挖路堑高边坡。桩间土钉墙，坡面采用锚杆框架梁内植生袋；路堑坡脚设置锚固桩，一级边坡设锚杆框架梁内植生袋。③ 软基处理。适用ϕ0.5 m水泥搅拌桩，ϕ0.5 mCFG桩。

2．桥梁工程

川黔外迁铁路共有铁路桥梁24座，全长10 401.6延长米；涵洞30座，1 507.77延长米；框架桥3座，桥面面积374.8 m^2；跨线公路桥1座，40.00延米，桥面面积2 115.6 m^2。

（1）部分因隧道或特殊结构桥梁等运架设备无法通过地段的简支箱梁、沿线零散分布的简支箱梁和非标简支梁、小跨度连续梁、道岔区连续梁采用现浇施工方法，合理配置资源，满足无轨道铺设连续要求。

（2）跨越主要通航河流和高速公路等一些控制性大跨度特殊结构桥梁因结构复杂、施工难度大、技术要求高、工期较紧，应优先组织施工。对于架梁通道上的重点特殊结构梁应优先安排施工，确保箱梁运架通道的畅通。

（3）作业周期较易控制的一般结构桥梁基础和墩身工程，可根据各施工单元内架梁的先后次序和

工期要求，采用多作业面平行流水方式组织桩基、承台和墩身的施工。先架方向先期开工。

（4）桥面系按架梁区段分单元施工。由于受到无轨道工期和运架梁作业空间的制约，在保证架梁工效的情况下，桥面系遮板、电缆槽、排水管、防撞墙及外侧防水层、电化立柱基础，宜利用运架梁间隙，紧跟架梁进行流水作业。一个方向架梁完成后，开始施工防撞墙内侧的防水层、保护层和伸缩缝（采用创新型无轨道时，防撞墙内侧的防水层、保护层后做）；无轨道完成后开始安装声屏障；四电铺设电缆后，安装电缆槽盖板。为确保质量稳定，有轨道桥梁的挡墙内侧防水层、混凝土保护层宜在梁场集中施工，运架梁时应做好保护。

重点桥梁工程连续梁采用满堂式现浇支架或挂篮法施工。

3．隧道工程

川黔外迁铁路线路呈北南走向行进于云贵高原区，总体为北低南高，间属云贵高原溶蚀洼地。与渝黔线并行段对渝黔线施工有影响的共有隧道 9 座，共计 11 352.8 m，其中，需同步施工段落长 4 138.8 m，高崖沟隧道虽有影响但不需同步实施。

部分隧道弃渣要作为路基填料，尽量安排与路基工程同步施工。全线地质条件复杂、施工难度大的优先安排开工。

4．轨道工程

川黔外迁铁路本线本线正线及疏解线为最高设计行车速度 120 km/h 的Ⅰ级铁路，采用重型轨道、铺设跨区间无缝线路，长度大于 1 km 隧道采用 CRTSⅠ型双块式无砟轨道，其余地段铺设有砟轨道。

按照《铁路轨道设计规范》（TB 10082—2005）及《铁路工程建设通用参考图高速铁路 CRTSⅠ型双块式无砟轨道隧道地段》（通线〔2011〕2351-Ⅳ）等 20 项设计规范标准，采用专业化的队伍，机械化设备进行标准化施工。无道岔的施工采用原位法。有道岔采用预组装，使用 CPH 铺设机组进行施工。

5．站房工程

川黔外迁铁路全线车站除阁老坝按纵横结合布置、李家湾纵列式布置形式外，其余车站均为横列布置形式。站场设计的一般规定如下。

（1）车站改建应充分利用既有设备，尽量避免大拆大改，减少废弃工程；充分考虑施工条件，减少施工对运营的干扰，便于施工过渡。各项设备规模按近期运量确定，考虑近远结合，并预留发展余地；配合城市规划，结合当地交通条件，地形及地质情况综合研究，对站场各项设备进行合理配置，力求车站平面布置紧凑、工程省、运营方便。

（2）进出站线路和站线的平面、纵断面，按《铁路线路设计规范》（GB 50090—2006）、《铁路车站及枢纽设计规范》（GB 50091—2006）的有关规定设计。

（3）龙坑站与在建渝黔线共线，线上及线下工程按渝黔线标准进行设计。

二、施工组织的调整优化

（一）施工组织设计优化调整

原设计铺架基地选于阁老坝站，铺架基地设于阁老坝站新建货场内。铺架基地及制存梁场、轨排线设于阁老坝站新建货场内，永临结合，利用车站到发线、迁出线、H2 和 H4 线作为铺架基地的存车线、迁出线、轨排线以及存梁线，设轨排线、存梁线、迁出线各 1 条，有效长度分别为 945 m，600 m，850 m。

根据工期计划铺架基地设置与阁老坝站运架梁难以满足工期要求，将制梁场变更后设置于川黔线 DK284+400 ~ DK285+000 线路两侧，利用川黔线路基弃渣场用地 1.84 hm^2，新征用地 1.64 hm^2。铺架基地设于川黔线 DK283+660 ~ DK284+400 线路右侧，不新征用地；建轨排线 2 条（含正线），有效长度 570 m，设机务整备线 1 条，有效长度 65 m。

（二）施工组织设计优化调整中重点解决的问题

（1）根据工程实施计划，确定总体和阶段性施工组织思路，指导施工组织设计优化调整。

（2）抓住施工组织设计的两个关键点：制架梁施工组织计划和制铺板施工组织计划。

（3）其他重要工程施工组织计划的优化调整。

（4）接口施工组织方案的编制与调整。

（5）注重施工组织设计的编制程序，与施工、监理单位反复交流，深入理解施工组织设计。

第三节　工期控制与节点工期

一、工期控制措施

（一）组织措施

（1）公司工程部负责指导、检查全线的工程进展情况，各参建单位成立以项目经理为组长的工期管理领导小组，全面负责本单位的施工任务工期目标落实。

（2）全线建设工期遵循"统筹规划、科学组织，重点先行、分段展开，均衡生产，有序推进"的指导思想合理安排；高度重视、优先处理对工程影响大的征地拆迁和重大迁改两大外在因素，创造工期保证的良好外部环境；抓住实施性施工组织动态调控、施工合同硬化监管、工程进度信息化管理和进度管理激励制度四项保障措施，确保工期节点可控。

（二）技术措施

（1）以指导性施工组织为纲领，分解编制标段工程和重点工程实施性施工组织，贯彻重点先行的原则，强化关键线路的专业管理和过程控制，落实节点工期。在实施过程中，根据工程进展，实行施工组织动态管理，及时调整施工组织以适应施工情况发生的变化，保证总工期目标的有序实现。

（2）采用网络化计算机技术，实现工程进度信息化管理。根据总体网络计划，采用工程计划管理软件，通过关键线路网络监控法、形象进度监控法、单项进度指标监控法等方法，对工程实施动态、实时监控，在各个阶段结束后，保持经常性对比分析，评定项目进度状况，尤其是关键线路上的工程进度，对下期工作做出安排，建立新的网络计划。根据形象进度拟定出单项进度指标，确保总工期目标的实现。

对重点控制工期工程实行施工进度报告（日报、周报）制度，掌控其施工进展情况，及时比对其实际进度和计划进度的偏差，分析成因，及时采取相应的应对措施，确保其工期目标的实现。

（3）依靠科技进步，提高施工效率开展首段首件示范，快速形成成果，积极推广，保证科技生产力效益、效率最大化。及时总结经验，不断优化施工方案。向技术要效率，向科学要工期，以"四新"技术为工期保驾护航。

（三）合同管理措施

以合同为依据，硬化合同管理。要求施工单位兑现投标承诺，严格按投标承诺保证各种生产资源的投入到位，为施工正常进行提供资源保障。在建设过程中公司将适时对各单位的资源投入到位情况进行检查，对检查发现投入不到位的单位，严格按照合同进行处理。

（四）经济措施

（1）加强建设资金管理，确保建设资金的及时到位。严格执行国家有关政策法规及原中国铁路总公司的相关制度办法，依法、合理、有效地使用建设资金。严禁拆借、滞留、挪用建设资金。

（2）建立工程进度激励机制，制定奖罚措施。定期或适时对全线工程进度进行检查评比，根据评比结果奖先罚后，促进施工生产有序进行。

（五）其他保障措施

（1）建立良好的外部建设环境，加强与地方各级政府及相关部门、单位的联系和沟通，争取得到他们的大力支持。

（2）优先处理征地拆迁、大临用地和“三电”、管线迁改等控制主体工程展开的外在因素。

（3）强化设计管理，保障全线工程按施工组织要求连续展开。

（4）做好物资供应。根据施工组织安排，及时组织甲供物资招标，提高物资供应计划性和超前性，积极做好物资调剂，保证工程急需。

二、各专业工程开竣工时间

各项工程开竣工时间见表 2-6-1。

表 2-6-1　各项工程开竣工时间表

序号	工程项目	开始时间	结束时间	工期/月	备注
一	施工准备	2014-12-16	2015-2-28	2.5	
二	路基工程	2015-3-1	2016-8-31	18	不含沉降观测期 6 个月
1	地基处理	2015-3-1	2015-8-31	6	
2	区间路基土石方	2015-3-1	2016-1-31	11	
3	站场土石方	2015-3-1	2016-4-30	14	
4	路基防护及支挡工程	2015-6-1	2016-8-31	15	
三	桥梁工程	2015-3-1	2017-2-28	24	
1	桥梁下部	2015-3-1	2016-6-30	16	
2	桥梁上部	2016-7-1	2017-2-28	8	
3	桥面系及附属	2017-3-1	2017-4-30	2	
四	涵洞及框架桥	2015-3-1	2016-2-28	12	
五	隧道工程	2015-3-1	2017-2-28	24	不含整体道床
六	轨道工程	2017-4-16	2017-11-30	7.5	
1	铺轨工程	2017-4-16	2017-8-15	4	
2	钢轨锁定	2017-8-16	2017-8-30	0.5	
3	轨道精调	2017-9-1	2017-9-30	1	
七	房建工程	2015-10-1	2016-12-31	15	
八	站场运营设施	2015-10-1	2016-12-31	15	
九	四电工程	2016-8-16	2017-10-15	2	关键工序占用时间

第四节　重点控制工程工期控制

一、控制工程

根据全线工程分布情况和总工期需求，从工期控制的角度拟定全线控制工程和重难点工程。本线控制工程为老木岩隧道（1 577.835 m）、汤家湾隧道（2 645 m）。控制工程均按施工组织安排实现工期目标。

老木岩隧道全长 1 577.835 m。全隧设进、出口两个工区：进口工区承担 1 179 m，土建工期 26.5 个月；出口工区承担 398.835 m，土建工期 16 个月（纳入渝黔同步实施工程）。必要时由出口工区承担部分施工任务。

汤家湾隧道全长 2 645 m。全隧设进、出口和横洞 3 个工区：进口工区承担正洞施工长度为 628 m，工期 18.5 个月；出口工区承担正洞施工长度为 1 005 m，工期 16.5 个月；横洞工区（与渝黔同步实施）承担施工长度 1 012 m，预计 2015 年 7 月份可开始施工，工期 20 个月。必要时由进口工区承担部分施工任务。

二、重难点工程

重难点工程是指规模大、单位工程工期较长、技术较高难或虽然规模较小、工期不长，但地质复杂、技术高难，由于种种原因有可能影响铺架和交付工期的工程。本线重点工程为汤家湾隧道（2 645 m）、大银山隧道（1 772 m）、小河口湘江特大桥（810.45 m）。重难点工程均按施工组织安排实现工期目标。

大银山隧道全长 1 772 m。全隧设进、出口两个工区：进口工区承担 1 495 m，土建工期 25.5 个月；出口工区承担 277 m，土建工期 11 个月（纳入渝黔同步实施工程）。必要时由出口工区承担部分施工任务。

小河口湘江特大桥，中心里程确定为 DK275+303.975，孔跨式样布置为 2×24+2×32+ (48+80+48) m 连续+3×32+2×24+11×32 m，桥梁全长为 810.5 m，最大墩高 54 m，工期 24 个月。连续梁采用悬臂灌注法施工，简支梁采用预制架设的施工方法，高墩采用翻模法现浇施工，基础采用钻孔桩基础。

第七章 投资控制

第一节 项目资金筹措

对铁路建设项目而言，建设资金的到位情况决定着建设项目施工的进度。

2014 年 9 月原中国铁路总公司、贵州省人民政府以《关于川黔铁路遵义城区段线路外迁工程可行性研究报告的批复》（铁总计统函〔2014〕1316 号）批复川黔外迁铁路概算总额 29.08 亿元。其中纳入渝黔铁路同步实施工程概算投资 7.33 亿元，建设资金全部由贵州省遵义市政府出资。

第二节 技术标准与规模的确定

一、建设标准

铁路等级为Ⅰ级，旅客列车设计行车速度为 120 km/h。

二、建设规模

（1）改建川黔外迁铁路正线全长 33.254 km。

（2）共设李家湾站、高炉子站、董公寺站、遵义站（与渝黔铁路同步建设）、龙坑站、南白镇站（维持既有不变）、阁老坝站等共 7 个车站及 2 个线路所。新建李家湾站货场，改扩建阁老坝站。

（3）全线施工总工期按 36 个月安排。

（4）新征征用土地 2263.3 亩、临时用地 973.3 亩，拆迁房屋 $9.932\,4\times10^4\ m^2$。

第三节　合同管理

一、硬化合同条件，降低项目投资风险

（一）完善制度，明确责任

为了加强铁路基建项目合同管理工作，规范工程建设合同的订立、履行、变更、终止等法律行为，预防、减少合同纠纷，维护和保障建设各方合法权益，严格按照有关法律、法规及原铁路总公司、成都铁路局的有关规定，制订《合同管理实施办法》。明确了合同管理过程中各相关部门的职责权限、管理流程、具体的操作方法。执行合同管理员制度，指定专人负责日常的合同管理，建立健全相关的台账，使各类合同做到有序可控。

（二）建立健全重大合同集体讨论及合同会签制度

这是避免合同签订中的漏洞或因合同经办人因经验、知识不足，造成重大投资损失的有效措施。通过重大合同集体讨论及合同会审，集大家的智慧和力量，使合同的条款更加完善、完整，规避不必要的风险，避免失误造成合同文本的表述或文字错误，便于合同得到顺利实施。

（三）严格公开招投标制度，控制项目投资

根据国家、原铁路总公司的相关规定及要求，凡是要经过招投标才能确定承包人的项目或费用，必须要按规定在相应的工程交易机构进行公开招标，并严格按照本项目的批准概算，以及施工图投资检算编制招标概算，控制项目投资。

（四）规范合同文本

严格按照国家的有关规定和招标文件中的合同条款签订合同。合同的主要条款要齐全，文字表述准确、明晰。明确双方权利义务，完善、硬化合同条款，原则上除合同中的约定或原铁路总公司批准的费用外，其余不做调整。

（五）实行合同审查制度

合同签订前，应审查对方相关承诺是否兑现。如审查其是否提交履约保函或其他保证、担保证明等等，以规避风险。合同签订后，应及时整理与合同有关的文件资料，归档保存，以备查验，如招投标文件、中标通知书、担保证明、履约保函、有关资信证明、相关法律、法规、上级有关批文、合同集体讨论的会议记录、合同会签单等。

二、全过程监控合同履约情况

全过程监控施工、监理等单位的合同履约情况，严格重要岗位履约人员的变更标准和审批程序；检查关键设备的到场情况并督促及时补充；规范劳务用工，推行“架子队”模式；杜绝违规分包、转包行为。

三、严格控制合同变更程序，合理使用变更资金

合同变更的管理是合同实施过程中成本控制的关键。对照合同实施过程中的实际情况与合同条款，

由计划财务部组织其他部门进行会审，必要时与承包人、监理进行协商、谈判。专业部门重点从承包人所提出的变更申请的工程现场情况与技术方面，提出会审意见。计划财务部按照相关办法和合同，对变更金额进行审定，考虑同类合同变更情况的处理，最终提出合同变更处理意见，参与变更会审会议，审定合同变更金额。同时，对计量支付申请中完成工作的价格进行审核，并进行相关扣款处理。

四、合理规避合同纠纷，提高风险管理能力

认真解读、细化合同条款，针对合同执行过程中存在的问题，解决好合同争端和合同变更等问题。强化风险管理，提高风险管理意识，制定防范风险措施，通过科学、合理的运作，增加内部抵抗风险能力，有效合理化解合同各种风险。

第四节　验工计价管理

一、严格验工计价程序，明确各部门职责与权限

明确验工计价管理实行统一领导、归口管理。计划财务部负责牵头组织，工程管理部、安全质量部、物资设备部、综合部、遵义指挥部共同参与，分级审核。

工程承包单位在季度或工程完成以及达到节点并检验合格后提交验工计价申请，并对验工计价申请资料的真实性负责；监理单位受公司委托，负责验工计价申请资料的审核确认工作，并提出审核意见，对确认计价的质量和数量以及审核意见负责；渝黔铁路公司工程管理部、安全质量部或物资部负责对监理单位签认的验工、计价资料审核确认；计划财务部依据合同，负责对验工计价金额进行审核，编制验工计价汇总表；验工计价汇表经主管副总经理签认并报总经理批准后方可执行。

二、据实验工计价，严禁超验、虚验等行为

渝黔铁路公司要求监理单位应熟悉施工承包合同和设计文件，在开工前和施工中认真核对施工图，发现差错与现场实际情况不符时，要及时书面上报公司，并明确监理工程师是工程计量的第一核查人，要求其认真金查现场提交的计量资料，包括形象进度、验收报告、验工计价表格签证是否齐全、有效，工程质量是否合格、否达到计量要求等，杜绝不合理计量。公司工程管理部、物资部、安全质量部进一步核实经监理单位审核金工计价资料，严格按实际完成工程数量进行验工计价，计量支付的工程数量全部控制在工程量清单及项目范围内，超出工程量清单及工程项目范围的全部按变更设计办理相应手续。确保据实验工计价，严禁超验、是验、预验。

第五节　财务管理

一、严格执行原铁路总公司“三重一大”制度规定

对建设资金支付实施计划财务部主任、总会计师、总经理联签制度，确保资金支付依据充分、依法合规。

二、加强财务管理，健全财务内部管理制度

渝黔铁路公司重视资金风险防范，实施多项措施以有效保证资金安全，严格按照验工计价拨款，坚决杜绝乱开户头、乱开支、乱借款、乱担保现象。认真执行全面预算管理，大力压减非生产性开支。

三、严格控制甲供物资资金拨付程序

钢材按据合同约定需支付各大钢厂预付款的，严格按月度需求计划计算支付，并随时关注需求计划的完成程度，做到实事求是，不超出实际供应而占用资金。其他材料按合同约定，每月根据实际收到材料进行结算后支付资金。对设计、监理、其他费用的拨付，除有的合同规定的少量预付款外，必须先验工计价，后拨款，所有资金支付必须有充分依据，做到投资与进度相符，资金拨付与验工计价匹配。

第六节　变更设计管理

一、强化变更设计管理

根据原中国铁路总公司变更设计管理办法、工程建设实际和施工承包合同约定，严格控制变更设计及费用调整。变更设计按照“先批准、后变更、先设计、后施工”的程序办理报批手续，要严格按规定的程序、分工、费用处理原则和合同约定执行，对变更设计的真实性负责。严禁以变更设计名义变相提高建设标准、扩大建设规模，防止造成损失浪费。变更设计应严格实行分类管理、分级审批制度，会勘会审制度、集体决策制度和变更设计问责制。

二、明确变更设计责任

变更设计明确各参建单位需承担的责任及责任比重。对有争议的变更设计原因和责任界定，在会商纪要中记录各方意见，在变更设计通知单中明确。

三、严格按变更设计程序

由提议单位填制“变更设计建议书”，交监理单位审查，由总监理工程师签署意见后，分发建设、咨询、设计、施工单位，由建设单位组织现场调查研究，形成会商纪要。Ⅰ、Ⅱ类变更设计由渝黔铁路公司总工程师或分管副总经理牵头，公司工程管理部、安全质量部、计划财务部、设计、施工单位、监理单位参加，根据需要，及时组织变更设计专题会议，通报变更设计情况，对变更设计较集中的专业和工点进行分析，防止违规变更或“反复变更”。

四、核实变更设计工程量

在审批签发“变更设计通知单”时，必须核定工程数量，批准后的工程数量作为编制变更设计工程预算的依据。

第八章　征地拆迁

第一节　管理方式

公司成立专职的征地拆迁办对征地拆迁全面负责，并要求各施工单位成立相应的部门，与原地方国土行政主管部门进行工作衔接，按照国家和贵州省、遵义市相关法律法规，依法开展征地拆迁工作。

（1）按照部市纪要、实施协议约定的征地拆迁补偿方式负责组织征地拆迁的实施工作。

（2）铁路工程建设用地范围包括正线、站线、改移道路及其配套设施（含“四电”）等建设工程的永久用地和取弃土场用地，用地范围及数量以施工设计用地图（含变更设计）为依据，经勘测定界后，依据施工组织安排施工单位要及时协调有关区（县）人民政府同意划拨用地。

（3）铁路用地范围内需要拆迁的所有建（构）筑物，经双方现场共同详细调查，确认类别、数量后，施工单位及时协调地方主管部门组织按期拆除。

（4）站后及“四电”工程用地与所在标段站前工程用地统一办理、一次完成。变更设计增加的零星用地，必须提交经批准的变更设计方能办理补征手续。

（5）施工单位在征地拆迁过程中，应做到调查数量准确，严格现场管理，尽量减少边角房、边角地的问题出现。

第二节　用地报批

公司完成土地报件所需资料后报送沿途区（县）原国土部门，由区（县）原国土部门按照国家规定完成相关资料后上报贵州省、遵义市国土主管部门后，由贵州省、遵义市人民政府负责上报原国土资源部。

（1）根据原国土资源部土地预审批文，委托由相应资质的地方中介机构完成项目用地勘测定界工作，出具成果报告书，并将勘测定界成果资料报送区（县）国土资源局，及时完成上级行政主管部门的审批手续。

（2）委托由相应资质的地方中介机构编制林地可研报告书，将林地调查成果等资料报送区（县）林业局，及时完成上级行政主管部门的审批手续。

（3）复核设计图纸资料，向铁路所属区（县）原国土部门报送《建设用地申请书》等相关报批资料。

第三节　征地拆迁实施

根据原国土资源部、贵州省人民政府会议纪要，由公司负责地方的日常联系工作，与所在区（县）人民政府签订征地拆迁实施协议，由地方土地行政主管部门，依法实施征地拆迁工作，公司、监理、设计、施工单位参与现场征地拆迁的数量核实和签认工作。

（1）施工单位依据设计施工用地图，按照铁路区间、站场、改移工程，以行政村为单位填写符合无误的《铁路建设用地界桩表》（地验交-5 表）一式八份，村（社）、镇人民政府、区（县）行政主管部门章，施工单位必须盖处级单位行政章；配合或组织各方及时完成项目建设用地范围内的拆迁建（构）筑物的清点丈量〔房屋面积以房产证登记面积确认，其他合法建（构）筑物实地丈量〕确认后，按不同权属人填写《铁路建设项目征地、拆迁补偿清册》（地验交-4 表）一式八份，与区（县）行政主管部门、镇（街道）、村（社）、被征地人、施工单位共同签章确认（拆迁部分可以盖地方支铁部门的公章，施工单位盖处级单位行政章）。

（2）由施工单位负责牵头，依据地方各级政府共同确认的（地验交-4 表）、（地验交-5 表）表格，整理汇总用地、拆迁数量，填写《统征用地数量汇总表》（建协表-2）和《统迁建（构）筑物数量汇总表》（建协表-1），经监理、设计单位确认，施工单位和地方行政主管部门签字盖章后报公司，经核对后由公司报贵州省、遵义市或有关区（县）级主管部门，作为征地、拆迁费用或补助费用的结算依据。

（3）铁路建设用地范围勘界确定后，施工单位应迅速组织现场详细调查，认真填写《拆迁猖狂企事业单位数量汇总表》（建协表-5）、《线路用地范围沟渠路水管塘调查表》（建协表-6），经监理单位确认后及时上报公司。

（4）建设项目用地批准后，施工单位应加快与区（县）行政主管部门的联系，及时办理铁路建设用地划拨通知并依法进行公告；拆除用地界内的建（构）筑物并划拨用地；划拨后的土地由施工单位负责管理和看护，禁止任何单位和个人在已征用土地范围内进行各类建设。

（5）按照施工图现场核对的要求，施工单位取弃土场用地前必须进行现场核对，填报《取弃土场用地核对汇总表》（建协表-3）。取弃土场用地应尽量避免占用良田，禁止在有地质隐患的区域和主要行洪沟槽弃渣（土），取弃土场用地范围原则上不能进行管线设施的拆迁和道路等工程改移。如位置发生变化必须按变更设计办理。施工单位应按有关设计和临时用地复垦方案报告书的要求进行平整恢复，经地方环保、水保、征地拆迁行政主管部门共同验收后，办理相应移交手续。

（6）改移工程用地纳入工程本身办理移交，相关移交手续一并纳入征地竣工文件。

第四节 “三电”迁改

一、迁改依据

管网迁改工作必须遵守国家、地方相关法律法规及有关行业的规范、规定：

（1）电力设施保护条例。

（2）石油天然气管道保护法。

（3）国务院、中央军委关于保护通信线路的规定。

（4）《印发铁道部 国家电网公司关于相互配合支持铁路和电力基础设施建设工作的实施办法的通知》。

（5）《关于迁改工程、工程咨询和第三方检测招标投标有关问题的通知》。

（6）《关于发布〈铁路建设项目管理程序指导意见〉的通知》。

二、三电迁改实施原则

（1）35 kV 及以上电力线路、部队光缆、天然气管道、DN300 以上水管迁改有条件的尽量采取经济补偿方式，建设单位与产权单位签订补偿协议，交产权单位组织实施。

（2）具备招标条件的 10 kV（含）以下电力线、通信光电缆、DN300 以下水管道等（已完成管网迁改工程数量、方案核定、费用估价，有关费用已纳入初步设计批复概算）迁改工程应纳入站前工程一并招标或进行单独招标。

三、三电迁改工作内容及职责

（一）迁改单位

建设单位负责未纳入招标的部队光缆、35 kV（含 35 kV）以上电力线、石油天然气管道等管网的迁改工作。工程管理部负责组织迁改联络协调、组织现场调查、规划报批、地质灾害评估、方案及概算核定、迁改勘测设计委托协议、迁改补偿协议签订等工作，公司计划财务部参加概算核定、地质灾害评估、迁改勘测设计委托协议、迁改补偿协议签订等工作，负责组织进行第三方审价。

站前标段或迁改标段施工单位负责相应标段已纳入招标的管网的迁改工作，负责联系产权单位组织现场调查、方案制定及概算核定、迁改补偿协议签订等工作。

（二）设计单位

迁改设计单位：按迁改勘测设计委托协议，参加管网迁改现场调查，负责现场勘察，完成迁改方案设计（含费用估价），负责迁改初步设计文件（含初步设计概算）编制，负责迁改施工图设计文件（含施工图预算）编制。参加现场调查、规划报批、地质灾害评估、迁改方案审查、概算审查、第三方审价等工作。

铁路设计单位：参加管网迁改现场调查，参加迁改实施方案设计（含费用估价）、迁改初步设计文件（含初步设计概算）、迁改施工图设计文件（含施工图预算）审查，参加规划报批、地质灾害评估等工作。

（三）产权单位

负责或协调相关单位与迁改单位签订迁改补偿协议。参加迁改联络协调、规划报批、地质灾害评估、方案及概算核定、第三方审价等工作，负责或敦促相关单位按迁改补偿协议条款实施管网迁改工作。

管网迁改工作由迁改单位牵头并负责。

四、迁改标准、取费及费用支付

（1）管网迁改预（概）算按对管网进行原规模、原标准、原功能迁改所需材料费、人工费、机械使用费及勘罕设计费等相关费用计列，原则上不计取运营损失费。迁改费用由迁改单位全部承担。

（2）产权单位因自身发展要求需要增加管网规模及提高标准的，其费用由产权单位自行承担。

（3）管网迁改补偿相关费用实行第三方审价制度。

五、三电迁改工程实施

明确“三电”迁改工程的原则：以现场划定的征地界沟（红线）为前提；以招投标确定的迁改项目为依据；以设计、规范、标准为准则。对“三电”迁改工程建立台账，实施动态管理，“三电”迁改工程数量调整必须有原因有依据。委托产权单位施工的项目，在签订协议或合同时，需明确技术及竣工验收、资料交接等条款，避免造成二次迁改。切实做好包价外迁改工程数量的核定与清理工作，及时完善相关手续，坚持先有手续后施工的原则，完工后做好详细的数量签认手续，及时收集资料整理成册，为预算编制、计价验工创造条件。

第五节　土地证领取

由公司征地拆迁办负责，土地完成国家批复，先行办理完毕划拨用地手续以后，完成国有土地的确权办证工作。

土地登记发证工作按照国家有关规定，向区（县）国土管理部门申报。设计、施工单位积极配合办理相关手续。

第九章　环境保护

第一节　环评水保批复

公司委托具有资质的单位完成报告的编制工作，按照逐级审查上报的原则，通过水利部和环保部的审查并得到批复文件。

第二节　环保水保实施

一、环保与水保总体要求

环保总体要求：针对施工期间产生的粉尘、废水、废气、固体废弃物、噪声，以及对空气、土壤、水源、植被、河流、山体、水利设施等的影响或破坏，制定保护或修复的措施；坚持环保设施与主体工程“同时设计，同时施工，同时投产使用”。

水保总体要求：针对施工期间占用土地、植被破坏和房屋拆迁、水土流失等的影响，制订相应的保护措施；坚持水保设施与主体工程“同时设计，同时施工，同时投产使用”。

二、环保与水保管理措施

（一）环保管理措施

（1）建立完善环保管理制度，明确参建方责任，分级管理，层层落实。

（2）建立与地方各级环保、河道、风景名胜区等主管部门沟通机制，主动接受监督检查。

（3）合理设置取弃土场，并适当集中。

（4）对于线路两侧的学校、居民住宅和办公区等噪音敏感区，应采取声屏障、隔音窗等不同的防噪措施，有效控制和减少噪声污染。

（5）桥梁施工应采取先进的施工方法和工艺，基础施工过程中的泥浆、余土及废弃物等，严禁直接排入河流或废弃于河床中，应在工程施工完后清理，集中置于弃土场。

（6）选用低噪声施工机械设备，合理安排施工时间。在噪声敏感集中区，禁止夜间施工，防止噪声扰民，同时还应采取洒水、覆盖等措施，防止扬尘对环境的影响。

（7）遵守国家有关环境保护、控制环境污染的规定，采取必要的措施，防止施工中燃油、沥青、污水、废料和垃圾等有害物质对河流、湖泊、池塘和水库的污染。

（8）临时生产和生活设施、施工便道等，依据环保要求做好环保工作。

（9）在自然保护区、风景名胜区施工，严格遵守国家有关规定，做好边界线、标示牌的设置，限制人员和机械的活动范围。严禁偷猎野生动物和践踏保护植物。

（二）水保管理措施

（1）建立完善的水保管理制度，明确各参建方责任，分级管理，层层落实。

（2）建立与地方各级水保主管部门沟通机制，主动接受监督检查。

（3）对表层土（种植土）进行集中堆放，工程完成后，合理利用。

（4）合理设置取弃土场，并适当集中。

（5）合理调配与利用路基、桥涵、隧道等工程的土石方，尽量移挖作填，施工结束后及时进行场地清理和整治。

（6）按水土保持要求设置相应的支挡工程和排水系统，防止径流冲刷造成水土流失；不得将弃渣倒入河道、湖库。

（7）采取措施防止和减少地表水和地下水漏失，同时开展施工期监控。

（8）桥梁施工应采取先进的施工方法和工艺，基础施工过程中的泥浆、余土及废弃物等，严禁直接排入河流或废弃于河床中，应在工程施工完后清理，集中置于弃土场。

（9）全线临时占地复耕，种植乔木、灌木、撒草籽等，永久用地路基边坡等植树绿化，种植乔木、灌木、撒草籽等，以补偿由于植被减少对沿线生态系统带来的不利影响。

第三节　环保水保验收

严格按照环水保批复文件和设计单位设计图纸进行工程建设，在各项工作完成后，向所在区（县）主管部门初步验收合格后上报贵州省、遵义市行政主管部门，经验收合格后，最终上报水利部和环保进行验收并下发验收通过批文。

（1）设计单位、监理单位设专人负责环水保方面的管理、协调工作。环水保管理人员要经常到施工现场进行巡视与检查，了解环水保措施的落实情况，对重点工序和重点施工地段进行重点检查、监督，对提出的问题督促整改落实，掌握环水保工程的进展情况。

（2）设计文件中的环水保项目要严格按设计要求进行验收。环水保工程与主体工程要同步验收，环水保工程不达标的不予验收，不予验工计价。

（3）公司应切实落实环水保工，加强日常环境保护监督检查。对环水保工作不重视或采取措施不力的单位，给予通报批评，并责令限期整改。

（4）建设项目环水保设施的竣工验收，由环水保审批机关组织。环保设施未经验收或者验收不合格的，建设工程不得投产使用。

第十章　工程监理

第一节　监理制度

一、监理工作依据

（1）《铁路法》《建筑法》《安全生产法》《建设工程质量管理条例》《建设工程安全生产管理条例》等有关法律和法规及批复文件。

（2）适用本工程的现行铁路工程建设的验收标准、技术标准、规范、指南、规程、条件及管理办法等。

（3）原中国铁路总公司、成都铁路局以及建设单位有关本项目的文件、通知和会议纪要。

（4）建设单位与监理单位签订的工程监理合同。

（5）有关本项目的设计文件（含变更设计）、指导性施工组织设计、技术方案。

（6）建设单位与施工单位依法签订的施工承包合同。

（7）建设单位、设计单位、施工单位和监理单位各方会议纪要。

（8）建设单位向施工单位下达的年度、季度施工计划。

（9）有关本项目监理工作的其他依据。

二、监理工作目标

（一）质量控制目标

（1）质量总目标：满足国家、行业现行设计、施工、验收等采用的规范标准；单位工程一次验收合格率 100%，开通速度达到设计速度目标值，主体工程质量零缺陷。

（2）监理程序符合规定，质量管理达标、内业资料规范。

（3）工程实体质量必须符合国家、行业有关标准、规定及设计文件要求。其中施工过程或实体工程质量必须满足以下要求：

① 按照验收标准要求，各检验批、分项、分部工程施工质量检验合格率达到 100%；单位工程一次验收合格率达到 100%。

② 确保主体工程质量零缺陷，确保桥隧主要承重结构 100 年的使用期要求。

③ 实测最高检测速度达到设计速度的 110%，开通速度达到设计速度目标值，且须符合建设单位的有关质量管理办法、创优规划及有关细则等管理性文件要求。

④ 在合理使用和正常维护条件下，路基、桥梁、隧道等工程结构的施工质量，应满足设计使用寿命期内正常运营要求。

⑤ 杜绝工程质量特别重大事故；遏制工程质量重大事故，确保主体工程质量零缺陷，确保桥隧主要承重结构 100 年的使用期要求。

（二）安全控制目标

健全各项安全管理制度，严格遵守各项安全法规，完善项目建设过程安全控制，推进施工安全标准化建设，确保安全有序完成项目建设。

具体控制目标：无重大及以上施工安全事故，无因建设引起的重大及以上道路交通事故，无重大及以上火灾事故；无铁路既有线交通 B 类及以上事故；控制和减少一般责任事故等。

（三）进度控制目标

建设工期满足总工期要求，节点工期满足批复的《指导性施工组织设计》工期要求，施工中一切服从建设单位总体策划，按提前完成工期安排工程施工，关后门、倒排表，将总工期分解为阶段工期，有序可控施工，在合同计划工期内完成约定的工程量，在确保质量的前提下，做好施工进度的动态控制，满足建设单位对施工工期的目标要求。

（四）环水保施工控制目标

努力把工程设计和施工对环境的不利影响减至最低限度，确保铁路沿线景观不受破坏，地表水和地下水水质不受污染，植被有效保护，噪声、振动和扬尘的环境影响得到有效控制，文物得到有效保护。

三、监理工作制度

依据标准化管理制度的要求，监理项目部制定 20 项监理工作制度，在实施过程中严格执行。包括施工方案审核制度，工程质量检查制度（含日常检查、隐蔽工程检查、工序质量检查、重点工程关键部位检查、旁站监理制度），安全生产管理制度，施工图现场核对制度，变更设计审查制度，原材料、半成品、构配件检查、复检制度，验工计价制度，试验管理制度，监理资料、台账管理制度，质量安全事故报告制度，工地例会制度，信息化管理制度，监理工作重大问题请示报告制度，监理人员考核制度，培训学习制度，内部财务管理制度，责任追究制度，监理工作纪律制度，廉政建设制度，技术交底制度等。

四、监理试验管理制度

混凝土标养室管理制度，样品室管理制度，留样室管理制度，试验室委托管理制度，试验资料管理制度，试验报告单管理制度，试验原始记录管理制度，档案管理制度，试验室安全管理制度，试验室消防安全制度，试验室安全用电制度，不合格试验结果管理制度，计算机管理制度，仪器设备期间核查管理制度，计量检定管理制度，试验室设备管理制度，事故分析与处理制度，对施工单位试验室的管理制度，工作会议制度、报表制度，试验仪器设备管理制度，试验文件、技术规范、试验规程管理制度，试验检测记录，报告的填写与检测制度，试验室质量保证制度，试验室委托制度，标养室管理制度，试验台账管理制度，工程质量和原材料检测试验制度，平行和见证检验制度等。

第二节　现场监理工作的实施

一、监理机构的组织机构和人员配置

（一）监理机构的组织机构

按照监理合同及建设单位标准化管理要求，长沙中大建设监理有限公司组建渝黔监理 6 标项目部（简称监理项目部），地点设在遵义市。

监理项目部采用直线职能制组织形式，实行总监理工程师负责制，内设综合部、工程管理部、中心试验室和安全质量管理部四个职能部门。按投标文件承诺配置了试验检测仪器、交通工具、通信设备、办公及生活用品等。监理项目部设 2 个监理组，形成监理项目部与监理组的二级管理模式。配备了桥、隧、地质等专家顾问组，专家顾问组对管段内的重难点工程进行监理技术指导和咨询。监理机构的组织机构见图 2-10-1。

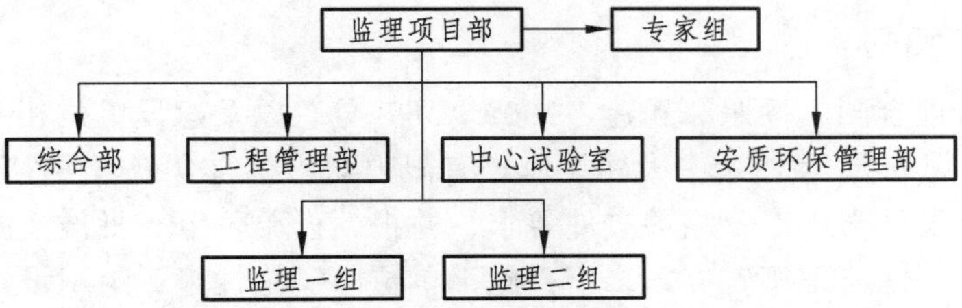

图 2-10-1　监理机构的组织机构

（二）监理机构的人员配置

监理人员专业结构配置齐全，配备了安全、质量、测量、投资控制、路基、桥涵、隧道及明洞、轨道、房建、四电、试验等铁路建设所需要的专业，同时，结合站前站后各专业难易程度及工程量大小，合理安排专业监理人员数量。

监理项目部的人员配备为总监 1 人，副总监 2 人，安质部长、工程技术部长各 1 人，中心试验室主任 1 人、技术负责人 1 人，测量、环保监理工程师各 1 人，资料员 1 人；监理组长 3 人，站前路基工程监理人员 3 人、桥涵工程监理人员 5 人（含预制梁）、隧道及明洞监理人员 4 人，轨道工程监理人员 2 人；站后通信及信号、电力监理人员各 1 人，牵引供电、房建监理人员各 1 人；试验监理人员 4 人。

二、监理工作内容与规划

为落实程序化管理，按标准化管理要求，监理项目部建立涵盖监理管理全方位的 32 项监理工作程序，并在实施过程中执行。

（一）监理工作内容

（1）协助建设单位和施工单位协调征地、拆迁、交通疏解，完成四通一平，合理布置施工场地。

（2）参加建设单位组织的设计交桩工作，督促施工单位进行控制点复测和相邻标段控制点联测复核，测量专业监理工程师旁站复测和联测过程，审核测量记录和测量成果。

（3）审核施工单位授权常驻现场代表的资质和现场的组织机构，审查分包合同和分包人的资质，符合合同要求者，予以认可；否则，整改或调换。

（4）督促施工单位建立质保体系和安全体系方案，审查现场的主要技术管理人员的资质，要求制定完善的质量控制程序和可行、可靠的技术及组织保证措施。

（5）组织施工图纸的技术交底和资料的交接，使施工单位全面掌握设计意图、设计文件要求和设计图纸，澄清图纸的疑问、遗漏和差错，以便组织施工。

（6）督促施工单位按图纸要求，合同约定和规范规定，编制和提交施工组织设计。对于施工单位上报的施工组织设计，监理从内容的完整性、技术措施和保证条件的可靠性和可操作性、施工方法的科学性上，认真审核，同意或经整改后上报建设单位审批后实施。

（7）检验进场设备和材料的合格证、出厂检验报告，签认材料、设备进场报验单，合格同意进场，否则退回。

（8）检查、验收工地试验室，核查试验人员资质及人员配置，督促施工单位按规范要求的频率对进场材料取样试验，合格方准予使用，提供试验资质证书及试验报告资料。

（9）参加建设单位组织召开的第一次工地会议，了解工程有关各方合同履行及开工前准备工作情况，进行监理程序和方法的交底。

（10）审核施工单位单位工程及分项工程开工报告，核查主要人员进场、设备进场、测量复核、测量放样、材料进场报验及检验报告等，具备条件，签署《工程开工报审表》。

（二）监理规划与细则

根据监理合根据监理合同，按照“建建〔2009〕389 号”以及建设单位相关管理文件要求，总监主持编制完成了《监理规划》，经长沙中大建设监理有限公司审核符合现行《铁路建设工程监理规范》、各专业验收标准、项目设计文件以及相关文件要求，并报建设单位审查批准实施。按《监理规划》要求编制监理实施细则和其他监理实施方案，审查施工单位的实施性施工组织设计、方案、作业指导书等，认真对施工全过程进行质量、安全、投资、进度、环水保、标准化管理、农民工资、维护社会稳定等全方位监理，工程处于受控状态。

根据工程进展及建设单位有关要求，总监理工程师组织专业监理工程师编制了详细具体，具有可操作性的监理实施细则，经总监理工程师批准后实施，并报建设单位核备。按管理程序要求向施工单位做了专门技术交底，并在监理实施过程中认真执行。程序管理依法合规，细节控制符合验收标准、技术标准、技术规范以及设计文件要求。

三、监理过程控制方法及措施

（一）工程质量控制

（1）监理项目部在总监理工程师主持下编制了监理规划和监理实施细则，制定了监理工作流程、监理工作制度及监理旁站方案，为顺利有效开展监理工作提供指导性、可操作性的监理文件。

（2）监理项目部组织各专业监理人员学习技术标准、规范规程，熟悉设计文件和施工图纸，按照监理合同、监理规划、监理细则，依据施工图设计文件、规范、规程、验标开展监理工作。

（3）组织监理人员对设计文件、图纸审核，提出审核的意见，使监理人员明确图纸的技术要求、质量标准、施工方法和所使用的新材料、新工艺，对施工中的技术及质量难点做到心中有数，并在监理工作中加

（4）组建监理项目部中心试验室、监理组试验室，有计划地开展工程试验检测工作，检查、验收施工单位工地试验室，督促施工单位按规范要求的频率和数量，对进场材料取样试验，合格者方准予使用。

（5）抓好开工前的技术准备，严格开工审批，认真组织监理工程师审查施工单位上报的实施性施工组织设计及专项安全施工（方案），并提出审查意见，经施工单位完善后，予以核批，并要求施工单位严格按方案组织施工。

（6）注重施工组织设计或方案的审查，严格要求施工单位按经批准的施工方案组织施工，跟踪实施效果，发现偏差及时要求施工单位对施工方案加以修正或完善，提高施工方案的可操作性，以技术方案指导施工。监理项目部审核施工组织设计、专项施工方案，并对方案实施过程跟踪。

（7）根据工程质量目标、安全目标等过程控制目标进行细化，分解到各个监理工作阶段、各个监理环节和每个监理人员，做到每一项监理工作程序的标准化；对施工测量进行复测审核；组织检验批、分项、分部工程质量检查验收；对进场原材料进行见证取样及检测。以质量安全监理为重点，监督、检查施工质量、安全保证体系运行情况；对工程实体质量实施监控，使施工行为符合规程规范，工程质量符合验收标准。

（8）做好原材料、构配件、设备进场质量检验、验收，按规范频次数量进行材料质量检测；注重原材料质量把关，见证工程使用的原材料、半成品的检测，检测合格后方准许投入使用。

（9）采取施工单位的自检和监理抽检见证试验相结合的方式，核查进场原材料的型号、规格、出厂日期、质保证明等内容，拒绝不合格材料进入施工现场，一旦发现不合格原材立即清理出场，从源头上把好工程质量关。通过对进场原材料的严格把关控制，从根本上保证了工程实体质量。

（10）做好工程质量检验，组织对检验批检验、分项工程检验、隐蔽工程检验、分部工程检验、工程验收等监理工作，督促要求施工单位严格按现行规范、规程、验收标准和设计要求施工，分部工程质量经验收合格并经监理工程师签认相关资料后方可进入下道工序施工，未经签认的工序，不得进行下道工序施工。监理工程师组织验收工序检验批满足规范要求。

（11）重视隐蔽工程检查，按施工程序严把隐蔽工程质量关，严格按规范对每道工序、各个部位进行规定的质量抽检和现场监督，对隐蔽工程进行验收、复核签证，并留下影像记录。

（12）开展旁站监理工作。对桩基水下混凝土灌注、钢筋安装、大积体混凝土浇筑、梁体混凝土浇筑及预应力施加、隧道初支、仰拱、防水、二衬等重要部位、关键工序施工实施全过程旁站监理。对在旁站过程中发现的安全质量问题及时要求施工单位进行整改合格，通过旁站监理预防和减少了施工中的质量缺陷和返工，确保重要部位和关键工序施工质量可控。

（13）监理项目部组织了对凿除桩头质量、墩身施工买体及外观质量、连续梁及外观质量、混凝土施工质量等的专项检查，通过专项检查针对性地采取预防和纠偏措施，有效地控制工程施工质量。针对在检查中发现的工程质量问题，及时向施工单位指明质量问题部位及整改意见，对较严重的质量问题或已形成隐患的问题，监理工程师以书面监理工程师通知单形式要求施工单位返工处理，纠正、整改问题，监理工程师进行复验至合格。

（14）桥梁连续梁施工难度大，监理项目部把连续梁施工作为重点监控。连续梁施工严格执行红线管理，确保质量安全；连续梁施工，制定了悬灌连续梁施工监理验收程序和悬灌连续梁施工质量监理要点，对连续梁 0#块及支架预压的检查由监理项目部、监理组、专监组织施工单位验收，验收合格后才准进行下一道工序的施工。对挂篮拼装及移位和拆除实施过程监理控制，并留有隐蔽工程验收影像记录，对连续梁的预应力张拉和孔道压浆实施全过程监理旁站，确保工程重要部位安全质量性能符合要求。

（15）根据工程施工特点明确质量控制要点，监理项目部制定了监理预控措施，以事前事中控制为主，加强施工过程控制，采取审核、巡视、见证、旁站、平行检验、工序检查、检验批验收等有效监理手段及监理方法，使工程施工质量处于受控。按期组织安全、质量检查，总监理工程师、副总监理工程师、监理组长定期或不定期巡视工地，现场监理工程师每天巡视施工现场，一旦发现存在质量问题立即要求施工单位进行整改，并下发书面整改通知或监理工程师通知单，施工单位对监理提出的问题均进行了整改并以书面回复整改情况。

（16）监理项目部严格按《铁路基本建设变更设计管理办法》有关规定进行变更设计控制把关，按规定程序严格审查、复核申报的设计变更。坚持“先批准，后施工”的原则，无变更设计图纸，不得自行施工。

（17）重视大型设备管理，经常督促施工单位及时申报各种大型设备安全技术资料，监理项目部对上报的各种施工方案及时组织审查和现场核实，并及时填写、收集、整理、分类、归档监理资料，建立了各种记录台账，使监理资料清晰、准确、完整，真实记录监理工作的控制过程，做到监理工作内外同步。

（18）定期召开监理工作例会和工地例会，及时分析、解决施工中存在的问题。通过监理例会和工地例会，强调施工单位要重视重要部位及关键工序的质量控制，提出施工注意事项，做到事先控制，预防为主，对已发生的质量问题要及时整改且引起重视，确保施工质量符合要求。

（二）工程进度控制

进度控制的重点：依据合同和建设单位要求，审核施工单位的进场人员、设备及工程分包等情况，加强并细化进度计划过程监督管理，重视施工进度的记录、信息收集、统计、分析预测和报告工作，从而实现监理进度控制工作目标。

工程开工以来，监理项目部严格审核施工单位编制的施工进度计划，督促施工单位在工程进度方面采用编制总工期，细化月进度计划、周进度计划甚至日进度计划的方法，通过对关键线路的控制较好地完成了对工程进度的控制。

监理项目部监督施工单位严格按照施工承包合同规定的工期和建设单位下达的季、年度施工计划组织施工；通过每月定时召开工地例会和平时不定时的进度专题会议，对施工进度计划与实际完成情况进行比对，提出偏差原因，督促施工单位进行针对性的调整，以保证施工进度满足建设单位要求。监理项目部每月召开工地例会前先对工程实体的形象进度进行调查，将实际进度与计划相比较，分析计划与实际进度的偏差，初步分析产生偏差的原因，在工地例会上，把工程进度纠偏在会议上进行点评，要求施工单位采取措施进行整改完善，同时加强对施工单位的纠偏实施进行跟踪，督促其根据会议要求予以落实。

监理项目部在现场的检查过程中，随时对施工单位工程实施情况进行监督，掌握各工程项目的施工进展情况，对控制工期的重点工程，准确了解工程进度，发现进度滞后，及时分析原因，要求施工单位提出相应措施进行赶工。施工单位整改不力或无具体的改进措施时，监理项目部及时下发“监理工程师通知单”，要求施工单位采取措施。定期编制进度分析报告，建立工程进度台账，核对工程形象进度。对各个施工工点存在的进度偏差进行统计和分析，明确进度超前或滞后的具体偏差，分析产生的原因。

（三）工程投资控制

监理项目部严格把控管段内工程计量与支付的审核签证工作，按原铁路总公司及建设单位现行文件规定办理验工计价签证，保证所验工签证的各项工程质量合格、数量准确。加强合同变更、设计变更等审核控制，在合同工程总量控制的前提下，加强分析预测、提高审核工作准确性、可靠性和原则性，有效实现投资控制目标。

监理项目部认真审核施工单位申报季度验工报表的工程数量，确保验工计价项目不超验，不漏验，对不符合质量标准的工程，整改未达标的坚决不予验工计价。对施工单位上报的计量支付申请，监理项目部按合同清单以实际出发，按已完工的合格分项工程予以审批，做到了公开、公平、公正。建立验工计价台账，详细统计投资变化情况。

（四）工程安全控制

（1）根据工程施工特点，监理项目部编制了施工安全监理细则、施工安全监理计划，指导监理工程师进行施工安全监理工作。

（2）施工准备阶段，检查施工单位施工现场安全管理体系；专职安全员人数；审查特种作业人员资格；审查施工单位编制的施工组织设计中的安全技术措施、对重大危险源制定的应急预案。

（3）施工阶段，督促施工单位做好逐级安全技术交底工作，核实现场安全防护员、特殊工种人员、大型机械操作人员是否满足施工要求，督促施工单位按照工程建设强制性标准和施工组织设计、专项施工方案组织施工，检查专项施工安全方案的执行与落实。

（4）根据工程施工特点，监理项目部对工程进行安全风险分析，建立了风险清单，进行了危险源和重大危险源辨识，编制了《安全监理实施细则》《安全监理职责》等各种监理卡控措施。

（5）注重对特种大型机械设备的安全监理，要求特种设备进场前上报资格审查资料，对进场的机械设备进行定期检查。

（6）把控各个环节的安全施工，要求施工单位施工中严格执行安全防护措施，合理卡控既有线施工的红线管理，合理布置机械位置、深基坑周边设置防护栏杆、挂篮拼拆及行走安全可靠、临边作业栏杆护网到位、规范模板安装及脚手架搭设等，坚决杜绝安全事故的发生。

（7）监理项目部组织开展了特种机械设备、深基坑开挖、连续梁、挂篮拼装、电焊工持证上岗、冬期消防安全等专项安全检查，对检查出的安全问题及时督促施工单位进行整改，监理组进行跟踪复查，确保安全工作不留隐患，通过专项安全检查，预防和杜绝安全隐患及安全事故的发生。

（8）对施工过程中的高危作业进行巡视检查，发现违规施工和存在安全事故隐患的问题，立即责令施工单位现场整改；对涉及安全施工的重要部位和关键工序，例如，跨公路的现浇梁施工、挂篮拼装、移动和拆除、深基坑的开挖及支护、挂篮拼拆及行走等施工进行全过程旁站监理，在旁站过程中发现的安全隐患，要求施工单位立即整改。

现场安全施工处于可控状态。

（五）环保水保控制

1．文明施工监控方法和措施

（1）要求施工场地应有必要的标识、材料堆放整齐并符合规范要求；施工符合有关安全、通风、采光及防火的要求。

（2）认真落实文明施工相关措施和行为。

2．水保、环保监控方法和措施

监理单位对施工单位的环保、水保工程质量、防护措施、管理机构和管理制度进行全方位监理。

（1）施工准备阶段：认真审查施工组织设计，对环保、水保措施进行审核，重点审查方案的可行性和合理性。对生态环境敏感点检查审核。审查施工便道等临时设施布置的合理性。

（2）施工阶段：严格要求施工单位按照批准的实施性施工组织设计组织施工，将环保、水保工作贯彻于施工全过程。

（3）积极落实水环境保护措施，大气环境的防护措施。

（六）合同管理方法和措施

1．变更设计管理

发生工程变更时，将了解实际情况和收集与工程变更有关的资料。对于任何形式的质量、数量和内容上的变更，总监理工程师将对照原设计文件和施工的实际情况，设计变更文件和其他有关资料，并参照合同有关条款，组织有关人员进行审核与评估，提出监理意见，报业主审批。经业主批准，监理工程师向承包单位发出工程变更令，并协助业主与承包单位签订工程变更的补充协议。

2．工程分包管理

必须按规定程序办理。监理工程师通过总承包单位对分包工程进行管理，监理工程师有权直接到分包工程去检查工作，发现涉及分包工程的各类问题，由总承包单位负责处理。监理工程师签署期中付款证书，由业主向施工总承包单位支付工程款。总承包单位向分包单位支付工程款。业主指定的分包单位的支付，则按承包合同的有关规定办理。

3．费用索赔和合同争议管理

依据合同受理或驳回承包单位对业主的索赔。

第三节　监理结论

各单位工程的分项工程所含的检验批全部符合质量要求，所含的检验批质量记录完整。分部工程所含的分项工程全部符合质量要求，质量控制资料完整，有关结构安全和使用功能符合要求。

路基、桥涵、隧道、站场等各单位工程验收结论为合格。

路基、桥涵、隧道、站场、房建各专业工程静态验收所发现的各类缺陷的整治结果符合要求，静态验收通过。

总体验收结论：管段路基、桥涵、隧道及精密工程测量等专业分项工程、分部工程、单位工程达到了合同约定的工程质量要求，总体工程质量评定为合格。

第十一章　工程咨询

第一节　咨询方式

根据设计阶段划分，川黔外迁铁路项目咨询分两阶段进行，第一阶段为项目的总体性审查，第二阶段为施工图审核。

一、总体性审查

第一阶段为项目的总体性审查，主要是对线路技术标准的合理性和可行性、经济运量及行车组织方案、线路及站场方案和点线能力调问题、桥梁的结构形式、地质资料的完整性和特殊工点的工程处理技术措施、路基设计方案、隧道设计方案、工程的永临结合近远结合问题和桥与路、隧与路、路堤与路堑、线下基础与轨道、“四电”与路桥隧及轨道、“四电”系统相互之间的接口和抗干扰性、动车与列控系统、弓网关系和轮轨关系等各方面在设计中的衔接与系统化集成问题以及站后各配套系统的安全性、协调性、合理性、先进性等提出咨询意见，并对初步设计执行国家关于工程建设的强制性标准情况、政策法规情况、可行性研究审查批复意见执行情况、设计文件的完整性和深广度是否满足有关要求等进行审查。

二、施工图审核

第二阶段为施工图审核，按原铁道部《铁路建设项目施工图审核暂行办法》（铁建设〔2004〕81号文）的有关要求对项目的施工图设计进行审核。审核的主要内容包括以下八个方面。

（1）执行初步设计批复意见。

（2）执行工程建设强制性标准。

（3）审核施工图设计文件编制内容、深度和质量是否达到《铁路基本建设项目预可行性研究、可行性研究和设计文件编制办法》规定和有关规范、规程要求。

（4）审核工程措施、工点技术措施、施工过渡措施、安全措施。

（5）审核防火、节能、环保、水保措施。

（6）审核工程数量、设备和材料数量、用地数量、检查拆迁数量，并与初步设计数量进行对比；检查投资检算编制和工程投资控制效果。

（7）审核标准设计图选用。

（8）设计文件的总体性和专业间的衔接。

第二节　主要咨询成果

提供相关咨询工作报告。

第十二章　物资管理

第一节　物资采购供应

本项目物资设备采购供应实行分类管理，按照原铁路总公司相关规定，所有物资设备分为三大类。

（1）甲供物资设备：指在工程招标文件和合同中约定，由原铁路总公司或渝黔铁路公司招标采购供应的物资设备。

其中，由原铁路总公司组织渝黔铁路公司采购供应的甲供物资设备简称部管物资，由渝黔铁路公司直接组织招标采购供应的甲供物资设备简称建管物资。

（2）甲控物资设备：是指在工程招标文件和合同中约定，由渝黔铁路公司负责制定合格供应商资格条件并负责供应商资格审查，在渝黔铁路公司监督下施工单位采购的物资设备。

（3）自购物资设备：是指在工程招标文件和合同中约定，由施工单位自行采购的物资设备。渝黔铁路施工单位均按照分类管理的权限进行了物资设备采购。

第二节　物资质量控制

为确保采购的甲供物资设备质量符合设计要求，渝黔铁路签订的《物资设备采购合同》对物资设备的质量保证均做出了详细的规定，明确了买卖双方的责任和义务。

坚决杜绝了不合格物资设备进入施工现场。施工单位只能使用经检验合格的物资设备，未经检验或检验不合格的禁止使用。监理单位按照有关验收标准对进场物资设备进行了见证取样或平行检验。

渝黔铁路公司安全质量部、物资设备部不定期对进场的物资设备进行了质量抽检，使现场物资设备质量管理工作有序可控。

第十三章　队伍管理

第一节　专业队伍要求

根据建设管理相关管理规定，核查参建单位资质和营业执照，督促参建单位组织专业队伍进行施工，保质按期完成川黔外迁铁路建设任务。

第二节　岗位培训

一、培训范围

实行分层分类分专业培训，做到专业全覆盖、人员全覆盖。从决策层到管理层（执行层）直至作业层、自项目筹备到工程竣工，结合工程实际，适时开展培训工作。

二、培训内容和分工

（一）渝黔铁路公司

渝黔铁路公司管理人员除及时参加原铁路总公司有关部门组织的培训外，根据工程实际情况，开展各类行之有效的培训。培训重点应包含《安全生产法》《建设工程质量管理条例》《建设工程安全生产管理条例》《铁路建设工程质量管理规定》《铁路建设工程安全生产管理办法》等法律、法规和规范性文件，各类工程建设强制性标准、规范、验标，原铁路总公司下发的各类管理文件、规定，工程建设领域“四新”成果等。

（二）项目部

项目部以满足现场需要为重点，积极组织技术人员参加上级部门组织的培训，并认真做好企业内部培训工作。组织施工人员认真学习《建设工程质量管理条例》《建设工程安全生产管理条例》《铁路建设工程质量管理规定》《铁路建设工程安全生产管理办法》等管理规定，提高依法组织施工的自觉性，落实质量安全管理责任。

施工安全培训，按照国家有关规定做好安全“三类”人员培训和认证工作，取得安全生产考核合格证书后方可担任相应职务。既有线和特种施工等作业人员，必须进行上岗前的技术、安全培训，考试合格后持证上岗。

施工技术培训，组织开展对施工技术、工艺、规范和验收标准的学习，现场技术人员和作业人员熟悉规范、掌握验标，提高技术水平。

作业人员培训，施工企业应建立“架子队”人员培训和持证上岗制度，培训合格后方可上岗，培训情况记录在教育培训档案中。从事技术工种的，上岗前必须取得相关职业资格证书，从事特殊工种的，还应取得特种岗位作业证书。

（三）监理站

监理站积极组织监理人员参加铁路有关部门、行业协会组织的铁路工程监理专业培训，并结合项目实际情况自行组织开展经常性培训工作。

培训内容应包含《安全生产法》《建设工程质量管理条例》《铁路建设工程质量管理规定》《铁路建设工程安全生产管理办法》《铁路建设工程监理规范》《铁路建设工程监理管理暂行规定》等法律、法规和规范性文件，各种工程建设强制性标准、规范、验收，原铁路总公司和成都铁路局下发的各类管理文件、规定，工程建设领域“四新”成果等。

三、培训教材和师资队伍

根据前述培训内容，培训教材选用前述的法律、法规、文件、规定。

四、培训考核

培训考核由培训教师设置考题，职能部门组织考核，员工的培训考核结果计入员工培训档案，将作为员工用工、晋升、调薪的重要依据。

五、培训工作要求

各施工、监理单位要建立长效机制，把铁路建设培训工作贯穿川黔外迁铁路建设始终，有计划、有针对性、有目标地开展培训教育工作，施工单位要认真编制培训规划，编制详细培训计划，建立健全相关安全培训台账，公司将结合施工、监理单位上报的培训规划，每月定期组织对各参建单位的培训工作情况进行检查。

第三节　劳务使用

根据相关法规要求，对工程建设过程中的劳务使用严加管理，督促施工单位签订专用劳务合同，并定期检查，确保劳务使用依法合规。

第十四章　文明施工

第一节　优化工作环境

一、确定目标，统一标准

显现整体效果按照项目规模及总体要求，公司及时制定项目安全目标、质量目标、工期目标及环水保目标，并对项目实施进行统筹管理，统一各项施工作业标准及管理标准，对施工现场规划布置、文明施工管理及内业资料收集、整理、装订等都进行了明确要求，并严格执行。

二、建立文明施工管理体系，完善管理制度

（一）建立管理体系

构建由公司统一组织、监理单位日常监督、施工单位具体落实的文明施工管理控制体系。施工单位必须按照文明工地创建活动的有关规定，健全内部管理控制体系。

（二）完善管理制度

根据原铁道部《关于推进铁路建设标准化管理的实施意见》（铁建设〔2009〕154号）要求，建立全线文明标准化工地考评管理制度，通过管理段的日常检查和公司组织的定期检查，对全线各标段的文明施工进行综合考评和奖励。

三、主要保护措施

（一）废水、废渣处理措施

废水的处理主要采取物理处理法、化学处理法和生物处理法进行彻底处理。物理处理法系通过设置沉砂池、沉淀池、隔油池、气池及其附属装置等设施设备，进行分离、回收废水中不溶解的悬浮状污染物；化学处理法系通过化学反应和传质作用来分离、去除废水中呈溶解、胶体状态的污染物或将其转化为无害物质的废水；生物处理法主要使用于处理高浓度有机废水和淤泥的施工现场，现场常常系通过设置消化池对废水进行处理。

废渣的处理主要采用回收、掩埋、外运等方式进行处理。一是对现场废铁屑、废木头、废纸箱等废渣，采用回收的方式进行集中加工再用或销售；二是对废电瓶、废电池、废荧光灯管等有害废渣，按照相关要求进行统一堆放、处理，少量的可以进行深坑掩埋；对其他生活产生的废渣，通常采用外运至环保部门指定地方进行堆放。

（二）防止空气污染和扬尘措施

（1）施工现场主要道路路面铺设厚度不低于20 cm混凝土，若因特殊施工原因没有硬化的道路，采用黑网覆盖，确保泥土不裸露在外。

（2）根据现场运输车辆通行道路实际情况，及时对路面进行清洗或洒水防尘。

（3）施工现场堆放的易产生尘埃的水泥、砂等施工物料，通过覆盖采彩条布等方式进行封闭管理。

（4）建筑垃圾、工程弃渣弃土在24 h内不能及时清理的，设置临时堆放，堆场四周进行围挡、遮盖等防尘措施。

（5）散装料、建筑垃圾在6 m以上采取密闭清运，施工场地清扫出的建筑垃圾、工程渣土采用袋装或密闭清运。

（6）运输车辆离工地前，采取围挡围挡、遮盖等防尘措施。车辆上轮对或外观附有泥土的，必须将车辆的槽帮和车轮冲洗干净。

（7）施工现场的施工泥浆，必须经过沉淀池沉淀后排放，沉淀池并由专人负责定期清理。

（8）对脚手架、高平台、设备及其他物料等清理建筑垃圾或废料时，必须进行洒水、吸尘，禁止使用翻竹底笆、板铲拍打、空压机吹尘等会产生扬尘的方法清理，严禁在楼层清理垃圾时直倾倒地面等进行高空抛撒。

（9）工程完工30日内，必须对施工场地和周围场地积土、堆物进行清理，必要时要对裸露地面进行临时绿化或用绿网覆盖。

（三）施工噪音控制措施

噪音控制以不扰民为前提：一是在居民集中居住区，白天控制大型机械施工作业时间，夜间禁止机械施工；二是在少数居民居住区，控制夜间机械施工。此外，还采取以下措施对施工噪音进行了控制。

（1）土石方施工。一是现场挖掘机、装载机、推土机、平地机、压路机、汽车等机械设备的使用，机械自身必须符合环保标准，操作人员经过环保培训和教育后方能上岗；二是施工过程中严格控制机械负荷重量，禁止超负荷运转；三是加强施工机械的维修保养，缩短维修保养周期，禁止施工机械带病作业。

（2）混凝土施工。一是尽量采用环保型振捣棒，振捣棒使用完毕后要及时进行清洁、保养；二是对操作工人严格要求，振捣混凝土时禁止振击钢筋或钢模板，并做到快插慢拔；三是振捣混凝土时，必须有相应人眼控制电源及电源开关，防止振捣棒空转。

（3）混凝土输送。一是对泵车操作人员进行环保意识和责任心教育，保证混凝土输送平稳运行；二是加强混凝土罐车、泵车等设备的维修保养；三是合理安排时间，缩短混凝土罐车、泵车等设备在现场停留时间。

（4）模板、脚手架等安拆。一是模板和肤脚手架等设备安拆及搬运时，必须斤那轻放，上下左右有人传递，防止跌落、撞击产生噪音；二是模板、脚手架修理维护时，禁止有大锤敲打产生噪音扰民。

（5）车辆通行。一是控制油大小，禁止在居民区猛踩油门；二是控制车辆运行中鸣笛区段，城区、居民集中区禁止鸣笛；三是加强车辆保养，禁止车辆带病上路。

（6）电气设备使用。选用低噪声的设备，以减小噪声的污染；牵引变压器采用自冷方式，消除风机噪声的污染。

（四）水土保持措施

在川黔外迁铁路工程承建过程中，公司采用工程措施、生物措施和蓄水保土耕作措施对沿线水土进行保持，效果十分明显。

工程措施：根据施工现场实际情况，通过边坡整治工程（如各类梯田、台地、水平沟、鱼鳞坑等）、治沟工程（如淤泥坝、谷坊、沟头防护等）和小型水利工程（如水池、水窖、排水系统和灌溉系统等）对施工沿线影响的水土进行保护。

生物措施：通过造林、种草、封山育林、育草等方式，增加植被覆盖率，维护和提高沿线因施工破坏的土地生产力，保护、合理利用水土资源。

蓄水保土：以改变坡面微小地形，增加植被覆盖或增强土壤有机质抗蚀力等方法，保土蓄水，改良土壤，以提高农业生产的技术措施。如等高耕作、等高带状间作、沟垄耕作少耕、免耕等。

公司根据现场地形和自然规律，在全面规划的基础上，因地制宜、因害设防，合理安排工程、生物、蓄水保土三大水土保持措施，实施山、水、林、田、路综合治理，最大限度地控制水土流失，从而达到保护和合理利用水土资源，实现经济社会的可持续发展。

四、环境保护过程控制标准

（一）施工计划中安排环境保护的具体工作

（1）宣传。积极全面宣传环保工作，通过现场采取图片、表扬、评优、奖励等多种方式进行环保宣传，并将环保知识普及工作落实到每位施工人员身上，提高全员环保意识。

（2）培训。组织参建人员认真学习国家及地方环境法律法规和公司相关规定，并对施工人员进行岗前考试，合格后方能上岗。

（3）执行。制定翔实的防止大气污染、水污染和噪声污染的具体制度，并督促施工单位严格执行。

（4）奖惩。定期对现场施工单位的环保工作进行评比，奖优罚劣。

（二）文明施工及环境保护方案审批

施工单位根据公司制定的总体目标和方针，结合管内施工项目实际情况，在工程正式实施前，编制切合实际的文明施工及环境保护方案，并按以下程序进行报批。

（1）施工单位编制方案。

（2）公司主管部门审批。

（3）公司主管领导审批。

（4）特殊方案报上级部门或地方主管部门审批。

（三）文明施工及环境保护检查

公司组织每月对施工现场做一次全面的文明施工及环境保护专项检查，检查内容主要如下。

（1）施工现场围挡是否连续、牢固、美观。

（2）建筑工地大门是否完好、牢固。

（3）工地出入口是否硬化处理，是否有冲水设施。

（4）施工现场及项目驻地是否设置好良好的排水系统。

（5）场内裸露地面是否绿化或消尘处理，水泥罐及弃渣运输车辆是否有防尘围挡、严密。

（6）设施设备、材料堆放、加工作业区是否按总平面布置图设置。

（7）上墙图表是否设置规范、齐全有效。

第二节　安全防护

一、安全防护制度

公司严格执行以下安全防护制度，以确保施工安全。

（1）既有线（含邻近既有线）施工坚持执行成都铁路局“施工八不准”“既有线施工 11 条”“施工安全红线”等制度，确保施工安全。

（2）特种作业安全防护制度。特种作业必须执行标准化作业，严格双岗作业禁止单岗干。

（3）高空、深坑、高温等作业安全防护制度。隧道、高空、深坑、高温等条件下作业必须设置牢固有效的防护措施，带电作业必须按规定配备必备的防护备品。

（4）安全防护员安设及工作制度。涉及既有线（含邻近既有线）施工的必须按规定安设现场防护员、驻站防护员，必要时要安设中转防护员，防护员之间要检查三至五分钟通话一次，并坚持标准化作业。

二、安全防护措施

（一）作业人员安全保护措施

（1）严格着装要求。各种作业人员必须配齐安全防护备品，高空、深坑作业人员必须佩戴安全帽、安全绳（带），电焊人员必须佩带护目镜等。

（2）严格持证上岗。所有参建人员，必须按规定进行培训，经培训合格取得权威部门颁发上岗证后，方能持证上岗。

（3）作业中严格做到“物防、技防、人防”三防一体的安全防护措施，作业人员间要相互监督、辅助、提醒，共同做好各项安全防护措施。

（二）临时用电安全技术措施

（1）施工现场的总配电箱和开关箱至少设置两极漏电保护器，使之具有分级保护的功能，且开关箱中必须设置漏电保护器。

（2）在特灌湿、导电良好的地面、锅炉或在金属容器内工作的照明电源电压不得大于 12 V，暂设办公、生活区，室内照明电压不大于 36 V。

（3）电气设备和设置室内总配电屏和室外分配电箱或设置室外总配电箱和分配电箱实行多级配电。

（4）开关箱由未级配电箱配电，开关箱内严格执行“一机一闸一保护”，每台用电设备必须设置自己的开关，严禁用一个开关电器直接控制两台以上的用电设备。

（5）配电箱应装设在干燥、通风及常温场所。配电箱、开关箱周围应有足够的两人同时工作的空间，其周围不得堆放任何有碍操作、维修的物品。

（6）配电箱、开关箱内的连接线采用绝缘导线，导线的型号及截面严格执行临时图纸的标准截面。各种仪表之间的连接线使用截面不小于 2.5 mm^2 的绝缘铜芯导线，导线的接头不得人参动，不得有外露电部分。

（7）在建工程不得在高、低压线下方施工，高、低压线下方不得搭设作业棚，建造生活设施或堆放构件杂物等。

（8）施工时各种架具的外侧边缘与架空结路的边缘之间必须保持安全操作距离。当外电线路电压为 1 kV 以下时，其最小安全操作距离为 4 m；当外电架空线路的电压为 1 ~ 10 kV 时，其最小安全操作距离为 6 m；当外电架空线路的电压为 35 ~ 110 kV 时，其最小安全操作距离为 8 m。上下脚手架的斜道严禁搭设在外电线路的一侧，施工转臂架式起重机的任何部位或被吊物边缘与 10 kV 以下的架空线路边线最小水平距离不得小于 2 m。

（9）施工现场内临时用电的施工和维修必须由经过专门培训取得上岗证专业电工完成，电工和等级应用工程的难度和技术复杂性相适应。

（三）现场防火安全措施

（1）施工现场明确划分出禁火作业区（易燃、可燃材料的堆放场地）、仓库区（易燃废料的堆放区）和现场的生活区。各个区域之间设有可靠的放火间距。

① 禁火作业区距离生活区不小于 15 m 距离其他区域不小于 25 m。

② 易燃、可燃的材料堆料场及仓库距离修建的建筑物和其他区不小于 20 m。

③ 易燃的废品集中场地距离修建的建筑物和其他区不小于 30 m。

④ 放火间距内，不应堆放易燃和可燃的材料。

（2）施工现场的道路夜间设有足够的照明设备。禁止在高压架空电线下面搭设临时性的建筑物或堆放可燃材料。

（3）施工现场设置有消防水池，项目驻地及重要场所设有消防宽度不小于 3.5 m 消防通道，并且在工程施工的任何阶段都确保通行无阻。

（4）建筑工地设有足够的消防水源（给水管道或蓄水池），对有消防给水管道设计的工程，公司在组织施工时，预先对外消防、室外消防给水管道与消防栓进行铺设。

（5）临时性的建筑物、仓库以及正在修建的建（构）筑物道旁，配置有适当种类和一定数量的灭火器，并布置在明显和便于取用的地点。冬季施工时，现场还做好了对消防水池、消火栓和灭火器等设备设施的防冻工作。

（6）作业工棚和临时生活设施的规划和搭建，严格按照下列要求组织实施。

① 临时生活设施搭建在距离修建的建筑物 20 m 以外的地区，禁止搭设在高压架空电线的下面，距离高压架空电线的水平距离不应小于 6 m。

② 临时宿舍与厨房、锅炉房、变电所和汽车库之间的防火距离，不小于 15 m。

③ 临时宿舍等生活设施，距铁路的中心线以及小量易燃品储藏室间距不小于 30 m。

④ 临时宿舍距火灾危险性大的生产场所不得小于 30 m。

⑤ 为贮存大量的易燃物品、油料、炸药等所修建的临时仓库，与永久工程或临时宿舍之间的防火间距应根据所贮存的数量，按照有关规定确定。

⑥ 在独立的场地上修建成批的临时宿舍，应当分组布置，每组最多不超过两幢，组与组之间的防火距离，在城市市区不小于 20 m，在农村不小于 10 m。临时宿舍简易楼房的层高严格控制在两层以内，每层设置两个安全通道。

⑦ 生产工包括仓库，无论有无用火作业或取暖设备，室内最低高度一般不低于 2.8 m，其门的宽度要大于 1.2 m，并且要双扇向外。

（四）施工现场安全纪律

（1）进入施工现场必须按规定着装。所有人员必须子安全帽，穿戴工作服，禁止场内赤脚、穿拖鞋、高跟鞋，高空作业人员禁止穿皮鞋和带钉易滑鞋。

（2）作业人员班前 4 h 禁止饮酒，醉酒人员 48 h 内不准上班。

（3）非作业人员不准擅自进入施工场地，作业人员未经许可禁止从事非本工种作业。

（4）未经施工负责人批准，禁止任意拆除搭设机械设备、电气设备设施及安全装置。

第十五章　建设协调

一、成立组织机构

公司成立了以总经理为组长，副总经理为副组长，各部门为成员的建设协调工作领导小组。

同时要求各参建单位成立以项目经理为组长的建设协调工作领导小组，并配备专人负责征地拆迁协调工作。

二、开展建设协调工作

公司设专职副总经理分管建设协调工作，征地拆迁办具体负责会同参建单位共同解决建设工程中遇到的各种纠纷和出现的问题。

第十六章　工程验收

第一节　验收方式

各专业工程，采用内业验收与现场检查相结合的方法，内业检查主要检查内业资料的完整性、全面性；外业检查包括观感质量检查、主要功能和实体质量抽查等。

第二节　静态验收

一、静态验收过程

成立竣工验收领导组，下设静态验收领导小组，领导小组下设九个静态验收专业工作组，按照国家、原铁路总公司的建设方针、政策、法律、法规、验收标准和有关规定，审查工程是否符合9个静态验收条件并完成相应的静态验收报告和问题整改报告。

按照原铁道部《关于重新印发铁路建设项目竣工验收交接办法的通知》（铁建设〔2008〕23号）、《中国铁路总公司关于进一步规范铁路基建大中型项目竣工验收工作的通知》（铁总建设〔2014〕91号）等相关文件规定，2018年1月至6月，成都局组织完成了川黔铁路遵义城区段线路外迁工程静态验收，6月20日召开静态验收综合组会议，同意通过静态验收，具备动态检测条件。

二、静态验收结果

（1）全线路基、桥涵、隧道及轨道结构满足设计和验标的要求。

（2）通信工程施工符合设计文件及验标要求，达到验收标准。施工总体质量合格，设备设安装合格，运行正常，性能稳定。

（3）信号工程施工符合计文件及验标要求，达到验收标准。施工质量良好，设备安装良好，运行正常，性能稳定，外观强度良好，标识清楚。

（4）电力、电化工程符合设计文件及验标要求。施工质量合格，运行正常，性能稳定。

（5）房建、给排水工程满足设计及验标要求。

（6）环境保护工程环评手续齐备，环境影响报告书得到了原环境保护部的批复，环境保护工程做到了与主体工程同时设计、同时施工建设。

（7）建设用地上报原国土资源部。工程建设征用、划拨、回收土地及青苗补偿和拆迁建筑、构筑物协议书、补偿清册按地区已分类成册。

第三节　动态验收

一、动态验收过程

2018年8月21日至25日，成都铁路局、渝黔铁路公司组织完成了川黔铁路遵义城区段线路外迁工程工务、接触网专业动态检测，2018年11月1日至3日组织完成了通信、信号专业动态检测。

二、动态验收结论

对川黔外迁铁路路基及过渡段、轨道结构、道岔、桥梁、隧道等进行动车组及货物列车实车运行动态响应测试，检测项目各项指标合格。动态验收检测结果达到原铁路总公司有关技术标准，已具备初步验收条件。

第四节　初步验收

一、初步验收过程

2018 年 11 月，原中国铁路总公司工程质量监督管理局成都监督站提交了《川黔铁路遵义城区段线路外迁工程质量安全内部监督报告》，同意进行工程初步验收。

2018 年 11 月 15 日，渝黔铁路公司上报了《关于申请川黔铁路遵义城区段线路外迁工程初步验收的函》（渝黔工函〔2018〕28 号），提出工程已具备初步验收条件，申请中国铁路成都局集团有限公司进行初步验收。

2018 年 11 月 28 日，中国铁路成都局集团有限公司对渝黔铁路公司上报的初步验收申请进行了研究，认为川黔铁路遵义城区段线路外迁工程具备初步验收条件，同意启动初步验收。

2018 年 11 月 30 至 12 月 3 日，中国铁路成都局集团有限公司组成初步验收委会，对川黔铁路遵义城区段线路外迁工程进行现场检查并召开了初步验收会议。

二、初步验收结论

川黔铁路遵义城区段线路外迁工程在建设过程中执行了国家和原中国铁路总公司有关政策、规定和强制性标准，以及有关设计规范和批复意见，验收范围内工程已按批准的内容和标准基本建成。劳动卫生、安全设施已按批准的设计建成；环保设施按环境影响报告书及批复要求基本建成，并经检查认可；水土保持设施按水土保持方案及批复要求基本建成，并经检查认可；消防工程验收合格，已取得消防合格意见书；建设用地已依法批复；建设项目档案收集、整理及编制质量基本符合初步验收条件。根据成都局的动态检测报告，原中国铁路总公司工程质量监督管理局成都监督站工程质量安全内部监督报告等，动态验收速度达到了 120 km/h 标准，工程满足设计要求，工程质量合格，工程验收程序符合规定，同意通过初步验收。

第五节　安全评估

一、运营安全预评估

（一）提出运营安全预评估申请

川黔外迁铁路所有工程项目实施完毕后，公司根据工程初验及整改情况，及时向成都铁路局申请进行安全预评估，并同时递交了初步验收的以下资料：工程静态验收报告、静态验收专家组审查意见、综合检测报告、初步验收委员会专家意见、初步验收中影响运营安全问题解决情况的报告、国家铁路局和原铁路总公司安全监督管理局检查发现问题整改落实情况的报告、线路平面示意图等有关资料。

（二）参加运营安全预评估准备会

根据成都铁路局总体安排，公司组织设计单位、施工单位、监理单位对工程初验结果进行分析，结合工程实际施工情况，完善相关技术资料的组装，做好工程安全预评估的相关安排、部署等准备工作，并按要求参加成都铁路局组织召开的安全预评估准备会。

（三）参加安全预评估检查

川黔外迁铁路公司根据成都铁路局关于川黔外迁铁路安全预评估的实施方案，组织参建设计单位、施工单位、监理单位，接受安全预评估工作小组对川黔外迁铁路进行安全预评估检查，并严格按照评估检查小组对检查发现问题的整改要求，制定翔实的整改方案，督促相关单位、部门按期整改。

（四）对预评估的整改情况进行复查

安全预评估发现问题整改完成后，公司召集相关设备管理单位、参建设计单位、施工单位、监理单位共同对现场整改情况进行复核、确认，确保整改效果和安全评估工作的正常推进。

二、运营安全评估

（一）提出运营安全评估申请

川黔外迁铁路顺利通过安全预评估后，公司向成都铁路局申请进行下一步的安全评估工作，并同时递交了安全预评估的以下资料：工程静态验收报告、静态验收专家组审查意见、综合检测报告、动态验收报告、动态验收专家组审查意见、初步验收报告、初步验收委员会专家意见、初步验收中影响运营安全问题解决情况的报告、国家铁路局和原铁路总公司安全监督管理局检查发现问题整改落实情况的报告、线路平面示意图等有关资料。

（二）参加运营安全评估准备会

根据成都铁路局总体安排，公司组织设计单位、施工单位、监理单位对安全预评估情况进行分析，结合工程实际整情况，再次修订完善相关技术资料，做好川黔外迁铁路安全评估的相关安排、部署等准备工作，并按要求参加成都铁路局组织召开的安全评估准备会。

（三）参加安全评估检查

渝黔铁路公司根据成都铁路局关于川黔外迁铁路安全预评估的实施方案，组织参建设计单位、施工单位、监理单位，接受安全预评估工作小组对川黔外迁铁路进行安全预评估检查，并严格按照评估检查小组对检查发现问题的整改要求，制定翔实的整改方案，督促相关单位、部门按期整改。

（四）对评估的整改情况进行复查

安全评估发现问题整改完成后，公司召集相关设备管理单位、参建设计单位、施工单位、监理单位共同对现场整改情况进行复核、确认，确保整改效果和铁路运营安全。

第六节　初期运营

本线于 2019 年 11 月 25 日开通运营。

第十七章　竣工决策

第一节　项目概算

川黔外迁铁路项目总概算按 349 128 万元控制（含征地拆迁费用 95 908 万元，工程费用 253 220 万元）。

第二节 投资完成情况

川黔外迁铁路项目自 2015 年 7 月开工，至 2018 年 12 月通过初步验收并交付运营。截至 2018 年 11 月底，资金到位 23.211 亿元，项目已完成投资 26.19 亿元。

第三节 末次验工计价和竣工决算的安排

公司预计待清概文件正式批复后 6 个月内完成对施工单位的末验，并将按《成都铁路局建设项目资产交付和竣工财务决算实施办法》(成铁财〔2010〕546 号)文件精神完成资产交付和财务竣工决算的编制。

第十八章 经验体会与问题探讨

第一节 经验体会

川黔外迁铁路的建设成功是铁路系统深入学习实践科学发展观成果的结晶。回顾三年建设历程，有以下几点经验和体会。

一、川黔外迁铁路的建设成功得益于国家和原铁路总公司的大力支持

川黔铁路遵义城区段线路外迁工程是国家 2014 年新开工 64 个铁路重点项目之一，也是遵义市抢抓“国发〔2012〕2 号”文件及重庆至贵阳铁路扩能改造工程建设历史机遇而实施的重大项目。项目的建设实施对进一步促进遵义市城市建设、提高城市品位、优化城市布局具有十分重要的现实意义。

二、川黔外迁铁路的建设成功得益于国力的提升

我国综合国力自改革开放以来不断增强，奠定了雄厚的物质、资金、技术水平。工程建设机械化、专业化水平不断提高，施工精细化水平不断提升。新技术、新材料、新工艺水平不断提升，参建各方的铁路建设管理水平和技术水平在实践中显著提高，为川黔外迁铁路建设奠定了雄厚的基础。

三、和谐创新凝合力规范施工铸精品

川黔外迁铁路自开工以来，在原铁路总公司、遵义市政府和成都铁路局的正确领导下，通过贯彻铁路建设新理念，大力推进标准化管理，工程建设逐步走向规章制度科学化、过程控制规范化、现场管理标准化。

四、更新理念，不断提高责任意识

打造精品工程，首先要抓员工的思想建设，把精益求精、精细操作变成职工的自觉行动。打造精

品工程离不开全体参建员工的强烈责任感作支撑。把灌输铁路建设新理念、培育全员的精品意识，作为质量管理的首要任务。同时提出质量在认识、在管理、在工艺控制。

采取多种形式宣贯铁路建设新理念。结合沿线工地实际，针对存在的问题，将铁路建设新理念进行延伸和扩展，使内容更加丰富具体，更加切合项目实际。

五、科学管理，不断提升建设质量

健全的质量管理体系，科学的管理制度是建设工程的保障。渝黔铁路公司紧紧围绕“主体工程质量‘零缺陷’”的建设目标，从建章立制入手，逐步建立起科学合理、切合实际、操作性强、种类齐全的规章制度。

六、注重过程控制，确保工程质量

渝黔铁路公司紧紧抓住影响质量的重点环节，加强现场管理，强化过程控制，以严格的过程控制确保工程质量。要将原材料、路基填筑、混凝土工程、隧道工程、桥梁工程等作为重点，加大日常检查、抽查和集中检查力度，落实质量控制措施。

七、不断推进标准化管理

渝黔铁路公司全面落实了“六位一体”的建设管理要求，重点从文明工地建设、架子队管理、工装设备、原材料、环保水保、工地试验室、现场技术资料、监督检查、监理管理等方面提出了具体的标准。公司依据《铁路建设项目现场管理规范》《铁路工程技术资料管理规程》《关于深化铁路建设项目标准化管理的指导意见》《关于积极倡导架子队管理模式的指导意见》等文件要求，制订了现场安全文明管理标准等管理和检查标准。在川黔外迁铁路建设中实现了管理制度标准化、人员配备标准化、现场管理标准化、过程控制标准化。

第二节　问题探讨

川黔外迁铁路建设在站前建设时存在少许瑕疵，遵义城区段线路外迁工程站前工程因受渝黔线并行影响，因此在标段划分时，分同步段与不同步段，尤其隧道工程划分时，因同步段施工较短 200 ~ 300 m，组织施工较晚，导致不同步段单头掘进达 1 000 m 以上，而同步段仍未完工，不同步段施工成本增加，也严重影响计划工期。而整个工程分同步与不同步施工段落也划分较多，有的地段存在相互干扰，组织施工协调难度加大。以后类似工程，尽可能里程连续或成段的进行划分，以便各单位能有效组织工程施工，减少相互干扰，加快施工进度。

03 第三篇

勘察设计

第一章 地质勘察

第一节 概 述

川黔铁路遵义城区段外迁工程地质勘察工作严格执行国家和行业现行的规范，采取分段负责、分阶段实施、多工种协同工作的方法，做到既分工明确，又相互协作。

针对项目特点，勘察工作在充分收集分析既有川黔线勘察、施工、竣工及改造工程资料及沿线高速公路地质资料、线路病害资料的基础上，根据工程和具体的地质条件，合理选用综合地质勘察方法，详细查明沿线的工程地质和水文地质条件，提供各类工程建筑物初步设计所需的工程地质资料。各种勘探手段合理应用，相互补充，相互印证，综合分析判定，保证为初步设计提供充分翔实的地质资料。

第二节 主要勘察标准、手段及综合地质勘察方法

一、勘察标准

本线勘察遵循现行国家标准与国家行业标准，主要有《铁路工程地质勘察规范》(TB 10012)、《铁路工程不良地质勘察规程》(TB 10027)、《铁路工程特殊岩土勘察规程》(TB 10038)、《铁路工程岩土分类标准)(TB 10077)、《铁路工程地质钻探规程》(TB 10014)、《铁路工程地质原位测试规程》(TB 10041)、《铁路物理勘探技术规则》等相关规范规则。

二、勘察方法

(1)本线勘察工作采用地质测绘、物探、钻探、水文地质试验、室内试验等相结合的综合勘察方法，成果资料相互印证。

(2)充分收集利用既有铁路线资料，了解施工和运营期间的工程地质问题和病害，及与线路有关的其他工程建地质资料，并熟悉初测及可研地质资料，掌握本线主要工程地质问题，了解需要进一步解决的地质问题，在此基础上开展定测阶段地质工作，对于前期工作的资料应进行复核后加以利用。

(3)全线按隧道、桥梁、各类路基工程、建筑材料场地、站场和房屋建筑工程分别编制工点详细工程地质说明，资料编制内容应满足有关标准和设计要求，全部资料采用微机数字化编制。

第三节 勘察技术原则及有关技术要求

一、勘察工作的主要原则

(一)路堤

详细查清路堤基底的地基条件，压缩层厚度以及满足变形计算的各层岩土物理力学指标，以判定

地基土是否满足地基技术条件要求。

（1）取样试验：应根据静力触探资料明确取样层位及数量，软土、松软土应分层取样；试验项目以物性指标、压缩性指标为主，小桥涵桥台钻孔取样及试验项目应考虑路基综合利用；需采用复合地基处理的典型软土、松软土地段，必要时应进行水质分析及有机质含量试验。

（2）水塘地段：水塘地段应重点调查水塘深度，塘底淤泥厚度等，水塘地段必须布置横断面测量；水田等低洼地段重点调查表层淤泥质土厚度种植土厚度等；沟谷地段应重点调查地表水文，评价其对路基稳定的影响。

（3）高路堤陡坡路堤：查明斜坡坡度地层结构地质构造岩土界面岩土工程性质主要软弱面的分布范围和特征，获取土层、岩土界面或不利结构面的抗滑抗剪或固结等物理力学指标，查明地下水活动情况及其对基底稳定性的影响，满足地基稳定及变形分析的需要。对陡坡路堤半填半挖路基应根据地质情况，进行横断面勘探，一般视地质条件复杂程度进行挖探或钻探。

（二）路堑

1．一般路堑

路堑勘察确定岩土施工工程分级，评判基床土质情况，提供边坡支护意见。调绘范围应结合地形地貌地层岩性地质构造水文地质条件影响的范围确定。

2．顺层及地形地质复杂的深路堑

顺层地段勘察主要以地质调绘为主，辅以必要的钻探挖探，查明地层岩性、地质构造、顺层层面、各种结构面特征及其组合关系、含水层性质与厚度、补给源等水文地质条件，重点调查附近既有铁路和公路边坡顺层滑坡，反演本地区顺层层面指标。

3．其他类型路堑

土质路堑地段应加强取样试验，逐工点按不同土层分层取样，以物理性质及剪切试验为主，必要时可作压缩试验；砂岩、泥岩等软质岩路堑，取全风化土样及岩样进行抗压强度水理性质等试验；红黏土路堑，取样应进行常规试验及膨胀性试验。

（三）桥梁工程

（1）重点查明桥位区地貌地层岩性地质构造及岸坡稳定性，查明墩台基础岩体的风化与破碎程度夹层情况和基岩面形态以及地下水状态。

（2）针对基础持力层范围内的地基土采取岩土样，分工点按不同岩性分层取样；土工试验除全套物性指标外，持力层范围内的土层，还应进行剪切及压缩试验；第四系松散层风化岩及软岩区提高岩芯采取率，并加强孔内标贯或动探试验；极软岩层，宜选取代表性工点，进行旁压试验；每座桥不少于一组地表水及地下水水样。

（3）每个墩台均布置勘探孔，对基岩面起伏大的桥要增加勘探孔数量。勘探孔深度根据基础类型确定，并满足相关规范的规定。

（四）隧道工程

隧道地质勘察应采用综合地质勘探方法，对软岩、岩石风化严重或覆盖层发育的隧道洞口、沟谷浅埋段宜布置钻孔勘探。长大隧道重要的地层界线、区域性断裂及明显的物探异常区段应布置深孔钻探。

（1）详细查明隧道范围地形地貌、地层岩性、地质构造、岩层风化程度、岩层产状及各种结构面发育情况，加强对洞口、边仰坡及浅埋地段的调查。根据综合勘探测试成果确定隧道围岩分级。

（2）查明洞身是否通过煤层、气田、膨胀性地层、采空区、有害矿体及富集放射性物质的地层等，

并进行工程地质条件评价。

（3）查明隧道通过地段的井、泉分布，含水层、隔水层性质，分析水文地质条件。在构造发育地段及岩溶区，应分析突水、突泥的危险性，预测隧道施工诱发地面塌陷和地表水漏失等破坏环境条件的问题，并提出相应措施。

（4）查明横洞、平行导坑、斜井、竖井、弃砟场等工程的地质条件。

（5）地质复杂隧道及长大隧道进行专项大面积地质调查，沟谷浅埋地段、重大构造等地质界线，主要采用物探查明，必要时采用钻探验证。

（五）站场及房屋建筑工程

（1）以地质调查为主，结合站场内路基桥梁勘探工作，查明站场及各类建筑场地范围内的地形地貌地层岩性地质构造等工程地质条件，判明站场场地的稳定性，并为建筑物的平面布置方案和基础类型确定提供工程地质资料。

（2）站内建筑物根据房屋的结构类型规模及所处的地基条件布置勘探工作。

（六）填料及取土场勘察

（1）路堑地段钻探应查明各类泥质软岩工程性质分布范围，以及路堑弃方用作路基填料的可行性及工程措施；全风化层及残积层必要时进行黏粒含量、颗粒分析等试验，黏粒含量大于10%时，尚应进行黏土矿物分析及膨胀性试验，岩样进行天然饱和抗压强度试验水理性质试验。

（2）取土场布置地质横断面勘探，不同地貌单元应有勘探断面控制，孔深至开采深度以下，风化岩石要查明岩石风化带施工工程分级和作为路基填料的适宜性。

二、重点不良地质勘察原则

（一）岩溶

岩溶勘察是全线的不良地质勘察的重点之一，应加强岩溶地段勘探工作。

裸露型岩溶区加强对岩溶地貌、地层岩性、地质构造、层理、节理裂隙特征岩溶洞穴的调查地下水的补径排关系等，与线路密切相关的洞穴大型溶沟溶槽暗河竖井等编号实测，反映在1：2000平面图上。

覆盖型岩溶区应开展岩溶地面塌陷调查，重点调查表层覆盖土工程性质、地下水的活动、抽排水状况等，已产生岩溶塌陷区应调查其位置高程塌陷产生的时间及历史状况原因等。对于未产生过岩溶塌陷的地区，根据物探钻探等综合分析岩溶发育程度，并根据地下水的活动状况、覆盖土的性质等，综合分析岩溶塌陷的可能性及处理措施。

（二）采空区

对线路附近的各类采空区，核查落实开采和影响边界，在地质成果图上画出线路附近煤矿采空区影响边界线。对已有的采空区原则上予以绕避。

搜集各种地质图、矿床分布图、矿区规划图和地表变形等，研究区域地质条件，访问坑洞历史情况；查明地层岩性地质构造，坑洞的分布规律，积水有害气体聚集情况；查明地表变形及分布规律，分析该段的稳定性；查明地下水的影响；调查既有建筑物的变形情况及地基加固处理经验。

在人为坑洞分布无规律，地面痕迹不明显，无法进入坑洞内进行调查和验证的地区，应采用综合物探方法，并用物探结果指导钻探，必要时进行综合测井。人为坑洞地区勘探点应根据线路纵横断面方向，并结合工程建筑物类型坑洞埋藏深度延伸方向进行布置。测试包括，对上覆不同性质的岩土层应分别取代表性试样进行物理力学性质试验；地下水和地表水样水质分析；煤层或可能储气部位必要时还需要有害气体含量压力的现场测试。

（三）有害气体

收集有害气体区测资料及专项资料，查明地形地貌地层岩性地质构造；有害气体含量压力涌出量分布特征范围；评价对工程和环境的影响，提出防治工程措施意见。钻孔应结合工程布置在可能储气或煤层部位，深度根据工程需要确定，并取样和试验，进行相应的瓦斯参数测试。

（四）顺层

岩层走向与线路走向夹角小于45°的顺层地段，应加密地层产状测量，找出规律，准确反映岩层产状与工程关系的特征。

顺层路堑地段，应查明岩性结构层理节理产状，是否存在软弱结构面，岩层走向与层理面夹角。

顺层隧道工程地段，应注意预测顺层可能产生的滑动及偏压问题。

（五）滑坡及坍滑

以调绘为主，查明地形地貌微地貌特征，地层层序岩性软弱夹层及土层间基岩面土层的性质分布范围，地质构造岩体结构面的产状性质及特征，基岩风化层分带，水文地质条件，评价稳定程度。

钻探至（坍）滑体滑动面时，必须采用双层单动管或风压干钻法取芯。

（六）危岩落石及崩塌

以调绘为主，查明地形地貌微地貌特征，确定可能产生落石及崩塌的规模滚落方向影响范围等；查明地层岩性、岩层结构、软硬岩的分布范围、风化程度；查明地质构造，岩体结构面的性质、产状间距宽度、延伸长度、深度、充填物等。

（七）岩堆

调绘范围应包括补给区及其相邻地段。查明补给区地层岩性地质构造节理发育风化程度；查明补给区地层岩性、地质构造、节理发育、风化程度；查明岩堆分布范围、形态特征、成层情况、厚度、物质组成、密实程度、软弱夹层等，岩堆床形态，水文地质条件，评价岩堆的稳定性。

三、特殊岩土勘察原则

（一）膨胀土（岩）、红黏土

应查明沿线膨胀土（岩）的分布范围厚度以及其地形地貌特征，尤其是微地貌特征及大气影响深度。沿线红黏土上更新统黏土路堑地段钻探，重点取得深部土样。试验项目除常规物理性质指标外，重点应进行膨胀性试验。

（二）软土、松软土

软土、松软土工程地质勘察应根据工程类型的要求有侧重地进行，查明分布范围、分布规律、地貌特征；查明各层的成因、类型、时代、固结状态、岩性组分、分层厚度、物理力学指标、水理化学性质等，查明抗剪强度随深度的变化规律。查明地下水与地表水的关系及下卧硬层横坡情况等。

四、主要技术要求

（一）工程地质调绘

（1）工程地质调绘工作应根据地形地貌和地质条件，紧密结合工程设置，合理布置勘探测试工作，提出线路方案比选和工程设计所需的地质资料。

（2）工程地质调绘范围与线路专业相同，各工点勘测范围与相应专业一致，隧道区测范围应根据初测方案变化情况进行补充和修订。

（3）地层划分以 1∶20 万区域地质图及报告为依据，地层单位一般划分至组，可溶岩地层、煤系地层应划分至段。

（4）所有地质界线应有足够的地质点控制，重要地质界线（如煤层石膏层断层等）的地质点应进行实测。

（5）地质平面图中封闭地质界线内，应绘制小柱状图。同一闭合圈内的小柱状图应统一。

（6）工程地质图件和相关专业工点地质资料应在现场填绘。

（二）钻探及原位测试

（1）土层基岩全风化带采用双层单动岩心管钻进或干钻。饱和砂层可采用跟管钻进套管护壁或泥浆钻进等有效方法。断层破碎带推测滑动面（带）5 m 以上或发现滑动面（带）迹象时必须采用双层单动岩芯管钻进。

（2）在基岩弱微风化层中钻进时，每回次进尺不超过 2 m；基岩全强风化层黏性土、粉土、砂类土一般不大于 1.0 m，在软土和松散地层中钻进时，每回次不超过 0.5 m；顺层间软弱夹层滑动体的滑动面（带），回次进尺不得大于 0.3 m。

（3）岩芯采取率及终孔直径：黏性土≥90%；砂类土滑动面及重要结构面上下 5 m 范围内岩石微风化带（W1）和弱风化带（W2）≥70%；岩石全风化带（W4）、强风化带（W3）和构造破碎带碎石类土≥50%。取样孔终孔孔径一般不小于 91 mm。

（4）每个钻孔均应量测初见水位及终孔后 24 小时的静止水位。

（5）钻孔须经驻机地质技术人员及质量监督人员验孔并同意方可终孔。重大工程的钻孔必须经主管地质技术人员现场核查验孔后方能终孔。

（三）取样及送样

（1）在钻孔中分层采取代表性岩土试样进行室内试验，取样数量应满足相关岩土参数的统计要求。

（2）钻孔取样必须严格按照钻孔任务书的要求进行，准确记录水土砂石样的取样深度与名称。样品应迅速密封妥善保存，送样要及时。

（3）一般黏性土粉土采用连续压入法或击入法采取原样；软土取样应采用薄壁取土器，路基地段钻孔的软土样在地基主要持力层内需连续取样；砂类土及碎石类土采用四分法取扰动样；风化呈土状的岩层按土样采取。

（4）水样应根据不同的地层岩性及地貌单元结合工点进行取样，对沿线与工程有关的水库河流沟渠井泉等地表水及钻孔中的地下水取代表性水样。

（四）岩土测试项目

（1）一般黏性土测试项有天然含水量、天然密度、比重、饱和度、天然孔隙比、液限、塑限、塑性指数、液性指数、压缩系数、压缩模量、固结系数，各级压力下的孔隙比直接快剪、自由膨胀率。根据桥、路基专业相关要求选作高压试验。

（2）软土测试项有比重、天然含水量、天然密度、天然孔隙比、液限、饱和度、塑限、塑性指数、液性指数、压缩系数、压缩模量、渗透系数、固结系数、直接快剪、灵敏度、有机质含量。必要时选部分土样提供前期固结应力、压缩指数、回弹指数、无侧限抗压强度、灵敏度、三轴剪切试验、固结不排水剪测孔隙水压力、高压固结试验（提供 e-lg$p$ 曲线）确定先期固结压力并计算压缩指数和回弹指数。

（3）砂土、粉土样品应做颗粒级配（粒度分析），提供不均匀系数、曲率系数等参数。

（4）对于土的腐蚀性，当混凝土结构处于氯盐环境时应取土样进行侵蚀性判定；同时根据工程类型（如站场、房建、给水等）判定土对混凝土结构、钢筋混凝土中的钢筋和钢结构的腐蚀性及环境作用等级。

（5）水样做水质简分析，并判定对混凝土结构的侵蚀性及环境作用等级。

（6）岩石试验项有比重、密度（天然风干饱和）、吸水率、饱和吸水率、孔隙率、单轴极限抗压强度（天然饱和风干）、软化系数。

（7）对指定取土场及移挖作填段做填料试验。

① 细粒土、砂、砾石、卵石土、碎石土、风化岩石改良土等填料试验按《铁路工程土工试验规程》（TB 10102—2010）执行。

② 级配碎石级配砂砾石试验按《铁路碎石道床底碴》（TB/T 2897—1998）执行。

（五）物探

（1）应根据地质条件和物探方法的适用性，合理选用。

（2）主要物探方法有大地电磁电法、浅层地震波反射法、综合测井、波速测试、孔间 CT、地质雷达等。

（3）物探提供的成果资料与钻探及其他地质勘察资料综合分析互相验证。

（六）水文地质试验

（1）为获取各含水层水文地质参数，了解各含水层的水力联系，评价含水层富水性，获取有关水文地质参数（K、R、Q），并计算隧道涌水量。

（2）水文地质试验遵循《铁路工程水文地质勘察规程》（TB 10049—2004）。

（3）抽水试验：当孔内地下水量较丰富时，必须作抽水试验。若水量较小，无法作抽水试验时，按每含水层段进行三落程提水试验，要求与抽水试验相同。

① 应根据含水层岩性、裂隙发育程度，每一地层做一次抽水试验。

② 抽水试验时，对地表水严密止水，防止地表水通过孔口或覆盖层进入钻孔。

③ 取地下水样 3 组，抽水试验开始、过程中和试验结束时各取一组。

（4）压水试验：当钻孔内无水、水量很小或地下水埋深过大时，可采用压水试验。每层段压水试验应按三个压力段进行。

① 在钻孔的中部和深部各选取一试验段。

② 各试验段长度 10 ~ 20 m。

③ 针对各含水层采取地下水样（不能为循环水）。

第四节　各类勘察资料整理要求

一、原始资料编制原则

（1）文件编制应在工程地质调绘、勘探、测试和收集利用已有资料的基础上，结合工程特点和要求进行。

（2）各类工程、不良地质作用和地质灾害以及各种特殊岩土的分析评价，应符合相关规范的规定和要求。

（3）岩土工程分析评价应在定性分析的基础上进行必要的定量分析，岩土体的变形、强度、稳定应定量分析；场地的适宜性、场地地质条件的稳定性可仅作定性分析，但各种分析结果应有依据。

（4）报告编制统一采用A4纸装订成册。文件附图宜采用297 mm图幅，特殊情况下可采用420 mm图幅。

（5）应用软件。文字部分及统计表格采用office系列软件；绘制图件统一采用AutoCAD软件。

（6）CAD图件采用统一的字库文件（Fonts）、线型文件（Acad.lin）、岩性花纹填充文件（Acad.pat）。

二、原始勘察资料整编要求

（1）外业工作过程中要及时完善测绘本的小结；外业资料整理阶段要完成编写测绘本、目录签署等手续。

（2）各类钻孔的位置（里程孔口标高、经纬距等）在外业期间应全部填写清楚，严禁返回后补填。

（3）钻探原始记录及日志签署验收手续应齐备，汇总清点，质量检查孔全部满足要求，钻探质量评分表全部在现场完成并汇总。

三、成果资料种类和数量

（一）原始资料

（1）观测点及井泉点卡片。

（2）钻探、试坑记录。

（3）静探、动探、标贯及螺旋板载荷试验原始数据。

（4）水、土、砂、石试验报告。

（5）彩色照片集（电子文件、照片附简要说明）。

（二）勘察成果资料

（1）全线工程地质图，比例尺1：50 000～1：200 000（彩图），幅宽不小于12 cm。

（2）详细工程地质图，比例尺1：2 000（蜡底）。

（3）详细工程地质纵断面图，比例横1：10 000、纵1：1 000（蜡底）。

（4）工点工程地质图件。

（5）工程地质勘察报告。

（6）钻孔柱状图。

（7）不良地质、特殊岩土工点（地段）一览表（按类型分别制表）。

（8）水、土、砂、石试验成果汇总表。

第五节　超前地质预测预报

一、施工超前地质预报的分类

（一）预报内容

本线长大隧道众多，地质条件复杂，风险高，须加强超前地质预报工作。预报掌子面前方一定范围内有无突水、突泥、岩爆及有害气体等，并查明其范围、规模、性质，提出施工措施或建议；预报洞内突涌水量的大小及其变化规律；预报断层的位置、宽度、产状、性质、充填物的状态，是否为充水断层，并判断其稳定程度，提出施工对策；预报掌子面前方的围岩级别与设计是否吻合，并判断其稳定性，随时提供修改设计、调整支护类型、确定二次衬砌时间的建议等。

（二）按作用分类

1．常规预报

结合施工进程，收集地质资料，判断围岩类别，了解掌子面前方短距离内的工程地质条件。常规预报应以施工单位为主，作定量预报、并结合施工进行，预报时尽量不占或少占施工作业时间。

2．成灾预报

隧洞施工中的地质灾害，是指隧洞施工过程中因前方地质条件的突然变化，导致施工失去控制的非常事件，可导致人员伤亡、机械设备失效并严重破坏，甚至被迫长时间停工，致使工程部门蒙受重大经济损失。

成灾预报是对可能的灾害性地质条件进行预报，以指导隧洞施工中的防灾和减灾工作。对可能成灾的地质条件，应从设计和施工方法上考虑特殊对策，否则可按常规预报进行。成灾预报应由建设、设计、科研、施工单位组成专家小组，采用地质、物探综合分析法进行定性和定量预报，并视工作需要占用部分施工作业时间。

3．专门预报

对特殊地质问题进行预报。这些特殊地质条件，常常使施工陷入困境或破坏隧洞衬砌，如果处理不及时或处理失当，甚至可能酿成大的地质灾害。该预报应由建设、设计、科研和施工部门组成专门小组，采用综合手段作定性和定量预报。

（三）按距掌子面的距离分类

1．短距离预报（0～15 m）

我国目前快速施工的水平，三个循环进尺是 6～9 m。实践表明，预报三个循环的前方地质条件能满足安全施工要求。我国目前的探测技术能预报掌子面前方 15 m 范围内的地质条件，测试基本可与施工同步进行。

2．中距离预报（15～50 m）

对于防灾预报来说，比较理想至少应有 30 m 的距离。因此，进行范围超过 15 m 的中距离预报是隧洞施工所必需的。从目前已有的预报实践来看，用物探方法在开挖面上进行 20～40 m 的超前探测十分有效。

（四）按采用的手段分类

1．经验预报

在以往工程经验的基础上，对前方可能出现的地质灾害进行预报，它对临灾预报有特殊意义。其预报效果与从事预报人员的经验丰富程度密切相关。

2．采用仪器预报

预报目的不同，方法、仪器各异。如：地质分析法只需罗盘、地质锤、放大镜、稀盐酸和皮尺等；水平钻孔法需用大型水平钻机；物探方法需各种物探仪器等。

3．综合预报

地质体是复杂的综合体，使用单一方法查明隧洞的全部地质条件是不可能的，因此采用综合预报方法。

（五）按精度分类

1．定量预报

定量是对前方地质体具体位置、规模、设计参数变化等给出量的概念；对灾害性地质条件，除明确灾害性质外，还应明确可能成灾的位置、规模和范围等。

2．定性预报

定性是对定量而言。定性一定要准，具体位置的精度可不作严格规定。

二、施工超前地质预报的方法

（一）直接预报法

1．水平钻孔

主要布置在开挖面及其附近，既可在超前导洞内布置钻孔，也可在主洞工作面上进行钻探，用以获得准确可靠的地质资料，确保施工组织。水平钻孔是施工预报最有效方法，但也存在不足之处。一是对与隧洞轴线平行的结构面预报较差；二是需占用较长的施工作业时间，费用较高。

2．超前导坑

预报成果比较直观、精度高、预报的距离长、便于施工人员安排施工计划和调整施工方案，还可以起到减压放水、改善通风条件和探明地质构造条件的作用，同时，还可用作排除地下水、断层注浆处理、扩建成第二条隧洞之用。正洞导坑布置在正洞中，是正洞的一部分，其作用与平行导坑相比，效果更好。超前导坑的缺陷一是成本太高，有时需要全洞进行平导开挖；二是施工工期较长。

（二）地质分析法

1．断层参数预测法

利用断层影响带的特殊节理或集中带的分布规律，通过对断层影响带的系统编录所得经验公式，来预报隧洞断层破碎带的位置和规模。

2．地质体投射法

在地表准确鉴别不良地质体的性质、位置、规模和岩体质量及精确测定不良地质体产状的基础上，应用地质界面和地质体透射公式进行预报。

3．岩层岩性和层位预测法和地质体延伸预测法

隧洞施工中，利用已挖洞段地质情况来预报前方可能出现的不良地质现象。分为岩层岩性和层位预测法和地质体延伸预测法。该法是对开挖面地质情况如实而准确地反映。优点是占用施工时间很短，不干扰施工，预报效果较好，为整个隧洞提供了完整的地质资料；缺点是与隧洞夹角较大而又向前倾的结构面容易产生漏报。

（三）物探法

1．弹性波法

1）TSP 超前预报技术

TSP（Tunnel Seismic Prediction）超前预报系统是利用地震波在不均匀地质体中产生的反射波特性来预报隧洞掌子面前方及周围临近区域的地质情况（见图 3-1-1）。该法属多波多分量探测技术，可以

检测出掌子面前方岩性的变化，如不规则体、不连续面、断层和破碎带等。它可以在钻爆法或 TBM 开挖的隧洞中使用，而不必接近掌子面。实践表明该法有效预报距离 100 ~ 200 m。

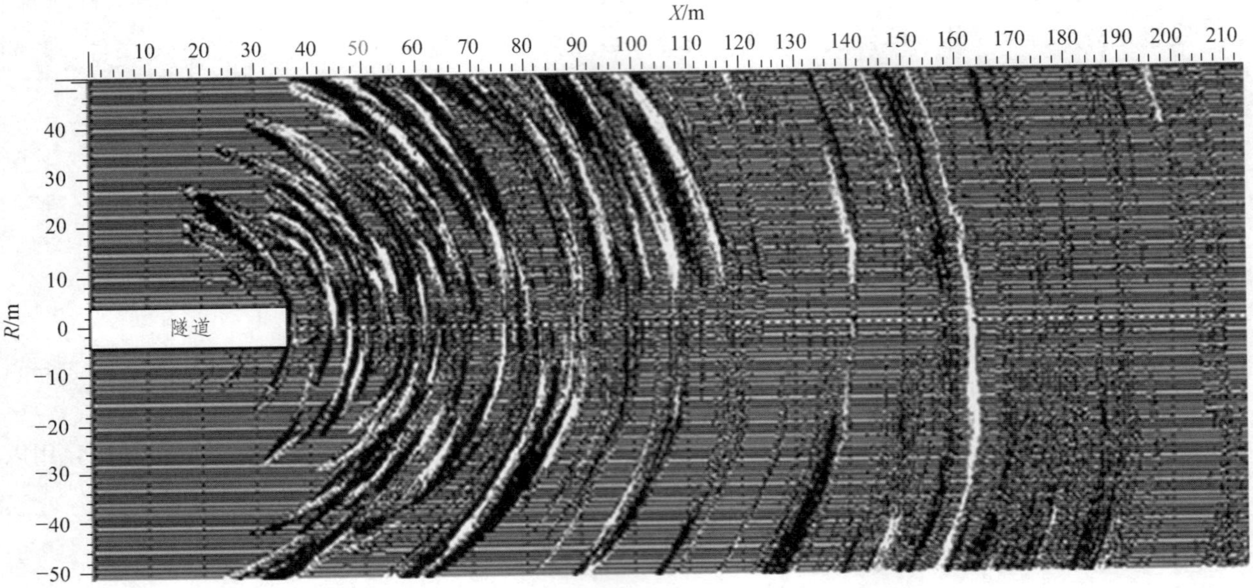

图 3-1-1　TSP 探测深度偏移剖面图

TSP 具有预报距离相对较长、精度较高、经济便宜等优点，尤其与隧洞轴线或呈大角度相交的面状软弱带，如断层、破碎带、软弱夹层、地下洞穴以及地层的分界面等效果较好。而对不规则形态的地质缺陷或与隧洞轴线平行的不良地质体，如几何形状为圆柱体或圆锥体的溶洞、暗河及含水情况探测有一定的局限性。

2）地震负视速度法

负视速度法的原理与 TSP 法基本相同，只是数据处理软件的开发尚难赶上 TSP 法。此法在实施预报时不占用开挖工作面，对施工干扰相对较小，在铁路隧洞工程中是常用的预报方法之一。

3）TST 超前预报技术

TST（Tunnel Seismic Tomography）超前预报系统是通过可视化地震反射成像技术预报隧洞掌子面前方 150 m 范围内的地质情况，可准确预报断裂带、破碎带、岩溶发育带以及岩体工程类别变化等地质对象的位置、规模和性质。从岩体的力学性质、岩体完整性等多方面对地质情况进行综合预报。

4）陆地声呐法

陆地声呐法全称“陆上极小偏移距高频弹性波反射连续剖面法”，可在狭小的场地和基岩裸露的条件下，探查岩溶等有限物体。也称为高密度地震反射或地震映像法。

该法具有分辨率高、可避开许多干扰波、反射波能量高、探查岩溶和洞穴效果好、图像简单易辨等优点，但需占用开挖面工作时间且实测剖面较短。

2. 地质雷达技术

利用高频电磁波以宽频带短脉冲的形式，由掌子面通过发射天线向前发射，遇到异常地质体或介质分界面时发生反射并返回，被接收天线接收，并由主机记录下来，形成雷达剖面图。因此，通过雷达图像的处理和分析，可确定掌子面前方界面或目标体的空间位置或结构特征（见图 3-1-2，彩图见附录 3）。当前方岩体完整的情况下，可以预报 30 m 的距离；但当岩石不完整或存在构造的条件下，预报距离变小，甚至小于 10 m。

应用地质雷达进行超前预报，在钻爆法施工的隧洞中使用相对较多。由于探测时需要占用掌子面的工作时间，故在掌子面上测试时需要停机进行，因而 TBM 法施工的隧洞中应用时需作特殊研究解决。

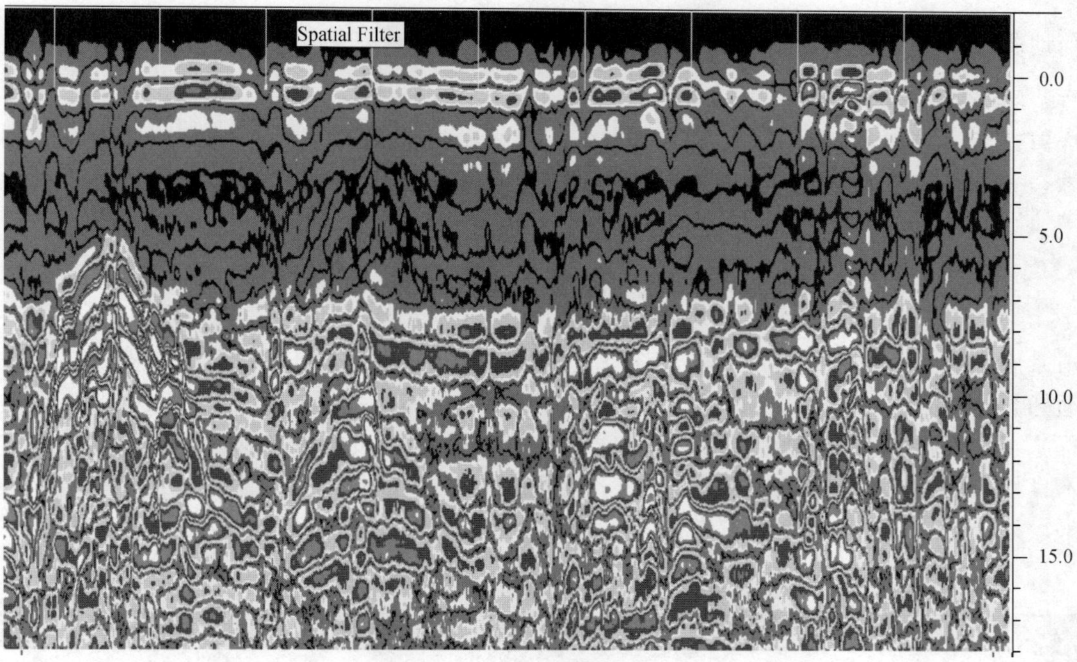

图 3-1-2　地质雷达成果图

3．高分辨直流电法

高分辨直流电法是以岩石的电阻率差异为基础，在全空间条件下建立电场，电流通过布置在隧道内的供电电极在围岩中建立起全空间稳定电场，通过研究电场或电磁场的分布规律开挖预报开挖工作面前方储水、导水构造分布和发育情况的一种电法探测技术，适用于探测任何地层中存在的地下水体位置及相对含水量大小。

（四）地质物探综合分析法

要推动隧洞超前预报水平，提高预报准确度，就必须将地质调查方法与多种物探方法有机结合起来，对地质物探资料进行系统处理和综合分析。

1．收集、熟悉地质资料

了解工程区内宏观的地质环境、大型构造形迹的发育分布规律以及工程围岩所处的具体构造部位、岩体的结构特征、节理裂隙发育程度、岩体完整性、岩石（体）强度、地下水状态等；掌握全隧洞的地质背景，指出存在的不良地质问题和地段，还要知道各段围岩的稳定程度、可能发生地质灾害的位置、规模、性质和防治措施。

2．施工地质编录

对已开挖洞段地质状态做详细真实的描述，可作为超前预报的依据，该内容包括岩性、岩石坚硬程度及完整情况、断层及破碎带、节理裂隙、地下水状态、不良地质现象等作编录。

3．围岩特性测试

根据工程需要，对岩石物理力学特性进行补充测试，如岩石点荷载强度、岩石回弹值、岩体弹性模量、软弱面剪切强度等，有时还应进行初始地应力和二次应力场的测试等。上述数据是预报围岩稳定性的重要参数。

4．地球物理探测

根据岩体不同物理性质量测一定距离以内的物理力学参数的变化，据此判断出隧洞工作面前方的地质情况。采用多种物探仪器进行超前探测，常用的物探方法有地震反射、声波反射、地质雷达、TSP203

隧道超前地质预报系统等技术。

5．地质物探综合分析

组成以地质工程师为主物探及相关工程技术人员的施工地质组，对上述地质和物理探测资料进行整理和综合分析，最后做出施工面前方不良地质问题的预测预报。

第六节　隧道基底、周边及路堑基底隐伏岩溶探查

隧道基底、周边及路堑基底隐伏岩溶探查工作依据《关于开展在建铁路隧道、路基基底岩溶探测工作的通知》（工管质安电〔2013〕198 号）、《铁路隧道超前地质预报技术规程》（Q/CR 9217）、《铁路隧道工程施工技术指南》（铁建设〔2010〕241 号）、《铁路工程地质勘察规范》（TB 10012—2007）、《铁路工程不良地质勘察规程》（TB 10027—2012）等现行文件及技术标准执行。

勘察设计单位、施工单位、第三方检测单位隧底洞周隐伏岩溶探测工作技术要求如表 3-1-1 所示。

表 3-1-1　铁路隧道隧底洞周隐伏岩溶探测工作技术要求

承担单位	工作内容	主要技术要求	资料整理要求
施工单位	地质素描	全隧应开展地质素描，地质素描应根据开挖揭示情况开展地层岩性，地质构造，岩溶形态、发育程度、充填情况，地下水发育情况，围岩级别等方面的描述，并与设计地质情况进行对比	掌子面及洞周地质素描图表
	超前地质预报	按设计文件开展隧道超前地质预报工作，分析预判隧底洞周可能存在的岩溶	各种预报方法的成果报告及综合分析报告
	开挖揭示的岩溶测量工作	1. 对揭示的溶洞在隧底洞周的分布进行实测并绘成展示图，根据设计要求进洞开展溶洞形态测量及断面测量； 2. 对揭示的岩溶暗河、涌水突泥点进行定位测量； 3. 开展岩溶形态影像工作	1. 隧底洞周岩溶分布展示图（比例尺 1：50～1：500） 2. 隧道揭示溶洞实测平、剖面图（比例尺 1：50～1：500） 3. 数码影像成果等
	开挖揭示岩溶地质工作	1. 根据开挖揭示岩溶情况进行地质调查，包括溶蚀裂隙、溶洞（腔）及充填情况，地下水发育情况等； 2. 对揭示的岩溶暗河、涌水突泥点开展水位、水量动态观测； 3. 必要时开展地表相关监测工作，主要包括降雨、地表水体、地表变形，塌陷坑等	1. 岩溶地质说明； 2. 水文观测资料； 3. 地表监测资料
	隐伏岩溶探测	风枪探测：施工过程中应对隧底洞周进行隐伏岩溶断面探测。断面环向间距 5 m，探测深度不小于开挖轮廓线外 5 m。每个断面布置不少于 10 个探孔，分别位于拱顶、拱腰、边墙中部和边墙脚、隧底左右线中心、隧底轴线处。遇到异常时探孔应适当加密、加深	风枪探测成果汇总表
		钎探、风镐探测：施工过程中应对隧底洞周揭示的充填物进行探测，探测点间距不大于 5 m。当充填物厚度大于 3 m 时应进行钻探	钎探、风镐探测成果汇总表
		物探：采用综合物探方法探测隧道开挖轮廓线外 5m 范围内的岩溶发育情况	物探成果报告
勘察设计单位	开挖揭示的大型岩溶测量工作	1. 对揭示的溶洞进行形态测量，根据设计要求进行断面测量； 2. 对揭示的岩溶暗河、涌水突泥点进行定位测量； 3. 开展岩溶形态影像工作	1. 隧底洞周岩溶展示图（比例尺 1：50～1：500）； 2. 隧道揭示溶洞实测平、剖面图（比例尺 1：50～1：500）； 3. 数码影像成果等
勘察设计单位	工程地质调绘	1. 对开挖揭示大型溶洞进行地质调查，包括溶洞形态和规模，岩溶洞穴顶板、底板及洞壁特征，充填情况及堆积物特征，水文地质调查等； 2. 对揭示的岩溶暗河、涌水突泥点开展水位、水量动态观测； 3. 必要时开展地表调查和监测工作，包括地表水体、地表变形，塌陷坑等	1. 岩溶地质说明； 2. 水文观测资料； 3. 地表监测资料
	大型岩溶勘探	1. 根据需要开展综合物探，并对物探异常进行钻探验证； 2. 根据岩溶发育情况，稳定性评价、工程设置要求布置钻孔； 3. 施工过程中隧底揭示的充填物厚度大于 3 m 时应进行钻探	工程地质说明书及物探成果报告、钻孔柱状图等勘察成果资料
第三方检测单位	隐伏岩溶复查	根据建设单位委托要求，采用综合物探方法对隧底洞周进行隐伏岩溶探测，探测范围洞周不小于开挖轮廓线 5 m，隧底不小于开挖轮廓线 15 m。若有异常应进行钻探验证	综合成果报告（需经建设单位组织审查后提交设计单位）

勘察设计单位根据第三方检测的综合成果报告，结合施工图勘察成果，施工揭示岩溶地质情况及施工单位隧底洞周隐伏岩溶探测成果资料，视需要进行必要的补充地质工作，综合分析形成设计所需的地质资料。

隧道洞周及基底隐伏岩溶探测流程按图 3-1-3 实施，设计单位隧底洞周隐伏岩溶补充勘察流程如图 3-1-4 所示。

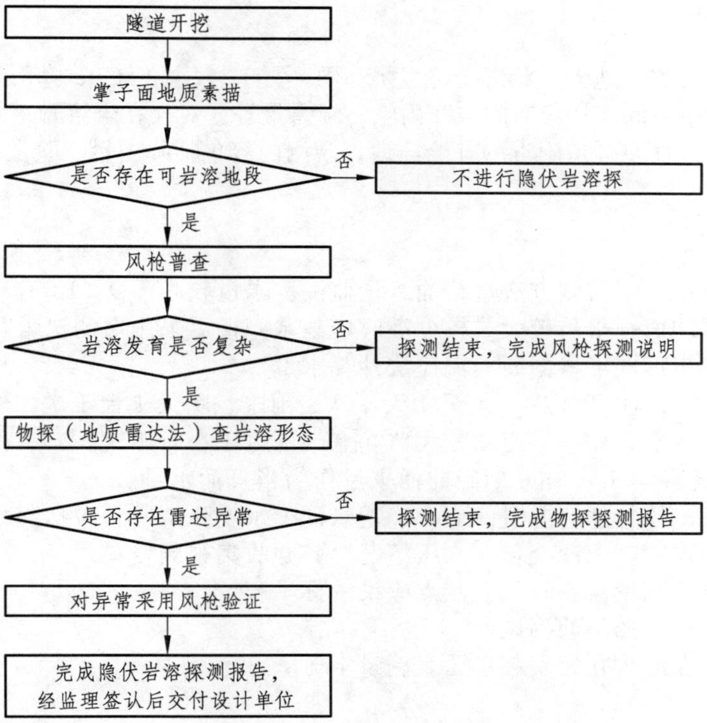

图 3-1-3　施工单位隧底洞周隐伏岩溶探测流程

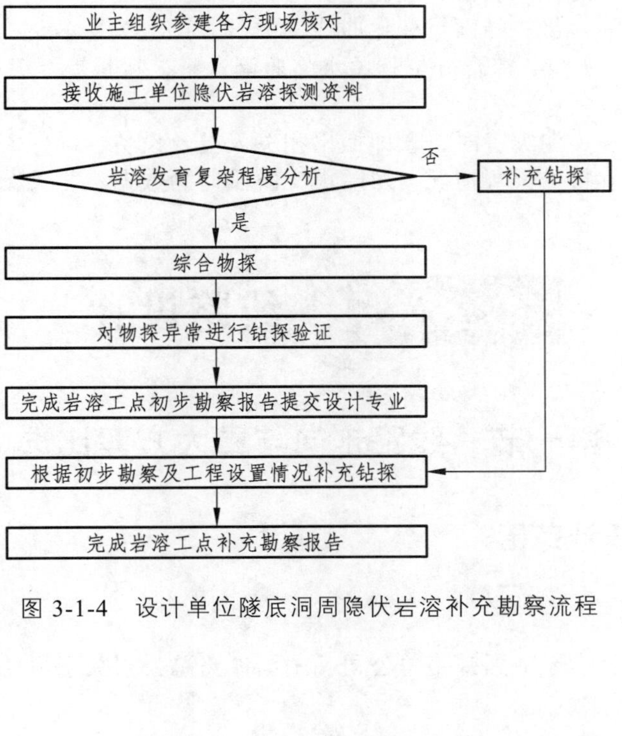

图 3-1-4　设计单位隧底洞周隐伏岩溶补充勘察流程

第七节　岩溶隧道水文地质观测

本线处于云贵高原，地形地质条件复杂，可溶岩段落长，隧道穿越可溶岩地段地下岩溶水发育，水文地质条件复杂，隧道开挖过程中易遭遇到岩溶管道水，存在涌水、突泥风险。因此，须在施工过程中对各涌水点进行水量监测。

一、降雨量监测

由施工单位记录并收集当地天气状况（晴、阴、雨、雪）、气温（°C）、降雨量（mm），如遇强降水天气时，详细记录其发生时间、持续时间、降雨量、降雪量等。对存在岩溶管道水、暗河的隧道建议设立气象观测站，位置宜选择在隧道附近的补给洼地，观测内容包括降雨量、蒸发量、气温、湿度等。

二、涌水量监测

（1）监测方法：采用人工监测方法进行涌水量监测。水量较小（$Q \leqslant 1.0$ L/s）时采用滴定法量测，连续测定 3 次后取其平均值；水量较大或较分散时应集水归槽后采用堰测法量测，三角堰、梯形堰根据过堰水深计算水量，矩形堰可根据断面流速法计算水量。

（2）监测频次：旱季，10 天 1 次，雨天 1 天 1 次；雨季，晴天 1 天 1 次，雨天 1 天 2 次。特殊情况、特殊水点加密监测频次，如水量变动较大监测点暴雨时 1 小时 1 次。

（3）当天早 8:00 至第二日早 8:00 期间的涌水量作为当日涌水量。

（4）发生突水、涌水等特殊情况时，应准确记录涌突水变化情况，包括起止时间、高水位的持续时间、流量、水质、漂浮物、泥沙变化、水压情况等，并收集视频资料。

（5）采用堰测法进行流量监测时，监测点应设置标示牌。

（6）水质混浊时进行含泥量的测试。

（7）如有条件，应在泄水孔处安装水压表测量水压。

三、资料整理及提交

（1）系统整理监测资料的记录表格，编制监测资料台账。

（2）分别绘制时间—涌水量—降雨量变化曲线。

（3）根据降雨强度、涌水量，综合分析相关水文监测资料，判断是否仍存在灾害性的突水、突泥，并及时发出相关预警警报。

（4）在判断存在突水、突泥灾害时，立即撤出相关人员及设备，确保安全。

（5）对于大雨、暴雨等特殊天气情况，及时提交阶段监测数据、相关图表及分析资料。

第二章　线路设计

第一节　线路走向与重大方案比选

一、设计依据和设计范围

（一）主要设计依据

（1）2013 年 9 月 16 日，原中国铁路总公司《中国铁路总公司关于川黔铁路遵义城区段线路外迁工程项目建议书的批复》（铁总计统函〔2013〕727号）。

（2）2013年3月14日，遵义市发展和改革委员会《关于委托开展川黔铁路遵义市中心城区李家湾—阁老坝段外迁东移项目可行性研究、初步设计和施工图设计等工作的函》（遵市发改〔2013〕12号）。

（3）2014年9月5日，原中国铁路总公司《中国铁路总公司、贵州省人民政府关于川黔线遵义城区段线路外迁工程可行性研究报告的批复》（铁总计统函〔2014〕1316号）。

（4）原中国铁路总公司《中国铁路总公司、贵州省人民政府关于重庆至贵阳铁路扩能改造工程川黔线遵义城区线路外迁东移同步实施工程Ⅰ类变更设计的批复》（铁总办函〔2014〕1465号）。

（5）原中国铁路总公司《中国铁路总公司、贵州省人民政府关于川黔线遵义城区段线路外迁工程初步设计报告的批复》（铁总办函〔2014〕1466号）。

（6）川黔线遵义城区段线路外迁工程站后工程施工图审核报告审查意见等。

（二）设计范围

（1）川黔线高炉子（含）至南白镇（含）段：K256+000 ~ K293+300，长37.404 km（改建线正线线路长33.254 km，既有线长4.150 km）；龙坑疏解线LDK0+000 ~ LDK4+587.775，长4.588 km。

DK259+170 ~ D1K287+823、LDK0+840 ~ LDK0+902.4、LDK1+110.85 ~ LDK3+408.826 三段内计16.329 km部分工程纳入与渝黔线同步实施，按与渝黔线同步实施工程Ⅰ类变更另行设计。

（2）阁老坝站：K299+100 ~ K303+400，长4.294 km。

（3）新建李家湾站货场：K247+400 ~ K250+850，长3.450 km。

二、线路采用方案的简述与局部方案的比选

（一）线路采用方案简述

线路起于既有川黔线高炉子站贵阳端K257+350引出后向东南行进，下穿在建渝黔线、青檬高速公路后走行至渝黔线左侧，经北关水库上游下穿遵绥高速公路后上跨S207省道，经魏家桥、后山沟向南行进，于团山堡附近设董公寺会让站，出站后沿渝黔通道向南行进，经高岩沟、余家巷、黄堡泥，接入遵义站川黔场。出遵义站后线路向南行进跨过湘江河，穿老木岩隧道后线路沿渝黔线左侧行进。与渝黔线并行等高至瓦家坡，两线拉开间距后线路南行在石门与渝黔线三线并行设龙坑站，线路出龙坑站后下穿渝黔线、上跨工业大道于K290+500接上既有线进入南白镇站。新建李家湾站货场，改扩建阁老坝站。如图3-2-1所示（彩图见附录3）。

线路全长 37.404 km，其中改建正线长 33.254 km，桥梁24座10.401 6 km，新建隧道 13 座13.291 8 km，桥隧总长23.693 4 km，占正线长度的63.34%。

（二）局部方案比选

方案设计结合龙坑站地形地质情况、车站布置，对D1K286+500 ~ D1K286+900段进行了路桥比较，如图3-2-2（彩色大图见插页或扫描二维码）。该段线路位于龙坑站重庆端，上覆土层为第四系全新坡洪积（Q_4^{dl+pl}）层的软土、红黏土等；坡残积的（Q_4^{dl+el}）红黏土。下伏基岩主要为三叠系下统茅草铺组（T_1m）的灰岩、角砾岩、砾岩（灰质）。

1．路基方案

路基方案最大中心填高17 m，为控制沉降，基底范围内黏土、松软土全部挖除换填渗水填料，路基全断面采用A组填料填筑，每填1.5 m采用冲击碾压密实，每填高3 m全断面铺设一层双向50 kN/m土工格栅；梯形边坡，边坡水平铺设5.0 m宽土工格栅加筋，竖向间距0.6 m，坡面设截水骨架防护。

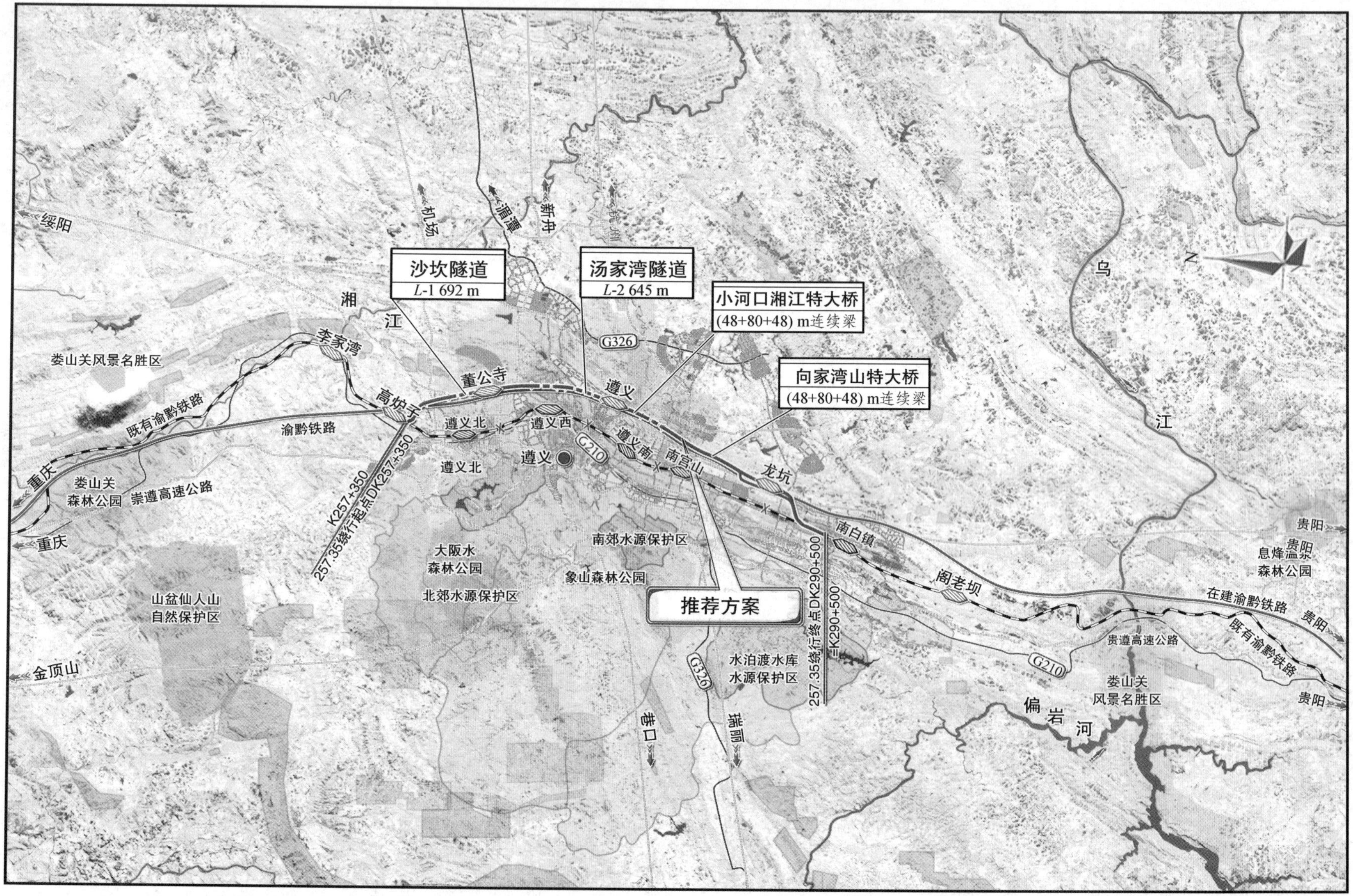

图 3-2-1　川黔铁路遵义城区段外迁工程线路平面示意

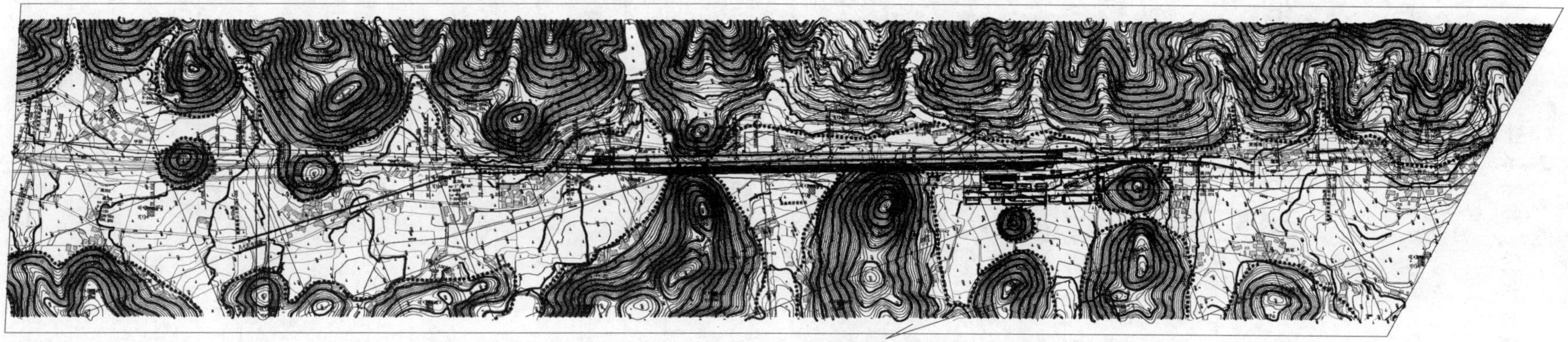

图 3-2-2　D1K286+500 ~ D1K286+900 段路桥比较平纵示意

2．桥梁方案

线路设计纵坡同路基方案，设和平道岔大桥，桥梁长度为 350 m，最大墩高 14 m。

3．方案推荐意见

经比较路基方案较桥梁方案投资节省 2 295 万元，且路基方案采取相应措施后能有效控制沉降，故推荐采用路基方案。

第二节　重大设计原则的确定

一、线路平面设计

（1）曲线半径选用：区间正线平面的圆曲线半径应因地制宜，优先采用常用曲线半径，慎用最小曲线半径和最大曲线半径，中间站两端宜采用较大曲线半径。

最小曲线半径一般采用 800 m，进出站地段和接入既有线地段结合设计行车速度合理选定，未改建地段维持既有线现状。

（2）缓和曲线的长度按表 3-2-1、表 3-2-2 合理选用，优先采用推荐长度，慎用最小长度。

表 3-2-1　推荐缓和曲线长度表　　单位：m

路段旅客列车设计行车速度/（km/h）		160	140	120
曲线半径/m	12 000	40	40	40
	10 000	50	40	40
	8 000	60	40	40
	7 000	70	40	40
	6 000	70	50	40
	5 000	70	60	40
	4 500	70	60	40
	4 000	80	60	50
	3 500	90	70	50
	3 000	100	80	50
	2 800	110	90	60
	2 500	120	90	60
	2 000	150	100	70
	1 800	170	120	80
	1 600	190	130	90
	1 400	—	150	100
	1 200	—	190	120
	1 000	—	—	140
	800	—	—	180

表 3-2-2　最小缓和曲线长度

单位：m

路段旅客列车设计行车速度/（km/h）		160		140		120		100		80	
工程条件		一般	困难	一般	困难	一般	困难	一般	困难	一般	困难
曲线半径/m	12 000	40	40	20	20	20	20	20	20	20	20
	10 000	50	40	30	20	20	20	20	20	20	20
	8 000	60	50	40	20	30	20	20	20	20	20
	7 000	70	50	50	30	30	20	20	20	20	20
	6 000	70	50	50	30	30	20	20	20	20	20
	5 000	70	60	60	40	40	30	20	20	20	20
	4 500	70	60	60	40	40	30	30	20	20	20
	4 000	80	70	60	40	50	30	30	20	20	20
	3 500	90	70	70	50	50	40	40	20	20	20
	3 000	90	80	70	50	50	40	40	20	20	20
	2 800	100	90	80	60	50	40	40	30	20	20
	2 500	110	100	80	70	60	40	40	30	30	20
	2 000	140	120	90	80	60	50	50	40	30	20
	1 800	160	140	100	80	70	60	50	40	30	20
	1 600	170	160	110	100	70	60	50	40	40	20
	1 400	—	—	130	110	80	70	60	40	40	20
	1 200	—	—	150	130	90	80	60	50	40	30
	1 000	—	—	—	—	120	100	70	60	40	30
	800	—	—	—	—	150	130	80	70	50	40
	700	—	—	—	—	—	—	100	90	50	40
	600	—	—	—	—	—	—	120	100	60	50
	550	—	—	—	—	—	—	130	110	60	50
	500	—	—	—	—	—	—	—	—	60	60

注：当采用表列数值间的曲线半径时，其相应的缓和曲线长度可采用线性内插值，并进整至 10 m。

（3）平面设计特征。

全线运营长度 53.572 km，改建线路长 33.254 km，展线系数 1.10，共设曲线 21 个，合计 14.002 km，占线路长度的 42.11%，直线长度 19.252 km，占线路长度的 57.89%。正线线路平面特征见表 3-2-3。

表 3-2-3　线路平面技术特征表

项　目			数量
线路长度/km			33.254
航空距离/km			30.295
展线系数			1.10
直线地段	总长度/km		19.252
	占全长百分比		57.89%
曲线地段	总长度/（个-km）		21-14.002
	全长百分比		42.11%
	曲线半径分布/（个-km）	$R \geqslant 4\,000$	8-6.155
		$3\,000 \leqslant R < 4\,000$	7-3.673
		$1\,200 \leqslant R < 3\,000$	1-0.244
		$800 \leqslant R < 1\,200$	3-2.117
		$600 \leqslant R < 800$	2-1.814

二、线路纵断面设计

（1）限制坡度采用 6‰，加力坡度 13‰。

（2）平面曲线阻力引起的坡度减缓按《铁路线路设计规范》（GB 50090）的有关规定执行。

（3）隧道空气阻力的坡度减缓按《铁路线路设计规范》（GB 50090）的有关规定执行。

（4）相邻坡段最大坡度代数差一般 10‰，困难 12‰。

（5）区间正线宜设计为较长的坡段，最小坡段长度不宜小于 400 m，困难条件下不小于 350 m，改建既有线地段的坡度长度在困难条件下可减至 200 m。

（6）当相邻坡段坡度差大于等于 3‰时，采用圆曲线型竖曲线连接，竖曲线半径应采用 10 000 m。竖曲线与竖曲线、缓和曲线、明桥面桥上，道岔均不得重叠设置。

（7）隧道内的坡道宜设计为人字坡道，其坡度值不宜小于 3‰。

（8）站坪宜设在平道上，且到发线有效长度范围内宜采用一个坡段；困难条件下，可设在不大于 1‰的坡道上；特别困难条件下，不办理摘下机车作业的中间站可设在不大于 2.5‰的坡道上，越行站可设在不大于 6‰的坡道上。

车站咽喉区的正线坡度宜与站坪坡度一致，困难条件下不宜大于 2.5‰，特别困难条件下不应大于 6‰。

（9）特大桥和大中桥的桥头路基，沿河地段的路基，其路肩设计高程应高出设计水位加壅水位加波浪高再加 0.5 m，小桥涵附近的路肩设计高程应高出设计水位加壅水位再加 0.5 m，设计水位采用 1/100 洪水频率。

（10）纵断面设计特征见表 3-2-4。

表 3-2-4　正线线路纵断面技术特征表

项　目		数　量
改建线路长度/km		33.254
拔起高度	上行/km	131.415
	下行/km	99.665
最大坡度地段	下行/km	4.992
	占全长比例	15.01%
	上行/km	8.511
	占全长比例	25.59%

三、改移道路

本线与铁路、公（道）路交叉均设计为立交。结合地形条件或经过技术经济比较采用铁路、公（道）路上跨或下穿本线形式。

四、防护栅栏

新建线路两侧除隧道、桥梁地段外均设置防护栅栏进行封闭。新建防护栅栏的制造及安装按《铁路线路防护栅栏图集》（通线〔2012〕8001）实施，正线设置 1.8 m 高钢筋混凝土防护栅栏进行封闭，重点地段设置 1.8 m+刺丝滚笼，与渝黔线并行段采用 2.7 m 高钢筋混凝土防护栅栏进行封闭。

五、安全保护区

（一）设计依据

根据《铁路运输安全保护条例》（国务院令第 639 号）、《铁路技术管理规程》（技术规章编号：TG/01—2014）、原铁道部《关于发布铁路线路安全保护区标桩设计图的通知》（铁运〔2005〕116 号）和原铁道部文件《关于发布〈铁路线路安全保护区平面图式〉的通知》（铁运〔2005〕209 号）的要求，铁路线路两侧应当设立铁路线路安全保护区。

（二）铁路线路安全保护区标桩类型

铁路线路安全保护区标桩类型分为 A 型、B 型两种。标桩施工参照《铁路线路安全保护区标桩设计图》〔专线设（05）8043〕执行。

第三章 大型临时设施设计

第一节 概 述

在设计阶段，从技术方面主要考虑重点大型临时设施，一般范畴的大型临时设施由于存在较大的灵活性，因此该部分设施仅作简要说明，并在概算中按编制办法考虑费用。大型临时设施设计原则如下。

（1）认真贯彻国家土地政策，尽量减少土地占用量，尤其是少占耕地，有条件的要考虑永临结合，有效预留工程、铁路货场、站坪、维修基地及站前广场等。

（2）高度重视环境保护，水土保持、文物保护、节约能源和土地，并与城市建设总体规划相协调，并将大型临时工程设置在地质条件较好的地段。

第二节 制（存）梁场及铺轨基地

本线制（存）梁场及铺轨基地原设计设置于阁老坝站新建货场内。根据铺架工期安排，若要满足铺架工期要求，每天需通过既有线运输请点多达 11 次，而成都铁路局成铁运函〔2015〕209 号《运输处关于川黔铁路遵义城区段外迁工程通过既有线运输计划的回复》意见，既有川黔线运输能力无法满足铺架提出的运输要求。因此对此铺架基地进行变更。

一、制（存）梁场

变更设计后，遵义制梁场位于渝黔线 DK232+400 ~ DK233+000 段左侧。存梁场设于川黔线 DK284+400 ~ DK285+000 线路两侧，利用川黔线路基弃渣场用地 27.6 亩，新征用地 24.6 亩。制梁台座 15 个（24 m 制梁台座 3 个，32 m 制梁台座 12 个），存梁台座（双层存梁）10 个（24 m 存梁台座 1

个，32 m 存梁台座 9 个）。

二、铺轨基地

变更设计后，铺架基地轨排基地设于川黔线 DK283+660 ~ DK284+400 线路右侧，按换铺法铺设无缝线路，100 m 长钢轨由攀枝花钢铁厂供应，营业火车运往成都石板滩焊轨基地，在焊轨基地焊接为 500 m 长钢轨后营业火车运输至息烽站，工程列车经渝黔线运至龙坑站，再通过龙坑站至谢家坝川黔正线运至轨排基地，最后长轨运输平车运至工地铺设。铺轨基地只设工具轨排生产作业线和 500 m 长钢轨存放台。

第三节　混凝土拌和站

为保证高标号混凝土搅拌质量，同时主体工程采用高性能混凝土，全线混凝土供应按集中拌合。全线各标段根据实际情况和施工需要，每个工点或邻近工点设置混凝土拌和站，经验收后投入使用。拌和站计量系统按要求定期进行标定。详情见表 3-3-1。

表 3-3-1　混凝土拌和站一览表

序号	地点及位置	标准、规模及用地面积	供应范围	主要设备配置
1#混凝土拌和站	DK258+860 左侧	120 站两线、占地 15 亩	DK256+000 ~ DK269+800 段范围内所有工程（包括车站）、李家湾站	2 套 90 m^3/h 拌和机，20 辆罐车，2 辆装载机
2#混凝土拌和站	DK272+600 左侧	占地 6 亩	DK269+800 ~ DK275+710 段范围内所有工程（包括车站）	1 套 60 m^3/h 拌和机
3#混凝土拌和站	D1K288+500 右侧	120 站两线、占地 15 亩	DK275+710 ~ DK293+300 段范围内所有工程（包括车站）、阁老坝站	1 套 120 m^3/h 拌和机，15 辆罐车，2 辆装载机
4#混凝土拌和站	D1K284+200	占地 15 亩	制梁场	2 套 90 m^3/h 拌和机
5#混凝土拌和站	DK276+600 左侧	占地 10 亩	T 梁预制及其他预制件混凝土	2 套 120 m^3/h 拌和机

第四节　其他大型临工程

一、存砟场

本线存砟场设置在龙坑站附近，存砟场与铺架基地并场设置，面砟与底砟共用一个存砟场。

二、施工用水

沿线有湘江河、屈家沟水库以及众多小河流，地表水、地下水较丰富，长年无断流，无特殊缺水地段，各工程可就近取水。施工单位进场后应对水源进行取样化验，若水质具有腐蚀性，不能用于工程建设。

三、施工用电

沿线电网密布，工程施工临时用电可直接从附近的地方电源引入。施工用电采用就近接取沿线变电站电源及地方 10 kV 电源的分散供电方式。

四、临时施工便道

汽车运输便道包括通行汽车的运输干线及其通往隧道、特大桥、大桥和铺轨基地、混凝土拌和站、制（存）梁场、材料厂、砂石场等的引入线，以及机械化施工的重点土石方工点的运输便道。便道尽量设置在铁路红线征地范围内，以减少租地。

第四章 路基设计

第一节 路基工程概况

川黔线遵义市中心城区李家湾至阁老坝段改建长度为 33.254 km，龙坑疏解线长 4.588 km，区间路基土石方总量为 108.04×10^4 m^3。路基工点类型详见表 3-4-1。

表 3-4-1 路基工点类型一览表

工点名称	处数	累计长度/m	主要工程措施
松软土	10	1 691	水泥搅拌桩、CFG 桩
软土	17	2 300	水泥搅拌桩、CFG 桩
危岩落石	11	737	主、被动防护网防护
深路堑	9	1 130	（桩间）挡土墙、锚杆框架、桩（锚索桩）间土钉墙
高路堤	5	607	采用优质填料分层填筑并设土工格栅坡面加筋，龙坑站高填路堤与渝黔线并行采用 A 组填料填筑
岩溶处理	18	3 122	钻孔注浆、回填、封闭
陡坡路基	13	471	衡重式路基挡土墙、路堤桩板墙
顺层边坡	4	417	顺层清方、锚固桩、锚索桩
杂填土地基	2	444	换填结合强夯加固
采空区	1	200	缓边坡、宽平台，基底钻孔注将加固

第二节 设计原则与采用的主要技术标准

本项目区间正线速度目标值为 120 km/h，采用客货共线 I 级重型轨道单线标准，按照《铁路路基设计规范》（TB 10001—2005）中相应标准设计。

一、执行的相关规范

（1）《铁路路基设计规范》（TB 10001—2005）。
（2）《铁路特殊路基设计规范》（TB 10035—2006）。
（3）《铁路路基支挡结构设计规范》（TB 10025—2006）。
（4）《铁路工程抗震设计规范》（GB 50111—2009）。
（5）《铁路地基处理技术规程》（GB 50007—2011）。
（6）《混凝土结构设计规范》（GB 50010—010）。
（7）《铁路路基土工合成材料应用技术规范》（TB 10118—2006）。
（8）《铁路混凝土结构耐久性设计规范》（TB 1005—2010）。
（9）《铁路工程绿色通道建设指南》（铁总建技〔2013〕94 号）。
（10）《铁路边坡防护及防排水工程设计补充规定》（铁建设〔2009〕172 号）。
（11）《铁路路基电缆槽》（通路〔2010〕8401）。

二、路基面形状和宽度

路基面应设计为三角形，由中心线向两侧设 4%的横向排水坡。路基面加宽时，路基面仍保持三角形。区间直线地段路基面宽度如表 3-4-2。

表 3-4-2　路基面宽度

线别	土质路基		石质路基
	路堤/m	路堑/m	硬质岩石路堑
单线	7.8	7.7	7.7

表中路基面宽度路堑地段包含侧沟沟壁厚度，区间路基电力、通信槽埋设于侧沟、排水沟平台；路堤路肩宽度≥0.8 m，路堑路肩宽度≥0.6 m。曲线地段路基曲线加宽在缓和曲线内渐变完成。曲线地段路基面外侧加宽数据见表 3-4-3。

表 3-4-3　曲线地段路基面外侧加值

铁路等级	旅客列车设计行车速度	曲线半径 R/m	路基面外侧加宽/m
Ⅰ级铁路（重型）	120 km/h	$800 \leqslant R < 1200$	0.4
		$1200 \leqslant R < 1600$	0.3
		$1600 \leqslant R < 5000$	0.2
		$R \geqslant 5000$	0.1

三、路基代表性横断面

本次设计，川黔外绕路基横断面分绕行以及与渝黔线并行等高同步施工两种形式，代表性横断面如图 3-4-1 至图 3-4-10。

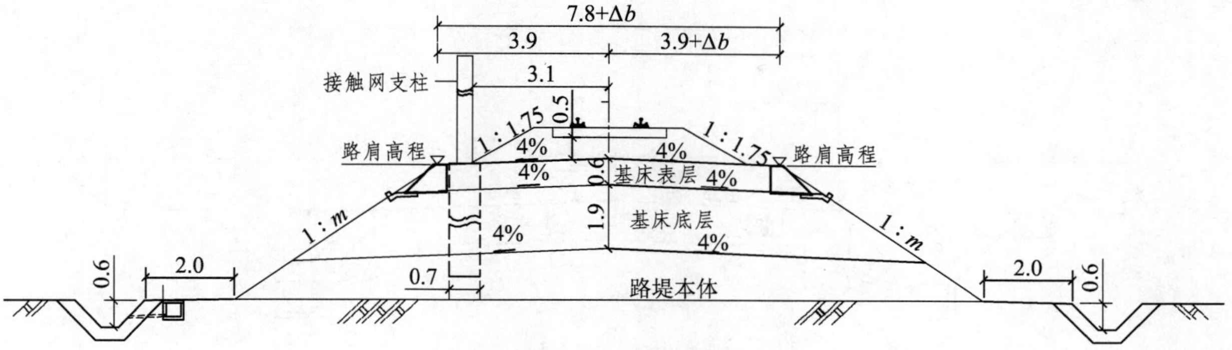

图 3-4-1　120 km/h 单线路堤代表性横断面

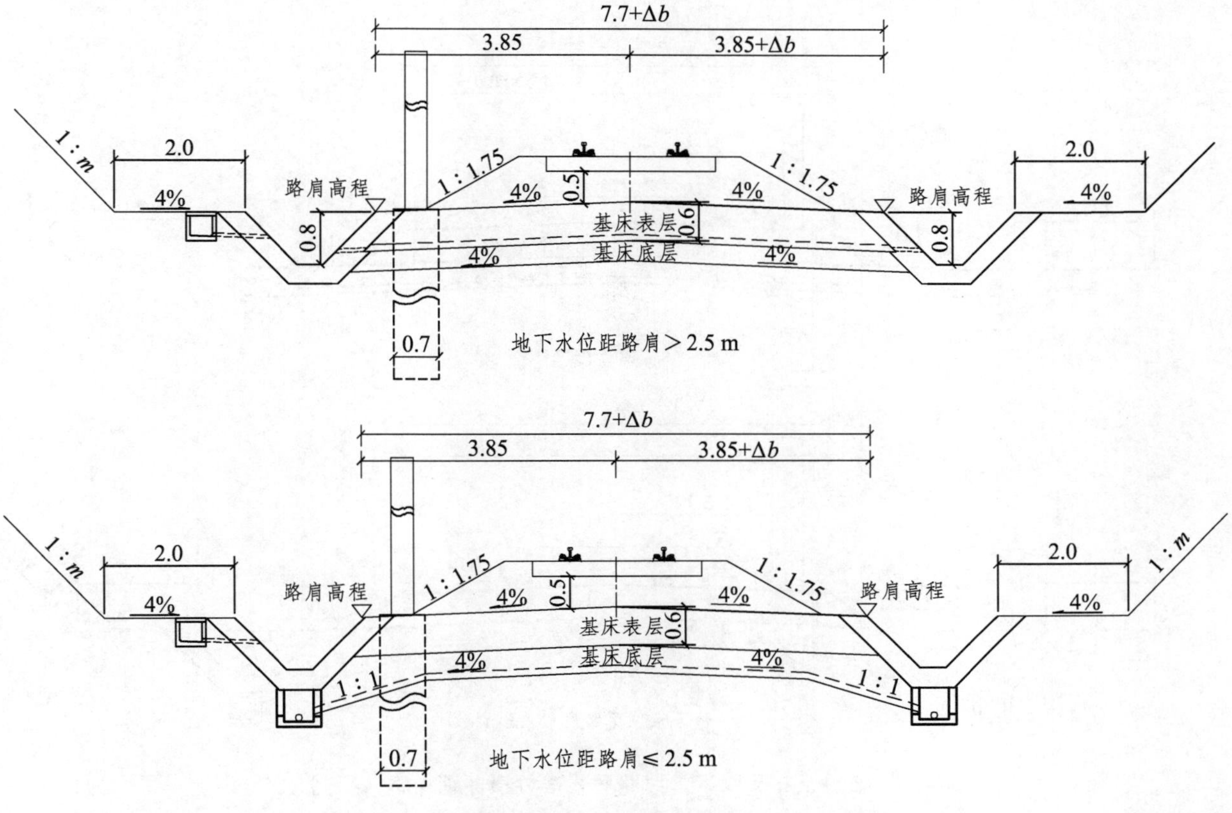

图 3-4-2　120 km/h 及以下单线路堑代表性横断面（土质、全风化岩石）

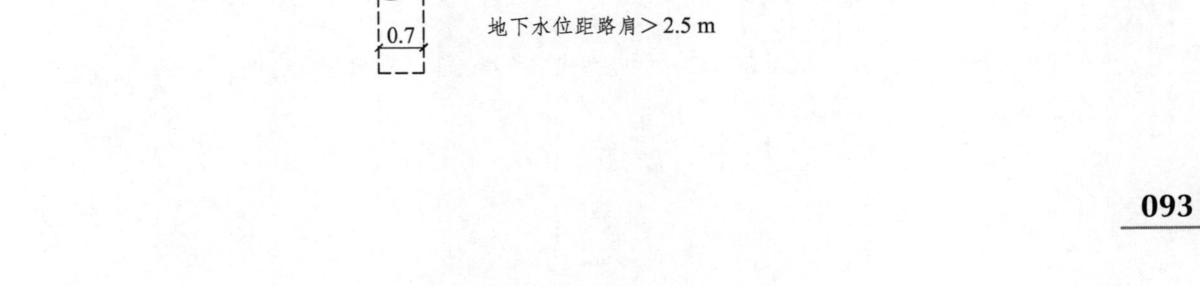

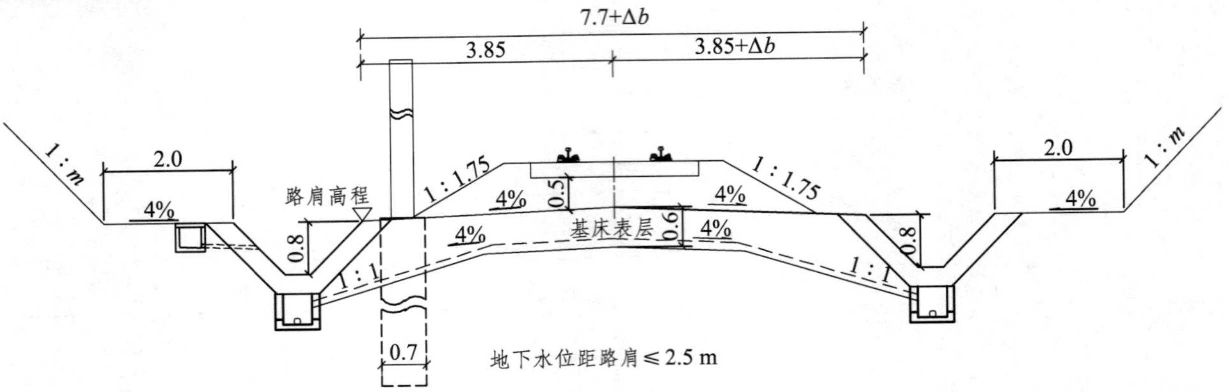

图 3-4-2-3　120 km/h 及以下单线路堑代表性横断面（弱风化软质岩及强风化硬质岩）

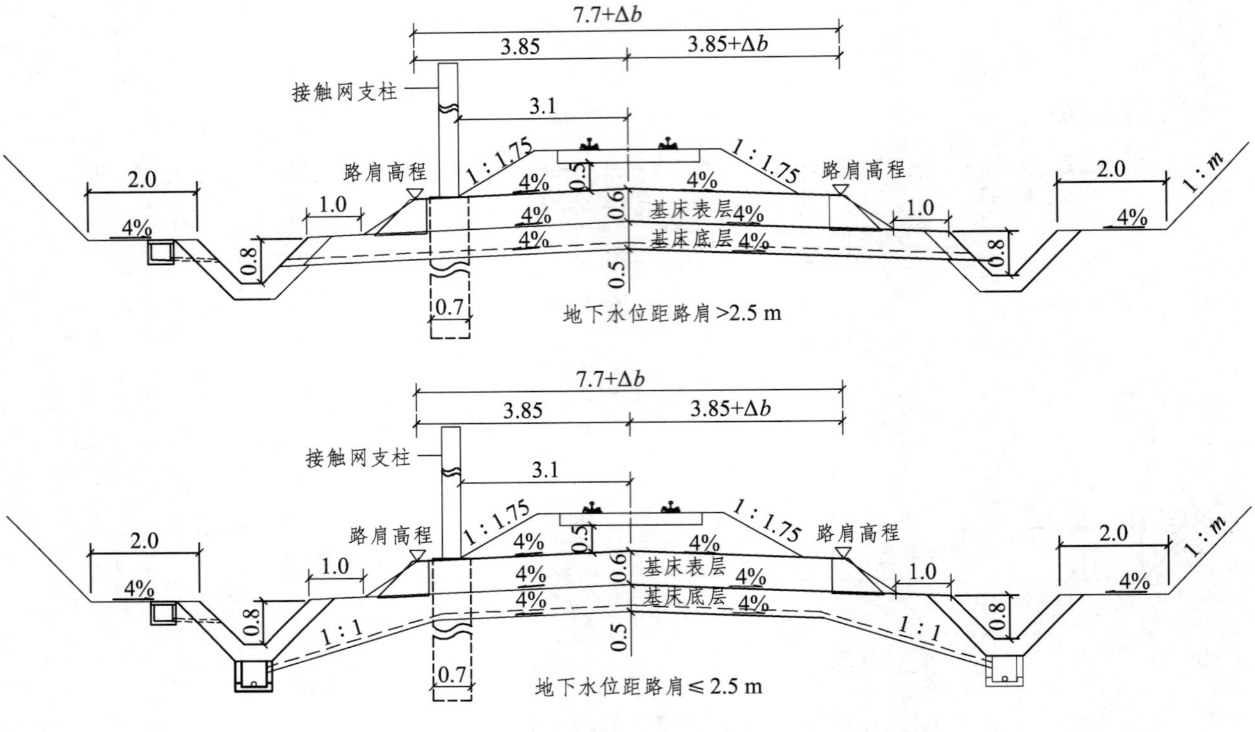

图 3-4-4　120 km/h 及以下单线路堑代表性横断面（弱-中膨胀土）

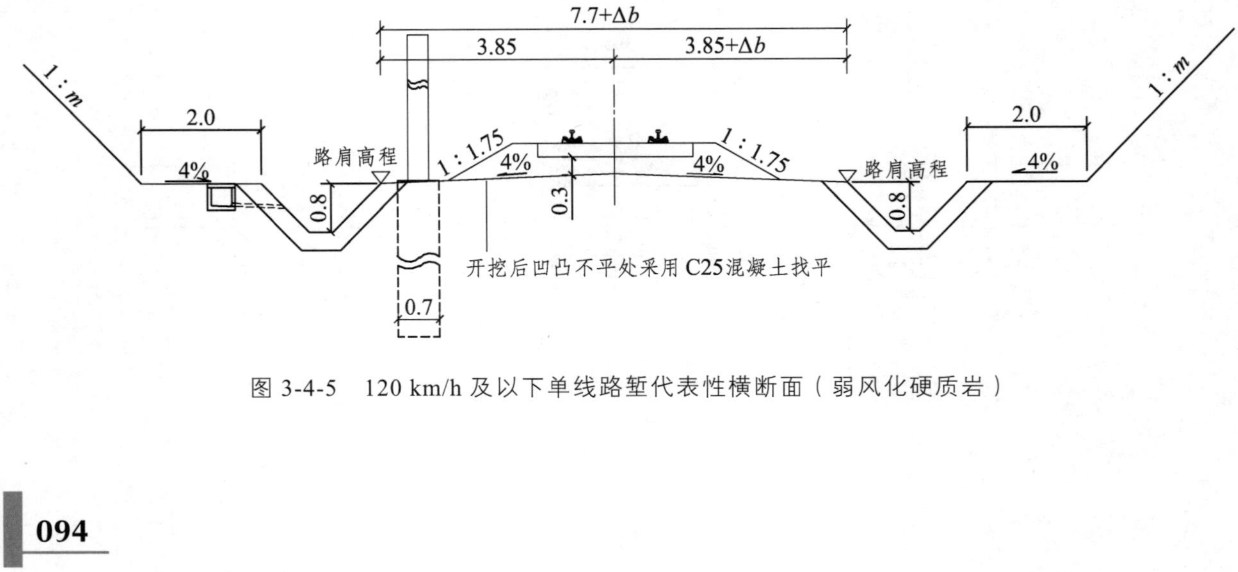

图 3-4-5　120 km/h 及以下单线路堑代表性横断面（弱风化硬质岩）

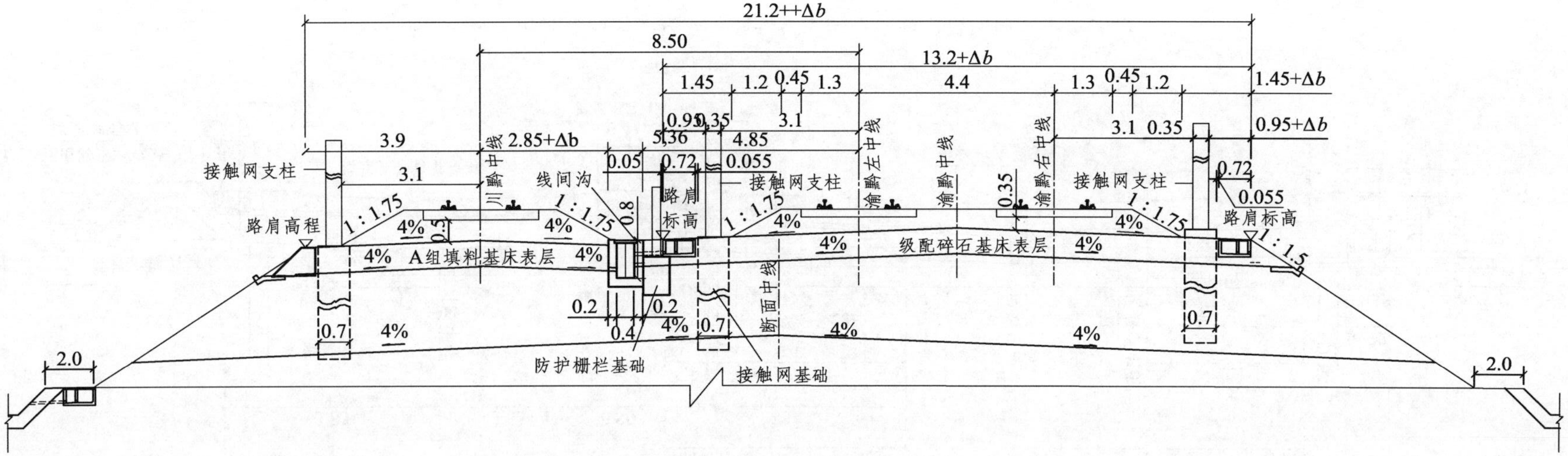

图 3-4-6　120 km/h 单线与渝黔线并行路堤代表性横断面

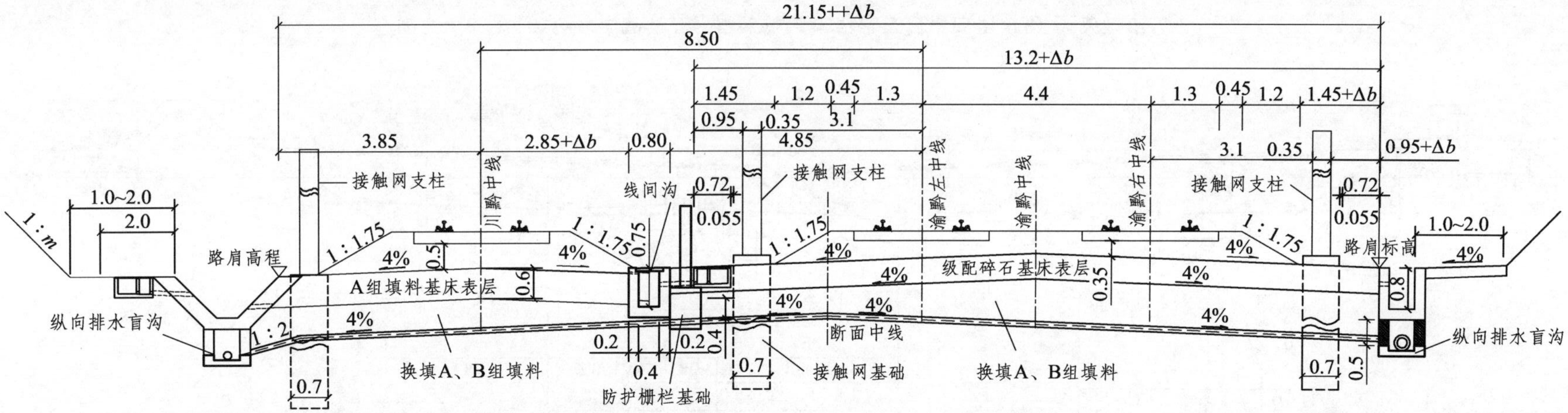

图 3-4-7　川黔线与渝黔线并行同步施工路堑代表性横断面（弱风化软质岩及强风化硬质岩）

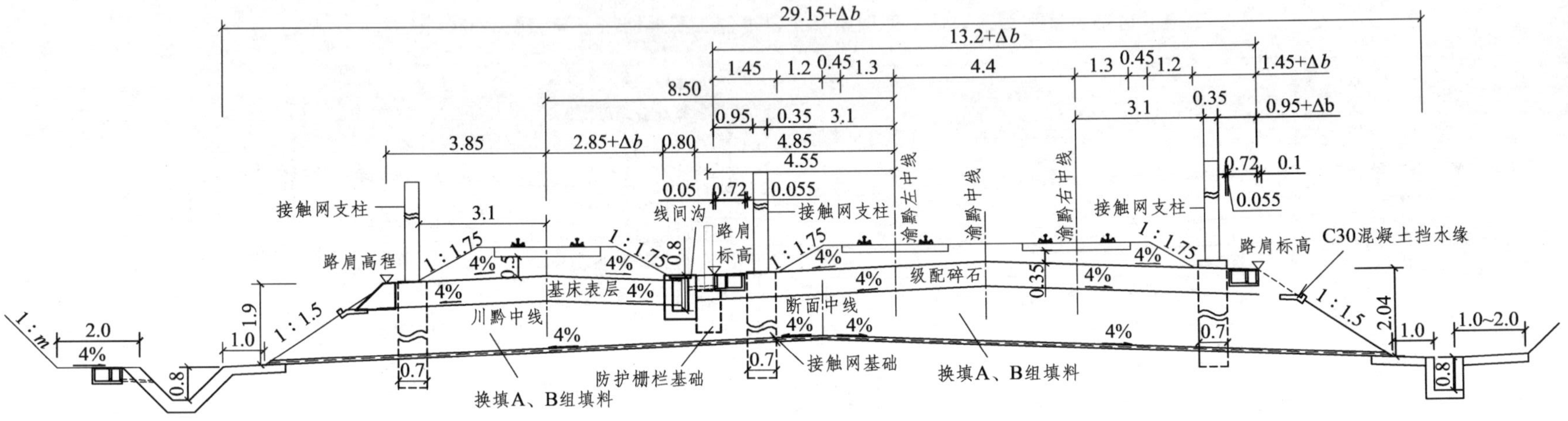

图 3-4-8　川黔线与渝黔线并行同步施工路堑代表性横断面（弱-中膨胀土）

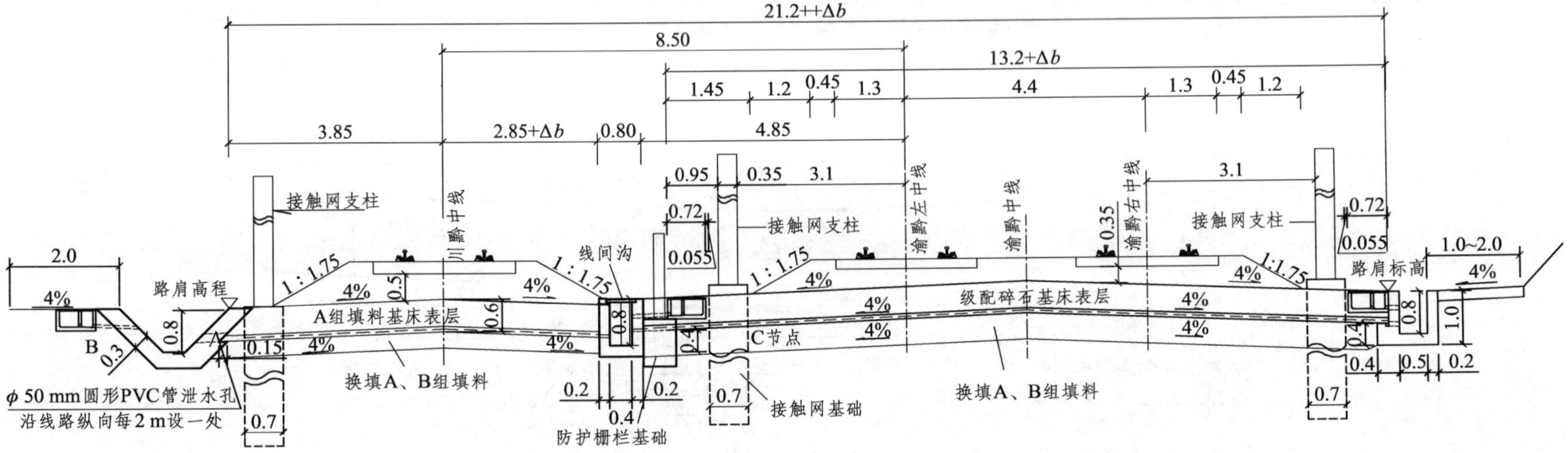

图 3-4-9　川黔线与渝黔线并行同步施工路堑代表性横断面（土质路堑）

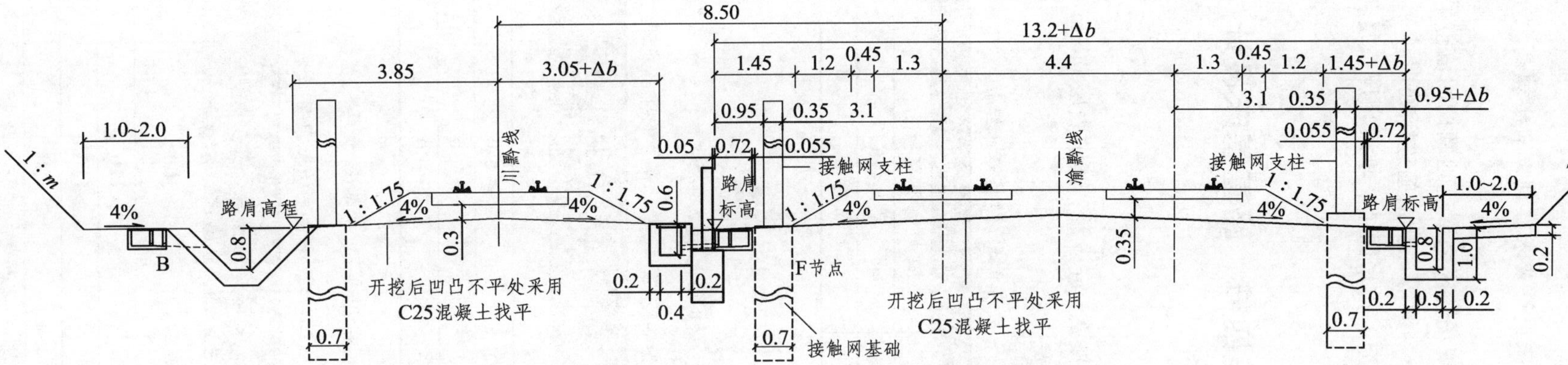

图 3-4-10　川黔线与渝黔线并行同步施工路堑代表性横断面（弱风化硬质岩）

第三节　地基处理设计

高度小于 2.5 m 的路堤按路基基床设计要求办理，对于填高大于基床厚度的路堤，路堤基底处理主要采用以下措施处理。

（1）地基不需深层处理时，根据现场情况采取就地翻挖回填整平碾压、换填、清除淤泥、碎石桩、水泥搅拌桩或 CFG 桩复合地基、防渗加固等综合措施进行处理。

（2）地基需深层处理时，采取强夯、排水固结、堆载预压、复合地基或其他地基处理措施进行地基加固。

第四节　路基基床设计

一、基床厚度

区间正线及联络线路基基床厚度按 2.5 m 设计，其中表层 0.6 m，采用 A 组填料填筑，底层 1.9 m，采用 A、B 组填料或改良土加固，如表 3-4-4。

表 3-4-4　路基基床结构

线路类别	路基基床厚度	路基基床分类	填料类别
120 km/h 区间正线及联络线	基床表层厚 0.6 m	硬质岩石路堑	不换填
		土质路基	采用 A 组填料
	基床底层厚 1.9 m	路堤	采用 A、B 组填料、改良土或加固

二、基床填料与压实要求

基床表层采用 A 组填料填筑，压实标准见表 3-4-5。

表 3-4-5　路基基床表层的压实标准

速度目标/（km/h）	填料	厚度/m	压实标准			适用范围
			地基系数 K_{30}/（MPa/m）	孔隙率 n/%	压实系数 K	
120	砾石、碎石类	0.6	≥150	<28	—	路堤
	砾石、碎石类	0.5	≥150	<28	—	路堑
	中粗砂	0.1	≥130	<18	—	路堑
	细粒土	0.6	≥100		0.93	

基床底层采用 A、B 组填料，压实标准见表 3-4-6。

表 3-4-6　基床底层填料及压实标准

路基类型	填料	厚度/m	压实标准		
			地基系数 K_{30}/(MPa/m)	孔隙率 n/%	相对密实度 D_r
120 km/h 单线及以下地段	砂类土（粉砂除外）	1.9	≥100		≥0.75
	砾石类	1.9	≥120	<31	
	碎石类	1.9	≥130	<31	
	块石类	1.9	≥150		
川黔与渝黔并行等高地段，基床底层压实按渝黔线压实标准执行					

三、基床加固设计

（一）一般路堤

路堤堤高>2.5 m时，基床表层采用A组填料填筑，基床底层采用A、B组填料。路堤堤高≤2.5 m时，按低矮路堤基床加固处理。

（二）一般路堑

当基床范围内的地基存在静力触探比贯入阻力 Ps < 1.2 MPa，δ_0 < 0.15 MPa 的土层时，应采取换填、复合地基加固等措施处理。当基床范围内的地基不存在静力触探比贯入阻力 Ps < 1.2 MPa，δ_0 < 0.15 MPa 的土层时，其基床应满足A、B组填料要求，不能满足时，针对基底地质情况，按下述措施进行处理。

1．路堑基床底层为土质、全风化岩石地段

当地下水位距路肩 > 2.5 m 时，基床表层采用 0.5 m 厚 A 组填料+0.05 m 厚中粗砂+一层复合土工膜+0.05 m 厚中粗砂填筑，基床表层底面以下 0.3 m 厚范围挖除换填，并回填 A、B 组填料或改良土封闭，基床底层表面作成向两侧 4%横向排水坡；当地下水位距路肩≤2.5 m 时，路基采用路堤式路堑形式，基床表层采用 0.6 m 厚 A 组填料填筑，基床表层以下 0.3 m 厚范围挖除换填 A、B 组填料或改良土，其下全断面铺设 0.05 m 厚中粗砂+PVC 毛细防排水板+0.05 m 厚中粗砂层，基床底层顶面和底面作成向两侧 4%横向排水坡。

2．路堑基床为强风化、弱风化软质岩、强风化硬质岩地段

当地下水位距路肩 > 2.5 m 时，基床表层采用 0.5 m 厚 A 组填料+0.05 m 厚中粗砂+一层复合土工膜+0.05 m 厚中粗砂填筑，基床表层底面作成向两侧 4%横向排水坡；当地下水位距路肩≤2.5 m 时，路基采用路堤式路堑形式，基床表层采用 0.6 m 厚 A 组填料填筑，基床表层底面以下全断面铺设 0.05 m 厚中粗砂+PVC 毛细防排水板+0.05 m 厚中粗砂层，基床底层顶面和底面作成向两侧 4%横向排水坡。

3．弱～中膨胀土路堑，路基两侧采用路堤式路堑形式

基床表层采用 0.6 m 厚 A 组填料填筑。基床表层底面以下挖除换填 0.5 m 厚，采用 0.4 m 厚 A、B 组填料或改良土+0.05 m 厚中粗砂+PVC 毛细防排水板（地下水不发育时用复合土工膜）+0.05 m 厚中粗砂层填筑，基床底层顶面和底面作成向两侧 4%横向排水坡。

4．

不易风化的硬质岩路堑，开挖至设计标高后整平成 4%的人字排水坡，局部凹凸不平处以 C25 混凝土找平。

（三）低矮路堤

路基基底应符合《铁路路基设计规范》（TB 10001—2005）中路堤填筑地基条件。对于高度小于基床厚度≤2.5 m 的低路堤，当基床底层厚度范围内的地基土的静力触探比贯入阻力 Ps<1.5 MPa 或天然地基基本承载力[σ] < 0.18 MPa 时，应采取换填、加固或改良等措施处理。当基床范围内地基土满足上述条件，但不满足表 3-4-5、3-4-6 中压实标准有关要求时，基床表层换填 0.6 m 厚 A 组填料，其压实标准应满足基床表层压实标准，基床底层按下列情况分别进行处理。

1．H≤0.6 m 时

（1）当地基为黏性土、全风化岩层时，在基床表层底面以下换填厚度不小于 0.5 m（0.4 m 厚 A、

B 组填料或改良土 + 0.1 m 厚中粗砂）。当地下水位距路肩≤2.5 m 时，于换填底部 0.1 m 厚中粗砂间设置一层 PVC 毛细防排水板；当地下水位距路肩 > 2.5 m 时，基床底层换填 A、B 组填料则于换填底部设 0.1 m 厚中粗砂夹一层复合土工膜。路基两侧设置浆砌片石排水沟，排除基床表层积水及地下水。

（2）当地基为 A、B 组砂类土及碎石类土时，在基床表层底面以下翻挖回填厚度不小于 0.5 m。当地下水位距路肩≤2.5 m 时，采用 0.4 m 厚翻挖回填土 + 0.05 m 厚中粗砂+PVC 毛细防排水板 + 0.05 m 厚中粗砂填筑；当地下水位距路肩 > 2.5 m 时，采用 0.5 m 厚翻挖土回填。路基两侧坡脚外设置浆砌片石排水沟，排除基床表层积水及地下水。

（3）当地基为不易风化的坚硬岩石可不予处理，采用 C25 混凝土找平后直接在其上填筑。

2．0.6 m<H≤2.5 m 时

（1）当地基为黏性土、全风化软质岩层时，应保证基床底层填筑和换填总厚度不小于 0.3 m。当地下水位距路肩≤2.5 m 时，换填或填筑底部铺设 0.05 m 厚中粗砂+PVC 毛细防排水板 + 0.05 m 厚中粗砂填筑；当地下水位距路肩 > 2.5 m 时，换填或填筑底部铺设 0.05 m 厚中粗砂+复合土工膜 + 0.05 m 厚中粗砂填筑。

（2）当地基为不易风化的坚硬岩石可不予处理，采用 C25 混凝土找平后直接在其上填筑。

（3）当地基为中 ~ 弱膨胀土时，在基床表层底面以下挖除换填 0.5 m 厚，采用 0.4 m 厚 A、B 组填料或改良土回填。当地下水位距路肩 > 2.5 m 时，其下全断面铺设 0.05 m 厚中粗砂+复合土工膜+0.05 m 厚中粗砂层；当地下水位距路肩≤2.5 m 时，其下全断面铺设 0.05 m 厚中粗砂+PVC 毛细防排水板 +0.05 m 厚中粗砂层。路基两侧坡脚外设置浆砌片石排水沟，排除基床表层积水及地下水。

（四）基床以下路堤与压实标准

基床以下路堤宜选用 A、B 组及 C 组的块石、碎石、砾石类填料，选用 C 组细粒土、粉砂及易风化软岩块石土时，根据土源性质进行改良后填筑。其压实标准单线地段应满足《铁路路基设计规范》（TB 10001—2005）表 7.3.1 所列要求，与渝黔线并行地段基床以下路堤压实标准，按渝黔线压实标准执行。

道岔区正线路基基床以下本体的填料及压实标准同基床底层。

第五节　一般路基设计

一、路堤

一般填方地段，当基底情况良好，路堤边坡高度及坡度按表办理，当路堤边坡高度超过表列规定时，按路基个别工点设计。设计参数见表 3-4-7。

表 3-4-7　路堤边坡坡度及边坡高度控制表

填料种类	边坡高度/m	边坡坡率	备注
一般细粒土	0 ~ 8 8 ~ 20	1∶1.5 1∶1.75	超过 10 m 时于 8 m 处设边坡平台，宽 2.0 m
碎石土、卵石土、粗粒土（细砂、粉砂、粘砂除外）	0 ~ 12 12 ~ 20	1∶1.5 1∶1.75	超过 12 m 时于 12 m 处设计边坡平台，宽 2.0 m

二、路堑

路堑边坡形式和坡率按照现行《铁路路基设计规范》（TB 10001—2005）等有关规定执行。岩性完整的硬质岩路堑边坡高度不宜超过 30 m；软质岩路堑边坡高度不宜超过 25 m；土质路堑边坡高度不宜超过 20 m，否则宜改善平纵面设计或采用明洞或隧道方案。膨胀土等特殊路堑，应符合《铁路特殊路基设计规范》（TB 10035）的有关规定，保证路堑边坡安全稳定性。

路堑应根据边坡高度、边坡岩土工程性质、地下水条件等设置侧沟平台，平台宽度宜为 1.0 ~ 2.0 m；在土石分界处、透水和不透水层交界面处，应设置边坡平台，平台宽度宜为 2.0 ~ 3.0 m，平台靠山侧采用截水沟加固。

当路堑边坡高度小于 20 m 时，路堑边坡坡度可参照下表执行。当路堑边坡高度大于 20 m 时，要根据地质参数进行边坡稳定性检算，稳定系数 $k \geqslant 1.25$。

第六节　特殊路基设计

本线的特殊土路基为软土、松软土、岩溶路基。

软土路基根据软土硬壳的厚簿、软土厚度及其力学指标、地面横坡和线路所处位置，按《铁路特殊路基设计规范》（TB 10035—2006）第三章的规定进行个别设计。坡面横坡较陡或软土底部存在斜坡时，应考虑侧向滑动的可能性，稳定性检算需满按施工期 1.1、运营期 1.25 进行确定，否则在路堤坡脚设置抗滑桩、桩板墙等进行侧向约束；其工后沉降量应满足一般地段不大于 20 cm、桥台台尾及隧道洞口过渡段工后沉降差不大于 10 cm 的要求，否则应进行地基加固处理。

岩溶路基根据岩溶地表形态、地表径流和地下水活动特征、覆盖土层厚度、岩溶发育程度、土洞状况及抽排地下水等人为活动情况，分析地面致塌因素，综合评价地基稳定性；并按《铁路特殊路基设计规范》（TB 10035—2006）第 12 章的规定进行个别设计。

一、软土路基

（1）软土埋深小于 3.0 m 地段采用清除换填 A、B 组填料，地下水埋藏较浅地段，挖除换填渗水土。

（2）软土厚度大于 3 m 小于 10 m，采用水泥搅拌桩复合地基加固处理。

（3）软土厚度大于 10 小于 15 m，采用 CFG 桩加固地基处理。

（4）软土厚度大于 15 m，路基填高大于 8 m 时，原则上应以桥代路，当采用路基方案时，应进行技术经济论证，采用成熟可靠的措施。

二、松软土路基

对松软土地基上的路基必须进行路基稳定、沉降检查算。当稳定安全系数、工后沉降不满足《铁路路基设计规范》（TB 10001—2005）要求时，应进行地基处理。对满足稳定、沉降要求，但不满足《铁路路基设计规范》（TB 10001—2005）7.1.5 条承载力要求的松软土地基，可采取排水疏干、挖除换填或填砂砾石重型碾压等地基加固措施。

三、岩溶路基

本线高炉子站至南白镇站区间、董公寺站、龙坑站、阁老坝站存在岩溶路基。

（1）裸露和埋藏较浅的溶洞可根据其大小、深度、所处位置及施工条件选择回填封闭、盖板跨越、支顶加固等措施处理；覆盖层厚度小于 5 m 的溶洞和溶蚀裂隙发育带，采用注浆加固时，注浆深度应根据溶蚀裂隙发育情况或溶洞大小、顶板厚度、溶洞的厚跨比等综合确定，路基基底以下处理深度不宜小于 10 m。

（2）埋藏较深的溶洞和溶蚀裂隙发育带宜采用注浆封闭土、石界面，形成隔水帷幕，厚度为 5～8 m，其中进入基岩内的深度不宜小于 3 m；岩溶很发育，溶洞呈串珠状或空洞较大时，进入基岩内的深度应适当增加。

（3）覆盖层土洞埋藏较浅时，宜回填夯实并做好地表水的引排封闭处理；土洞埋藏较深时，宜采用充填、注浆或全覆盖层注浆加固等措施处理。

（4）对易产生土洞的覆盖层，宜针对诱发因素采取注浆加固或封堵等措施。

（5）注浆加固分段应综合考虑加固后地下水条件变化等因素的影响，消除隐患。

第七节　路堑设计

一般土质边坡高度宜控制在 20 m 以内，软质岩边坡高度宜控制在 25 m 以内，硬质岩边坡高度宜控制在 30 m 以内，超过时应考虑与隧道、明洞、棚洞作技术经济比较。

地面平缓地段采用设矮挡墙后分级放坡开挖，边坡中部设平台及截水沟，岩质边坡坡率缓于 1∶1.25 时，锚杆框架梁或截水骨架内灌草护坡或空心砖客土灌草护坡；坡率陡于 1∶1.25 的较高软质岩边坡，采用锚杆（索）框架内喷混植生护坡。

地面横坡较陡时，降低边坡高度，确保边坡稳定，土层、风化硬质岩路堑边坡高度大于 20m 且岩层风化破碎、节理发育时，一般设预锚固桩及桩间路堑挡土墙、锚索桩及桩间土钉墙、锚索板、土钉墙等支挡加固，墙顶以上边坡应采用锚杆框架梁或截水骨架内空心砖客土植草或喷混植生护坡等措施进行防护。

对于硬质岩深路堑，当无不利外倾结构面时，硬质岩层边坡，采用分级光面爆破嵌补处理，当节理较发育，岩体破碎时，采取挂柔性防护网或喷锚网结合种植爬山虎绿化防护或设锚杆框架客土植草等防护。

本线深路堑地段落共 9 处（含车站 3 处），长 1 130 m，下伏基岩以灰岩、泥岩夹灰岩、页岩为主。全线深路堑分布及处理概述如表 3-4-8。

表 3-4-8　深路堑分布表

序号	起讫里程	长度/m	位置	概述	主要工程措施
1	D2K263+103～D2K263+180	77	右侧	最大边坡高度 32 m，地表上覆红黏土厚度为 2～6 m；下伏基岩灰岩，灰色，厚层状，节理较发育，岩质较硬，岩芯以柱状为主，岩溶强烈发育	坡脚设路堑桩板墙，墙顶以上分级刷坡厚设锚杆框架防护
2	D2K263+220～D2K263+640	420	右侧	最大边坡高度 27 m，地表上覆红黏土，厚 14～20 m，下伏基岩灰岩，中～厚层状构造，岩石质量较好，强度高，完整性良好	坡脚路堑桩板墙，墙顶以上按 1∶1.75～1∶2 坡率每 8 m 一级分级刷坡厚设锚杆框架防护
3	D2K263+770～D2K263+920	150	左侧	最大边坡高度 57 m，地表覆土层为第四系残坡积层（Q_4^{dl+el}）粉质黏土，含角砾、碎石，含量 10-40%，下伏二叠系上统龙潭组（P_2l）页岩、炭质页岩、煤层夹灰岩地层、二叠系下统茅口组第一段（P_1m^1）灰岩。为小煤窖采空区	采用宽平台、缓坡率 1∶1.5～1∶2 分级刷坡，分级平台宽度 8 m，坡面设锚杆框架；路肩 45°扩散角范围采取注浆加固

续表

序号	起讫里程	长度/m	位置	概述	主要工程措施
4	DK272+523～DK272+573	50	右侧	最大边坡高度 24 m，斜坡地貌，地表覆盖 1～2 m 厚粉质黏土，下覆基岩为泥岩夹灰岩，弱风化，产状主要为 N60°～75°E/42°～45°S	坡脚设锚固桩、锚索桩加固，桩间设土钉墙，最大墙搞 15 m，墙顶以上按 1∶1 坡率清方厚设锚杆框架防护
5	DK274+800～DK274+870	70	左侧	最大边坡高度 34 m，地表上覆粉质黏土，厚 1～4 m，下伏基岩页岩、泥岩、膏盐白云岩，岩石质量较差。强风化带岩芯较破碎，多呈碎石状，岩质软，一般厚 2～5 m	坡脚设重力式挡土墙收坡，最大墙高 6 m，墙顶以上按稳定坡率分级刷坡后设锚杆框架防护
6	D1K282+236～D1K282+335	99	左侧	最大边坡高度 32 m，地表上覆粉质黏土，厚 1～3m，下伏泥岩夹灰岩，强风化带岩芯较破碎，多呈碎石状，岩质软，一般厚 0～6 m，弱风化带岩芯较完整，一般呈短柱状、柱状	坡脚设路堑桩间挡土墙，墙顶以上按 1∶1～1∶1.25 坡率分级刷坡后设锚杆框架、人字形截水估计防护
7	D1K289+870～D1K290+010	140	左侧	最大边坡高度 56 m，地表上覆红黏土，厚度为 4～12 m，下伏基岩灰岩，弱风化带岩芯较完整，一般呈短柱状～长柱状	按稳定坡率分级刷坡清房厚，坡面采用光爆厚嵌补厚种植爬山虎，挂主动防护网，路堑顶部设锚杆框架防护
8	D1K281+593～D1K281+648	55	左侧	最大边坡高度 28 m，地表上覆红黏土，厚度为 2～6 m，下伏基岩白云岩、泥灰岩，弱风化，岩芯较完整，一般呈短柱状、柱状	坡脚设路堑坡脚设锚固桩间土钉墙，最大墙高 10 m，墙顶以上按 1∶1.25～1∶1.5 坡率分级刷坡，坡面设锚杆框架防护
9	D1K281+688～D1K281+757	69	左侧	最大边坡高度 28 m，地表上覆红黏土，厚度为 2～6 m，下伏基岩白云岩、泥灰岩，弱风化，岩芯较完整，一般呈短柱状、柱状	坡脚设路堑坡脚设锚固桩间土钉墙，最大墙高 10 m，墙顶以上按 1∶1.25～1∶1.5 坡率分级刷坡，坡面设锚杆框架防护

第八节　填料设计

有效利用沿线填料，尽可能移挖作填，合理确定分段填料方案。基床表层采用 A 组填料，过渡段采用 A 组填料填筑。基床底层采用路堑或隧道弃砟中的 A、B 组填料。基床以下部分，采用路堑或隧道弃砟中的 A、B 组及 C 组填料。

土石方调配按照就近调配、尽量减少弃方的原则，尽可能移挖作填。

路基土石方设计必须严格按其功能采用相应的填料，对于 B 组填料的细砂类土、C 组填料为黏性土应根据勘测资料采用，对不符合填料要求的土而又必须采用时应进行改良处理。对不符合填料要求的利用方、借方应根据改良土改良方式（场拌、路拌）及集中拌和场位置进行土石方调配。

全线路基土石方 $108.04\times10^4\ m^3$，其中填方 $20.853\times10^4\ m^3$，挖方为 $87.151\times10^4\ m^3$。结合填挖方分布情况并综合考虑运距，全线区间路基以挖作填共用 $17.963\times10^4\ m^3$，就近利用隧道挖方数量为 $2.89\times10^4\ m^3$，区间挖方可用填料运至车站作填 $3.07\times10^4\ m^3$，基床表层及过渡段 A 组填料采用外购。据全线填料来源情况，本线填料设计见表 3-4-9。

表 3-4-9　川黔线高炉子至南白镇路基填料设计一览表

区间段落	主要地层岩性	利用填料分组	填料采用方案			
			外购填料		利用路基、隧道挖方	
			基床表层	过渡段	基床底层	路基本体
高炉子至董公寺	灰岩、白云岩夹页岩、页岩夹砂岩、砂岩、泥岩	灰岩、白云岩夹页岩、砂岩	A 组	A 组	B 组	B、C 组
董公寺至遵义	泥岩夹灰岩、灰岩夹页岩、碳质页岩、泥岩夹砂岩、煤层、碎石土	灰岩夹页岩、碎石土	A 组	A 组	B 组	B、C 组
遵义至南白镇	砂岩夹泥岩、角砾岩、灰岩、白云岩、泥灰岩、页岩、泥岩夹灰岩	砂岩夹泥岩、角砾岩、灰岩、白云岩	A 组	A 组	B 组	B、C 组

第九节　过渡段设计

一、路堤路堑过渡

当路堤与路堑连接处为坚硬岩石路堑时，在路堑一侧顺原地面纵向开挖台阶，台阶高度≥0.6 m，并应在路堤一侧设置过渡段，过渡段采用 A 组填料填筑；当路堤与路堑连接处为软质岩石或土质路堑时，应顺原地面纵向挖成 1∶1.5 的坡面，再在 1∶1.5 坡面上开挖台阶，台阶高度≥0.6 m，其开挖部分填筑应同路堤。设计图见图 3-4-11。

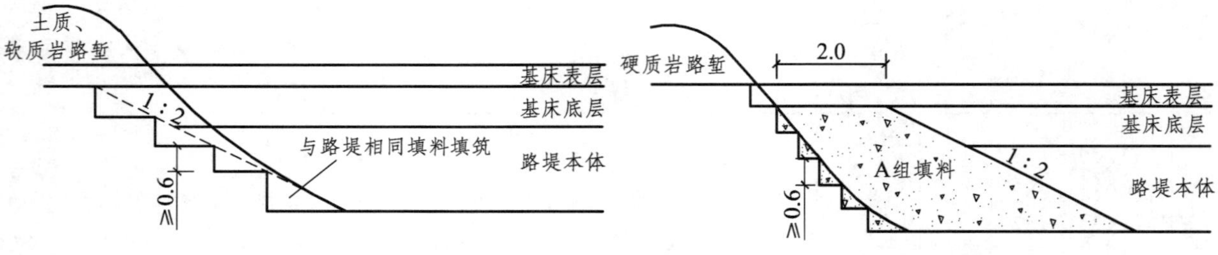

图 3-4-11　路堤与路堑过渡段设计图

二、桥台与路基过渡

路堤与桥台（含框架桥）连接处设置过渡段，过渡段 A 组填料，压实标准按表执行，过渡段设置见图 3-4-12。

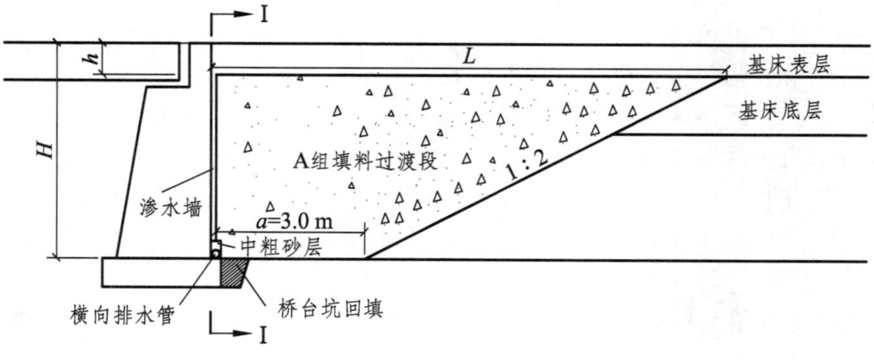

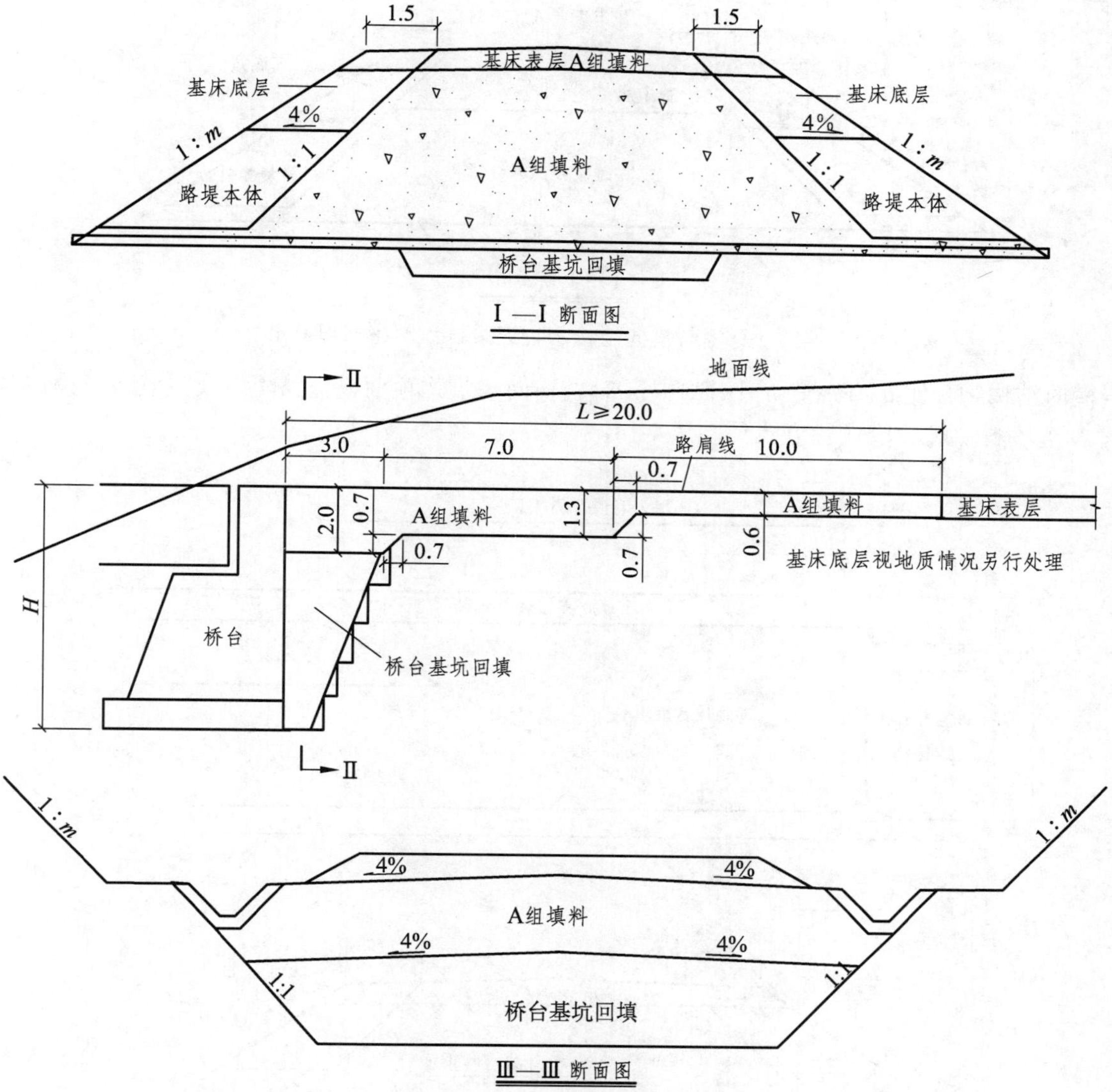

图 3-4-12　路堤与桥台过渡段设计图

三、路堤与横向结构物（立交框构、箱涵等）过渡

路堤与横向结构物（立交框构、箱涵等）连接处，设置过渡段。除横向结构物顶面距地面高度小于 1.0 m 且不足路堤高度的 1/2 时不设置过渡段外，其他情况均设置过渡段。当横向结构物顶距路肩距离 h 大于等于 1.0 m 时，过渡段范围内采用 A 组填料填筑，如图 3-4-13。

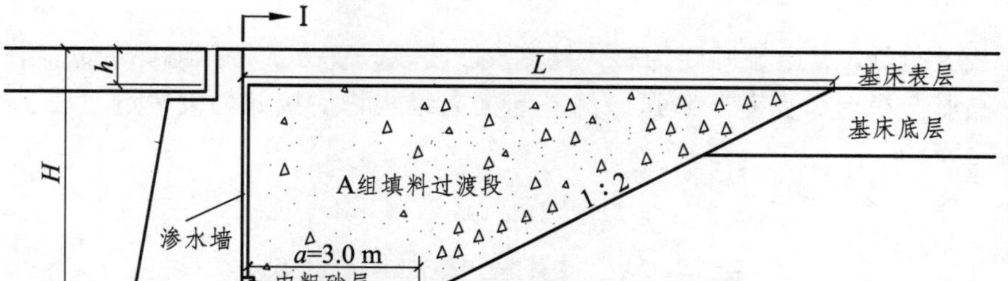

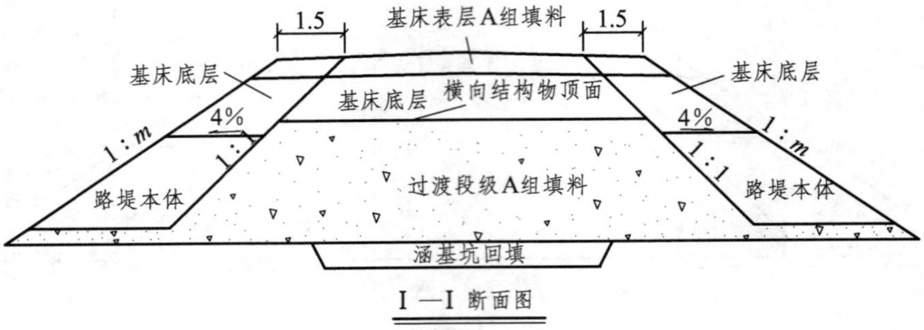

图 3-4-13　路堤与横向结构物过渡段设计图（$h\geqslant 1.0$ m）

当横向结构物顶距路肩距离 h 小于 1.0 m 时，横向建筑物顶面以上路堤以及过渡段范围内基床表层填筑 A 组填料。过渡段设置方式见图 3-4-14。

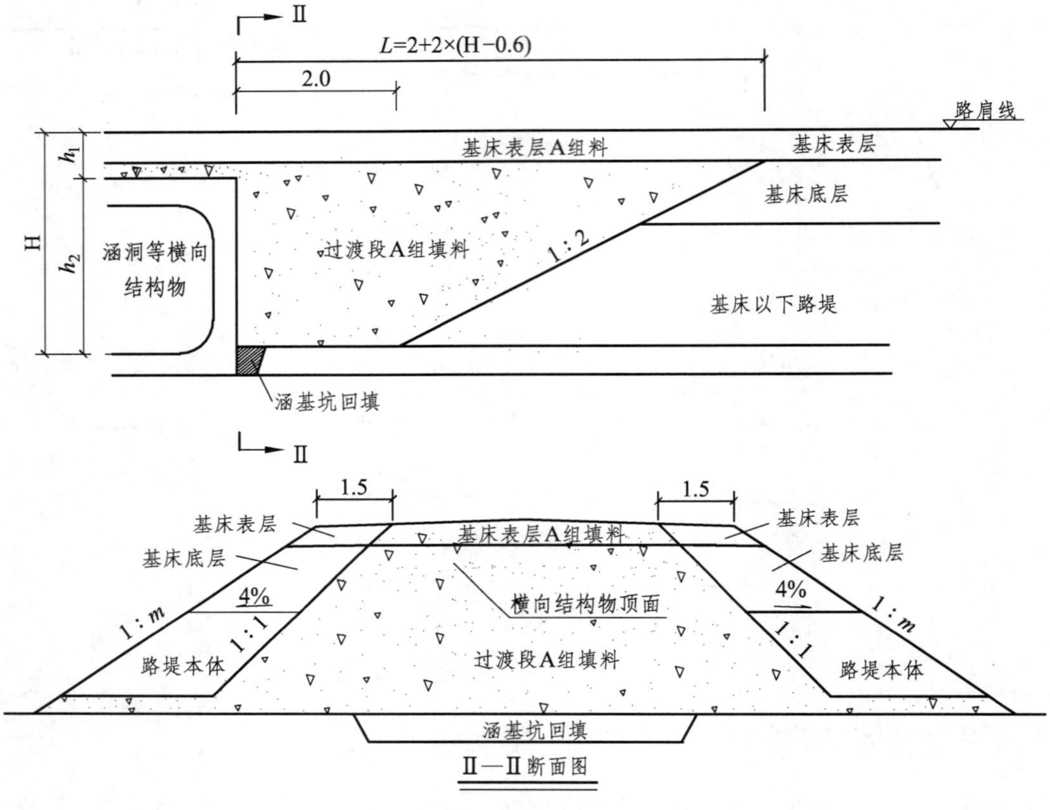

图 3-4-14　路堤与横向结构物过渡段设计图（$h<1.0$ m）

四、并行段路基过渡段

川黔与渝黔线并行地段，由于两线为整体路基，过渡段设置方式按照渝黔线施工图原则标准执行，在路堤与路堑、路基与桥台、路基与隧道、路基与横向结构物衔接处均设置过渡段，过渡段采用级配碎石填筑。

第十节　路基防排水设计

路基要有良好完善的排水系统，并与桥涵、隧道、车站等排水设备衔接配合，有足够的过水能力。

设计流量按 1/50 频率计算。纵坡不小于 2‰，地面中坦或反坡排水地段，仅在特殊困难情况下可减小至 1‰。对于需要扩大的侧沟，沟深原则上不超过 1.2 m，当流量不满足要求时，可加宽水沟，并根据实际情况可考虑设置路堤式路堑以利排水。

一、路基地表排水

（1）对路基有危害的地面水，设置侧沟、天沟、排水沟及边坡平台截水沟，将水拦截引排至路基范围以外。

（2）路堤地段一般两侧均设排水沟，排水沟一般为梯形，截面尺寸不小于 0.4 m（宽）×0.6 m（高），采用 M7.5 浆砌片石砌筑，厚度 0.3 m。对地形平坦、地面横坡不明显，水流分散，不易引起冲刷和路基病害地段，在路堤坡脚设置浆砌片石护脚墙。路堤坡脚外天然护道宽度一般不小于 2 m，农田地段护道宽度可减至 1m 或采用路堤护脚墙加固，脚墙平台宽 0.5 m，墙宽 0.5 m，高 1m。

（3）软质岩、强风化的硬质岩及土质路堑采用梯形侧沟，截面尺寸不小于 0.4 m（宽）×0.8 m（高），采用 M7.5 浆砌片石砌筑，厚度 0.3 m。路堑地段在地面横坡明显地段，一般在靠山侧设置梯形天沟，截面尺寸不小于 0.4 m（宽）×0.6 m（高），采用 M7.5 浆砌片石砌筑。边坡平台上设截水沟，将坡面上的水引出路基以外。

（4）路堑侧沟的水流一般不得经隧道排出。反坡排水侧沟最大深度不得超过 1.2 m。在深长路堑和反坡排水困难的地段，以及谷地路堑地段，通过增设涵洞或设置路堤式路堑和排水沟，将侧沟水尽快引排至路基外，路堑堑顶至天沟间采用 M7.5 浆砌片石封闭。

（5）川黔线与渝黔线并行等高地段，设矩形钢筋混凝土线间排水沟，截面尺寸不小于 0.4 m（宽）×0.8 m（高），沟壁厚 0.2 m，并于沟顶设钢筋混凝土盖板，排水沟混凝土等级不低于 C25。

二、路基地下排水

（一）渗水盲沟

低路堤、浅路堑地段，路堑位于富水地层或水田、地形凹槽，以及地下水位高于路基面以下 2.5 m 等地下水发育地段，于路堤基底、基床底层换填底部、排水沟或侧沟底部设置纵向盲沟，基床底层底部设置 PVC 毛细防排水板，加强地下水流排处理。水田或地形凹槽路堑边坡增设边坡支撑渗沟。

（二）边坡支撑渗沟

路堑边坡支撑渗沟设置间距一般为 10 ~ 15 m，当渗沟加固与截水骨架护坡同时采用时，渗沟设在主骨架处。渗沟宽 1.5m，排水层最小厚度 1.0 m。渗沟中部采用干砌片石充填，底部采用 M7.5 浆砌片石封闭，厚 0.3 m。

第十一节　路基防护工程设计

一、边坡支挡结构

路堤填方边坡出现薄条状路堤时，设置路肩挡土墙。一般路肩挡土墙或土质路堑挡土墙以 10 m 墙高为限，岩质路堑墙以 12 m 为限。对高度较高的重力式挡土墙及轻型支挡结构，应适当提高安全系数。

二、加固防护

当边坡高度 $H<4$ m 时，采用灌草护坡；当边坡高度 $H\geqslant 4$ m 时，采用人字形截水骨架内灌草护坡；当边坡高度 $H\geqslant 8$ m 时，填料为细粒土、砂类土或易风化的软质岩石时边坡采用水平铺设土工格栅分层加固，坡面人字形截水骨架内灌草防护。

三、路基边坡防护具体方法

（一）边坡绿色防护

边坡绿色防护设计的主要措施有栽植灌木结合撒播草籽和喷混植生。

（二）用于路基加固与防护的土工合成材料

铺设土工格栅时，土层表面应平整，不容许有褶皱，应尽量拉紧，并用竹钉固定，不得有坚硬凸出物，严禁碾压机械直接在土工格栅表面上进行碾压。铺设多层土工格栅时，其上、下层接缝应交替错开，错开距离不宜小于 0.5 m。

（三）人字形截水骨架

坡面埋设骨架，由主骨架与人字形支骨架组成，浆砌片石砌筑。截水骨架基础采用 M7.5 浆砌片石砌筑，挡水缘采用 C25 混凝土浇筑。

（四）干砌片石护坡

（1）干砌片石护坡单层厚度为 0.3 m，其下设 RCP-X715D（A）土工排水垫层，厚 0.15 m。

（2）砌体应采用坚硬，不易风化的片石砌筑，片石的强度不应低于 MU30。

第十二节　路基沉降控制设计

在系统分析地基土（含路堤、路堑各种地基条件）成因类型、分布范围、埋藏规律、分层厚度及分层物理力学指标的基础上，结合路基设计参数及工程类型分布进行分工点横断面和纵断面稳定检算及沉降分析。

工后沉降控制标准见表 3-4-10。

表 3-4-10　路基工后沉降控制表

速度目标值	工后总沉降/cm	桥头路基工后沉降量/cm	沉降速率/（cm/年）
并行段执行渝黔线 200 km/h 目标值	15	8	4
川黔线 120 km/h 及以下联络线工程	20	10	5

为有效控制路基工后沉降，有砟轨道路基填筑施工完成后，要保证有 6 个月以上的沉降观测和调整期。

第十三节　设计优化与变更

（1）陡坡路基地段，设计过程中充分重视地形、地貌及水文地质条件的调查，加深、加密地质钻探，查明潜在软弱层面，按不同软弱层面的稳定性检算，取不利工况和控制性软弱层面设置侧向约束加固措施。

（2）绿色防护应符合内灌外乔的原则，对沿线生长植物品种进行摸底和调查，同时对沿线周围苗圃进行调查咨询，选择适合当地生长条件的物种，以确保绿化植物成活率。

（3）根据补充勘察，进一步查明软土及松软土的分布段落、厚度及力学性质，结合路基工后沉降量控制等要求，优化复合地基桩长及桩间距设计，以节省工程投资。

第五章　桥涵设计

第一节　桥涵工程概况及特点

一、水文与气象特征

沿线所经河流均属长江水系，所经各河段属于山区河流特性，河道纵坡较大，洪水暴涨暴落。沿线气候从亚热带温热湿润气候以及亚热带湿润季风气候逐渐过渡为亚热带季风性湿润气候。境内具有温和湿润的特征，干湿季节比较分明，除夏季外，各月可能出现大于 20 °C 的最大温差。雨季一般开始于 4 月中下旬，结束于 10 月中下旬，降水主要集中在每年夏季 5 ~ 8 月。沿线主要地区的气象参数见表 3-5-1。

表 3-5-1　沿线主要地区的气象参数表

内　容		贵州遵义市
气温/°C	多年年平均气温	14.6 ~ 15.3
	极端最高气温	34.5 ~ 37.5
	极端最低气温	− 7.8 ~ − 6.6
风速及风向/（m/s）	年平均最大风速	1.5 ~ 2.62
	最大风速风向	13.0 ~ 23.0/S
降雨量/mm	多年平均降雨量	857.5 ~ 1 134.8
	日最大降雨量	173.3 ~ 193.3
蒸发量/mm	多年平均蒸发量	828.2 ~ 1 749.0
湿度	相对湿度	80
雾日/d	全年雾日	7 ~ 14.6
雪/cm	最大积雪深	10 ~ 22

二、地貌与地质条件

（一）地形地貌特征

地貌特征为云贵高原区。

（二）地质构造

线路通过地区构造十分复杂，处于川黔南北向构造带及北东向构造带交接复合部位，北东向构造体系，顺层现象比较普遍。

（三）水文地质特征

沿线地下水主要为岩溶裂隙水，水量较丰富但分布不均匀，受岩溶发育形态及程度控制。水样试验统计分析成果表明，多数地下水无侵蚀性，但煤系地层、含石膏地层、含岩溶角砾岩地层、炭质页岩地层中的基岩裂隙水或岩溶裂隙水存在碳酸盐侵蚀，侵蚀等级为 H2 ~ H3。

（四）不良地质

沿线各种不良地质发育齐全，其中岩溶、压矿和采空区、顺层分布范围广，是本线最为复杂、对工程影响最大的不良地质，其次为重力不良地质及有害气体。

（1）可溶岩地段分布于全管段，岩溶为中等至弱发育。

（2）线路走向大部分地段平行区域构造线方向，顺层地段分布十分普遍，对工程危害较大，路堑挖方地段易造成顺层坍滑，隧道工程存在顺层偏压。

（3）沿线山高坡陡、沟谷深切，岩体构造节理发育、较为破碎，分布有大小不一的古滑坡、崩塌、危岩落石及软质岩体风化剥落，其中滑坡主要分布在泥页岩互层或灰岩夹泥岩、页岩地段，其次为土质滑坡。

（4）沿线出露的二叠系、三叠系、侏罗系地层中含有部分煤层，隧道通过这些含煤地层时，应采取相应的工程措施。

（5）深埋长大隧道可能存在高地应力、高地温等不良地质现象。

（五）特殊岩土

沿线的特殊岩土主要有红黏土、软土及松软土。可溶岩表层广泛分布有红黏土，厚度约 0 ~ 6 m，一般无或略具膨胀性；软土、松软土主要分布于缓坡、低洼等地区，基本开垦为农田，一般厚度 2 ~ 6 m，部分大型洼地槽谷中央存在较厚的软土、松软土，一般厚 4 ~ 10 m，局部厚度大于 15 m。

三、工程特点

（1）不良地质分布广、特征多。沿线不良地质主要有：滑坡、流坍、危岩落石、顺层、顺层偏压、煤层瓦斯和采空区、天然气及有害气体、断层破碎带、软质岩风化剥落等。

（2）部分桥梁大跨度特殊结构及高墩施工难度大。

（3）隧道地质复杂、开挖断面大、软弱围岩多。

（4）环境保护、水土保持要求高。工程沿线地区分布有各类环境敏感区，环境保护、水土保持要求高。

四、工程数量

全线共有铁路桥梁 24 座，新建及改建涵洞 30 座，框架桥 3 座（新建 1 座、既有顶进 2 座），新建跨线公路桥 1 座。具体详见表 3-5-2。

表 3-5-2　桥涵工程数量汇总表

工程类别		合计	
		座数	总计/m
特大桥	单线	6	6 486.26
大桥	多线道岔	2	840.85
	双线	0	0.00
	单线	11	2 597.11
中桥	双线	1	96.60
	单线	4	393.77
桥梁合计		24	10 414.59
框架桥（顶面）/m^2		3	374.8
涵洞/m		30	1 507.77
跨线立交桥（顶面）/m^2		1	2 115.6

第二节　设计原则与采用的主要技术标准

一、采用规范

（1）《铁路技术管理规程》。

（2）《铁道工程建设标准》。

（3）《铁路桥涵设计基本规范》（TB 10002.1—2005）。

（4）《铁路桥涵钢筋混凝土和预应力混凝土结构设计规范》（TB 10002.3—2005）。

（5）《铁路桥涵混凝土和砌体结构设计规范》（TB 10002.4—2005）。

（6）《铁路桥梁钢结构设计规范》（TB 10002.2—2005）。

（7）《铁路桥涵地基和些础设计规范》（TB 10002.5—2005）。

（8）《铁路混凝土结构耐久性设计暂行规定》（铁建设〔2005〕157 号）。

等共计 23 项规范标准。

二、采用洪水频率

（1）桥梁：1/100，技术复杂和重要的特大桥或大桥的检算洪水频率为 1/300。

（2）涵洞：1/100。当观测洪水或调查洪水频率小于设计洪水频率时，按《铁路桥涵设计基本规范》（TB 10002.1—2005）第 1.0.7 条办理。

第三节　基础工程设计

桥梁的基础类型根据桥址处的工程地质条件、水文条件、地下管网布置、施工时可能采取的工程措施等综合考虑、比选确定，分别采用明挖扩大基础、钻（挖）孔桩基础或挖井基础。一般挖方深度不大于 6.0 m，地基承载力较高且沉降较小时，采用明挖基础，否则宜采用桩基础或挖井基础。

第四节　墩台设计

根据各桥不同的水文、地形、地质情况，单线桥台一般采用T台、挖方内桥台，桥墩采用圆端形桥墩，简支梁空心高墩均采用圆端形截面，特殊情况下可选用埋式桥台；双线桥台一般采用双线T形空心桥台。

桥墩一般采用实体矩形、圆端形墩，墩高超过 30 m 的高墩宜采用相应空心桥墩，谷架桥可采用矩形高墩，当桥墩对行洪有影响时应采用圆端型实体（或空心）墩。站内多线桥也可根据股道布置及墩高等情况采用柱式墩；同时也可根据桥梁所处环境需要，采用与环境相协调的墩型。

第五节　常用跨度桥梁设计

除大跨度桥梁外，如果没有其他特殊要求，桥梁孔跨一般宜按等跨布置，尽量减少变跨桥梁。桥跨布置时，优先采用 32 m 跨，其次是 24 m 跨，采用"通桥〔2012〕2101"系列梁图。一般情况下，直线上用直线梁，曲线上用曲线梁，曲线梁采用平分中矢布置。

第六节　大跨度桥梁设计

一、小河口湘江特大桥

本桥跨越湘江，中心里程确定为 DK275+108，孔跨式样布置为 2×24+2×32+(48+80+48) m 连续梁+3×32+2×24+11×32 m，桥梁全长为 810.45 m，最大墩高 49 m。桥上线路为单线无缝线路，主桥(48+80+48) m 连续梁采用单箱单室截面，梁部高度由 3.3 m 渐变至 6.0 m。桥墩采用矩形实体（矩形空心）墩，桥台采用 T 形桥台，全桥采用桩基础和明挖扩大基础。

二、向家湾山特大桥

桥址位于遵义市向家湾山附近，与在建渝黔线并行等高，渝黔左线与川黔线线间距 8.5 m，上跨杭瑞高速公路。本桥中心里程为 D1K281+501，孔跨式样布置为 2×24+16×32+2×24+2×32+(48+80+48) m 连续梁，桥梁全长为 877.1 m，主墩墩高 12 m。桥上线路为单线无缝线路，主桥(48+80+48) m 连续梁采用单箱单室截面，梁部高度由 3.3 m 渐变至 6.0 m。桥墩采用矩形实体（矩形空心）墩，桥台采用 T 形桥台，全桥采用桩基础和明挖扩大基础。连续梁采用轻型挂篮分段悬臂对称灌注施工，普通简支梁采用预制架设施工。

第七节　桥面系工程设计

T 梁桥梁均设置双侧人行道（包括框架桥），并在两侧人行道上按间距 30 m 左右交错设置避车台。人行道设置双侧角钢栏杆，城市附近桥梁为栏杆美化考虑采用其他形式。桥上电力、通信、信号电缆槽布置在人行道栏杆外侧。接触网支柱设置在两侧人行道栏杆外侧。

改建川黔线与在建渝黔线并行等高段落（线间距 8.5 m），两线桥梁均各自设置双侧人行道及角钢栏杆，渝黔线双侧均设置避车台，改建川黔线外侧每墩均设置避车台，内侧不设置避车台。改建川黔线与在建渝黔线并行等高段落（线间距 8.5 m），两线中间设置格构式接触网支柱与信号电缆槽，其他电缆槽走两线外侧。

第八节　涵洞工程设计

涵洞孔径按《铁路桥涵设计基本规范》(TB 10002.1—2005)第 5.4.1 条 ~ 5.4.3 条办理，排洪涵孔径不小于 1.25 m。

涵洞类型以钢筋混凝土盖板涵为主；与渝黔线同步施工(合修)段落按照渝黔线标准。为灌溉而设的涵洞或流量小于 3 m^3/s 的排洪涵，有条件时，采用钢筋混凝土圆涵。受地形控制或改沟困难时，采用钢筋混凝土竖井式倒虹吸管等结构形式。采用圆涵时，涵洞长度需满足《铁路桥涵设计基本规范》(TB 10002.1—2005)规定。

第九节　跨线建筑物设计

跨线建筑物按《关于进一步明确铁路线路交叉跨越有关规定的通知》(铁建设〔2012〕23 号)文要求办理。所有既有合法平交道口按线路所提新建位置均改建为上跨或下穿立交通道，并按要求设置限高架。在充分保证梁下净空的同时，跨线公路桥和渡槽最大跨度一般不大于 30 m。

本线跨线建筑共计 4 处。其中维持利用的 1 处，为南楠路立交桥 10-25m T 梁。拆除还建 2 处，分别为 3-6.8 m 铸铁管渡槽，东南大道立交桥 1-40 m T 梁。拆除工程 1 处，为阁老坝公路立交桥 1-16m 板梁。

第六章　隧道设计

第一节　隧道工程概况与特点

一、隧道工程的概况

(一) 概述

本线共有新建隧道 13 座，隧道长度为 13 291.8 m。最长的隧道为汤家湾隧道，长 2 645 m。沿线隧道分布情况见表 3-6-1。

表 3-6-1　隧道概况表

隧道长度/m	单线	
	座数	长度
L<1 000	8	3 978
1 000≤L<2 000	4	6 668.8
2 000≤L<3 000	1	2 645
小计	13	13 291.8

(二) 与渝黔线同步实施工程

与渝黔线并行段对渝黔线施工有影响的共有隧道 9 座共 11 352.835 m。其中，需同步施工段落长

4 118.835 m，高崖沟隧道虽有影响但不需同步实施。同步施工段落隧道见表 3-6-2。

表 3-6-2　同步施工段落隧道表

序号	隧道名称	全长/m	同步施工地段			备注
			起点里程	终点里程	长度/m	
1	大银山隧道	1 772	DK259+170	DK259+447	277	与渝黔线屈家沟水库特大桥同步实施
2	青冈堡一号隧道	560	DK259+680	DK260+240	560	与渝黔线屈家沟水库特大桥、魏家桥双线特大桥同步实施
3	青冈堡二号隧道	526	D1K260+648	D2K261+174	526	与渝黔线桐子坡隧道同步实施
4	沙坎隧道	1 692	D2K261+228	D2K261+445	217	与渝黔线青冈山隧道同步实施
5	白果坪隧道	1 627	DK267+354	D1K268+332	978	与渝黔线唐家坝隧道同步实施
6	汤家湾隧道	2 645	D1K270+428	D1K271+440	1 012	与渝黔线黄山坡隧道同步实施
7	老木岩隧道	1 577.835	DK276+900	DK277+298.835	398.835	与渝黔线镇隆隧道同步实施
8	土寨明洞	150	D1K287+673	D1K287+823	150	
小计		L<1 000		3 座	1236	
		1 000≤L<2 000		4 座	1 870.835	
		1 000≤L<2 000		1 座	1 012	
合计				8 座	4 118.835	

（三）不与渝黔线同步实施工程

川黔线可不与渝黔线同步实施的隧道段落长 9 173 m，不同步实施段落隧道见表 3-6-3。

表 3-6-3　不同步施工段落隧道表

序号	隧道名称	全长/m	不同步施工地段			备注
			起点里程	终点里程	长度/m	
1	大银山隧道	1 772	DK257+675	DK259+170	1 495	DK259+170～+447 同步实施
2	沙坎隧道	1 692	D2K261+445	D2K262+920	1 475	D2K261+228～+445 同步实施
3	高崖沟隧道	803	DK264+365	DK265+168	803	
4	白果坪隧道	1 627	D1K268+332	D1K268+981	649	DK267+354～D1K268+ 332 同步实施
5	黄堡隧道	533	DK269+053	DK269+586	533	
6	汤家湾隧道	2 645	D1K269+800	D1K270+428	628	D1K270+428～D1K271+440 同步实施
			D1K271+440	D1K272+445	1 005	
7	老木岩隧道	1 577.835	DK275+721	DK276+900	1 179	DK276+900～DK277+ 298.835 同步实施
8	谢家坝隧道	223	DK283+387	DK283+610	223	
9	老木湾一号隧道	890	DK288+491	DK289+381	890	
10	老木湾二号隧道	293	D1K289+508	D1K289+801	293	
小计		L<1 000		5 座	2 742	
		1 000≤L<2 000		4 座	4 798	
		1 000≤L<2 000		1 座	1 633	
合计				10 座	9 173	

二、隧道工程特点

对施工安全有直接影响的不良地质主要有岩溶、煤层瓦斯、采空区、软土，松软土、膨胀土、软质岩等。

（1）岩溶。全线穿越典型的岩溶地貌单元，线路里程（包括渝黔Ⅰ类变更 11 km）有 40 km 以上，占全部线路总里程的 70%左右。其中岩溶微弱～弱发育地段长 10.5 km，岩溶中等发育～强烈发育地段长 28.6 km，其中极易产生塌陷地段累计长 5.2 km，易产生塌陷地段累计长 9.4 km。因此，岩溶对隧道的影响十分明显，在岩溶区段施工，易发生涌水、突泥、岩溶塌陷或者冒顶等。

（2）煤层瓦斯。全线的煤层瓦斯对施工有影响的工程主要是针对隧道而言。全线 13 座隧道，有 7 座隧道穿越含煤或者夹煤地层，6 座隧道为低瓦斯，1 座为高瓦斯。见表 3-6-4。

表 3-6-4　隧道瓦斯参数统计表

序号	隧道名称	隧道全长/m	处理措施	穿越煤层	含煤情况	瓦斯参数				
						瓦斯放散初速度 Δp	煤的坚固性系数 f	煤的破坏类型	瓦斯绝对涌出量/（m^3/min）	瓦斯含量/（m^3/t）
1	大银山隧道	1768	按低瓦斯隧道设计	P_1l	夹薄层煤线，影响段落 DK258+320～DK258+410	—	—	—	—	—
2	青冈山隧道	2373	按低瓦斯隧道设计	P_1l	梁山组页岩夹煤线，层薄，无法测试其瓦斯参数，影响段落 DK262+ 340～DK262+540	—	—	—	—	—
3	白果坪隧道	1627	按低瓦斯隧道设计	P_2l	据遵义煤矿资料，该段含 2～4 层煤及煤线，可开采的 2 层，煤层厚度 2～4 m。煤层影响段落 DK267+ 950～DK268+984 深孔未揭示出煤层，不排除局部瓦斯富集	—	—	—	—	—
4	沙坎隧道	510	按低瓦斯隧道设计	P_2l	据遵义煤矿资料，该段含 2～4 层煤及煤线，可开采的 2 层，煤层厚度 2～4 m。煤层影响段落 DK269+ 063～DK269+574					
5	汤家湾隧道	2645	按高瓦斯隧道设计	P_2l	含 2～4 层煤及煤线，可开采的 2 层，煤层厚度 2～4m。煤层影响段落 DK270+720～DK271+720	5.987	0.7	Ⅱ	1.67	26.95
6	老木湾一号隧道	809	按低瓦斯隧道设计	T_3s	含 3 层煤，均可采影响段落 DK288+790～DK790+970DK289+280～DK289+300					
7	老木湾二号隧道	324	按低瓦斯隧道设计	T_3s	含 3 层煤，均可采影响段落 D1K289+510～D1K289+800					

瓦斯隧道在施工中要加强通风及监测，如果施工不当，极易引起隧道爆炸、燃烧、CO 气体中毒等。

（3）采空区。采空区在汤家湾隧道洞身段（DK270+600～DK271+700）附近。采空区的类型主要有采空巷道和采空小煤窑。这些地下空隙的存在，对路基和桥梁易产生塌陷变形，隧道开挖过程中，易与采空巷道相穿，产生塌陷、涌水、造成隧道的基地和拱顶变形等。所以，采空区对工程的危害和施工安全都会带来重大影响。

（4）膨胀土。膨胀土有较强的吸水膨胀、失水收缩特性的高液限性。在全线可溶岩段落均有膨胀土的分布，膨胀土存在段落主要对工程开挖边坡造成膨胀开裂的影响。

（5）软土、松软土。据钻探、静力触探资料显示，沿线软土、松软土普遍存在，主要分布于水田、水塘、低洼槽谷地段表层（表层松软土随季节变化较大）、隐伏塌陷坑中及土石接触带上，软土、松软土多以互层或者透镜体状出现，无规律性，软土为淤泥质黏土、软塑~流塑状的黏土、粉质黏土，而松软土为软塑状黏土和粉质黏土。

软土主要对施工的影响是造成地基不均匀下沉或者路基基地变形，对桥基和隧道的开挖过程中易产生溜蹋或者整体变形等。

（6）软质岩。本线的软质岩主要集中在老木湾 2#隧道洞身段的 T_3s 地层的砂岩中。该地层砂岩属于松散岩类，胶结作用差，物理力学性质低。据关门山砂厂挖沙情况来看，区段砂岩风化作用强烈，用力即为粉末状，所以，在隧道饱水区段甚至出现流砂状。在施工中，需注意该岩层的稳定性差，地质软弱点突出等特点。

第二节　设计原则与采用的主要技术标准

一、路段旅客列车设计行车速度

本线设计旅客列车速度目标值为 120 km/h。

二、应遵循的主要规范、规程及规定

（一）有关铁路隧道设计标准

（1）《铁路建设项目预可行性研究、可行性研究和设计文件编制办法》（TB 10504—2007）（铁建设〔2007〕152 号）。

（2）《铁路隧道设计规范》（TB 10003—2005）及局部修订（铁建设〔2008〕147 号、铁建设〔2009〕22 号、铁建设〔2009〕62 号、铁建设〔2010〕257 号、铁总建设〔2013〕52 号）。

（3）《铁路隧道防排水施工技术指南》（TZ 331—2009、铁总建设〔2013〕196 号）。

（4）《铁路隧道监控量测技术规程》（TB 10121—2007）。

（5）《铁路混凝土结构耐久性设计规范》（TB 10005—2010）。

（6）《铁路隧道风险评估与管理暂行规定》（铁建设〔2007〕200 号）。

（7）《铁路隧道超前地质预报指南》（铁建设〔2008〕105 号）。

（8）《铁路工程施工组织设计指南》（铁建设〔2009〕226 号）。

（9）《铁路瓦斯隧道技术规范》（TB 10120—2002）及 2009 年局部修订（铁建设〔2009〕62 号）。

（10）《铁路边坡防护及防排水工程设计补充规定》（铁建设〔2009〕172 号）。

（11）《铁路隧道工程施工安全技术规程》（TB 10304—2009）。

（二）有关铁路隧道设计国家规范、规程及规定

（1）《铁路工程抗震设计规范》[GB 50111—2006（2009 年版）]。

（2）《锚杆喷射混凝土支护技术规范》（GB 50086—2001）。

（3）《混凝土结构设计规范》（GB 50010—2010）。

（4）《地下工程防水技术规范》（GB 50108—2008）。

（5）《爆破安全规程》（GB 6722—2011）。

（三）有关行业规范、规程及规定

（1）《煤矿安全规程》（2011 版）。

（2）防治煤与瓦斯突出规定（国家安全生产监督管理总局令第 19 号〔2009〕）。

（四）其他

（1）原中国铁路总公司《中国铁路总公司关于改建铁路川黔线遵义市中心城区李家湾至阁老坝段外迁东移工程项目 建议书的批复》（铁总计统函〔2013〕727 号）。

（2）原中国铁路总公司《中国铁路总公司关于川黔铁路遵义城区段线路外迁工程项目建议书的批复》（铁总计统函〔2013〕727 号）。

（3）原中国铁路总公司“改建铁路川黔线遵义市中心城区李家湾至阁老坝段外迁东移工程可行性研究审查意见（草稿）”。

三、建筑限界与衬砌内轮廓

（一）1 km 以上正线隧道

1 km 以上正线隧道采用无砟轨道，建筑限界及衬砌内轮廓采用《标准轨距铁路建筑限界》（GB 146.2）“隧限-2A（单线）”。断面尺寸详见图 3-6-1。

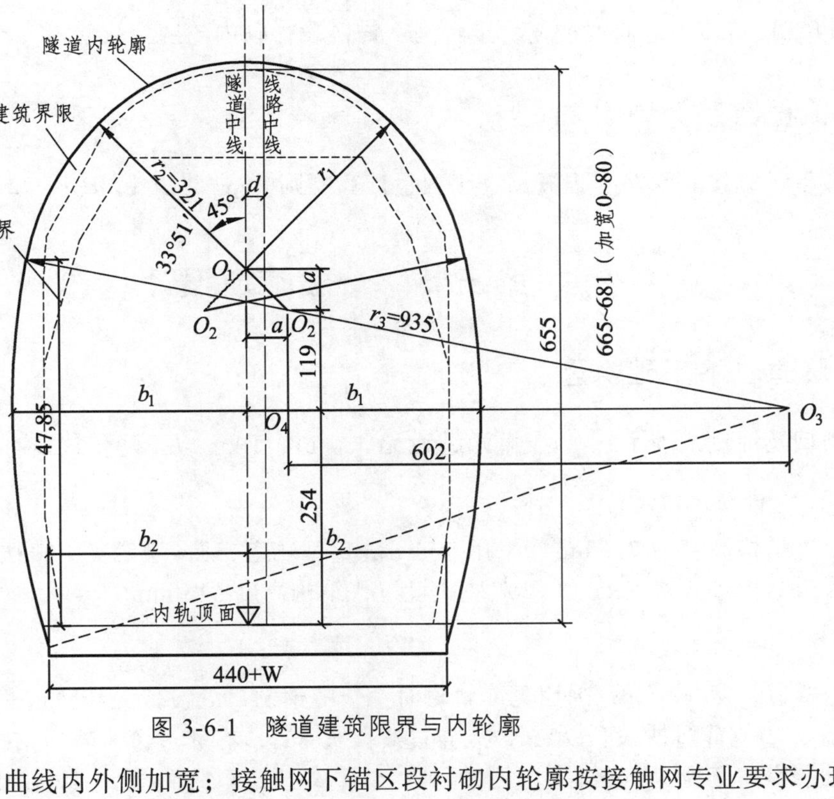

图 3-6-1　隧道建筑限界与内轮廓

1 km 以上隧道考虑曲线内外侧加宽；接触网下锚区段衬砌内轮廓按接触网专业要求办理。

（二）1 km 以下正线隧道

1 km 以下正线隧道采用有砟轨道，隧道内轮廓满足大机养护作业及《标准轨距铁路建筑限界》（GB 146.2）“隧限-2A（单线）”，并满足线路中线（隧道中线）距沟槽侧壁距离不小于 220 cm 的要求。

正线隧道建筑限界及衬砌内轮廓按《时速 140 km 客货共线电化铁路单线隧道复合式衬砌（普通货物运输、大机养护）》（贰隧〔2013〕0117）图办理。断面尺寸详见图 3-6-2。

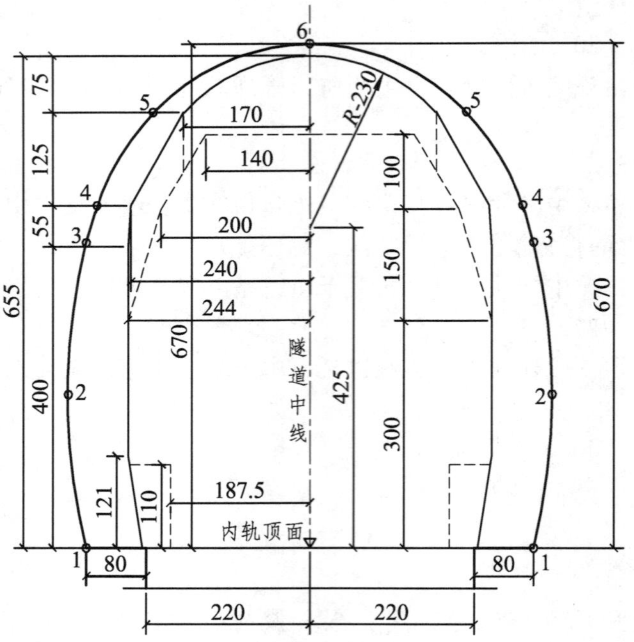

图 3-6-2　隧道建筑限界与内轮廓

1 km 以下隧道不考虑曲线加宽；接触网下锚区段衬砌内轮廓按接触网专业要求办理。

四、工程数量计算

工程数量计算按《铁路工程概预算工程量计算规则》（铁建设〔2010〕223 号）办理。

第三节　一般隧道设计

一、隧道轨下基础类型

采用类型及铺设范围 1 km 以上隧道铺设无砟轨道，1 km 以下隧道铺设有砟轨道。

1．轨道结构高度

有砟轨道结构高度为 716 mm，采用 60 kg/m 重型轨道、Ⅲa 型混凝土轨枕（2.6m 枕长、有挡肩）。无砟轨道结构形式按 CRTS Ⅰ 型双块式设置，结构高度 515 mm。

2．有砟无砟过渡段

（1）当隧道长度≥1 km，采用无砟轨道时，于隧道洞口处设置无砟轨道—有砟轨道过渡段，过渡段长 25 m，其中有砟过渡段长 20 m，无砟过渡段长 5 m；有砟过渡段轨道结构高度为 731 mm，无砟过渡段轨道结构高度为 515 mm。

（2）一般情况下，距离隧道洞口往洞口内 25 m 范围，铺设过渡段，特殊情况为了避开过渡段设置在缓和曲线或竖曲线上，则往隧道洞内顺延设置，具体铺设里程见过渡段设计图纸。

（3）有砟无砟过渡段应注意沟槽的顺接，应设计为与内轨顶面关系一致，且设置无砟道床的隧道，洞内道床过渡段不考虑大机养要求。

二、衬砌结构及支护类型

（一）衬砌结构

全线除明挖段采用明洞衬砌外，其余地段原则上按新奥法设计与施工，采用复合式衬砌。Ⅱ、Ⅲ级围岩地段原则上采用曲墙式无仰拱衬砌，隧底设置底板，当隧底位于软岩、易软化、风化、崩解岩层或位于溶蚀破碎带时采用有仰拱衬砌；Ⅳ、Ⅴ级围岩地段均采用曲墙带仰拱衬砌。

（二）支护类型

1．锚网喷支护

为了有效提高喷混凝土的力学性能，减少喷混凝土回弹量，改善施工条件，全线初期支护喷混凝土采用湿喷技术。

2．钢架支护

Ⅳ级浅埋、偏压采用拱墙格栅钢架，间距 1 ~ 1.2 m/榀；Ⅴ级围岩深埋采用拱墙格栅钢架，间距1 m/榀；Ⅴ级围岩浅埋及偏压段采用拱墙（全环）格栅钢架或Ⅰ18 型钢钢架，间距 0.8 m/榀。受渝黔线施工影响地段的隧道，Ⅴ级围岩浅埋及偏压段采用Ⅰ18 型钢钢架，间距 0.8 m/榀。

3．超前支护

（1）大管棚设置：用于软质岩及全风化硬质岩或土层的洞口段、地质条件极差的洞身段、隧道下穿重要的地表建筑物的地段，管棚一般采用ϕ89 钢管（壁厚 6 mm）或ϕ159 钢管（壁厚 10 mm），长 15 ~ 50 m，环向间距 0.5 m，两环搭接长度不小于 5 m。洞内一般采用无工作室大管棚。

（2）小导管设置：用于拱部。一般采用外径ϕ42、壁厚 4 mm 的钢花管，长度 4.5 m，环向间距 0.35 m，两环间搭接长度不小 1 m。

4．衬砌支护参数

（1）1 km 以上隧道采用无砟轨道，支护参数如表 3-6-5。

表 3-6-5　时速 120 km/h 及以下单线隧道普货复合式衬砌支护参数表（无砟）

<table>
<tr><th colspan="4">衬砌形式</th><th>Ⅱa</th><th>Ⅱb</th><th>Ⅲa</th><th>Ⅲb</th><th>Ⅳa</th><th>Ⅳb</th><th>Ⅳc</th><th>Ⅴa</th><th>Ⅴb</th><th>Ⅴc</th></tr>
<tr><td colspan="4">预留变形量/cm</td><td>0</td><td>0</td><td>1 ~ 3</td><td>1 ~ 3</td><td>3 ~ 5</td><td>3 ~ 5</td><td>5 ~ 8</td><td>5 ~ 8</td><td>5 ~ 8</td><td>5 ~ 8</td></tr>
<tr><td rowspan="9">初期支护</td><td rowspan="3">C25喷混凝土</td><td rowspan="2">规格</td><td>拱部、边墙</td><td colspan="10">素混凝土</td></tr>
<tr><td>仰拱（底板）</td><td colspan="8">无</td><td colspan="2">素混凝土</td></tr>
<tr><td colspan="2">设置部位及设置厚度/cm</td><td>拱墙 5</td><td>拱墙 5</td><td>拱墙 7</td><td>拱墙 7</td><td>拱墙 15</td><td>拱墙 15</td><td>拱墙 20</td><td>拱墙 20</td><td>拱墙 20
仰拱 20</td><td>拱墙 22
仰拱 22</td></tr>
<tr><td rowspan="3">钢筋网</td><td colspan="2">钢筋规格（HPB300）</td><td>—</td><td>—</td><td>ϕ6</td><td>ϕ6</td><td>ϕ6</td><td>ϕ6</td><td>ϕ6</td><td>ϕ8</td><td>ϕ8</td><td>ϕ8</td></tr>
<tr><td colspan="2">设置部位</td><td>—</td><td>—</td><td>拱部</td><td>拱部</td><td>拱墙</td><td>拱墙</td><td>拱墙</td><td>拱墙</td><td>拱墙</td><td>拱墙</td></tr>
<tr><td colspan="2">网格间距/cm</td><td>—</td><td>—</td><td>25×25</td><td>25×25</td><td>25×25</td><td>25×25</td><td>20×20</td><td>20×20</td><td>20×20</td><td>20×20</td></tr>
<tr><td rowspan="2">锚杆</td><td rowspan="2">规格</td><td>拱部</td><td>ϕ25
中空
注浆</td><td>ϕ25
中空
注浆</td><td>ϕ25
中空
注浆</td><td>ϕ25
中空
注浆</td><td>ϕ25
中空
注浆</td><td>ϕ25
中空
注浆</td><td>ϕ25
中空
注浆</td><td>ϕ25
中
空注浆</td><td>ϕ25
中空
注浆</td><td>ϕ25
中空
注浆</td></tr>
<tr><td>边墙</td><td>无</td><td>无</td><td>无</td><td>无</td><td>ϕ22
砂浆</td><td>ϕ22
砂浆</td><td>ϕ22
砂浆</td><td>ϕ22
砂浆</td><td>ϕ22
砂浆</td><td>ϕ22
砂浆</td></tr>
</table>

续表

衬砌形式				Ⅱa	Ⅱb	Ⅲa	Ⅲb	Ⅳa	Ⅳb	Ⅳc	Ⅴa	Ⅴb	Ⅴc
初期支护	锚杆	设置部位		拱部局部	拱部局部	拱部	拱部	拱墙	拱墙	拱墙	拱墙	拱墙	拱墙
		长度/m		2	2	2.5	2.5	3	3	3	3	3	3
		间距/m	环向	—	—	1.2	1.2	1.2	1.2	1.2	1.2	1.2	1.2
			纵向	—	—	1.5	1.5	1.2	1.2	1.2	1	1	1
	钢架	规格		—	—	—	—	—	格栅	格栅	格栅	格栅	格栅/型钢
		设置部位		—	—	—	—	—	拱墙	拱墙	拱墙	拱墙	全环
		间距/m		—	—	—	—	—	1.2	1	1	0.8	0.8
二次衬砌	拱墙/cm			25混凝土	25混凝土	30混凝土	30混凝土	30混凝土	30混凝土	35钢筋混凝土	40混凝土	40钢筋混凝土	45钢筋混凝土
	仰拱/底板/cm			30钢筋混凝土	30混凝土	30钢筋混凝土	30混凝土	40混凝土	40混凝土	40钢筋混凝土	40混凝土	40钢筋混凝土	45钢筋混凝土

注：① 本表适用于1 km以上隧道洞口有砟段及有砟轨道—无砟轨道过渡段。

② 本表不直接适用于与渝黔线并行且距离较近的情况，当属此类情况时，应视地质条件、与渝黔线隧道的相关关系进行调整。

（2）1 km以下隧道采用有砟轨道，满足大机养护要求，支护参数见表3-6-6。

表3-6-6 时速120 km/h及以下单线隧道普货复合式衬砌支护参数表（大机养护）

衬砌形式				IIa	IIb	IIIa	IIIb	IVa	IVb	IVc	Va	Vb	Vc
预留变形量/cm				0～2	0～2	1～3	1～3	3～5	6～8	6～8	8～10	8～10	8～10
初期支护	C25喷混凝土	规格	拱部、边墙	素混凝土									
			仰拱（底板）	无							素混凝土		
		设置部位及设置厚度/cm		拱墙5	拱墙5	拱墙8	拱墙8	拱墙12	拱墙23	拱墙23	拱墙23 仰拱10	拱墙23 仰拱23	拱墙25 仰拱25
	钢筋网	钢筋规格（HPB300）		—	—	$\phi6$	$\phi6$	$\phi6$	$\phi6$	$\phi6$	$\phi8$	$\phi8$	$\phi8$
		设置部位		—	—	拱部	拱部	拱墙	拱墙	拱墙	拱墙	拱墙	拱墙
		网格间距/cm		—	—	25×25	25×25	25×25	20×20	20×20	20×20	20×20	20×20
	锚杆	规格	拱部	$\phi25$中空注浆	$\phi25$中空注浆	$\phi25$中空注浆	$\phi25$中空注浆	$\phi25$中空注浆	$\phi25$中空注浆	$\phi25$中空注浆	$\phi25$中空注浆	$\phi25$中空注浆	$\phi25$中空注浆
			边墙	无	无	$\phi22$砂浆	$\phi22$砂浆	$\phi22$砂浆	$\phi22$砂浆	$\phi22$砂浆	$\phi22$砂浆	$\phi22$砂浆	$\phi22$砂浆
		设置部位		拱部局部	拱部局部	拱墙	拱墙	拱墙	拱墙	拱墙	拱墙	拱墙	拱墙
		长度/m		2	2	2.5	2.5	3	3	3	3	3	3
		间距/m	环向	—	—	1.2	1.2	1.2	1.2	1.2	1.2	1.2	1.2
			纵向	—	—	1.5	1.5	1.2	1.2	1.2	1	1	1
	钢架	规格		—	—	—	—	—	格栅	格栅	格栅	格栅	格栅/型钢
		设置部位		—	—	—	—	—	拱墙	拱墙	拱墙	全环	全环
		间距/m		—	—	—	—	—	1.2	1	1	0.8	0.8
二次衬砌	拱墙/cm			30混凝土	30混凝土	35混凝土	35混凝土	40混凝土	40混凝土	40钢筋混凝土	40钢筋混凝土	45钢筋混凝土	45钢筋混凝土
	仰拱/底板/cm			30钢筋混凝土	35混凝土	35钢筋混凝土	40混凝土	40混凝土	40混凝土	40钢筋混凝土	40钢筋混凝土	45钢筋混凝土	45钢筋混凝土

注：本表不直接适用于与渝黔线并行且距离较近的情况，当属此类情况时，应视地质条件、与渝黔线隧道的相关关系进行调整。

（三）明洞工程

（1）明洞基础须设置于稳定的地基上，具体应符合相关规范、规定。

（2）单压式明洞外墙基础深度超过 3 m 时，须设置横向钢筋混凝土拉杆或用锚杆锚固于稳定的岩层内。

（3）隧道洞身局部穿过覆盖层较薄的地段，拱部可采用明挖施工，拱顶回填土厚度如与采用衬砌结构的设计计算条件不符合时，另行进行计算确定衬砌参数。

三、主要建筑材料

（一）初期支护

（1）喷射混凝土：C25 混凝土。

（2）锚杆：拱部采用ϕ25 中空注浆锚杆，边墙采用ϕ22 全长黏结砂浆锚杆。

（3）钢筋网：ϕ6、ϕ8。

（4）钢架：主筋ϕ22 格栅钢架或 I 18 型钢钢架。

（二）二次衬砌

（1）拱墙、仰拱：C30 混凝土或 C35 钢筋混凝土。

（2）底板：C35 钢筋混凝土。

（3）仰拱填充：C20 混凝土。

（4）水沟沟身和电缆槽槽身：C25 混凝土。

（5）水沟盖板及电缆槽盖板：C25 钢筋混凝土。

（6）钢筋：HRB400、HPB300。

二次衬砌混凝土按 100 年耐久性要求设计。各种环境作用下衬砌主体结构强度等级见表 3-6-7。

表 3-6-7　衬砌主体结构强度等级表

序号	环境作用等级	素混凝土	钢筋混凝土
1	T2	C30	C35
2	H1	C35	C35
3	H2	C40	C40
4	L1	C35	C40

设计文件中要求现场进行混凝土配合比、抗侵蚀试验，检测其电通量等相关指标，需满足《铁路混凝土结构耐久性设计规范》（TB 10005—2010）中相关要求。

（三）洞口工程

隧道洞门端墙混凝土采用 C30 混凝土或 C35 钢筋混凝土；挡墙、翼墙混凝土采用 C30 混凝土。洞口基础加深部分采用与相应衬砌同等级混凝土材料。

（四）弃渣挡墙圬工材料

原则上采用 M10 浆砌片石，但应结合当地材料具体情况，如片石料来源困难，可采用 C25 混凝土。靠近江河的弃渣场挡墙圬工应采用 C15 片石混凝土；混凝土拦渣坝采用 C25 混凝土。弃渣一般不应弃置于工程上游沟谷中，当受条件制约必须弃与上游时，挡渣工程的设计年限应与处于下游的主体工程一致。

四、抗震设防与国防要求

（一）抗震设防

本线地震动峰值加速度值 $<0.05g$，地震动反应谱特征周期值为 0.35 s。按《铁路工程抗震设计规范》相关规定，不考虑结构设防。

（二）国防要求

根据《铁路建设贯彻国防要求技术规程（试行）》，长度大于 5 km 的隧道均按国防要求予以设防。本线无国防要求。

五、施工方法

（一）单线隧道

除明洞段采用明挖法施工外，洞身Ⅱ、Ⅲ级围岩地段采用全断面开挖，Ⅳ、Ⅴ级围岩地段采用台阶法施工，Ⅴ级浅埋、偏压地段及断层破碎带地段可采用带临时横撑（临时仰拱）封闭的台阶法施工。

（二）特殊地段

（1）隧道开挖均采用光面爆破，对地表构筑物影响大或对振速有较高要求者，可根据具体情况采用控制爆破、静态爆破或其他非爆破开挖方法。

（2）与渝黔线并行距离较近，渝黔线施工在前，川黔线施工在后的段落，川黔线隧道施工中应控制爆破规模，采用短台阶、强支护、弱爆破、衬砌紧跟等措施，防止或减少爆破对渝黔线隧道的影响；川黔线隧道施工中应根据开挖情况及观测情况及时优化调整爆破参数，以确保本隧结构安全。对民居应根据其结构特征适度从严控制。

（3）明洞段施工均采用明挖法，边坡起坡点及临时开挖边坡在设计时根据地形地质条件研究确定，并应有临时防护措施。

六、超前地质预报

结合本线隧道以岩溶为主的特点，且按《铁路隧道超前地质预测预报技术指南》要求，岩溶隧道应以地质调查法为基础，以超前钻探法为主，结合多种物探手段进行综合地质预报。

与渝黔线并行距离较近，渝黔线施工在前，川黔线施工在后的段落，将渝黔线隧道作为超前导坑，利用渝黔线隧道开展常规地质调查、物探、超前钻孔等方法获取的工程地质信息及开挖揭示并证实的地质条件，对川黔线隧道相关段进行地质条件的推测、评判。

（一）岩溶段

（1）可溶岩段采用地质调查法+物探法（地震波反射法+红外探水）+超前钻探法（1 孔+加深炮眼）进行超前地质预报。

（2）岩溶中度发育地段采用地质调查法+物探法（地震波反射法+地质雷达+红外探水）+超前钻探法（3 孔+加深炮眼）进行超前地质预报。

（3）可溶岩与非可溶岩接触带、可溶岩中的断层破碎带、大型溶洞、岩溶洼地、岩溶管道等岩溶强烈发育段采用地质调查法+物探法（地震波反射法+地质雷达+红外探水）+超前钻探法（5 孔+加深炮眼）进行超前地质预报。

（二）非可溶岩段

（1）非可溶岩一般段采用地质调查法+超前钻探法（加深炮眼）。

（2）非可溶岩断层及其破碎带，采用地质调查法+物探法（地震波反射法）+超前钻探法（3 孔+加深炮眼）。

（3）非可溶岩富水时，则采用地质调查法+物探法（红外探水）+超前钻探法（3 孔+加深炮眼），其中一孔检测水压、水量。

七、照明设置

长度大于 1 000 m 的直线隧道上及长度大于 500 m 的曲线隧道，应设置固定的电力照明。其余隧道设置照明插座。

八、与其他专业接口设计

通信、信号、电力、电气化、防灾报警、消防设施等专业设计接口，按相关专业互提资料办理。

九、环境保护

（一）洞口工程环保措施

隧道洞口工程设计应尽量降低边仰坡高度，尽量采用不刷坡进洞方案，减少对洞口自然环境的破坏。开挖坡面在地质条件适宜的情况下，采用锚杆框架梁、喷播植草、浆砌片石骨架护坡等防护，尽可能恢复洞口植被。

（二）弃渣处理措施

（1）隧道弃渣场的选择应贯彻节约用地、保护耕地的原则，尽量少占农用地和不占用基本农田，并结合运距、地形、地质、水文条件、用地性质等因素综合考虑。尽量将弃渣场选择在地形低洼不易受水流冲刷和植被稀疏的荒坡、低产旱地、远离河道沟渠及水库山塘地带以及弃渣流失易产生河渠淤塞的河渠上游地带，同时应避免选择在不良地质地段，防止诱发山体滑坡和泥石流等地质灾害。

（2）隧道弃渣满足建材要求者应根据施工组织尽量用作路基、站场填料或混凝土骨料，不能利用和剩余的弃渣则运至弃渣场集中弃置，弃渣坡脚按永久工程标准设置挡护工程，做好排水设施，防止弃渣流失，覆没农田，堵塞沟渠。避免在没有稳妥的防护措施条件下，向江河及桥涵、村庄、高速公路上游弃置。沿江、沿河弃渣场按 1/50 洪水频率考虑。设置永久的渣场防护工程，做好排水设施，防止水土流失。对放射性超标的隧道弃渣，严禁利用做填料或建筑材料，并应按相关的环保、卫生标准要求进行弃置处理。

（3）弃渣前应对渣场内地表浮土或耕植土进行清除并集中堆放，待弃渣完成后将其被覆至弃渣顶面，便于绿化；隧道主体工程竣工后，应修整、恢复受到破坏的植被。

（三）施工污水处理措施

施工排水采取清污分流，并在洞口处设置污水处理池。对于水源保护区及环境敏感区，施工用水的排放及辅助坑道的设置需与环评专业协商解决，双方达成一致意见方可实施。

（四）洞口噪声处理措施

对隧道洞口附近超标的噪声敏感点，为减少微压波对周边环境的影响，应设置声屏设施。

（五）隧道施工便道、施工工棚及场地的布置

隧道施工便道、施工工棚及场地的布置，应立足于强本减末，以人为本的设计思想，尽量减少开挖，维护自然地貌，保护地表植被。

第四节　长大、重难点隧道设计

本线长大、重难点隧道有汤家湾隧道、大银山隧道两座。本节以汤家湾隧道的设计为例。

汤家湾隧道起讫里程 DK269+800 ~ DK272+445，全长 2 645 m。

一、隧道概况

（1）地形地貌：汤家湾隧道位于遵义市红花岗区长征镇。隧区属于中低山地地貌，地面高程 870 ~ 1 000 m，相对高差 130 m，进口浅埋段为溶蚀凹地，凹地宽缓，无常年流水；洞身浅埋段多填土，厚度较大，隧道顶 D1K270+500 ~ D1K270+700 段下穿东城大道；洞身段汤家湾为溶蚀凹地，凹地宽缓，有季节性裂隙水流；出口浅埋段，有季节性裂隙水流。进口段山体坡体 25° ~ 30°，出口山体坡度 30° ~ 35°。隧道穿越段多荒坡、旱地、少量树林及灌木丛，隧道进口、进口浅埋段、洞身浅埋段及汤家湾凹地多民居，交通较为便利；隧道出口端无路到达，但距离线路右侧 300 米既有公路较近，便道引入条件较好，交通条件一般。隧道最大埋深约 150 m。

（2）隧道线路：隧道内线路纵断面坡度为 – 11.5‰、– 5.9‰，相应坡段长分别为 1 937.7、707.3 m；隧道进口端 228.931 m 位于直线上，洞身段 580.167 m 位于 R-3 500 m 的右偏曲线上，792.757 m 位于直线上，507.909 m 位于 R-4 000 m 的右偏曲线上，出口段 535.236 m 位于直线上。隧道纵断面图见图 3-6-3。

二、工程地质和水文地质特征

1．工程地质特征

（1）工程地质：隧区覆土为坡残积（Q_4^{dl+el}）粉质黏土、红黏土，坡洪积（Q_4^{dl+pl}）粉质黏土，局部为杂填土（Q_4^{ml}）；下伏三叠系下统夜郎组第三段（T_1y^3）泥岩夹灰岩、第二段（T_1y^2）灰岩、第一段（T_1y^1）页岩夹灰岩，二叠系上统长兴组（P_2c）灰岩夹页岩、二叠系上统龙潭组（P_2l）炭质页岩夹砂岩、灰岩、煤层，二叠系下统茅口组第二段（P_1m^2）泥岩夹页岩、灰岩，第一段（P_1m^1）灰岩地层，山坡多处基岩裸露。

（2）地质构造：隧址区见有断层通过，F_{B-35} 断层与线路在洞顶交于 D1K270+022 处 70°相交，为逆断层；F_{B-36} 断层其断层破碎带 D1K271+240 ~ DK271+320 与线路在洞顶呈 36°相交，为正断层。隧址区地层单斜，岩层走向 NE，与构造线走向一致，产状稳定。

2．水文地质特征

地下水主要为第四系松散岩类孔隙潜水、碎屑岩夹碳酸盐岩岩溶裂隙水、碳酸盐岩类裂隙岩溶水三种类型。隧道进口 ~ D1K270+080 段地下水对混凝土结构无侵蚀性；D1K270+080 ~ +735 段地下水对混凝土结构具硫酸盐 H1 侵蚀；D1K270+735 ~ D1K271+170 段为龙潭组（P_2l）煤系地层，地下水具硫酸盐 H2 侵蚀；D1K271+170 ~ 出口段地下水对混凝土结构具硫酸盐 H1 侵蚀。

隧道涌水量预测：预计隧道正常涌水量为 10 000 m^3/d，最大涌水量为 20 000 m^3/d。

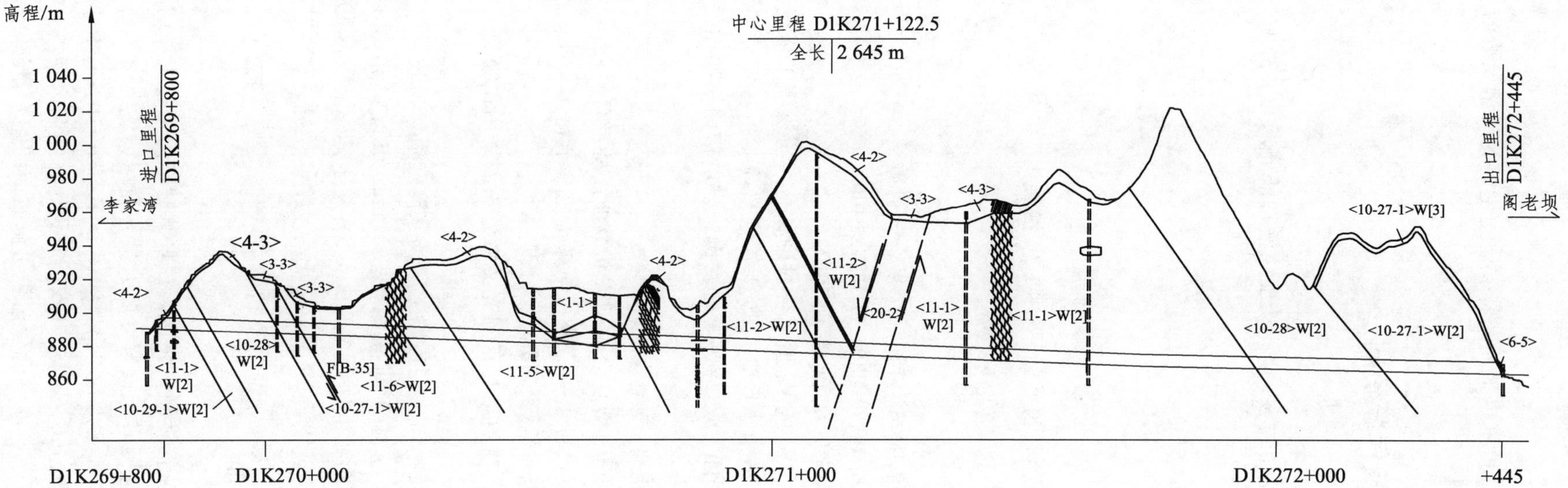

图 3-6-3　汤家湾隧道纵断面概况

三、不良地质概况

不良地质及特殊岩体：本隧道不良地质及特殊岩土主要为岩溶及岩溶水、采空区、煤层瓦斯、红黏土等。

四、地震动参数区划及气象资料

1．地震动参数区划

隧址区地震动峰值加速度为 0.05g，地震动反应谱特征周期为 0.35 s。

2．气象资料

详见沿线各地气象情况表（表 3-5-1-1）。

五、洞门形式的选择

隧道进、出口均采用台阶式洞门，洞门采用 C30 混凝土。

六、衬砌支护设计

（1）本隧Ⅱ、Ⅲ、Ⅳ、Ⅴ级围岩地段均采用复合式衬砌。

（2）隧道进、出口 D1K269+800 ~ +880、D1K272+400 ~ +445 浅埋段采用$Ⅴ_C$型复合衬砌，全环格栅钢架加强支护，ϕ42 小导管或ϕ89 大管棚超前支护。

（3）洞身Ⅴ级围岩地段采用$Ⅴ_b$或$Ⅴ_c$型复合衬砌，全环（拱墙）格栅钢架或型钢钢架加强支护，ϕ42 小导管超前支护或ϕ42 大外插角小导管+ϕ89 大管棚超前支护。

（4）洞身Ⅳ级围岩地段采用$Ⅳ_a$或$Ⅳ_b$型复合衬砌，拱墙格栅钢架加强支护，ϕ42 小导管注浆超前支护。

（5）洞身Ⅲ级围岩地段采用$Ⅲ_b$型复合衬砌。

（6）洞身Ⅱ级围岩地段采用$Ⅱ_b$型复合衬砌或Ⅱ级加强型复合衬砌。

（7）D1K272+066 ~ +410 段设置十一跨分相绝缘锚段关节衬砌，D1K269+960 ~ D1K270+050 段、D1K271+350 ~ +440 段设置三跨非绝缘锚段关节衬砌。

（8）本隧设有横通道一座，横通道与正洞交叉口处正洞采用Ⅳ级交叉口加强型复合式衬砌，加强范围为 D1K270+413 ~ +443。

（9）本隧上方拟建遵义市东出口大道道路工程汤家湾隧道。市政隧道规划线路右线与本隧相交于 D1K271+869.422 处，该处两隧衬砌间净距为 9.1 m；市政隧道规划线路左线与本隧相交于 D1K271+823.188 处，该处两隧衬砌间净距为 9.6 m。本隧于其影响段落采用Ⅱ级加强型衬砌进行加固处理，加固范围为 D1K271+760 ~ +932。

七、监控量测

（1）全隧施工期间应开展监控量测，隧道监控量测应作为关键工序纳入现场施工组织，并对支护体系的稳定性进行判别。监控量测必须设置专职人员并经培训后上岗。

（2）进口浅埋 D1K269+800 ~ +880 段、出口浅埋 D1K272+410 ~ +445 段、洞身浅埋 D1K270+010 ~ +210 段开展地表沉降观测，观测点应在隧道开挖前布设，并与洞内观测点布置在同一断面里程，布点观测断面不小于 19 个。拱顶下沉、净空变化监控量测断面间距：Ⅲ级围岩不得大于 30 m、Ⅳ级围岩不得大于 10 m、Ⅴ级围岩不得大于 5 m。其余各项监控量测点的具体布置原则、量测断面、量测频率以及控制基准等要求详见“通隧〔2008〕1202-58～61”图、《铁路隧道监控量测技术规程》(TB 10121—2007)及《铁路隧道监控量测标准化管理实施意见》。

(3)本隧 D1K270+500～+730 段下穿东城大道及钢材市场，为保证地表建筑物、公路及路面行车安全，本隧于该段施工时实施第三方监测，测点结合渝黔线黄山坡隧道该区域监测要求设置。

(4)D1K270+428～D1K271+440 段为本隧与渝黔铁路黄山坡隧道并行地段，该段两线隧道施工相互影响，黄山坡隧道先行施工。本隧施工时，对黄山坡进行定期量测，量测范围为本隧掌子面前后 20 m 所对应黄山坡隧道段落，量测频率为本隧开挖每次放炮后，量测项目布点按相关规范办理。做好工前、工后监控数据分析，确保渝黔铁路黄山坡隧道结构安全，若发现异常情况，立即停止本隧道施工，并报相关单位，以便处理。监测项目为爆破振动量测，其值需满足相关规范、规定要求。

八、防排水设计

1．防水

(1)全隧二次衬砌拱部、边墙及仰拱(底板)采用之混凝土其抗渗等级不低于 P10。

(2)全隧衬砌除全封段外喷射混凝土与模筑混凝土之间拱、墙设置 EVA 防水板+土工布。防水板厚度不小于 1.5 mm，防水板接缝应与隧道“三缝”错开。

(3)隧道衬砌纵向施工缝采用中埋式橡胶止水带+橡胶止水条、环向施工缝(含仰拱)采用背贴式橡胶止水带+中埋式橡胶止水带进行防水处理，变形缝采用背贴式橡胶止水带 + 中埋式钢边橡胶止水带+双组分聚硫密封胶进行防水处理，并用聚乙烯泡沫塑料板填缝。施工缝按 8～10 m 一道设计，变形缝在地质或结构断面变化较大处设置。

2．排水

(1)隧道洞内排水采用双侧沟的方式。衬砌背后的积水通过环向和纵向盲管的汇集后引入侧沟，再经过侧沟的汇集和沉淀后排出洞外。

(2)全隧二次衬砌背后设ϕ50 环向透水管盲沟，纵向每 10 m 一环，集中出水处视水量大小酌情加密设置；两侧边墙脚设ϕ80 纵向透水盲管，每隔 10 m 设边墙泄水孔，将地下水引入洞内侧沟，纵、环向盲管两端直接弯入洞内侧沟。

(3)本隧道施工中，D1K270+428～D1K271+440 同步实施段为反坡排水，地下水经抽取后由横通道进入渝黔线黄山坡隧道暗洞侧沟，排出至黄山坡隧道洞外。

(4)本隧进口洞门天沟需结合在建渝黔线黄山坡隧道进口洞门天沟布置情况设置；出口洞门天沟需结合在建渝黔线黄山坡隧道浅埋段工作通道(渝黔线 DK220+400 附近)排水系统布置情况设置。

九、洞内设备

(1)隧道内通信、信号电缆槽及电力电缆槽净空尺寸为 20 cm(高)×20 cm(宽)。在洞口处隧道沟槽应与路基沟槽顺接。

(2)本隧道共设大避车洞兼余长电缆腔 12 个。

(3)综合接地。本隧道设置综合接地系统，按《铁路综合接地系统》通用参考图(通号〔2009〕9301)办理。

(4)通信过轨：① 在隧道进、出口及大避车洞附近均设置一组过轨管附近均设置一组过轨管，每组过轨管为 2 根ϕ100 钢管。② 过轨管道采用内径为 100 mm 的管道，并满足不同电缆转弯半径不小于 1.5 m 的弯曲要求。每根钢管内预留穿线用ϕ4 mm 的铁丝两根，管口设堵头，采用冷封胶封堵，以防渗水。

（5）电力过轨：① 在隧道进、出口及大避车洞附近均设置一组过轨管附近均设置一组过轨管，每组过轨管为 4 根ϕ150 钢管。② 过轨管弯曲半径不小于 1 m。管线引入电缆腔、电力电缆槽交角大于 135°。

十、结构耐久性设计

（1）本隧衬砌结构设计使用年限级别为一级，设计使用年限为 100 年。

（2）本隧进口～DK270+080 段地下水对混凝土结构无侵蚀性；D1K270+080～+735 段地下水对混凝土结构具硫酸盐 H1 侵蚀；D1K270+735～D1K271+170 段为龙潭组（P_2l）煤系地层，地下水具硫酸盐 H2 侵蚀；D1K271+170～D1K272+446 段地下水对混凝土结构具硫酸盐 H1 侵蚀。

（3）隧道结构混凝土原材料品质、配合比参数限值以及耐久性指标要求，按《铁路混凝土结构耐久性设计规范》（TB 10005）办理。

十一、建筑材料

（1）混凝土抗渗等级不得低于 P10。

（2）D1K270+735～D1K271+170 段地层含煤，侵蚀等级 H2，衬砌拱墙、仰拱采用 C40 钢筋混凝土或 C40 混凝土。

（3）D1K270+080～D1K270+735、D1K271+170～出口 H1 侵蚀性地段，衬砌拱墙、仰拱采用 C35 钢筋混凝土或 C35 混凝土。

（4）进口～D1K270+080 段无侵蚀，衬砌拱墙、仰拱采用 C35 钢筋混凝土或 C30 混凝土。

（5）D1K269+800～D1K270+080 段沟槽身采用 C25 混凝土，D1K270+080～D1K270+735 段沟槽身采用 C30 混凝土，其余地段沟槽身采用 C35 混凝土。

（6）全隧仰拱填充采用 C20 混凝土、盖板采用 C25 钢筋混凝土，全隧均喷 C25 混凝土。

（7）其余材料详见设计图纸。

十二、辅助坑道

为施工川黔铁路与渝黔铁路并行地段（D1K270+428～D1K271+440），于渝黔线黄山坡隧道左侧向本隧施作一横通道。该横通道相交黄山坡隧道于 DK218+940 处，与渝黔线小里程方向交角 45°；相交本隧于 D1K270+955 处，与川黔线大里程方向交角 45°，该处横通道坑底标高 876.465m（即为本隧该处路基面标高）；横通道全长 21.4m，坡度为 10%。横通道工区采用无轨单车道运输。

十三、风险评估与对策

（1）本隧初始风险为塌落掉块、岩溶、坍方、突水突泥、瓦斯、第三方风险，风险等级为中度、高度。通过采取相应的风险防护措施后，残余风险均可降为低度、中度。

（2）由于存在残留风险，施工期间，施工单位应加强监控量测，进行风险管理，制定应急预案，保证施工安全。

十四、弃渣及环保

（1）弃渣应按照《铁路混凝土与砌体工程施工规范》相关内容对弃渣进行分选，各项指标满足作为建筑材料要求的应作为建材集中堆放，不满足的作为弃渣集中处置。

（2）全隧共弃渣 14.093 0×10^4 m^3，其中，进口工区（不同步工区）弃渣 3.479 1×10^4 m^3，弃渣运距为 9 000 m，出口工区（不同步工区）弃渣 5.125 0×10^4 m^3，弃渣运距为 7 000 m，横洞工区（同步工区）弃渣 5.488 9×10^4 m^3，弃渣运距为 9 000 m，另有路基弃渣 0.480 9×10^4 m^3，路基利用弃渣 0.055×10^4 m^3，路基弃渣运距由路基专业计列，均弃至渝黔线黄山坡隧道 DK221+800 左侧 2 380 m 处，与渝黔线黄山坡隧道共用弃渣场。渣场渣顶设截水天沟，并做好渣场排水系统，以防止弃渣流失，污染环境。

（3）弃渣前应对渣场内地表浮土进行清除，待弃渣完成后将浮土被覆至弃渣顶面，便于绿化或复耕。

（4）施工中产生的废渣、废液应按有关环保要求进行处理，不得随意弃置、排放。

（5）隧道出口、进口施工场地布置中，均须在洞口外合适位置设置污水处理池。

十五、施工期间的安全应急预案

（1）应设置专职安全员，并加强施工组织协调，各作业区信息应贯通，并与洞外生产组织调度中心保证联络畅通。

（2）洞内应设置应急照明设施以及紧急疏散标识，并配置必要的救援车辆，救援梯等救援设施。

（3）应制定发生紧急事故的抢险预案，并将其紧急措施纳入实施性施工组织，加强职工安全培训，增强职工安全意识，组织参建人员进行突发性事件处置演练。

（4）加强洞口排水系统的设置，并合理安排场地、材料、设备、房屋等布置。

第五节　特殊不良地质隧道设计

一、岩溶发育段

考虑到岩溶水的无规律性、突发性及排水系统部分失效，为保证铁路运营安全，地表溶蚀发育的可溶岩地段、断层破碎带及可溶岩与非可溶岩接触带等富水地段（特别是含泥沙地段）、采取注浆堵水措施地段，考虑由于种种原因致使排水不畅，衬砌结构应考虑水压适当加强，一般采用钢筋混凝土二次衬砌。岩溶发育段，应视岩溶充填情况、岩溶水治理及隐伏岩溶调查及基础处理需要，适当加强初期支护、滞后施作二衬时机。

二、瓦斯地段

赋存高瓦斯地段隧道采用全封闭衬砌，含瓦斯段落二次衬砌厚度不小于 40 cm，喷混凝土厚度以满足围岩稳定需要，及时封闭暴露面，减少瓦斯溢出为度。

三、特殊地段

洞口及洞身浅埋、偏压段、断层破碎带、下穿铁路、高速公路等既有构筑物地段按有关要求结合实际情况予以加强，原则上均采用复合式衬砌结构形式。

四、并行地段

与渝黔线并行距离较近地段，应结合地质条件、施工干扰情况，施工组织安排，对于川黔线施工在先，渝黔线施工在后的段落适当加强本线隧道初期支护，延缓二衬施作时机，防止施工导致先行施作结构损伤。对于渝黔线施工在前，川黔线施工在后的段落，则加强渝黔线二衬配筋或采用纤维混凝土，提高衬砌的抗震防裂性能，川黔线施工时采用控制爆破，防止对渝黔线衬砌结构造成破坏。

五、衬砌基底加固

隧道衬砌设于稳固的基础上，当基础软弱或两侧边墙地基软硬不均时，应根据岩层的力学特性，采取加深基础、换填、注浆等或其他可靠的工程措施，控制工后沉降。同一工区的基础加固措施原则上应统一，一般不采用除换填以外的两种以上的措施。

六、有辅助坑道的隧道

对于有辅助坑道的隧道，辅助坑道与正洞交叉口处采用钢筋混凝土加强衬砌，加强范围为相交里程左右各 15 m。

第六节　洞口设计

一、洞口位置的选定

（一）洞口总体原则

隧道洞口位置根据地形、地貌、地质、水文等条件，充分贯彻“早进晚出、保护环境”的原则，尽量避免在长段落高地下水位的厚层全风化和强风化地层进洞；避免在长距离顺沟、浅埋、偏压地段进洞；尽量采用“无仰坡临界点”进洞；尽量避免刷坡，减少中心挖深及边、仰坡高度，减少对洞口坡面的扰动，以不破坏或少破坏原地表为宜，必要时采用预加固措施。有条件时洞口尽量向洞外延伸，同时结合洞内外的相关工程及施工条件、运营要求及与渝黔相互关系等确定洞口位置。

（二）浅埋、漫坡地段洞口位置

结合洞外路基防护工程、用地范围、施工条件、弃渣综合利用、洞外路堑排水条件及工程投资等因素综合分析，确定洞口位置，避免长路堑进洞。

（三）高陡边仰坡地段洞口位置

傍山隧道洞口靠山侧边坡一般较高，设计中对其自然坡面的稳定性进行分析，通过接长明洞、人工改造地形或采取必要的预加固措施尽早进洞。

（四）危岩落石地段洞口位置

洞口存在落石掉块风险地段，优先考虑接长明洞，当无接长明洞条件时，则采取设置主、被动防护网、落石槽等防护措施。沙坎隧道进口左侧结合地形设置落石槽。

（五）桥隧相连地段洞口位置

结合地质专业提供的相关资料，考虑坡岸的稳定性问题。若桥台靠近洞口时，洞口位置及结构形式结合桥台设置情况确定。洞口或明洞尽量接近桥台台尾，并结合危岩落石防护设置防护明洞结构，以保证运营安全。

（六）既有建筑物地段洞口位置

结合现场条件，充分研究既有建筑物的资料，以保证运营安全和既有建筑物及其使用人员的安全为原则确定洞口位置。

（七）临近在建渝黔线区段

与在建渝黔线线间距较近且两线均为隧道工程地段，本线隧道洞口结合渝黔线隧道洞口位置统一设置，与渝黔线邻近且等高的隧道洞口，两线隧道洞门整体施作，考虑同步建设场地的需要和一般施工单位的实际施作，两隧间原则上按拉平处理。考虑场地施工期间安全和洞门结构稳定可设预加固桩成为桩柱式洞门。洞内外排水系统统筹考虑。老木岩隧道出口与渝黔线镇隆隧道出口合修。

二、洞门形式的选择

（一）洞门选型总体原则

隧道洞口均设置洞门，洞门结构形式的选择宜综合考虑地形、地貌、洞口地质条件及附近建筑物、与渝黔线相邻隧道的相互关系、周边自然环境等因素，并结合危岩落石防护、桥梁防护情况，力求简洁、美观、实用。

（二）桥隧相连地段洞门选型

当洞口紧邻桥台、无法设置洞门挡墙，结合预加固和防止施工灾害、保证洞门结构稳定的需求，原则采用桩柱式洞门。

（三）危岩落石地段洞门选型

在有危岩落石及高陡边仰坡地段，优先采用接长明洞，洞门形式视地形情况采用偏压式、单压式明洞门。

（四）邻近下穿公路洞门选型

当隧道洞口路堑边坡上有公路或洞口段下穿公路时，优先采用接长明洞，明洞洞门至公路边缘不应小于 20 m，并在公路靠近隧道洞门一侧设置防撞墩。

三、洞口段预加固措施

（一）边坡、仰坡设计总体原则

隧道洞口边坡、仰坡防护在确保边仰坡稳定的前提下，做到与自然环境及洞口段路基工程相协调，与在建渝黔线并行地段，还应与在建渝黔线相协调。并结合景观要求考虑绿色防护设计。洞口边、仰坡开挖之前，应结合洞口地形和工程地质条件，必要时采取预加固措施，以减少边、仰坡开挖高度，减少因开挖对自然坡面的影响，避免诱发山体滑坡。

（二）永久坡面防护

弱到强风化的硬质岩边仰坡，采用锚喷防护或喷混植生防护；当节理发育易风化剥落地段或岩层破碎地段，采用锚杆框架梁防护，框架内植草。有条件时于坡脚种植爬壁虎等藤蔓植物，以实现绿色防护。

软质岩、全风化硬质岩及土层坡面采用混凝土人字形截水骨架或锚杆框架梁护坡，骨架间采用喷播植草防护，具体形式与相邻路基工程一致。

（三）临时坡面防护

临时边仰坡及明暗分界直立开挖面防护，均采用锚网喷防护。

（四）洞口边仰坡预加固

当洞口位于土层或全风化地层、顺层或严重偏压及堆积体等不良地质时，结合地质、地形条件，采用反压回填、预加固桩、地表注浆加固等预加固措施。并加强洞口超前预支护措施，原则上本线隧道洞口地质较差时均设一环大管棚，长度 15 ~ 40m，以改善进洞条件，确保洞口安全。

（五）洞口危岩落石防护

洞口上方有危岩落石及存在高陡边仰坡的隧道应结合桥梁防护情况尽量接长明洞，并采取稳妥的清除、嵌补、支顶、封闭、拦挡等主、被动防护措施，以确保施工及运营期安全。

洞口边、仰坡危岩落石的防护应充分考虑洞口拦挡措施和全封闭栏栅的作用，做到有机结合，功能协调。

（六）与渝黔线相邻区段

与渝黔线相邻洞门，坡面防护、绿化等应与渝黔线隧道采用相同处理措施。同时，在渝黔线施工图的基础上，增加的防护、土石方、圬工等数量计入本线。

第七节　洞内设施设计

一、避车洞

（1）避车洞应交错设置在隧道两侧边墙上。一般有砟轨道段大避车洞一侧间距 300 m 设一个，无砟轨道段大避车洞一侧间距 420 m 设一个；隧道长度为 300 ~ 400 m 时，可只在隧道中部设一个大避车洞；隧道长度小于 300 m 时可不设大避车洞。

（2）洞门接桥或路堑，且桥无避车台时，隧道应一并考虑布置避车洞。

（3）避车洞不应设在衬砌断面变化较大处或变形缝处。避车洞距衬砌断面变化处、变形缝的净距不得小于 1 m，即大避车洞中线距接缝距离不小于 3 m。

（4）所有大避车洞均设余长电缆腔。

二、电缆槽

隧道内两侧各设置一条 20 cm（高）×20 cm（宽）电缆槽，分别放置电力与通信、信号电缆槽，电力电缆与通信信号电缆应分槽放置。电缆槽侧向按电力专业要求办理。

三、并行隧道段落设计

与在建渝黔线并行且间距较近的隧道，应考虑附属洞室的错位布置。

第八节　防排水设计

一、洞口及地表防排水设计

隧道洞口排水系统设计遵循截、排水相结合的原则，首先保证洞内水顺畅排出，并避免洞外水冲刷隧道洞门及边仰坡。

与在建渝黔线线间距较近地段隧道洞口，应结合渝黔线洞口情况，统一设置洞口地表排水系统。

（1）隧道出洞为下坡时，洞内侧沟应与路基侧沟顺接；隧道出洞为上坡时，路基侧沟应作成与线路纵坡相反的纵坡，坡度不小于2‰。

（2）隧道口及明洞顶截水沟应设置在洞顶边仰坡之外5～10 m处，并与路基截水沟或侧沟相连。截水沟坡度应根据地形设置，但不小于3‰，以免淤积。当纵坡过陡时，应按要求设置基座、急流槽、消能池等，水沟截面尺寸根据流入截水沟的汇水区流量确定。洞顶天沟应接入路基天沟或线路两侧既有自然沟渠。水量大时，应根据地形将水引至沟谷及涵洞处排泄。排水严禁天沟断头、漫流或直冲铁路工程。

（3）当隧道洞口或洞身浅埋地段地表有洼地、自然沟形等可能汇集地表水的不良地形地貌时，应根据地表汇水量调查情况，对洼地、自然沟形采取必要措施进行截排、引流地表水，避免地表水的汇集。

二、暗挖段防排水设计

（一）防水设计

1．结构自身防水

二次衬砌混凝土抗渗等级不得低于P8，地下水发育及水环境敏感区域抗渗等级不得低于P10。

2．防水板防水

全线隧道拱墙设置EVA防水板和土工布缓冲层；浅埋暗挖隧道通过水田、水塘等水环境敏感段采用全环防水板，且段内不设纵、环向排水系统。

3．施工缝变形缝处理

纵向施工缝采用中埋式橡胶止水带+橡胶止水条；环向施工缝采用中埋式橡胶止水带+背贴式橡胶止水带等两道防水措施；变形缝采用中埋式钢边止水带、背贴式橡胶止水带、衬砌内缘聚乙烯泡沫塑料板嵌缝、聚硫密封胶封缝三道防水措施，并采用聚苯乙烯硬质泡沫板填充缝隙。施工缝按 8～10 m一道设计，变形缝在地质或结构断面变化较大处设置。

4．补充注浆

二次衬砌拱顶纵向贴置PVC注浆花管，实施纵向埋管补充注浆。

（二）排水设计

1．水沟设计

隧道内设双侧水沟，并与洞外路基侧沟顺接。

2．排水管设计

隧道洞身衬砌背后设ϕ50 单壁打孔波纹管（外裹 100 g/m^2 的无纺布）环向透水管盲沟，并设横向排水管将地下水引入洞内侧沟。环向透水管盲沟按 10 m 一环设置，对地下水较大地段适当加密。两侧边墙脚处设纵向排水盲管，环向盲管水汇集至纵向盲管后经边墙泄水孔均引入隧道测沟。纵向盲管采用ϕ80 单壁打孔波纹管（外裹 100 g/m^2 的无纺布）。泥岩、泥质砂岩且岩性单一者，可不设纵向排水管。瓦斯隧道全封闭衬砌地段，除按以上原则设置纵环向透水盲沟及纵向排气 PVC 管外；隧道边墙设泄水孔，地下水需经水气分离后才能经边墙泄水孔排进隧道内。

3．特殊区段设计

地表溶蚀洼地较多、地下水丰富的隧道应核查排水沟的排水能力，并留有余地，必要时采用加大水沟断面，增设泄水洞等工程措施，确保隧道内排水通畅。

三、明挖段防排水设计

（一）防水设计

（1）主体工程。混凝土结构自身抗渗等级不得低于 P8，地下水发育及有侵蚀性地段，抗渗等级不得低于 P10。

（2）明洞段拱墙衬砌外缘均采用 2 cm 厚聚合物防水水泥砂浆抹面，其中需回填的明洞段拱墙仍设置土工布及防水板，并在回填表面设黏土隔水层。

（二）排水设计

（1）洞内排水沟设置与暗洞统一。

（2）明挖段衬砌外缘直边墙顶设纵向ϕ80 透水盲管，直边墙范围采用浆砌片石回填，回填浆砌片石顶面设置 50 cm 厚砂卵石反滤层，并每隔 3 ~ 5 m 设竖向ϕ50 盲管，一端与墙顶纵向透水盲管连接，另一端直接接入隧道侧沟。

四、环境敏感地段防排水

因地下水流失可能影响居民生产生活用水的隧道段、地下水特别发育隧道段宜采取注浆堵水措施。注浆根据地质超前预测预报结果采用超前帷幕注浆、超前周边注浆或开挖后径向注浆等方式，防止大量地下水流入隧道，确保施工安全和运营期间的排水安全。尽量维系岩溶暗河的既有通路，严禁随意封堵溶洞、暗河。

（1）当隧道地下水丰富，施工中有突水、突泥危险时，应采取以保证施工安全为目的的超前预注浆加固围岩并堵水，超前预注浆方式以超前局部注浆及超前周边注浆为主，必要时可考虑超前帷幕注浆（如围岩极差、易失稳）。

（2）当隧道穿越段地表村庄较多，隧道开挖后可能引起地下水流失，地下水位下降，影响洞顶居民的正常生活等水环境敏感地段，应根据工程特点采取超前周边注浆或开挖后径向注浆等措施，确保施工及环境安全，同时其衬砌结构应考虑水荷载。

（3）根据超前探测资料分析，对高压富水地段必要时可考虑“排水减压”的处理措施。

第九节　辅助坑道设计

为施工川黔铁路与渝黔铁路并行地段（D1K270+428 ~ D1K271+440），于渝黔线黄山坡隧道左侧向本隧施作一横通道。该横通道相交黄山坡隧道于 DK218+940 处，与渝黔线小里程方向交角 45°；相交本隧于 D1K270+955 处，与川黔线大里程方向交角 45°，该处横通道坑底标高 876.465m（即为本隧该处路基面标高）；横通道全长 21.4m，坡度为 10%。横通道工区采用无轨单车道运输。

第十节 沉降变形设计

结合本线的特点按照《铁路隧道监控量测技术规程》及《关于进一步明确软弱围岩及不良地质铁路隧道设计施工有关技术规定的通知》（铁建设〔2010〕120 号）等有关要求对浅埋段开展地表沉降观测；对洞身段各级围岩段开展洞内外观察、拱顶下沉、净空变化监控量测，根据监测结果，优化调整支护措施参数，指导设计及施工。

（1）与渝黔线并行距离较近，川黔线施工在前，渝黔线施工在后的段落。

渝黔线隧道施工时，对川黔线隧道进行定期量测，量测范围为渝黔掌子面前后 20 m，量测频率为每次放炮后，量测项目布点按相关规范办理。做好工前、工后监控数据分析，确保本隧结构安全，若发现异常情况，立即停止施工，并报相关单位，以便处理。监测项目为爆破振动量测，其值需满足相关规范、规定要求。

（2）与渝黔线并行距离较近，渝黔线施工在前，川黔线施工在后的段落。

川黔线隧道施工时，对渝黔线桥梁墩台结构每 4 小时进行定期量测，巡视和监控是否有明显变形、位移、开裂及既有裂缝发展情况等；量测范围为渝黔掌子面前后 20 m，量测频率为每次放炮后，量测项目布点按相关规范办理。做好工前、工后监控数据分析，确保本隧结构安全，若发现异常情况，立即停止施工，并报相关单位，以便处理。监测项目为爆破振动量测，其值需满足相关规范、规定要求。

第十一节 设计阶段的安全风险评估及技术措施

一、隧道风险评估原则

（一）评估报告编制依据

（1）《中国铁路总公司关于改建铁路川黔线遵义市中心城区李家湾至阁老坝段外迁东移工程项目建议书的批复》（铁总计统函〔2013〕727 号）。

（2）《关于印发加强铁路隧道工程安全工作的若干意见通知》（铁建设〔2007〕102 号）。

（3）《铁路隧道风险评估与管理暂行规定》（铁建设〔2007〕200 号）。

（4）《铁路隧道设计规范》（TB 10003—2005）及局部修订（铁建设〔2008〕147 号，铁建设〔2009〕62 号），铁建设〔2009〕22 号。

（5）《铁路瓦斯隧道技术规范》（TB 10120—2002）。

（6）《铁路隧道辅助导坑技术规范》（TBJ 10109—95）。

（7）《铁路隧道防排水施工技术指南》（TZ 331—2009）。

（8）《铁路隧道超前地质预报技术指南》（铁建设〔2008〕105 号）。

（9）《铁路隧道工程施工技术指南》（TZ 204—2008）。

（10）《铁路隧道工程施工安全技术规程》（TB 10304—2009）。

（11）《地下工程防水技术规范》（GB 50108—2008）。

（12）《铁路隧道施工抢险救援指导意见》（铁建设〔2010〕88 号）。

（13）《铁路隧道防灾救援疏散工程设计规范》（TB 10020—2012）。

（14）《铁路工程建设项目水土保持方案技术标准》（TB 10503—2005）。

（15）《铁路隧道监控量测技术规程》（TB 10121—2007）。

（二）风险评估对象及目标

施工图阶段隧道风险评估对象主要为隧道施工过程中的安全、环境、投资及工期，并侧重于安全风险。通过风险评估工作，识别所有潜在的风险因素，确定风险等级，提出风险处理措施，将各类风险降到可接受水平，以达到确保安全、保护环境、投资合理、保障工期、提高效益的目的。

不同的目标风险会造成相同或不同的后果，对应关系如下表 3-6-8。

表 3-6-8　隧道风险评估目标与后果或损失对应表

评估目标	后果或损失
安全风险	人员伤亡、经济损失、第三方人员伤亡、第三方经济损失、工期延误
工期风险	工期延误、经济损失
投资风险	经济损失、第三方经济损失
环境风险	环境破坏、经济损失、第三方经济损失

（三）风险评估人员及方法

施工图阶段隧道风险评估以专家调查法和头脑风暴法为主进行，评估的流程如下图 3-6-4。

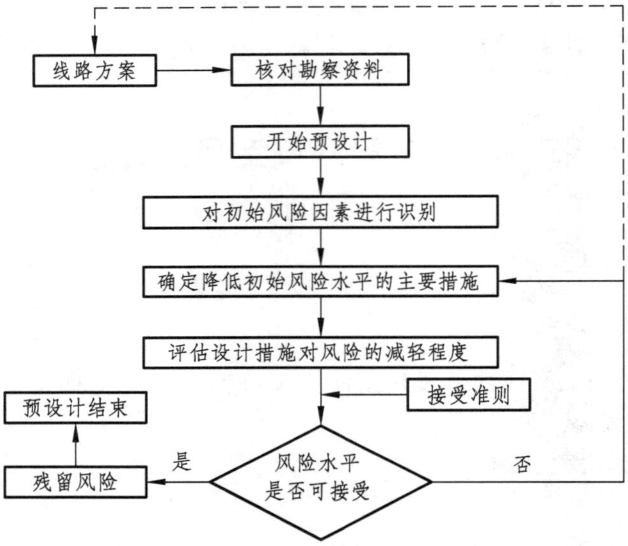

图 3-6-4　风险评估人员及方法

为确保风险评估的顺利进行，由具备隧道、地质、线路、工程经济专业 5 年以上工作实践经验，对工程风险有足够认识程度的人员参与完成了本次风险识别及评价工作。

（四）风险评估程序

1．风险评估基本程序

（1）对初始风险进行识别，形成风险清单表。

（2）对初始风险进行评价，对各个风险因素评价其发生的概率和后果等级，并最终确定出初始风险的等级。

（3）依据风险评价结果和风险接受准则，制定相应的方案和措施。

（4）对风险进行再评估，提出残留风险等级。

2．风险评估流程图

风险评估流程图见图 3-6-5。

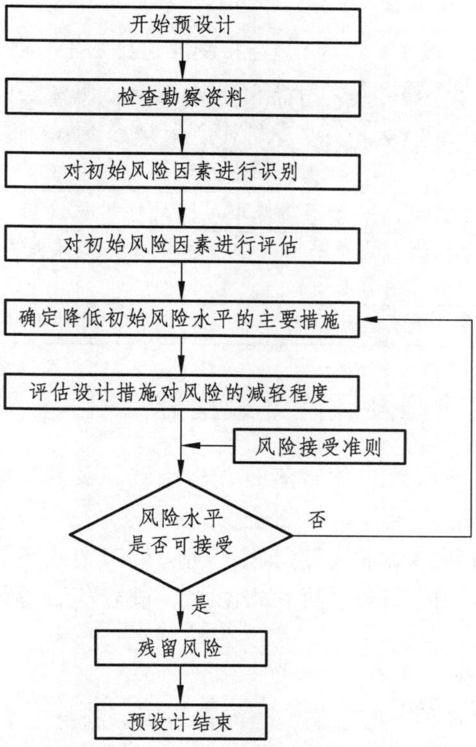

图 3-6-5　风险评估流程图

（五）风险等级的确定及对不同风险等级的接受准则和处理措施

1．风险等级

根据《铁路隧道风险评估与管理暂行规定》将风险等级指数分为极高、高度、中度、低度四个等级，该等级是结合风险事件发生的概率和严重程度来确定的，如表 3-6-9。

表 3-6-9　隧道风险等级标准表

概率等级		后果等级				
		轻微的	较大的	严重的	很严重的	灾难性的
		1	2	3	4	5
很可能	5	高度	高度	极高	极高	极高
可能	4	中度	高度	高度	极高	极高
偶然	3	中度	中度	高度	高度	极高
不可能	2	低度	中度	中度	高度	高度
很不可能	1	低度	低度	中度	中度	高度

在综合考虑了地形地质条件、勘测、设计有关资料后，根据《铁路隧道风险评估与管理暂行规定》，将各种风险因素导致相应事故发生的概率及后果分别用 1～5 五个数值来表示，其中，概率等级“1”～“5”分别代表“很不可能”“不可能”“偶然”“可能”“很可能”，后果等到级“1”～“5”分别代表“轻微的”“较大的”“严重的”“很严重的”“灾难性的”；并定义概率及后果估值的乘积为风险指数，风险指数分为“极高（Ⅰ级）、高度（Ⅱ级）、中度（Ⅲ级）、低度（Ⅳ级）”四个等级。

2．接受准则和处理措施

根据《铁路隧道风险评估与管理暂行规定》中的推荐，对于不同风险等级的接受准则和处理措施如表 3-6-12-3。

表 3-6-12-3　风险接受准则及处理措施表

风险等级	接受准则	处理措施
低度	可忽略	此类风险较小，不需采取风险处理措施和监测
中度	可接受	此类风险次之，一般不需采取风险处理措施，但需予以监测
高度	不期望	此类风险较大，必须采取风险处理措施降低风险并加强监测，且满足降低风险的成本不高于风险发生后的损失
极高	不可接受	此类风险最大，必须高度重视并规避，否则要不惜代价将风险至少降低到不期望的程度

二、本线主要工程风险源及风险处理措施

沿线主要的工程地质问题有岩溶、危岩落石、构造破碎及其影响带、煤层瓦斯、顺层等不良地质现象，以及软土、松软土、膨胀岩土等特殊岩土。

由于存在上述工程地质问题，给本线隧道施工期间带来突水突泥、瓦斯及瓦斯突出、塌方及塌落掉块等风险，给本线隧道运营期间带来岩溶和岩溶水、危岩落石等风险。

（一）岩溶和岩溶水

本线部分可溶岩隧道地表洼地、落水洞、暗河等发育。洞身岩溶中等～强烈发育，局部极度发育，隧道突水突泥风险是本线隧道最大的风险。

针对本线隧道岩溶的特点，为降低岩溶隧道施工及运营风险，采取如下处理措施。

1．施工组织

在保证工期的前提下，尽量采取顺坡施工。

2．超前地质预测预报

1）可溶岩段

（1）一般可溶岩段采用地质调查法+物探法（TSP202+红外探水）+超前钻探法（1 孔+加深炮眼）进行超前地质预报。

（2）岩溶中度发育地段采用地质调查法+物探法（TSP202+地质雷达+红外探水）+超前钻探法（3 孔+加深炮眼）进行超前地质预报。

（3）可溶岩与非可溶岩接触带、可溶岩中的断层破碎带、大型溶洞、岩溶洼地、岩溶管道等岩溶强烈发育段采用地质调查法+物探法（TSP202+地质雷达+红外探水）+超前钻探法（5 孔+加深炮眼）进行超前地质预报。对断层密集发育带及极易发生涌水、突泥段还需增加高分辨直流电进行预测预报。断层破碎带探测遇水时，必有一孔进行水压、水量的检测；同时必须有一孔取芯了解断层物质。

2）非可溶岩段

（1）一般非可溶岩段采用地质调查法+超前钻探法（加深炮眼）。

（2）非可溶岩断层及其破碎带，采用地质调查法+物探法（TSP202）+超前钻探法（3 孔+加深炮眼）。

（3）非可溶岩富水时，则采用地质调查法+物探法（红外探水）+超前钻探法（3 孔+加深炮眼），其中一孔检测水压、水量。

3）与渝黔线并行距离较近，渝黔线施工在前，川黔线施工在后的段落，将渝黔线隧道作为超前导坑，利用渝黔线隧道开展常规地质调查、物探、超前钻孔等方法获取的工程地质信息及开挖揭示并证

实的地质条件，对川黔线隧道相关段进行地质条件的推测、评判。

（二）危岩落石

本段部分隧道洞口自然坡面陡峻，危岩落石发育。

隧道洞口或明洞顶存在危岩落石不良地质时，施工前应对危岩落石的分布、性质、块径等进行详细调查核实，并根据调查核实情况，对坡面松动危石进行清除处理，无法清除的危石采用支顶或嵌补等防护措施，并按设计要求采取主动或被动防护措施，以确保施工及运营安全。

（三）突水突泥

该类风险存在于岩溶及岩溶水发育地段、可溶岩与非可溶岩接触地段、断层破碎带等。

（1）加强超前地质预报。通过超前地质预测预报，核实和预测掌子面前方的地质条件，以便及时调整工程措施，确保施工及结构安全。

（2）结合超前地质预报成果，并根据开挖隧道当时情况，采取超前帷幕注浆、超前周边注浆、超前局部注浆等不同的处理措施，以确保施工安全。

（3）根据隧道地质情况设置辅助坑道，结合工期优化施工组织设计，确保岩溶隧道为顺坡施工。

（4）制定突发安全事件应急预案，配备安全防护及安全逃逸设施，明确逃逸路线，进行紧急逃生的培训与演练，施工中严格按照既定方案进行。隧道暴雨后不施工、连续降雨后观察施工。

（四）塌方、塌落掉块

该类风险是普遍存在于隧道中，结合隧道围岩级别、埋深、地表既有建筑物情况来进行评估，其受岩性、节理裂隙发育程度、岩石破碎程度、地质构造等影响大。

采用的风险处理措施如下：

（1）施工方法的选择：根据地质情况和隧道围岩分级，采用全断面法、台阶法、台阶法加临时横撑等多种工法。

（2）Ⅲ级缓倾岩层的隧道，采用拱部三肢格栅钢架加强支护，$\phi25$ 超前锚杆超前支护，确保施工安全和结构安全。

（3）监控量测：施工中加强系统支护监控量测，并根据监控量测结果及时调整初期支护及施作二次衬砌。

（五）煤层瓦斯

1．低瓦斯隧道

（1）当隧道穿越夹煤线或炭质页岩地层，施工过程中可能有瓦斯、硫化氢等有害气体逸出，若全工区瓦斯涌出量 $< 0.5\ m^3/min$ 时，为低瓦斯工区。原则上应采用与围岩级别相应的初期支护及复合式衬砌（模筑混凝土厚度不应小于 40 cm）。

（2）低瓦斯工区施工中应加强隧道通风和有害气体监测，防止瓦斯积聚。

（3）瓦斯工区钻爆作业应采用光面爆破技术避免瓦斯积聚，必须采用湿式钻孔，并应执行“一炮三检制”和“三人连锁爆破制”，爆破作业必须采用煤矿许用炸药及使用煤矿许用瞬发电雷管或煤矿许用毫秒延期电雷管。

2．高瓦斯与瓦斯突出隧道

当全工区瓦斯涌出量 $\geqslant 0.5\ m^3/min$ 时，该工区为高瓦斯工区；只要瓦斯隧道有一处有突出危险，该处所在的工区即为瓦斯突出工区。

（1）高瓦斯与瓦斯突出隧道采用全封闭复合式衬砌，二次衬砌均气密性钢筋混凝土或气密性混凝土，须满足透气系数≤10 ~ 11 cm/s 及抗渗等级不小于 P12 的要求。

（2）根据煤矿经验及《防治煤与瓦斯突出规定》要求，对于突出煤层，必须先进行区域防突，达到要求后，才能开展局部防突措施的实施。

（3）隧道揭煤施工时，当煤层瓦斯压力小于 0.74 MPa 时采用远距离放炮揭煤；大于 0.74 MPa 时先排气降压，并将瓦斯含量降低至 8 m^3/t，然后再远距离放炮揭煤。施工中应加强通风，防止瓦斯积聚；同时加强对洞内有害气体的监测，并采用喷雾洒水等防尘措施。

（4）衬砌结构应有防治瓦斯措施。衬砌结构采用气密性混凝土全封衬砌，厚度不应小于 40 cm，模筑混凝土掺入气密剂，气密剂为硅灰、粉煤灰及高效减水剂的复合剂。现场施工中应进行气密性试验，满足透气系数≤10 ~ 11 cm/s 的要求；初期支护与二次衬砌间设置全环瓦斯隔离层；施工缝应作气密处理，其封闭瓦斯性能不应小于衬砌本身。

（5）瓦斯工区原则上采用巷道式通风，通风设备配置应根据通风计算确定。

（6）电器设备和作业机械必须使用防爆型，工区内采用双回路电源供电，其电源线上不得分接隧道以外的任何负荷。但由于双回路电源投资较大，拟采用一路大电电源，一路自备电源，自备电源采用自发电，其功率按至少满足洞内通风、照明需要配置、洞内装砟、运输应采用防爆型机具，杜绝非防爆型燃油机械设备进入。

（7）瓦斯隧道施工前，施工单位必须和就近的矿山救护队建立联系，签订救援协议，进行联合救援演习及矿山救护相关知识的培训，建立协同救援体系，明确协同救援各方任务。

三、安全措施

（1）隧道洞口或明洞顶存在危岩落石不良地质时，施工前应对危岩落石的分布、性质、块径等进行详细调查核实，并根据调查核实情况，对坡面松动危石进行清除处理，无法清除的危石采用支顶或嵌补等防护措施，并按设计要求采取主动或被动防护措施，以确保施工及运营安全。

（2）对浅埋、偏压等地形、地质条件较差的隧道洞口、洞身段应先预加固围岩后再开挖，视地形条件、地质条件可采用地表钢管桩预注浆加固等措施加固地层，采取喷锚防护等措施对边仰坡进行加固；在进行暗洞开挖前设置洞口ϕ89 超前大管棚，对洞身段视地质情况、隧道埋置深度等设置超前预注浆或开挖后径向注浆、超前双层小导管、超前单层小导管等超前支护措施。

（3）隧道暗挖段均按新奥法原理组织施工，按指定工法施工，并符合相应规范及（铁建设〔2010〕120 号文）的相关要求，同时核查地质，不符时提出调整。当需要变更施工方法时，以工序倒换简单和较少影响施工进度为原则，一般不宜频繁变更施工方法。

（4）初期支护和围岩为暗挖隧道主要受力结构，由于隧道开挖断面大，施工时应严格按设计办理，尽量保护围岩并确保初期支护的施工质量。仰拱先行施作，拱墙一次立模灌筑，拱墙二衬按设计要求紧跟施作；仰拱及填充分开浇筑，且应分段整体灌注，严禁半幅施工，确保仰拱及底部施工质量。

（5）隧道洞口段、浅埋段、偏压段和断裂破碎带及其影响地段，要求遵循“管超前、短进尺、弱爆破、强支护、早衬砌、勤量测”的原则进行施工，施工时放小炮、短开挖、强支撑、及时衬砌，稳步施工，确保安全。

（6）隧道施工应尽量采用光面爆破或预裂爆破技术，合理设计爆破参数，减少爆破对周边围岩的扰动。对浅埋、偏压段，应尽量减少对地表周边环境的扰动，以保持隧道周边地区的生态环境。

（7）Ⅳ、Ⅴ级围岩地段台阶法施工，上台阶每循环开挖支护进尺Ⅴ级围岩不应大于 1 榀钢架间距，Ⅳ级围岩不应大于 2 榀钢架间距，边墙每循环开挖进尺不得大于 2 榀钢架间距，仰拱开挖前必须完成钢架琐脚锚杆，每循环开挖进尺不得大于 3 m。

（8）隧道开挖应按设计要求设置垫板、槽钢及锁脚锚杆，边墙开挖过程中拱部钢架不得悬空，软弱围岩段隧道开挖后初期支护应及时施作并封闭成环，Ⅳ、Ⅴ级围岩封闭位置距掌子面不得大于 35 m。

（9）二次衬砌应及时施作且仰拱超前，二次衬砌距离掌子面的距离，Ⅳ级围岩不大于 90 m，Ⅴ级围岩不应大于 70 m，其余要求按《关于进一步明确软弱围岩及不良地质铁路隧道设计施工有关技术规定的通知》（铁建设〔2010〕120 号）以及相关规范、规定办理。

（10）在隧道施工期间应加强施工地质工作，并实施全隧超前地质预测预报工作，并将其纳入正常施工工序认真执行，以获取开挖面前方的地质信息，及时调整隧道施工方案，指导隧道安全施工，避免发生地质灾害。超前预测预报所采取的主要手段有全断面地质素描，红外探水仪器、地质雷达等综合物探手段，超前水平钻孔验证等。

（11）隧道施工期间应开展监控量测工作，将监控量测作为关键工序列入现场组织，并对支护体系及围岩的稳定性进行判别。隧道监控量测根据《铁路隧道监控量测技术规程》（TB 10121—2007）执行，监控量测结果应及时反馈，指导设计与施工。监控量测应结合具体隧道工程地质、水文地质条件、支护类型和参数、施工方法和监控量测的目的实施。

（12）本段部分隧道通过可溶岩地段，施工中可能揭示溶槽、溶洞等，应查明溶洞、溶槽的影响范围，与隧道的关系及其性质，再进行处理，不得随意回填。同时，应加强溶洞段施工防护措施，确保施工安全，并及时上报，以便处理。

（13）为确保弃渣场工程安全，施工前应须对渣场范围内及附近地形、地面、地表建（构）筑物、管、线、道路等进行核对，发现与设计不符，应及时提出，以便处理。沿沟或占沟弃渣的渣场应对流量进行核实，弃渣挡墙基础开挖后，应对基底地质条件进行核实，若与设计不符，应及时提出并进行处理，严格按设计要求进行施工，施工工序应遵循先挡后弃原则。

（14）与渝黔线并行距离较近地段，应结合地质条件、施工干扰情况，施工组织安排，对于川黔线施工在先，渝黔线施工在后的段落应对川黔线隧道进行监测，动态评估渝黔线隧道施工对既有构筑物的影响程度。当对既有构筑物有较大影响时，应采取调整施工方案、优化施工工艺等措施。对于渝黔线施工在前，川黔线施工在后的段落，应采用控制爆破，严格按照《爆破安全规程》（GB 6722—2011）控制装药量，为确保近距离条件下新建隧道开挖时既有隧道结构安全，减小对既有隧道结构的震动破坏。

四、隧道安全应急预案

居安思危，防患未然。为有效预防或控制隧道施工中涌水突泥、高瓦斯及瓦斯突出、塌方、火灾、电击伤害、爆炸、既有建筑物失稳等安全风险或事故的发生，规避风险或将事故造成的损失减小到最低程度，避免事态扩大。针对上述不同的安全风险或事故灾害，制定以下应急预案。

1．涌水突泥的应急措施

（1）设置专职安全员，并加强施工组织协调，各作业区信息应贯通，并与洞外生产组织调度中心保证联络畅通。

（2）建立应急疏散系统，如应急疏散标志标识最佳逃生路线、应急照明等，并配备相关救援设备、设施等。建立各工区间及其与洞外生产组织调度中心的通信，保证通信畅通。

（3）应制定发生紧急事故的抢险预案，并将其紧急措施纳入实施性施工组织，加强职工安全培训，增强职工安全意识，组织参建人员进行突发性事件处置演练。

（4）隧道施工中，加强地质超前预报，根据预报结果及时采取预防措施，同时发出危险警报。进行隧洞开挖前，将洞内重要设备调出洞外，洞内施工人员分批进洞作业，以确保人员及设备的安全，若涌（突）水发生后，发现水量过大不能跑出隧道时，需就近上爬梯避险。

（5）对于极可能发生大型突水突泥的地段，在掌子面后方设置逃生爬梯，逃生爬梯附近可放置救生圈、救生衣、保险绳等设备。逃生爬梯的设置需结合各单位施工运输等机具统筹考虑，不应侵入施工中车行限界，并自身应具有一定抗冲击能力，施工中可根据实际情况采用临时锁脚锚杆（拉杆）等措施对其进行稳定性加固。

（6）安全警戒：每处施工掌子面应至少保持有 1 名安全警戒人员。负责全隧道安全风险识别，负责预警系统和应急照明系统开启。安全警戒人员应确切掌握每处掌子面作业人员人数，避免人员逃生时发生遗漏等意外。

2．坍方应急处理预案

有坍方风险的隧道应在施工前准备抢险设备和应急预案，安排专人密切检测掌子面和初期支护的变形情况，准备坍方抢险的设备。

3．防火、防电击伤害、防爆炸等应急处理预案

隧道施工工作面均应准备消防设备，每个工区安排救援医护人员和医护设备。

4．下穿民房、厂房、铁路、公路、水库等既有构筑物应急处理预案

施工前应对邻近工程施工可能存在的危险源、危害因素等进行辨识、排查，进行风险综合分析和评估，并制定风险控制计划，编制实施性施工组织，制定应急预案；施工中安排专人监控地表构筑物，当发生危险时及时封锁危险区域、疏散人员，并准备针对各种情况的应急处理预案、人员、物资。

第七章　轨道设计

第一节　轨道工程概况与特点

一、设计范围

（1）川黔线高炉子（含）至南白镇（含）段：K256+000 ~ K293+300，长 37.404 km（改建线路长 33.254 km，既有线长 4.150 km）；龙坑疏解线 LDK0+000 ~ LDK4+587.775，长 4.588 km。

（2）阁老坝站：K299+100 ~ K303+400，长 4.294 km。

（3）李家湾站新建货场：K247+400 ~ K250+850，长 3.450 km。

二、轨道特点

本线正线及疏解线采用重型轨道、铺设跨区间无缝线路，大于 1 km 隧道采用 CRTS Ⅰ 型双块式无砟轨道，其余地段铺设有砟轨道。

第二节　设计原则与采用的主要技术标准

一、设计原则

本线正线及疏解线为最高设计行车速度 120 km/h 的 Ⅰ 级铁路，采用重型轨道、铺设跨区间无缝线路，长度大于 1 km 隧道采用 CRTS Ⅰ 型双块式无砟轨道，其余地段铺设有砟轨道。

二、采用的主要技术标准

《铁路轨道设计规范》（TB 10082—2005）及《铁路工程建设通用参考图高速铁路 CRTS Ⅰ 型双块

式无砟轨道隧道地段》（通线〔2011〕2351-Ⅳ）等 20 项设计规范标准。

第三节　有砟轨道结构设计

一、钢轨

根据原铁道部运输局《关于印发〈钢轨使用指导意见〉的通知》（运工线路函〔2012〕264 号）文的要求，直线及半径>1 200 m 曲线地段钢轨采用 60 kg/m、100 m 定尺长 U75V 无孔热轧轨，在半径≤1200m 的曲线地段采用 60 kg/m、100 m 定尺长 U75V 无孔全长热处理轨。钢轨质量应符合《43 kg/m ~ 75 kg/m 热轧钢轨订货技术条件》（TB/T 2344）及《热处理钢轨技术条件》（TB/T 2635）的相关规定。

无缝道岔内部钢轨、胶接绝缘钢轨以及伸缩调节器钢轨应符合《关于印发〈钢轨使用指导意见〉的通知》（运工线路函〔2012〕264 号）文的要求。

二、轨枕

一般地段轨枕采用 2.6 m 长Ⅲa 型有挡肩混凝土枕（专线 3393），桥梁和路基设置护轮轨地段铺设新Ⅲ型有挡肩混凝土桥枕（专线 3448），均按 1667 根/km 铺设。在补偿电容节距和电气绝缘节安装区段，按信号专业要求铺设轨道电路专用枕，道岔区铺设配套的混凝土岔枕。

三、扣件

扣件采用与Ⅲa 型轨枕配套的弹条Ⅱ型扣件（专线 3351），扣件铁件进行防锈蚀处理，扣件应符合《弹条Ⅱ型扣件》（TB/T 3065.2—2002）的相关要求。

四、道床

道床采用一级碎石道砟。正线单线道床顶面宽度 3.4m，双线道床顶面宽度应分别按单线设计，曲线地段外侧道床顶面宽度按规范进行加宽。道床厚度见表 3-7-3-1。砟肩堆高 15 cm，道床边坡 1∶1.75。铺设Ⅱ、Ⅲ型轨枕地段道床顶面与轨枕中部顶面平齐；其他类型轨枕地段道床顶面应低于轨枕承轨面 3 cm。

五、有砟轨道结构高度

有砟轨道结构高度见表 3-7-1。

表 3-7-1　有砟轨道结构高度表

单位：mm

<table>
<tr><th>基础类型</th><th>钢轨高度</th><th>轨下胶垫厚度</th><th>轨枕高度</th><th colspan="2">道床厚度</th><th>轨道结构高度合计</th></tr>
<tr><td rowspan="2">土质路基</td><td rowspan="2">176</td><td rowspan="2">10</td><td rowspan="2">230</td><td>面砟</td><td>300</td><td rowspan="2">916</td></tr>
<tr><td>底砟</td><td>200</td></tr>
<tr><td>硬质岩石路堑</td><td>176</td><td>10</td><td>230</td><td colspan="2">300</td><td>716</td></tr>
<tr><td>桥梁</td><td>176</td><td>10</td><td>210</td><td colspan="2">300</td><td>696</td></tr>
<tr><td>隧道</td><td>176</td><td>10</td><td>230</td><td colspan="2">300</td><td>716</td></tr>
</table>

第四节　无砟轨道结构设计

长度大于 1 km 的隧道地段采用 CRTS Ⅰ型双块式无砟轨道结构，其结构组成自上而下分别为：钢轨、扣件、双块式轨枕、道床板等。

一、钢轨

采用 60 kg/m、100m 定尺长 U75V 无孔钢轨，同有砟轨道。

二、轨枕

采用 SK-2 型双块式轨枕。轨枕间距一般为 600 mm，且不宜小于 570 mm。

三、扣件

采用 WJ-8A 扣件，扣件应满足《WJ-8 型扣件暂行技术条件》（科技基〔2007〕207 号）要求。

四、道床板

（一）道床板尺寸

道床板采用 C40 钢筋混凝土结构，道床板除在隧道结构缝处断开外均采用连续浇筑，道床板宽度为 2 800 mm，厚度为 260 mm。

（二）道床板绝缘

道床板内的纵横向钢筋（包括桁架钢筋）相交处及纵向钢筋搭接处设置绝缘卡进行绝缘处理。所有的电气绝缘应在立模前全部施工完成，在道床板混凝土浇筑前应进行轨道电路传输距离的测试，满足相关技术要求后方可浇注混凝土。

（三）道床板综合接地

道床板接地按长度≤100 m 形成一个接地单元，接地单元之间的接地端子不连接。

（四）道床板配筋

隧道内道床板采用双层配筋。上层纵向钢筋置于双块式轨枕的桁架钢筋上，保护层最小厚度为 45 mm，下层钢筋的保护层最小厚度为 35 mm。

（五）道床板与板下结构连接

隧道内道床板浇筑在隧道仰拱回填层上，道床板除在结构缝处断开外均采用连续浇注，仰拱回填层表面应进行拉毛或凿毛处理。

五、无砟轨道结构高度

CRTS Ⅰ型双块式无砟轨道在隧道内的轨道结构高度为 515 mm，见无砟轨道结构高度表 3-7-2。有砟—无砟过渡段范围内，无砟轨道过渡段轨道结构高度为 515 mm；有砟轨道过渡段轨道结构高度为 731 mm。

表 3-7-2　无砟轨道结构高度表　　单位：mm

基础类型	钢轨高度	扣件高度	承轨面至道床板面高差	道床板厚度	轨道结构高度合计
隧道	176	34	45	260	515

第五节　跨区间无缝线路设计

一、类型及铺设范围

正线及疏解线均按跨区间无缝线路设计。

二、单元轨节布置

无缝线路由若干单元轨节组成。单元轨节的布置应根据线路条件、工点情况、施工工艺及养护维修等因素综合研究确定。区间内单元轨节长度为 1 000 ~ 2 000 m，最短不小于 200 m，道岔群或一组无缝道岔按一个单元轨节设计。桥、隧、线相连地段，若桥、隧长度不足 1 000 m，长轨条连续设置。长大桥梁及其两端线路护轨梭头范围之内作为一个或数个单元轨节、大于 2 000 m 隧道进出口向隧道内 200 m 作为一个单元轨节。

单元轨节起止点不应设置在不同轨道结构过渡段以及不同线下基础过渡段范围内，并距离桥台边墙和桥墩不应小于 2 m。除长大桥梁及无缝道岔外，施工时应在无缝线路设计图基础上根据厂焊长钢轨长度、胶接绝缘接头设置等实际情况按相关规范适当调整单元轨节长度。单元轨节左右两股钢轨终始端的相错量不应大于 100 mm。

（一）焊接接头

所有钢轨间的焊接，在焊接前均应进行焊接试验，符合国家现行标准《钢轨焊接　第 1 部分：通用技术条件》（TB/T 1632.1）要求的才能上道施工，所有焊接接头均应进行轨底打磨。钢轨焊接应采用闪光焊。钢轨焊接质量、力学性能指标应符合国家现行标准《钢轨焊接接头技术条件》（TB/T 1632—2005）的规定。

钢轨焊接接头应纵向打磨平顺，不得有低接头。焊接头平直度应符合表 3-7-3 的规定。

表 3-7-3　焊接接头平直度

序号	项目	允许偏差/mm
		$V \leqslant 120$ km/h
1	轨顶面	+0.3，0
2	轨头内侧工作面	±0.3
3	轨底面	+0.5，0

（二）绝缘接头

无缝线路及无缝道岔的绝缘接头采用胶接绝缘接头，并应满足《铁路钢轨胶接绝缘钢轨技术条件》（TB/T 2975）的各项要求，胶接绝缘钢轨应与区间线路钢轨和道岔钢轨件同钢种、同类型。左右两股钢轨的胶接绝缘接头应相对铺设，且绝缘接头夹板端头距轨枕边缘不小于 100 mm，胶接绝缘钢轨长度不宜小于 12.5 m。胶接绝缘接头的设置位置见信号专业设计图，应与信号专业共同确认位置后方可施工。

三、设计锁定轨温

根据铁路通过地区的最高最低轨温及无缝线路断缝检算，确定设计锁定轨温。

无缝线路应在设计锁定轨温范围内锁定，且相邻单元轨的施工锁定轨温差不应大于 5 °C，同一单元轨节左右股单元轨的施工锁定轨温差不应大于 5 °C，同一区间内单元轨节的最高与最低锁定轨温差不应大于 10 °C。

四、桥上无缝线路

桥梁地段的无缝线路设计锁定轨温与两端无缝线路的设计锁定轨温一致。按照《铁路无缝线路设计规范》（TB 10015）的要求，对桥跨大于 120 m 的向家湾山特大桥和小河口湘江特大桥进行了检算，均不铺设温度伸缩调节器，全桥铺设常阻力扣件均能满足规范要求。

五、岔区无缝线路

无缝道岔采用道岔区全焊的焊接形式，即道岔区内直、侧股钢轨接头全部焊接，岔后直股与区间线路焊接成无缝线路，岔区绝缘接头采用胶接绝缘接头。岔后侧股钢轨焊接长度一般为 75 m，困难条件下不短于 50 m，无缝道岔侧股岔后有绝缘接头时采用胶接绝缘接头。若侧线在近距离内（不到 50 m）有邻线道岔，则岔后侧股钢轨焊接至该道岔并加强邻线道岔的锁定。岔后焊接钢轨采用与道岔相同材质和型号的钢轨。

无缝道岔设计锁定轨温应与其两端区间无缝线路的设计锁定轨温一致，无缝道岔应在设计锁定轨温 ± 3 °C 范围内锁定，且相邻单元轨节间的锁定轨温差不应大于 5 °C。无缝道岔不应设置在路桥过渡段上，不宜设置在路隧、路涵过渡段上。当道岔位于桥上时，正线无缝道岔宜布置在一联梁上。正线道岔全长范围的梁部宜采用连续结构。道岔岔头、岔尾距离梁端应不小于 18 m。

六、隧道地段无缝线路

短隧道内无缝线路设计锁定轨温应与相邻单元轨节的设计锁定轨温一致。长大隧道内距隧道口 200 m 范围内无缝线路的设计锁定轨温宜与洞外无缝线路的设计锁定轨温一致。

七、位移观测桩设置和钢轨标记

（一）设置原则

（1）应在无缝线路锁定前埋置观测桩，要求埋设牢固可靠、易于观测和不易被破坏。

（2）以单元轨节为单位成对布置观测桩，每对观测桩标记中心连线应与线路中线垂直。

（3）无缝线路按单元轨节等距离设置位移观测桩，桩间距离不大于 500 m，单元轨节长度不足 500 m 整倍数时，可适当调整桩间距离。特大、大桥两端应增设位移观测桩。无缝线路长轨条的起点、终点以及距离长轨条起终点 100 m 的位置各设 1 对位移观测桩。无缝道岔按每组道岔设置 5 对位移观测桩，既有正线拆除或插入道岔后，道岔群的位移观测桩设置应与增建二线新铺轨道的设置原则相同。双线并行地段位移观测桩设于双线路基外侧，绕行以及增建二线并行地段，左右线分别设置，线路并行地段应与既有线结合设置。无缝道岔区左右线亦分别设置，施工时应根据单元轨节实际情况按等间距进行调整。

单元轨节起终点的观测桩应与单元轨节间的焊接接头对齐，当利用接触网杆（或基础）等结构物时，允许有一定的错动量，但纵向错动量不得大于 30 m。设置要求见下图 3-7-1、图 3-7-2 和图 3-7-3。

（4）长轨锁定后，应立即在钢轨对应位置用红色和白色油漆进行钢轨标记，标记内容包括锁定日期和锁定轨温。标记应清晰、可靠、耐久。

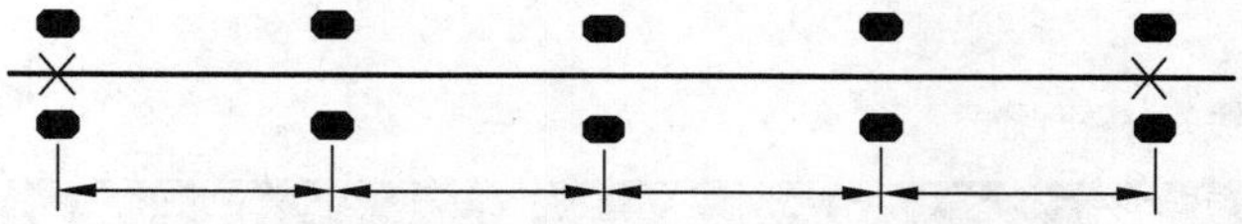

图 3-7-1　单元轨节位移观测桩设置图（单位：m）

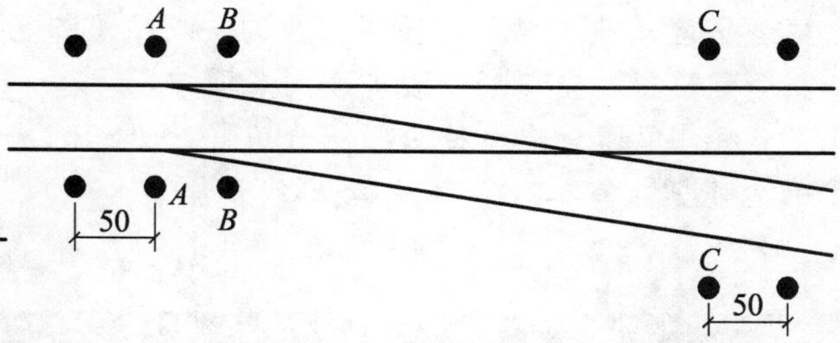

图 3-7-2　单组道岔位移观测桩设置图（单位：m）

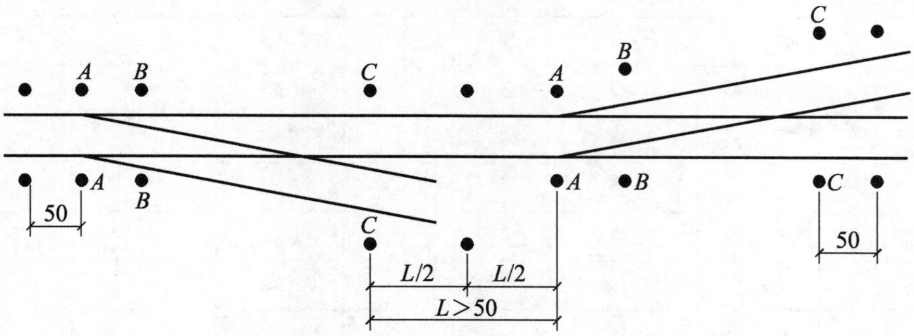

图 3-7-3　多组焊联道岔位移观测桩设置图（单位：m）

注：① 图中“●”表示位移观测桩，“×”表示单元轨节始端或终端。
② 图中 A、B、C 分别表示在道岔前端、限位器、道岔后端的对应位置设置位移观测桩。
③ 当 $L\leqslant 50$ m 时，可不在中间设置位移观测桩。

第六节　道岔设计

本线采用道岔类型及主要参数见表 3-7-4。

表 3-7-4　川黔铁路遵义城区段外迁采用道岔类型及主要参数表

轨型 /（kg/m）	道岔辙岔号	图号	岔枕类型	过岔速度（直－侧）	$L_{全}$	a	b	L'	备注
60	18	CZ2602	有砟	250－80	69.000	31.729	37.272	（11）100	客专线（07）004
		CZ2640	有砟	200－80	69.000	31.729	37.272	9.900	GLC（07）02
60	12	CZ560	有砟	120－50	37.907	16.853	21.054	12.480	SC330
50	12	专线 4257	有砟	120－50	37.907	16.853	21.054	13.080	
50	9	CZ2209	有砟	100－30	28.848	13.839	15.009	6.450	

第八章　站场工程及运营设备设计

第一节　站场工程概况

全线共设李家湾、高炉子、董公寺、遵义、龙坑、南白镇、阁老坝共 7 个车站及 2 个线路所，其中客运站遵义站 1 个、有技术作业的中间站（阁老坝站）1 个、中间站 4 个、会让站 1 个、线路所 2 个。新建李家湾站货场，改扩建阁老坝站。

全线车站除阁老坝按纵横结合布置、李家湾纵列式布置形式外，其余车站均为横列布置形式。全线车站概况见表 3-8-1。

表 3-8-1　全线车站概况表

范围	顺序	车站名	性质	平面情况	到发线	存车线	剖面	货物线	牵出线	中间站台
遵义地区	1	李家湾	中间站	曲线	4	1	1‰	3		
	2	高炉子	中间站	曲线	3		2.4‰			
	3	董公寺	会让站	曲线	2		6‰			
	4	遵义	客运站	直线	11		0‰			3
	5	谢家坝	线路所	直线			0‰			
	6	龙坑	中间站	直线	7		0‰		1	
	7	桐子	线路所	直线			6‰			
	8	南白镇	中间站	直线	5		2.5‰			
	9	阁老坝	中间站	直线	8	8	0‰	7	2	

第二节　设计原则与采用的主要技术标准

一、一般规定

（1）车站改建应充分利用既有设备，尽量避免大拆大改，减少废弃工程；充分考虑施工条件，减少施工对运营的干扰，便于施工过渡。各项设备规模按近期运量确定，考虑近远结合，并预留发展余地；配合城市规划，结合当地交通条件，地形及地质情况综合研究，对站场各项设备进行合理配置，力求车站平面布置紧凑、工程省、运营方便。

（2）进出站线路和站线的平面、纵断面，按《铁路线路设计规范》（GB 50090—2006）、《铁路车站及枢纽设计规范》（GB 50091—2006）的有关规定设计。

（3）龙坑站与在建渝黔线共线，线上及线下工程按渝黔线标准进行设计。

二、车站平面布置

（1）站型：一般采用横列式布置。

（2）站线数量：一般中间站按 2 条到发线（不含正线）设计，对作业量大的可视具体情况增加到发线或存车线，对大站及复杂中间站预留车站发展条件，董公寺按 1 条到发线设计（不含正线）。

（3）到发线有效长：850 m，双机按 880 m 设计。

（4）到发线进路：到发线及正线的进路均按双进路设计，站内正线均应保证通行超限货物列车。为满足超限货物列车的会让与越行，本线按《铁路车站及枢纽设计规范》（GB 50091—2006）第 3.1.8 条办理，确定阁老坝站除正线外，另设 1 条满足通行超限货物列车条件的到发线。

（5）出站信号机：正线顺方向出站信号机原则上采用高柱色灯信号机，位于桥隧、桥梁地段用矮柱色灯信号机。信号机与绝缘缝原则上按并置设计。

（6）线间距：按《铁路车站及枢纽设计规范》（GB 50091—2006）第 3.1.3 条办理。且正线与新建铁路、既有铁路并行地段线间距不小于 5.3 m。段（所）、综合工区岔线与正线、到发线间距不宜小于 10.0 m。

（7）安全线设置：按《铁路车站及枢纽设计规范》（GB 50091—2006）第 3.1.9 条、第 3.1.10 条、第 3.1.11 条、第 3.1.12 条及《铁路技术管理规程》第 53 条有关规定办理。牵引变电所与接触网工区岔线按段管线办理。

（8）正线上缓和曲线与车站内的道岔基本轨接缝间的直线段长度应符合下列规定：路段设计行车速度不大于 120 km/h 的线路不应小于 20 m。

三、车站纵断面

（1）站内正线竖曲线的设置应符合《铁路线路设计规范》（GB 50090—2006）第 3.2.8 条及线路设计原则办理。

（2）站线纵断面设计应符合下列规定，车站到发线有效长范围内宜设计为一个坡段，在困难条件下坡段长度不宜小于 350 m。相邻坡段的坡度差大于 4‰ 时应以竖曲线连接，竖曲线半径可采用 5 000 m。

（3）综合维修段（工区）、大型养路机械段内的线路，宜设在平道上，困难条件下可设在不大于 1‰ 的坡道上。咽喉区可设在不大于 2.5‰的坡道上，特殊困难条件下，可设在不大于 6‰的坡道上。养护维修列车走行线的坡度困难条件下不应大于 30‰。

四、客运设备

（1）旅客站房和站台：旅客站房位置应与城市规划和车站总布置相配合，一般中间站设基本站台和中间站台各一座。

（2）站台长度：遵义站旅客站台长度按 550 m 设计。

（3）站台宽度：遵义站与渝黔线遵义站标准一致。

（4）站台高度：邻靠不通行超限货物列车的到发线一侧宜采用高出轨面 1.25 m，必要时也可采用高出轨面 0.5 m，邻靠正线或通行超限货物列车的站线一侧的旅客站台高出轨面 0.3 m。既有站台高度不足 0.2 m 应按以上要求加高。

（5）雨棚与跨线设备：客运站应设置与站台等长的雨棚。

五、货运设备

（1）一般情况下有货场的车站维持既有货运设施不变。对需改扩建的货场，应根据分站货运量按面积法检算既有货运设备能力，按计算增加相应的货运设备。增建货场应因地制宜，结合地形及城镇规划进行设计。

（2）货场形式：中、小型货场采用通过式或混合式，地形困难时可采用尽头式。作业量大的大、中型货场采用尽头式。

（3）货物站台长度：一般采用 14m 的整倍数，设有货物仓库的站台视仓库设置情况确定。

（4）货物站台宽度：根据具体情况选用 19.5m、22.5 m、25.5 m，应有叉车作业条件。其相应的仓库宽度为 12 m、15 m、18 m，长度应为 14.4 m 的整数倍。站台长度不宜大于 280 m。

（5）货物站台高度：靠铁路一侧高出轨面 1.0 m，靠场地侧高出场地 1.3 m。

（6）堆积场：长度一般选用 14 m 的整倍数，宽度可根据具体情况选用 4.0 m ~ 8.0 m。

（7）货物装卸线与相邻到发线线间距，两侧装卸采用 15 m，单侧装卸采用 6.5 m。其中集装箱、长大笨重货物和散堆装货物装卸线的线间距，应根据装卸机械类型、货位布置、道路及相邻线的作业性质等确定。

六、站线轨道

（一）轨道结构形式、轨道类型

站内正线和到发线及站线、次要站线均采用有砟轨道结构形式。

（1）正线及联络线：采用 60 kg/m 重型钢轨，按一次铺设跨区间无缝线路设计，钢筋混凝土枕、有砟道床。

（2）到发线：遵义到发线采用无缝线路，60 kg/m 钢轨，混凝土枕、有砟道床；其余车站采用有缝线路，50 kg/m 钢轨，混凝土枕、有砟道床。

（3）其他站线、次要站线：50 kg/m 钢轨或再用轨，铺设有缝钢轨，混凝土枕、有砟道床。

（4）轨道铺设标准见表 3-8-2。

表 3-8-2　川黔铁路遵义城区段外迁站线轨道标准表

序号	项目			全线车站站内各线轨道标准				
				站内正线	到发线	驼峰下溜放部分线路	其他站线	次要站线
1	钢轨	类型		60	50	50	50	50
2	轨枕/(kg/m)	类型	钢筋混凝土枕、木枕	Ⅲa 型枕	新 S-Ⅱ	新 S-Ⅱ/木枕	新 S-Ⅱ	新 S-Ⅱ
		数量	钢筋混凝土枕	1667	1520	1520/1600	1440	1440
3	道床标准	材料		Ⅰ级碎石道砟	Ⅰ级碎石道砟	Ⅰ级碎石道砟	Ⅰ级碎石道砟	Ⅰ级碎石道砟
		顶宽/m		3.1	2.9	2.9	2.9	2.9
		面砟带宽/m						
		边坡坡度		1∶1.75	1∶1.5	1∶1.5	1∶1.5	1∶1.5
4	道床厚度/m	无垫层			0.40	0.35	0.25	0.2
		有垫层		0.30 0.20				
5	轨道中心高度/m	混凝土枕		0.916	0.767	0.717	0.617	0.567

注：表中其他站线是指调车线、牵出线、机车走行线及站内联络线，次要站线是指除到发线及其他站线以外的站线。

（二）既有轨道类型及改建

1．既有轨道类型

正线为 60 kg/m 钢轨，钢筋混凝土枕、有砟道床，铺 12 号单开道岔。

既有车站到发线为 50 kg/m，25.0 m 长钢轨，混凝土轨枕；其他站线为 50 kg/m，12.5 m 长钢轨，混凝土轨枕。部分次要站线及专支线为 43 kg/m，12.5 m 长钢轨，木枕、有砟道床。

2．改建轨道类型

原则上按原标准改建，但铺设木枕地段的轨枕换铺钢筋混凝土枕。正线、客车通道上车站到发线均采用 25.0 m 长 60 kg/m 钢轨，混凝土轨枕。到发线线路地段扣件采用弹条Ⅰ型扣件。

既有轨道设备利用率一般按轨枕、道岔 30%利用，道砟不利用设计。既有线路平面拨动在 0.3 m 以内为改拨。既有线路平面移动在 0.3 m～2.0 m 范围内为改移。线路改拨、改移按实际长度计列工程数量，并注明轨道标准，不补充轨道材料。

既有线利用道砟抬道，每次起道量不超过 0.2 m，设计时按起道次数累计长度计列，并计列道砟补充数量，其他轨道材料不补充。

支专线轨道工程原则上采用原线路标准或参照部颁有关准则、规范办理。

（三）有砟轨道

（1）钢轨：无缝线路地段采用 100 m 长定尺轨，有缝线路采用 25 m 标准长度的钢轨。不同轨型间钢轨采用模压异型轨连接。

（2）站线轨枕：均铺设新Ⅱ型钢筋混凝土枕（研线 0322）。

（3）站线轨枕扣件：均采用弹条Ⅰ型扣件。

（4）轨道加强设备：按《铁路轨道设计规范》中的有关规定执行。

（5）到发线及其他站线采用一级道砟。到发线采用单层道床，厚度 40 cm；其他站线及次要站线采用单层道床，道床厚 25 cm 或 20 cm。

（6）经常有调车作业、列检作业的调车线间、到发线间、牵出线与相邻线间均用渗水性材料填平。

（7）当曲线小于 300 m 时采用小曲线混凝土枕。

（8）车站正线采用一次性铺设跨区间无缝线路 60 kg/m 新轨，到发线铺设有缝线路 50 kg/m 钢轨，其余站线的轨道标准按现行《铁路车站及枢纽设计规范》（GB 50091—2006）中的相关规定办理，遵义站按铺设无缝线路 60 kg/m 设计。新建车站到发线采用新轨，其他站线可利用再用轨，改建既有站到发线、货车联络线及其他站线轨料尽量利旧。

（9）不同类型钢轨的连接采用模压异型轨，异型轨长度采用 12.5 m、8.0 m、6.25 m。

（四）道岔

车站道岔类型按《铁路车站及枢纽设计规范》（GB 50091—2006），并结合“铁建函〔2007〕1306 号文”中“有效图号”要求选择，位于正线上的道岔采用与区段速度目标值相匹配的单开道岔，在正线及疏解线汇合与分歧处，根据侧向通过速度要求确定道岔类型。

正线均采用 60 kg/m，12 道岔（图号：SC330），其余采用 9 号道岔（图号：CZ2209），遵义站以及龙坑站与渝黔线相连处采用 18 号可动心轨道岔[渝黔正线采用客专线（07）004，川黔正线及联络线采用 GLC（07）02]。具体参数见表 3-8-3。

表 3-8-3　川黔铁路遵义城区段外迁道岔类型及主要参数表

轨型/（kg/m）	道岔辙岔号	图号	岔枕类型	过岔速度（直－侧）	$L_{全}$	a	b	L'	备注
60	18	CZ2602	有砟	250－80	69.000	31.729	37.272	11.100	客专线（07）004
		CZ2640	有砟	200－80	69.000	31.729	37.272	9.900	GLC（07）02
60	12	CZ560	有砟	120－50	37.907	16.853	21.054	12.480	SC330
50	12	专线 4257	有砟	120－50	37.907	16.853	21.054	13.080	
50	9	CZ2209	有砟	100－30	28.848	13.839	15.009	6.450	

（五）站场路基

（1）设计范围：以车站最外道岔（含预留）外正线上第一个百米标计算，若牵出线、安全线等岔线与正线并修，则以车挡后最近百米标计算。

（2）站内正线或进出站线路路基应与区间正线标准相同；当站线与正线处于同一路基或铺设无砟轨道时，到发线路基与正线标准相同。当到发线与正线间设有排水槽、站台等设施时，到发线路基与正线路基分开设置；站线路基的填料和压实度应按客货共线Ⅱ级铁路路基标准设计。

（3）站线中心至路基边缘的宽度

龙坑站采用与渝黔线一致标准，其余车站按《铁路车站及枢纽设计规范》（GB 50091—2006）要求办理。时速 120 km/h 路段路堤 0.8 m，路堑 0.6 m。

（4）路基横坡：① 当站线与相邻正线间无纵向排水槽或渗管、旅客站台等设施时，站线路基基床宜采用与站内正线相同的标准，正线路基面应采用三角形，其坡率宜为 4%。② 当站线与相邻正线间设有纵向排水槽或渗管、旅客站台等设施且到发线数量较多时，自正线中心向外宽度为 2 m 处、路基面以下 1∶1 边坡范围内，路基基床按站内正线标准设计，其余站线的路基按站线标准设计。

（5）当站内道路与正线并行时，其路肩低于铁路路肩不应小于 0.6 m，在困难条件下，应在其间设置排水和安全防护设施。

（6）路基边坡坡度：一般路基路堤与路堑边坡坡度，按《铁路路基设计规范》（GB 50090—2006）第 3.3.1 和 4.0.1 条规定办理。

（7）路基边坡防护按《铁路路基设计规范》（GB 50090—2006）和路基专业设计原则办理。

（8）石质路堑地段按通信专业要求预留电缆沟槽；路基两侧按电化专业要求预留接触网支柱位置；但修筑于路肩上的各种设备不得损坏、危及路基的稳固与安全，宜与路基修建同步进行。

第三节　车站工程设计

一、高炉子站

高炉子站为中间站，也为本线改线的起点。车站设到发线 3 条（含正线），有效长 750 m。川黔外迁东移线路起点位于车站贵阳端 K257+350，车站规模维持既有不变，平面布置示意如图 3-8-1。

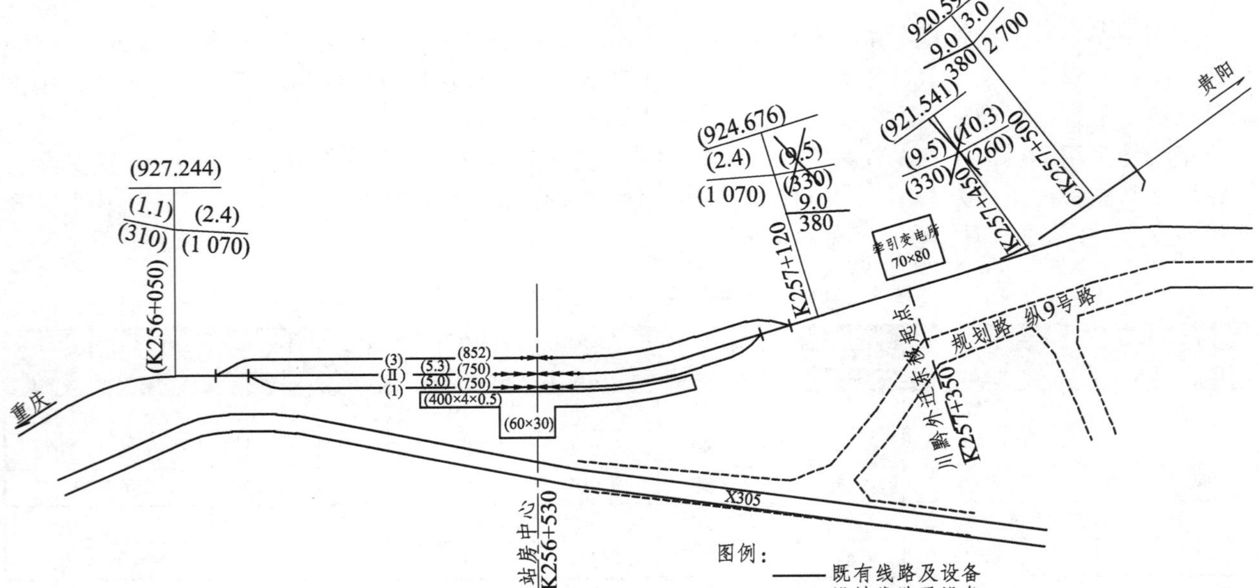

图 3-8-1　高炉子站平面布置示意

车站主要工程量如下。路基填方 $1.49\times10^4\ m^3$，挖方 $1.52\times10^4\ m^3$；路基圬工 $0.086\times10^4\ m^3$；新征用地 20.3 亩；拆迁房屋 $0.16\times10^4\ m^2$。

二、董公寺站

董公寺站设到发线 2 条（含正线），有效长 880 m，站房场坪按 50 m×40 m 规模布置，位于线路左侧，平面布置示意如图 3-8-2。

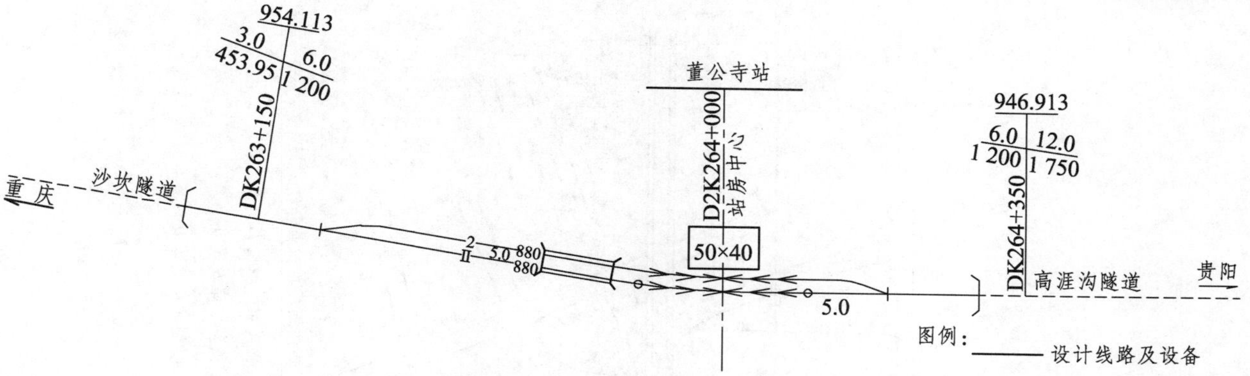

图 3-8-2　董公寺站平面布置示意

车站主要工程量如下。路基填方 $6.549\times10^4\ m^3$（与渝黔线同步工程 $6.115\times10^4\ m^3$），挖方 $54.32\times10^4\ m^3$（与渝黔线同步实施工程 $25.74\times10^4\ m^3$）；新铺轨 0.98 km，新铺道岔 2 组。

三、遵义站

遵义站川黔场设到发线 4 条（含正线），550 m×11.5 m×1.25 m 岛式站台 1 座，遵义站规划预留的“三场 8 台 20 线”规模不变（图 3-8-3，彩图见附录 3）。（土建工程纳入渝黔线同步实施）。

车站主要工程数量如下。路基土石方：填方 $90.54\times10^4\ m^3$；挖方 $98.87\times10^4\ m^3$；新铺钢轨 4.132 km，新铺高速道岔 6 组。

四、龙坑站

龙坑站结合线路走向，通过调整渝黔线坡度，在园区东侧石门处设站，川黔外迁东移正线与疏解线外包渝黔正线，实现两线运输径路互通，遵义地区轻快货物以及集装箱列车可通过龙坑站上渝黔快速铁路，渝黔线到达遵义地区的轻快货物可通过龙坑站下线，车站重庆及贵阳两端设置线路所实现立交疏解，车站布置满足跨线列车待避与本线直通列车平行作业要求，平面布置示意如图 3-8-4 所示（彩图见附录 3）。为避免在建渝黔铁路长距离改线，车站按满足跨线列车同向待避基本功能布置，站房对侧到发线不与同侧到发线沟通，经由川黔线运行的本站作业车列经川黔线下行疏解线按双单线运行

其中川黔线工程为谢家坝线路所及桐子线路所。

车站主要工程数量如下。路基填方 $1.912\times10^4\ m^3$，挖方 $14.897\times10^4\ m^3$；新铺轨 0.166 km，新铺道岔 4 组。

五、南白镇站

南白镇站维持既有站规模，车站设到发线 5 条（含正线），货物线 1 条，油专线 2 条，277 专用线在车站重庆端接轨，到发线有效长 750 m。川黔外迁东移线路于车站外两端与既有川黔线相接，车站规模维持既有不变，平面布置示意如图 3-8-5（彩图见附录 3）。

六、阁老坝站

阁老坝站位于 K299+100 ~ K303+400，长 4.294 km。设到发线 8 条（含正线，远期预留 2 条）；调车线 8 条（远期预留 3 条）；综合型货场设贯通式货物线 4 条，尽头式货物线 3 条；机务折返段 1 处，综合型货场按三场布置，其中仓库与车站横列式布置，散堆场与车站纵列式布置，集装箱以及笨大货场设置于仓库与堆场之间，平面布置示意如图 3-8-6（彩色大图见插页或扫描二维码）。

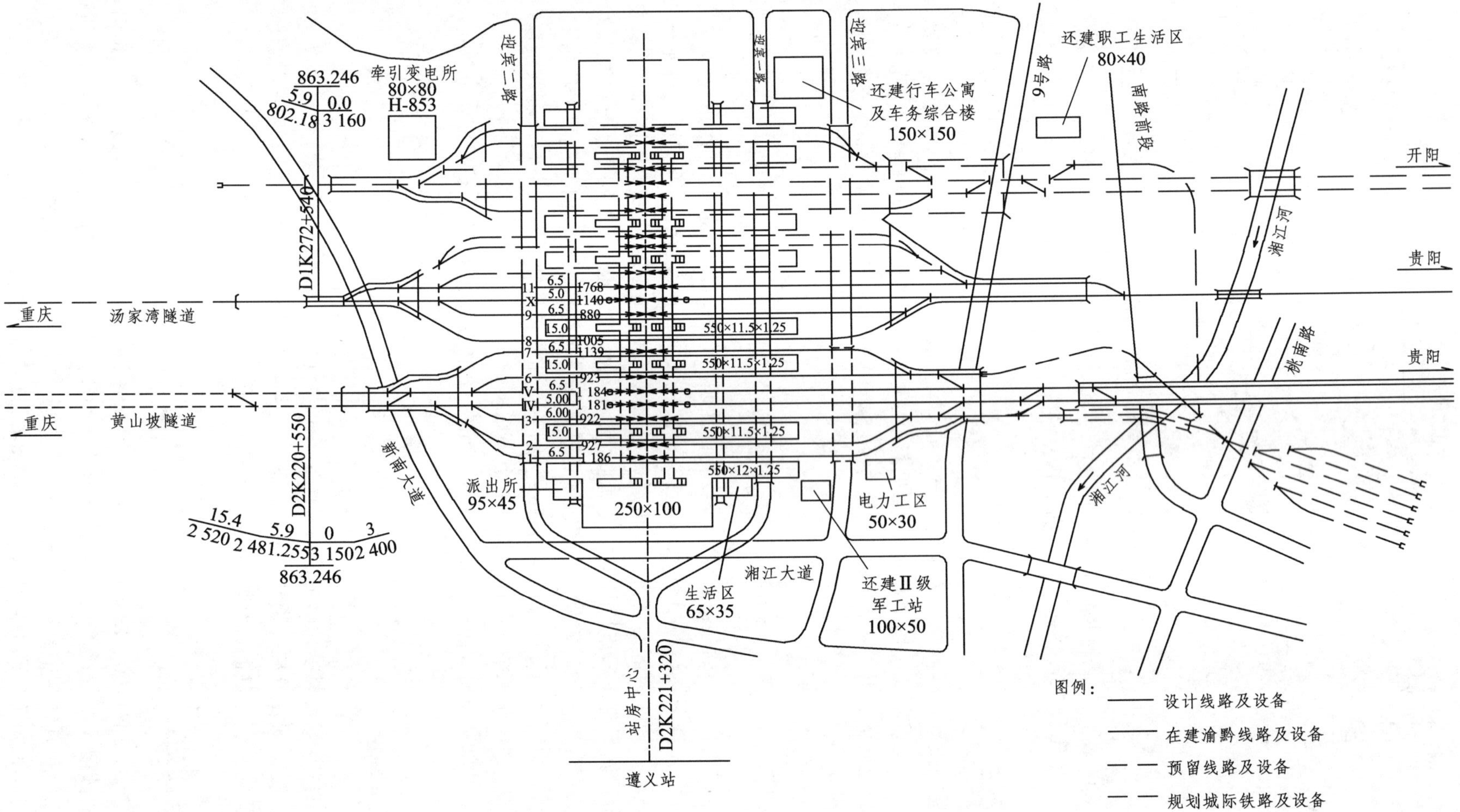
开阳
贵阳
贵阳
重庆
重庆
汤家湾隧道
黄山坡隧道
湘江河
湘江河
桃南路
南路前段
9号路
迎宾二路
迎宾一路
迎宾三路
新南大道
湘江大道
还建职工生活区
80×40
还建行车公寓
及车务综合楼
150×150
牵引变电所
80×80
H-853
863.246
5.9
0.0
802.18
3 160
D1K272+540
D2K220+550
15.4
2 520
5.9
2 481.255
0
3 150
3
2 400
863.246
派出所
95×45
250×100
生活区
65×35
还建Ⅱ级
军工站
100×50
电力工区
50×30
550×11.5×1.25
550×11.5×1.25
550×11.5×1.25
550×12×1.25
站房中心
D2K221+320
遵义站
图例：
设计线路及设备
在建渝黔线路及设备
预留线路及设备
规划城际铁路及设备

图 3-8-3　遵义站示意

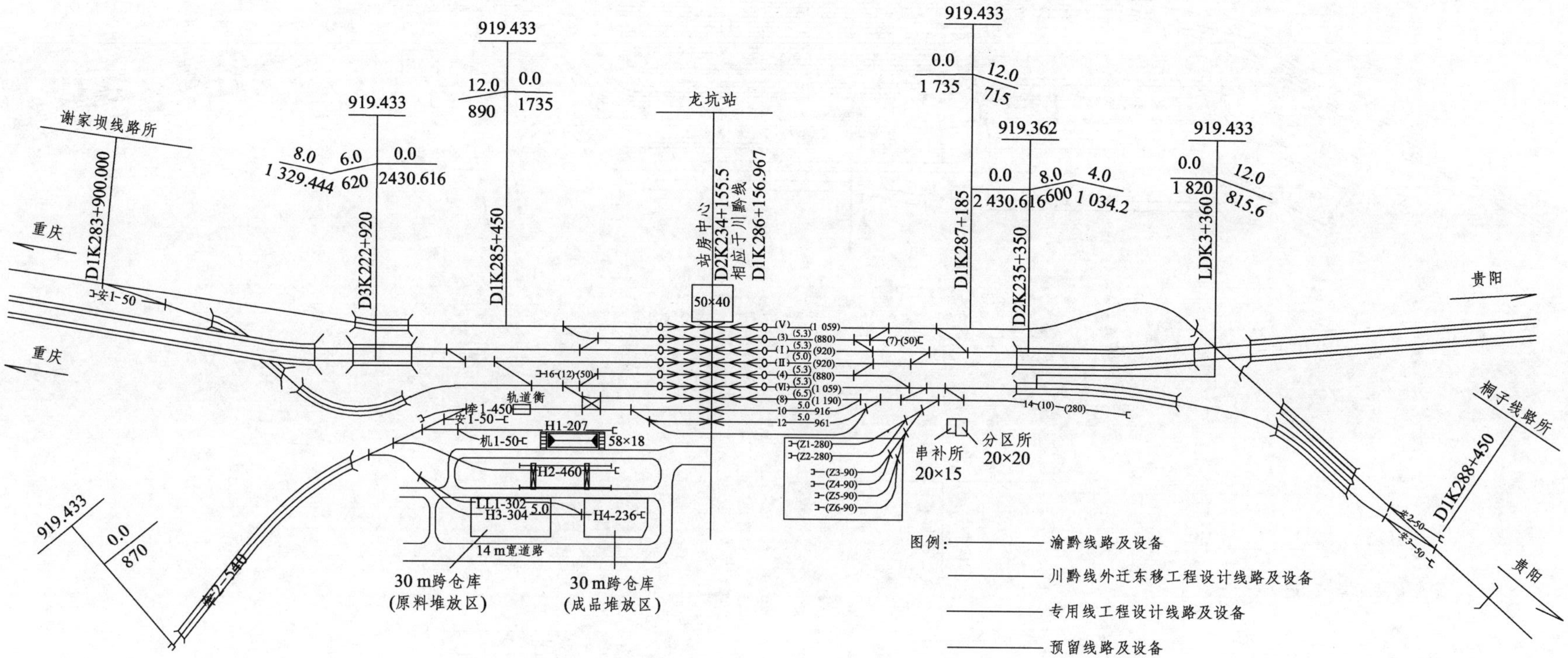

图 3-8-4　龙坑站平面布置示意

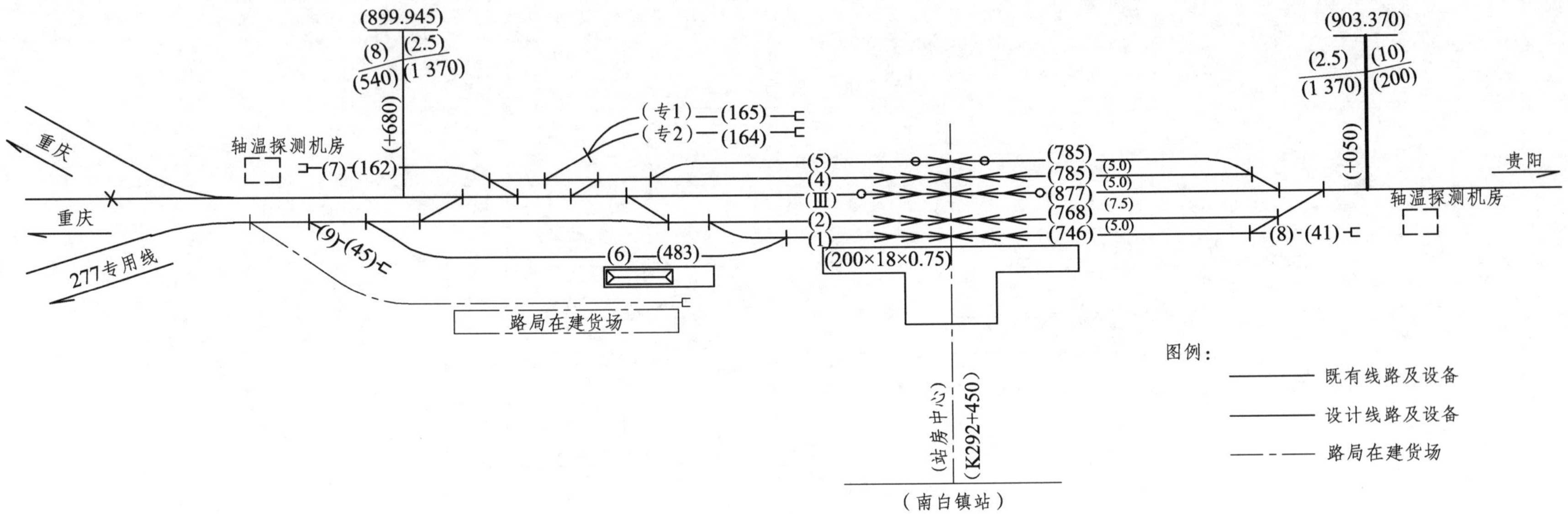

图 3-8-5　南白镇站平面布置示意

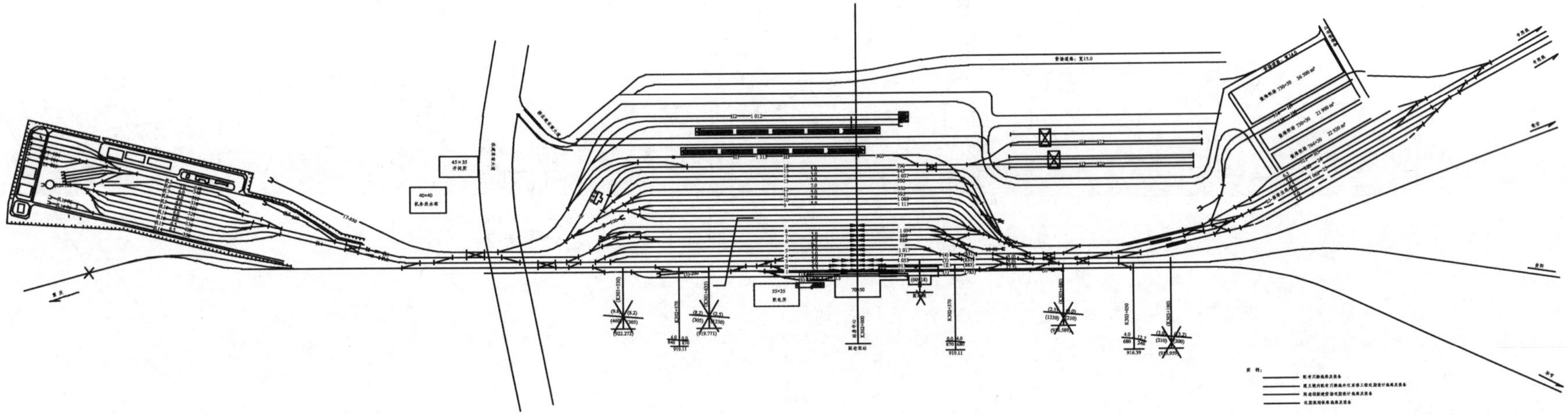

图 3-8-6　阁老坝站平面布置示意

车站解体采用小能力驼峰，点连式调速系统。车站为规划建设的毕节—遵义铁路接轨站，也是遵义至瓮安铁路遵义地区接轨站。

车站主要工程量如下。路基土石方：填方 75.03×10^4 m^3，挖方 137.52×10^4 m^3；路基圬工 2.19×10^4 m^3；铺设钢轨 26.78 km，铺设道岔 82 组。

七、李家湾站

李家湾站有到发线 4 条（含正线），存车线 1 条，维持既有规模不变，于车站贵阳端石油专用线上出岔于瓦窑坪新设货场，设尽头式货物线 2 条，站台 2 座，仓库 1 排，预留 1 排。车站规模维持既有不变，尽量软化站坪坡度。本站因地方原因未实施。

第四节　主要客运设备配置

本段工程客运设备集中在遵义站。遵义站川黔场设到发线 4 条（含正线），550 m×（11.5 m×1.25 m 岛式站台 1 座。

遵义站最高聚集人数 3 000 人，基本站台 1 座（550 m×12 m×1.25 m），中间站台 3 座（550 m×11.5 m×1.25 m）；450 m 雨棚 4 座，12m 天桥 1 座，12 m 地道 1 座。

第九章　房屋建筑及给排水设计

第一节　站房工程概况与特点

一、设计依据与概况

根据铁总办函〔2014〕1466 号《中国铁路总公司、贵州省人民政府关于川黔铁路遵义城区段线路外迁工程初步设计的批复》，本次川黔铁路遵义城区段线路外迁工程房屋施工图设计严格按照铁总办函〔2014〕1466 号批复意见执行。施工图设计房屋建筑面积 38 725.6 m^2（除遵义站房屋 26 881.6 m^2；遵义站房屋 11 844 m^2）。

二、定员配备原则及数量

本工程新增定员按各专业根据运输及工艺需要及有关规定进行配备。设计不配备生活定员。根据上述原则，改线段新增定员 1 243 人（除遵义站）。

三、房屋配备原则及数量

（一）生产房屋的配备

生产房屋按照《关于川黔铁路遵义城区段线路外迁工程初步设计的批复》（铁总办函〔2014〕1466

号)、《铁路房屋建筑设计标准》(TB 10011)及《铁路旅客车站建筑设计规范》(GB 50226—2007)并根据各专业所提资料的要求进行配备。

（二）生活房屋的配备原则

居住房屋根据国家房改政策不配备职工住宅，全线生活房屋仅考虑配备职工单身宿舍，按初设批复意见所有新建车站、综合维修车间（工区）设置职工单身宿舍（含厨房、餐厅、淋浴间、室内卫生间）。

公共福利房屋充分利用地方和铁路既有设施，不考虑配设。

第二节　设计原则与采用的主要技术标准

一、相关标准

（一）房屋建筑标准

（1）生产及一般技术作业房屋根据工艺要求进行设计。

（2）技术作业较复杂的房屋，如检修车间、设备车间、牵引变电所、配电所等按有关专业工艺或技术要求进行设计，合理安排房屋朝向、通风、采光、防火及道路。

（3）生活房屋按照《铁路房屋建筑设计标准》(TB 10011—2012)及现行有关建筑设计规范进行设计。

（二）结构类型标准

（1）门卫室、储油间、给水所等小型生产房屋采用砌体结构，机务折返段其余生产房屋及单身宿舍采用钢筋混凝土框架结构。站区单身宿舍采用钢筋混凝土框架结构。公安用房均采用钢筋混凝土框架结构。一般小型生产房屋采用砌体结构。牵引变电所、配电所等房屋根据需要采用钢筋混凝土框架结构。各房屋楼（屋）面板均采用现浇钢筋混凝土板。

（2）基础以钢筋混凝土条形基础或独立为主，对特殊地质不良地段，可根据实际情况及有关规范规定采用桩基基础等其他形式。

二、相关设计内容及说明

（一）定员配备原则

（1）生产定员根据各专业所提供的资料及现行有关规范、规定进行汇总。

（2）设计不配备生活定员。

（二）房屋配备原则

生产房屋根据各专业对运输生产及工艺的需要以及《铁路房屋建筑设计标准》(TB 10011—2012)的要求进行配备。

（三）四电用房工程概况

1．四电用房总述

全线区间通信基站、直放站共 17 栋，建筑面积共 274 m^2；信号综合楼共 2 栋，建筑面积共 1 558 m^2；

牵引变电房屋共 1 栋，建筑面积共 605 m^2；开闭所 1 栋，建筑面积 327 m^2；10 kV 配电所共 1 栋，建筑面积共 425 m^2；10/0.4 kV 变电所共 1 栋，建筑面积共 140 m^2；红外机房共 4 栋，建筑面积 56 m^2。四电用房建筑面积共 3 209 m^2。

2．通信基站、直放站简述

全线无线通信基站建筑面积 34 m^2，共 1 处，小计建筑面积 335 m^2，结构形式为砌体结构，基础形式为墙下条形基础；无线通信直放站每处建筑面积 15 m^2，共 16 处，小计建筑面积 240 m^2，结构形式为砌体结构，基础形式为墙下条形基础。

3．变配电所房屋简述

10 kV 配电所每处建筑面积 425 m^2，共 1 处；独立牵引变电所每处建筑面积 605 m^2，共 1 处；开闭所建筑面积 327 m^2，共 1 处；10/0.4 kV 变电所建筑面积 140 m^2，共 1 处；以上结构形式为钢筋混凝土框架结构，基础形式为柱下独立基础。

（四）非四电生产生活用房工程概况

1．遵义站非四电生产生活房屋

在遵义站设车务段、行车公寓、通信站、遵义工区综合楼（原线路及电力工区）、军供站、车务段职工生活楼，站区单身宿舍、还建公安派出所宿舍，共 9 幢。房屋建筑面积 11 844 m^2（本次设计为 8 960 m^2 加上含原渝黔线 519 m^2，新增生产办公面积 2 365 m^2）。

2．除遵义站以外非四电房屋

非四电生产生活用房，新建非四电生产生活用房共 32 处，面积 26 862 m^2。其中生活房屋含车站站区单身宿舍、机务折返段宿舍、食堂共 3 处，建筑面积共 3 567 m^2；生产房屋共 29 处，含车辆、给水、机务、机械、军运还建等房屋，建筑面积共 19 709 m^2；含增加的空压机站 519 m^2、储气罐棚 58 m^2 各一处。房屋为钢筋混凝土框架结构，基础形式为柱下独立基础或桩基础。

1）车站站区房屋

站区单身宿舍 1 栋，建筑面积共 367 m^2，设于董公寺站。维修车间、桶装油库存放间、军运备品库各一栋，设于阁老坝，建筑面积共 996 m^2。增加的空压机站 319 m^2、储气罐棚 58 m^2 各一处。阁老坝桶装油库存放间、董公寺单身宿舍结构形式为砌体结构，墙下毛石基础。阁老坝维修车间、军运备品库为钢筋混凝土框架结构，基础形式为柱下独立基础。

2）机务折返段房屋

阁老坝机务折返段，设置运转整备综合楼、机车整备棚、救援列车办公楼、救援列车遮阳棚、干沙间、乘务员候班楼、机务折返段临修库及边跨、材料库、材料棚、轮对踏面及受电弓动态检测间、油库值班室及消防器材间、检修设备综合楼、杂品库、机车外皮洗刷机及控制室、转车盘工休息室、门卫、闸楼、机务折返段单身宿舍、机务折返段食堂浴室共 20 栋，房屋总建筑面积 18 268 m^2。

除门卫、闸楼结构形式为砌体结构，墙下毛石基础外，其余房屋均为钢筋混凝土框架结构，基础形式为柱下独立基础或桩基础。

3）给排水房屋

给排水房屋 3 栋，小计建筑面积 411 m^2。含机务折返段回用水加压设备间、消防泵房及水池。采用钢筋混凝土框架结构，基础形式为柱下独立基础。

4）车辆房屋

红外轴温机房每处建筑面积为 14 m^2，共 4 处，小计建筑面积为 56 m^2，结构形式为砌体结构，基础形式为墙下条形基础。

第三节　一般站房设计

线路范围内，客运站有遵义站 1 座，由渝黔铁路组织实施。

第四节　采暖与通风设计

（1）本线地处夏热冬冷地区，平均温度 15.3 °C，极端最低气温 – 7.1 °C，不设采暖。

（2）室内温、湿度及洁净度达不到工艺和设备运行环境要求的房间设工艺性空调。旅客车站的售票室、乘务员公寓设舒适性空调。

（3）产生尘、毒的作业场所，采取排烟除尘、防毒等措施；热加工作业场所进行防暑降温设计，并严格遵循防火规范设防排烟设施。

（4）生产、办公房屋设给水、排水设施，人员集中的房屋设饮水设施。与运输有关的部门和昼夜 24 h 作业的房屋设太阳能供应热水。

第五节　给排水工程设计

一、饮用水水质

新建车站饮用水水质标准执行《生活饮用水卫生标准》（GB 5749—2006）。

二、水量标准

新增生产用水量标准按《铁路给水排水设计规范》（TB 10010—2008）的规定计列；生活用水量标准按每人每天 220 L 计列；绿化用水量按 2 L/m^2 计列。

三、消防

新建站点根据《铁路工程设计防火规范》（TB 10063—2007）和《建筑设计防火规范》（GB 50016—2006）的要求设计。生活供水站按消防点进行设计，给水站、货运中心站按室外低压消防供水配套设计。

四、污水处理（含回用水）

设计范围内的既有给水站新增生活污水、生产废水，将充分利用既有污水处理及排水设施。新建站和既有给水站新增污水量较大且既有设施无法满足要求的各排水点，则应视其水量、水质以及排出口受纳水体环境功能区划分的要求，处理达标后排放。沿线生活供水站新增生活污水经厌氧生物（或人工湿地生物处理模块）处理后，排入既有排水系统或就近排入农灌沟。污水排放原则应采取重力排放，无条件时，采取机械抽升排放。

五、接口设计

（1）当给水排水管道穿越铁路线路时，应向桥梁专业提供防护涵洞的设置要求。

（2）当给水排水管道在站区平行铁路线路设置时，应向站场、桥梁、建筑专业提供给水排水管道布置、旅客列车给水栓及卸污单元等设施预留孔洞的设置要求。

六、其他

（1）日用水量（不包括消防用水）小于 300 m^3 的车站按生活供水站设计，日用水量大于 300 m^3 的站按给水站标准进行设计。

（2）新建车站水源选择要结合车站所在地的实际情况，对水源方案进行技术、经济综合比较后确定水源方案，首选城镇自来水、其次地下水、最后地表水。

（3）新建生活供水站、点供水设施运行尽量按无人值守的技术标准设计。

（4）为有效控制基建投资，无人值班的牵引变电所、分区所原则上不进行室外给排水工程设计。

（5）供水消毒采用二氧化氯或缓释药剂，既有车站的水源消毒补强和接城市自来水水源的消毒经技术经济比较后确定。

（6）给排水管道在区间或车站范围内过正线充分利用桥涵，当没有桥涵可利用时应设专用的给排水管涵；其他地段的给排水管道过轨应设置涵管。

（7）新建给水管道大于 300 mm 的采用球墨铸铁管，其余采用 PE 管；排水管采用 UPVC 管、或双壁波纹管。真空卸污采用 HDPE 管。

第十章　通信设计

第一节　主要技术依据与标准、原则

（1）铁总办函〔2014〕1466 号《关于川黔铁路遵义地区线路外迁工程初步设计的批复》。

（2）铁鉴函〔2012〕1063 号《关于重庆至贵阳铁路扩能改造工程初步设计的批复》。

（3）《铁路光（电）缆传输工程设计规范》（TB 10026—2000）。

（4）《铁路数字调度通信系统及专用无线通信系统设计规范》（铁总建设〔2014〕62 号）。

（5）《基于 SDH 传送网的同步网技术要求》（YD/T 1267—2003）。

（6）《通信线路工程设计规范》（YD 5102—2010）。

（7）《GSM-R 数字移动通信系统应用技术条件第一分册：调度通信系统 V3.0》（科技运〔2007〕116 号）。

（8）《GSM-R 数字移动通信系统应用技术条件第二分册：列车无线车次号校核信息传送系统 V1.0》（科技运〔2007〕98 号）。

（9）《GSM-R 数字移动通信系统应用技术条件第三分册：调度通信信息无无线传送系统 V1.0》（科技运〔2007〕99 号）。

（10）《铁路通信站用交流配电设备》（TB/T 2993.1—2000）。

（11）《铁路通信站用—48 V 直流配电设备》（TB/T 2993.2—2000）。

（12）《铁路通信站用—48 V 高频开关整流设备》（TB/T 2993.3—2000）。

（13）《铁路通信电源设计规范》（TB 10072—2000）。

（14）《通信用不间断电源—UPS》（YD/T 1095—2008）。

（15）《铁路工程设计防火规范》（TB 10063—2007）。

（16）《铁路无人值守机房环境远程监控系统工程设计规范》（TB/T 10034—2005）。

（17）运电通信函〔2012〕428 号《铁道部运输局关于印发〈铁路供电调度系统通信组网技术方案指导意见〉的通知》等。

其他未详尽标准或规范均按中华人民共和国相关现行标准执行。

第二节　主要工程内容及设计说明

一、传输系统

（一）组网方案

本线传输系统采用基于 SDH 的 MSTP 平台构建，按干线层、接入层组网。

1．干线层

干线层传输系统主要完成各类业务汇聚、调度以及与既有通信系统的互联，为接入层传输系统提供保护通道。

干线层新设基于 SDH 的 MSTP 2.5Gb/s 传输系统，利用敷设于铁路一侧的 1 条 48 芯光缆中的 2 芯光纤和另外 1 条同沟敷设的 24 芯光缆中的 2 芯光纤，构成链型 1+1 MSP 传输系统，本工程在遵义通信站（原名：遵义东通信站）新设 SDH 2.5Gb/s ADM 设备。

2．接入层

接入层传输系统提供 2Mb/s、10M/100M 通道的接入、汇聚和转接，兼顾区间应急通信的接入条件。

车站接入层新设基于 SDH 的 MSTP 622Mb/s 传输系统，在遵义通信站及沿线各新建车站（遵义、龙坑、董公寺）均设置 STM-4 ADM 设备，利用敷设于铁路一侧的 4 芯光纤，构成链型 1+1 MSP 保护。

车站接入层 STM-4 ADM 设备与干线层 STM-16 ADM 设备通过 2 个 STM-4 光口相连，对其重要通道形成保护，提高整个传输系统的可靠性。

站内电力配电所以及综合维修工区/车间等节点均设置 STM-1 ADM 一体化设备，有条件组成环网的车站及地区，各站内节点与车站通信机械室构成站内通道保护环；不具备成环条件的车站，采用链型 1+1 MSP 保护。

（二）传输系统网管方案

本次设计不新设传输网管，纳入川黔线既有传输网管，在遵义通信站新设传输复式终端 1 台。

二、电话交换及接入系统

（一）电话交换网方案及构成

本工程在遵义通信站新设 1000L 程控电话交换机，新增自动电话用户通过接入网接入遵义通信站的程控交换机，纳入既有铁路电话交换网。

（二）接入网方案及构成

1．系统构成

接入网由接入网局端设备、接入网终端设备、网管设备等组成。

2．组网方案

本工程在遵义通信站新设置 OLT 设备 1 套；在沿线各车站（李家湾、高炉子、董公寺、遵义、南白镇、阁老坝、艾田、乌江、董家坪、养龙司、小寨坝、盘脚营、息烽）、综合维修车间/工区、机务折返段/所、信号中继站、公安派出所、牵引变电所、分区所、电力配电所等有语音需求的节点设置 ONU 设备。

3．网管设置方案

按属地化管理划分，在遵义通信站新设 1 套接入网网管设备（含网管终端）。

本工程新设网元管理系统按照与通信综合网管系统之间所定义的规范和接口，接入成都铁路局通信综合网管系统。

三、专用移动通信系统

本工程新设 GSM-R 数字移动通信系统，覆盖正线高炉子（含）至南北镇（含），以及阁老坝机务折返段所等作业区，解决上述生产作业区域的移动通信业务需求。

本工利旧既有成都铁路局核心网，利用渝黔线重庆北设置的 BSC，沿线新设基站。区间弱场强区采用光纤直放站+漏缆/天线方式覆盖。

四、调度通信系统

（一）系统构成

调度通信系统由数调主系统、数调分系统、调度台、值班台、其他各类固定终端（电话分机）、网管终端及录音仪等设备组成。

（二）系统组网方案

本工程利用成都铁路局调度所和成都通信站既有数字调度主系统设备（同城异地主备用）。

全线 7 个车站（李家湾、高炉子、董公寺、遵义、龙坑、南白镇、阁老坝）在董公寺、遵义、阁老坝驼峰信号楼均设置车站调度交换机，龙坑站利用渝黔线设置的车站调度交换机组建 1 个 2M 数字环。

在成都调度所川黔线调度所型调度交换机通过 2M 接口与既有调度交换机（渝黔线）互联，满足川黔线和渝黔线运营需求。

五、数据通信系统

本线数据网按核心层、汇聚层和接入层三层架构设计。

（一）核心层

本线核心节点利用西成客专在成都设置的 2 台核心路由器，实现区域网络与骨干网络间数据的快速转发。

（二）汇聚层

本工程遵义通信站为新设汇聚节点，新设 2 台汇聚层路由器。利用川黔分别在贵阳通信站、重庆通信站设置的汇聚路由器，实现各数据接入点的数据流量高速汇聚与转发。

（三）接入层

接入层在董公寺、遵义站房 2 个节点，分别设置接入路由器 1 台，并通过传输系统提供的通道接入相应汇聚路由器。

接入节点路由器与汇聚节点路由器之间通过 MSTP 系统提供的 POS 155Mb/s 通道、接入节点路由器之间通过 MSTP 系统提供的 POS 155Mb/s 通道互连构成环形网。

未配置数据通信系统设备的节点（如综合维修车间，区间基站等节点），利用 MSTP 的专线透传与汇聚功能，实现数据业务的综合汇聚、接入。

六、会议电视系统

（一）系统构成

会议电视系统由会议电视中心设备、会议电视终端、图像显示设备、摄像机以及网管设备等组成。

（二）系统组网方案

会议电视系统应满足 ITU-T H.323 建议的相关要求，并采用 H.264 压缩编码格式。会议电视系统采用星形组网方式，以数据网作为承载平台。本次设计在阁老坝机务折返段站设置会议电视分会场设备，纳入贵阳既有 MCU；会议电视系统与 IP 数据网间所有接口均为以太网口，与视音频设备接口为标准的视音频线缆接口。

（三）系统网管方案

阁老坝机务折返段电视分会场设备纳入成都铁路局调度所既有的会议电视系统网管设备统一管理，系统网管完成安全管理、配置管理、故障管理和性能管理。

七、时钟及时间同步系统

（一）时钟同步系统

本工程不新设外同步时钟设施，主用时钟同步信号取自既有重庆通信站时钟，备用时钟同步信号取自贵阳北通信站既有时钟设备。

本线为一个同步区，采用主从同步方式，利用重庆和贵阳枢纽 SDH 10Gb/s 传输的 STM-N 线路码流提取时钟同步信号。

（二）时间同步系统

本线利用其他工程在重成都调度所设置的二级时间同步节点设备，完成时间同步信号的分配。

通信子系统的时间同步源采用集中接引方式，即时间同步网为通信系统的网管服务器提供时间同步信号，各通信子系统网元与本系统网管服务器的时间服务单元通过 NTP 协议进行时间同步。

本线各通信子系统均纳入既有网管，既有网管的时间同步维持既有。

八、隧道视频监控系统

隧道视频监控系统设计标准参照《铁路图像通信设计规范》（TB 10085—2009）及铁总运〔2013〕71 号《中国铁路总公司关于印发〈铁路综合视频监控系统技术规范（V1.0）〉的通知》等设计规范和技术规范。

（一）监控范围

本线工程 26 处隧道进出口。

（二）系统构成

隧道视频监控系统主要由视频区域节点、Ⅰ类视频接入节点、类视频接入节点、视频采集点及用户终端组成。隧道视频监控系统由 IP 数据网承载。

（三）设计方案

1．视频区域节点

本线属成都铁路局视频区域节点管辖，本工程隧道视频监控系统接入既有视频区域节点，设备利旧。

2．Ⅰ类视频接入节点

遵义站设置Ⅰ类视频接入节点，负责管辖范围内视频图像的管理、记录和处理。本工程扩容设置 1 台存储服务器、1 套磁盘阵列（10T）。

3．视频汇集点

高炉子、董公寺、遵义、龙坑、南白镇、通信基站等处设置视频汇集点，负责视频采集点设备的就近接入，并接入遵义视频Ⅰ类节点。各视频汇集点根据接入视频路数设置相应数量的视频编码器。

九、综合布线系统

综合布线系统采用超五类布线标准，为开放式网络拓扑结构，支持语音、数据等信息的传递。

本工程综合布线系统共设置 2 136 个信息点，其中 1 064 个语音信息点，1 072 个数据信息点，信息点配置详见表 3-10-1。

表 3-10-1　综合布线系统信息点配置表

区段	图册编号	建筑物名称	信息点数量	
			语音	数据
高炉子（含）至南白镇（含）、新建李家湾站货场及阁老坝站扩建	川黔改施通（布线一）	李家湾站区单身宿舍	23	23
		董公寺信号综合楼	12	12
		董公寺站区单身宿舍	12	16
		阁老坝驼峰信号综合楼	44	44
		阁老坝站区单身宿舍	25	25
		机务折返段单身宿舍	97	97
		阁老坝运转整备综合楼	96	96
		机务折返段救援列车办公楼	26	26
		机务折返段临修库及边跨	26	26
		阁老坝维修车间	9	9
		货运装卸综合楼	70	74
		阁老坝站综合楼	99	99
		乘务员候班楼	72	72
		机械设备综合楼	145	145
遵义站范围	川黔改施通（布线二）	遵义行车公寓	46	46
		遵义车务段办公楼	156	156
		站区单身宿舍	31	31
		遵义车务段职工生活综合楼	31	31
		遵义电力、线路工区	14	14
		遵义通信站	30	30
合　计			1064	1072

注：表中“遵义行车公寓”（原名：遵义东行车公寓）；“遵义车务段”（原名：遵义东车务段）；“遵义电力、线路工区”（原名：遵义东电力、线路工区）；“遵义通信站”（原名：遵义东通信站）。

十、应急通信

（一）系统构成

应急通信系统由应急中心接入设备、应急传输通道和应急通信现场设备组成。

（二）系统组网方案

本次设计利用成都铁路局既有应急通信中心，并根据工程需要进行扩容，提供本线现场设备接入应急指挥中心的条件。

在龙坑通信工区均配置 1 套事故抢险现场设备，由渝黔线实施。

事故现场采集到的语音、数据、图像等业务信息通过有线或无线方式传送到区间接入点，再通过传输设备传送到应急指挥中心，建立应急指挥中心与事故现场间的应急通信网络。

十一、通信电源防雷及接地

（一）外供电源供电需求

本线各通信设备均由电力专业提供两路稳定可靠电源，在通信机械室设置交流配电箱，由通信负责交流切换等功能。

本线光纤直放站远端机和 RRU 设备由电力专业提供两路稳定可靠电源，设置交流配电箱，并负责交流切换等功能。

隧道内光纤直放站由电力专业提供两路稳定可靠电源，在隧道洞室内设置交流配电箱，并负责交流切换等功能。

本线外供引入交流容量及电力配电箱的输出分路应满足通信系统需求。

（二）电源系统方案

铁路通信设备用电类型有两种，一种是 – 48 V 直流用电设备；一种是 220V/380V 交流用电设备。本线根据通信设备用电需求，分别设置 – 48 V 直流电源及 UPS 交流电源。

1．交流供电系统

采用不间断交流电源（UPS）系统和后备电池组为各车站、综合维修车间、工区、区间基站、区间信号中继站等节点设置的各种网管设备、会议电视设备、综合视频监控设备、触摸屏操作台等交流用电设备提供交流电源供电。

交流不间断电源系统的配置以满足本工程中交流通信设备供电要求为基本原则，容量需要根据通信机房中交流通信设备总功耗确定。当外供交流电源停电后，通信设备依靠电池供电。根据工程需要，UPS 设备配置 1 组蓄电池组，后备时间车站为 1 小时，区间为 3 小时。

RRU 和光纤直放站远端机设备自带 UPS 及蓄电池，蓄电池组后备时间为 3 小时。各 UPS 设备要求具备监测模块。

2．直流供电系统

采用-48V 高频开关电源设备和阀控式密封铅酸蓄电池组，为各通信站、车站、信号中继站、区间基站、牵引变电所、分区所等信息接入节点的传输接入、GSM-R、调度等系统的直流用电设备提供-48V 直流电源供电。

高频开关电源设备整流模块采用 N+1 方式备份，并内置交、直流分配单元。

本工程各节点分别配置 2 组蓄电池组，2 组蓄电池后备时间车站为 1 小时，区间为 3 小时。整流模块采用 N+1 方式备份，即 N 个模块作为满足负荷与充电要求的整流器，另一个备用，采用负荷分担工作方式。

十二、电源及环境监控系统

本工程不新设环监中心设备，利用川黔线既有电源及环境监控中心设备，在沿线各通信、信号、信息机房设置远端监控设备。

沿线各车站、区间及站内接入点分别设置监控站 RTU 设备，由智能一体化采集器、监控模块及环境传感器、探测器（温/湿度、烟雾、水浸、空调控制等）等构成，对机房温度、湿度、烟感、水浸、门磁进行监测，实现对通信交、直流电源设备、通信、信号、信息机房空调的工作运行状况、照明以及机房环境的监控。

十三、通信线路

（一）干线通信光缆

高炉子（含）至遵义（含）直埋同沟敷设 GYTZA 53 24B1 和 GYTZA 53 48B1 光缆各 1 条；遵义（不含）至龙坑（含）延渝黔既有槽道同沟敷设 GYTZA 53 24B1 和 GYTZA 53 48B1 光缆各 1 条龙坑（不含）至南白镇（含）直埋同沟敷设 GYTZA 53 24B1 和 GYTZA 53 48B1 光缆各 1 条。

（二）区间短段通信光缆

遵义站（含）至遵义通信站（含）敷设 GYTZA 53 24B1 光缆一条。

（三）地区及站场通信线路

站场通信线路采用 HYAT53 型市话电缆；站场内各接入点间敷设 GYTZA 53 12B1 通信光缆。

第十一章　信号设计

第一节　设计内容

信号系统包括行车调度指挥系统、闭塞、车站联锁系统、信号集中监测系统、驼峰控制系统、信号电源系统、信号设备防雷与接地。

一、行车调度指挥系统

（一）系统配置

本工程采用列车调度指挥系统（TDCS），各站归既有川南调度台管辖。同时对成都铁路局调度中心 TDCS 中心子系统软件及川南调度台进行相应修改。

TDCS 设备新设 2 站、修改 3 站。高炉子站、南白镇站、阁老坝站 TDCS 车站分机按《列车调度指挥系统（TDCS）调度集中系统（CTC）组网方案和硬件配置标准》（运基信号〔2009〕676 号）利旧修改，董公寺站、遵义站川黔场 TDCS 车站分机按铁总运〔2013〕141 号《中国铁路总公司关于印发〈铁路列车调度指挥（3.0）技术条件〉的通知》配置。

本次工程范围内既有的 TDCS 网络通道为电协议接口标准，既有站通道及接口维持既有标准。新设 TDCS 车站分机的董公寺站、遵义站川黔场独立形成环网接至 TDCS 广域网，采用光纤通道、FC/PC 接口实现通信机械室与信号机械室的连接。

（二）网络安全部署

新建 TDCS 车站设置网络安全设备，本工程引入需对既有调度中心网络安全系统进行软件修改。

二、闭塞

高炉子至遵义站川黔场、南白镇至阁老坝站间维持既有单线半自动闭塞制式。遵义站川黔场至龙坑站间采用计轴自动站间闭塞；龙坑站至南白镇站采用轨道电路自动站间闭塞。半自动闭塞功能由继电器电路完成。

（一）闭塞信息通道

南白镇至阁老坝站间闭塞信息由站间电缆（既有）传输；高炉子至龙坑站、龙坑至南白镇站各间闭塞信息传输通道采用专用光纤。

（二）自动站间信息通道

遵义站川黔场至龙坑站间计轴信息采用专用光纤通道传输；龙坑站至南白镇站站间信息（除闭塞信息外）通过站联电缆传输。

三、车站联锁系统

新设计算机联锁设备 3 站，改造 1 站。在有人值守车站设置专用控制终端，控制与显示采用鼠标+显示器方式。

（一）联锁设备设置

（1）高炉子站：结合线路拨接工程，室外新设预告信号机、进站复示信号机及相应轨道电路设备，室内新增 SJG2 轨道设备，对既有 6502 电气集中联锁设备相应修改。

（2）董公寺站：新设硬件冗余型计算机联锁设备。

（3）遵义站川黔场：利用既有阁老坝站的计算机联锁设备移设改造。

（4）南白镇站：由于与龙坑站区间设置轨道电路作为区间占用检查设备，增加站联内容及站联电缆，对既有 DS6-11 型计算机联锁设备相应修改。

（5）阁老坝站：室内除货场工程设置的防雷分线柜外，其余联锁设备均新设，新设联锁设备为硬件冗余型计算机联锁设备；室外在本次工程中原位利旧的货场工程道岔范围内信号设备维持既有，其余部分信号设备均新设。驼峰尾部纳入阁老坝站联锁集中控制。

（二）信号机构及显示

各站信号机均采用透镜式色灯信号机和铝合金机构，新设列车信号机采用双灯泡，新设列、调车信号机采用点灯监测单元。站内正方向进站、专用线、支线入口以及牵出线上的调车信号机原则上采用高柱信号机，其他采用矮型信号机。

（三）转辙设备及安装装置

（1）根据车站道岔设计，配备相应的道岔转换设备。

遵义站川黔场设置的道岔图号为“客专线（07）004”以及“GLC（07）02”配备三相交流转辙机（ZYJ7+SH6）及配套的安装装置、外锁闭装置，并采取断相保护措施；其余车站道岔配置直流转辙机（ZY4+SH5 或 ZY6）及相应的安装装置。

（2）道岔控制方式：采用继电器接口直接控制道岔转辙机。

（3）新建道岔设置道岔缺口检查装置，信息纳入信号监测系统。在信号继电器室内设置道岔缺口检查主机，通过电缆连接到室外道岔缺口检查分机。

（四）站内轨道电路及电码化

1．轨道电路制式

站内采用 97 型 25Hz 相敏轨道电路并配套二元二位继电器，依据《97 型 25Hz 相敏轨道电路图册》〔通号〔99〕0047〕进行设计。

2．电码化

除高炉子、南白镇、阁老坝维持既有电码化标准外，董公寺、遵义站川黔场设计 ZPW-2000 系列电码化系统设备。按正线叠加预发码、接近区段及到发线叠加发码设计，按发送盒“N+1”的方式冗余，由继电电路实现编码。

3．胶接绝缘设置位置及绝缘阻值标准

车站正线轨道电路绝缘节处均设置胶接绝缘，且绝缘阻值应满足《铁路钢轨胶接绝缘接头技术条件》（TB/T 2975）的要求。

4．轨道电路分路不良处理措施

阁老坝站机待线、牵出线（不含驼峰牵出线）等轨道电路范围内均采用钢轨熔覆合金技术方案解决轨道电路分路不良。

（五）信号传输线路

联锁设备室外信号电缆采用综合扭绞信号电缆，计轴设备室外信号电缆采用内屏蔽数字信号电缆。根据电化专业提出的接触网的电压、电流值等通过计算确定干线电缆采用护套类型。

（六）阁老坝机务折返段机车信号测试环线

在整备库内检查坑以及检查坑之间设置地面测试环线，对车载 STM 信息接收系统进行监测。由通用式机车信号发码箱、内屏蔽数字信号电缆、电力电缆、机车信号测试环线组成。

（七）无线调车机车信号和监控系统

结合站形变化，对阁老坝货场工程设置的无线调车机车信号和监控系统（STP）进行相应的修改。

四、驼峰信号

驼峰信号应用于阁老坝驼峰。

（一）驼峰控制系统设计

阁老坝驼峰采用点连式调速系统，室外调速设备为“三部位减速器+减速顶”模式，室内由驼峰自动化控制系统完成驼峰的推送及解体作业。

测重、测长、车轮传感器、雷达设备干线电缆采用铝护套铁路信号电缆，其余室外电缆均采用综合护套铁路信号电缆。

（二）尾部停车器控制子系统

阁老坝调车场尾部室外按“2+1”模式设置停车器，防止溜逸事故发生；室内设置停车器自动控制系统，完成调车场尾部调车进路与本股道停车器设备制动或缓解功能转换的自动控制。

（三）调车作业单传递系统

驼峰调车作业单传递系统由主机和分机组成，主机设于车站调车区长室，在峰顶摘钩员室、驼峰信号楼控制台室及控制机房设置分机。

（四）驼峰无线机车信号

驼峰无线机车信号系统包含地面设备及车载设备。地面设备采集驼峰控制系统信号命令，通过无线向机车发送。

五、信号集中监测系统

董公寺站、遵义站川黔场、阁老坝驼峰通信机械室至信号机房采用光纤通道和光接口设备；既有利旧修改的车站，即高炉子站、南白镇站、阁老坝站则维持原设计。

（一）电务段监测中心接入

本工程引入后按对贵阳电务段监测总机、网络安全设备进行相应修改。

（二）系统设备配置

1．车站站机

本次工程范围内董公寺、阁老坝、阁老坝驼峰新设集中监测车站站机，高炉子站、南白镇站既有集中监测设备利旧改造。

2．监测终端

在阁老坝信号工区、阁老坝驼峰信号工区分别设置集中监测终端设备。对既有南白镇信号工区、贵阳电务段监测终端设备进行相应软件修改。

六、信号电源系统

高炉子站、南白镇站既有电源屏系统利旧改造；董公寺站、遵义站川黔场、阁老坝站、阁老坝驼峰新设综合智能电源屏。

七、信号设备防雷与接地

按照铁运〔2006〕26 号《铁路信号设备雷电及电磁兼容综合防护实施指导意见》及运基信号〔2008〕362 号《关于对铁路信号设备雷电及电磁兼容综合防护进行补充规定的通知》、铁建设〔2012〕29 号《关于发布高速铁路设计规范等 14 项铁路工程建设标准局部修订条文的通知》，对信号设备房屋考虑综合防雷。

第二节 施工注意事项

一、对信号设备、器材的要求

信号联锁系统的安全等级要求达到 SIL4 级，主要信号设备、器材均要求具备上道许可资格；信号各子系统设备技术条件满足原铁路总公司最新规程规范要求。设计采用的设备、器材等均以招标采购的设备器材为准。

二、特殊地段信号设备的安装及防护

（1）室外设备安装应按照原铁路总公司的相关规定实施，有关工艺及材料选择应征求运营维护单位意见，但不应超过安装规范标准。

（2）大于 300 m 的道岔区段需要根据道岔位置情况进行综合考虑（电容设置原则上仍按等间距布置，安装时控制在正负误差 10 米范围内以避开安装困难区）。

第三节 信号设备的安全防护

一、防电化干扰措施

（1）在信号电缆的同一芯在线，任何两点间的感应纵电动势（有效值）不应大于 60V（接触网故障状态下为电缆直流耐压试验的 60%或交流耐压试验的 85%）。

（2）凡通过交流牵引电流的钢轨，钢轨接续线应采用冷挤压或胀钉式的多股铜线，其截面不小于 50 mm^2。

（3）经过感应电动势计算，干线电缆及个别较长分支电缆采用铝护套电缆。

二、信号设备防雷、电磁兼容及保护接地

（一）信号设备雷电、电磁兼容综合防护系统

提高信号设备抗御电磁干扰能力，减少或防止雷电故障，信号设备采取综合防护的方法：①改善电磁环境条件。②分区分级设置防雷保安器。③良好的接地。④综合防护包括外部防护措施、内部防护措施及接地。

（二）车站信号设备雷电、电磁兼容及接地综合防护设计

信号楼机房电磁兼容、防雷及接地应满足《建筑物防雷设计规范》（GB 50057）、《铁路信号设备雷电及电磁兼容综合防护实施指导意见》（铁运〔2007〕26 号）及《关于对铁路信号设备雷电及电磁兼容综合防护进行补充规定的通知》（运基信号〔2008〕362 号文）等的相关规定。具体实施及相关工艺参考部颁通用参考图《铁路车站信号设备防雷、电磁兼容及接地》（通号〔2008〕9201）。

（三）计算机系统安全防护

新建信号机械室的建设满足铁运（2006）26 号文《铁路信号设备雷电及电磁兼容综合防护实施指导意见》及其补充规定的要求，并满足以下标准：

（1）《计算机场地技术条件》（GB 2887—2011）。
（2）《计算机场地安全要求》（GB 9361—2011）。
（3）《防静电活动地板通用规范》（SJ/T 10796—2001）。
（4）《建筑照明设计标准》（GB 50034—2004）。

第四节　运营注意事项

遵义站川黔场至龙坑站间闭塞设备采用计轴自动站间塞，并保留半自动闭塞的功能。

该闭塞方式与原半自动闭塞操作方式有所不同。计轴设备检查区间空闲且未闭塞时，发车站办理发车进路的同时随即自动办理闭塞。列车完整到达，计轴设备确认区间空闲后，自动解除闭塞。

计轴设备故障时，计轴设备停用。双方车站值班员共同确认区间空闲后，同时按下计轴停用按钮。此时值班员可按半自动闭塞方式工作。计轴设备故障修复后，双方车站值班员共同确认区间空闲后，同时按压计轴复零按钮，计轴轴数显示器点亮并显示“0000”。此时双方车站值班员同时按下计轴使用按钮，计轴闭塞设备重新投入使用。

第十二章　信息设计

本线设置货运管理信息系统、旅客服务信息系统、办公管理信息系统、公安管理信息系统。

一、货运管理信息系统

货物运输管理系统按路局—基层站/段的二级结构进行设计，货物运输管理系统（FTMS）各子系统共享信息和网络基础平台。

李家湾、阁老坝站设置 FTMS，包括货运系统、现在车管理系统，设置服务器、微机及打印机等设备。

货物运输管理系统与办公管理信息系统共享网络通道，利用办公管理信息系统设置的交换机，通过 IP 数据网接入贵阳信息维修站。

二、旅客服务信息系统

本线遵义站旅客服务信息系统后台设备纳入渝黔线工程设置，前端设备由本工程设置。详见“第三篇 第十七章 客运服务系统设计”。

三、办公管理信息系统

办公管理信息系统由铁路局—基层站/段两级结构构成。沿线车务、机务、通信、信号等各专业集中办公场所设置办公管理信息系统，设置交换机、微机及打印机等设备。

四、公安管理信息系统

公安管理信息系统由路局公安处—公安派出所—公安值班室/警务区三级结构构成。各站公安值班室/警务区设置公安管理信息系统，设置交换机、微机及A4黑白传真激光打印机等设备。

第十三章 电力设计

第一节 设计范围及内容

一、设计范围

（1）川黔线高炉子（含）至南白镇（含）段：K256+000～K293+300，长37.404 km（改建线正线线路长33.254 km，既有线长4.150 km）；龙坑疏解线LDK0+000～LDK4+587.775，长4.588 km。

DK259+170～D1K287+823、LDK0+840～LDK0+902.4、LDK1+110.85～LDK3+408.826 三段内计16.329 km部分工程纳入与渝黔线同步实施，按与渝黔线同步实施工程Ⅰ类变更另行设计。

（2）阁老坝站：K299+100～K303+400，长4.294 km。

（3）新建李家湾站货场：K247+400～K250+850，长3.450 km。

二、电力工程内容

电力工程内容主要包括：电力高压电源线路，10 kV配电所，铁路沿线10 kV电力贯通线，站场及区间高、低压电力线路，10 kV箱式变电站，10/0.4 kV室内变电所，室外站场照明，电力远动系统，隧道照明工程，室内动力照明及配套设备供电（不含牵引变电所、分区所、开闭所），防雷接地（不含信号房屋电磁屏蔽）等。

10 kV配电所采用了微机保护综合自动化系统、远动通信系统、智能化直流系统、电动隔离开关，实现无人值班；电力远动箱变实现远程监控、故障隔离功能等。

第二节 设计概况

一、供电负荷的分布及电源选择

（一）供电负荷的分布

用电负荷主要有沿线各车站、通信基站、光纤直放站、运营调度系统、维修设备、信息系统、各电气化所用电、网工区、安全监控、机械设备、给排水设备、空调通风、隧道照明、房屋照明等负荷。

（二）负荷等级

电力负荷根据对供电可靠性的要求及中断供电在政治、经济上所造成损失或影响的程度分为一、二、三级。

一级负荷包括与行车密切相关的通信、信号及信息设备；电力及电气化各所操作电源；大型及重要建筑物火灾自动报警系统设备等。

二级负荷主要包括为通信、信号主要设备配置的专用空调；接触网远动开关操作电源；工务机械、机务维修、给排水设施等设备；中间站公共照明；除一级负荷外的其他信息等负荷。

其余用电设备的负荷等级按《铁路电力设计规范》（TB 10008）及其他相关规程规范确定。

（三）各级负荷供电原则

对于一级负荷提供两路独立电源供电，对于二级负荷提供一路可靠电源，有条件时尽可能提供两路电源供电，三级负荷提供一路可靠电源供电。

二、供电方案

（1）新建一条 10 kV 电力贯通线。区间一级负荷以及车站通信、信号等远动开关站所带负荷，主用由本线电力贯通线供电，备用由渝黔一级负荷贯通线或就近 T 接地方电源供电；对区间的二、三级负荷，仅由本线电力贯通线供电。

（2）新建阁老坝 10 kV 配电所，利用渝黔铁路遵义东 10 kV 配电所向本线供电。

（3）新建车站的信号、通信供电设电力远动开关站供电，主用由本线电力贯通线供电，备用由渝黔一级负荷贯通线供电，贯通线在开关站内设分断开关。

（4）全线新建电力远动系统，纳入贵阳供电段既有电力调度中心既有川黔台管理。各站设置电力远动间，集中放置 RTU 柜。区间通信基站和直放站设置远动箱变。

三、变配电所

（一）所址选择

新建阁老坝 10 kV 配电所，与开闭所合建。

（二）变配电所规模

阁老坝 10 kV 配电所由地方变电站接取两路独立的 10 kV 电源，为 2 进 8 出。

（三）变配电所电气主结线

变配电所按双电源单母线分段设计，两路电源同时运行，互为备用。一路电源失电后，母联开关自动合闸，由一路电源维持全所供电。

（四）配电所继电保护及自动装置

配电所采用数字继电器及微机综合自动化装置，实现全所电气设备的控制、保护、测量、中央信号等功能，并提供电力远动接口。断路器采用集中与就地控制，配备直流弹簧操动机构；保护装置集中设置在保护屏上。10 kV 电源进线设电流速断、过电流和低电压保护。电容器设电流速断、过电流保护。母联断路器设电流速断保护、过电流保护、备用电源自投装置。地区馈线设电流速断、过电流和单相接地、零序保护。

四、10/0.4 kV 变电所

（一）变电所的设置

各车站和信号中继站设置电力远动间，机务折返段设置低压变电所，区间负荷设置远动箱变供电，货场等负荷设置普通箱变供电。

（二）主接线型式

电力远动间两路 10 kV 电源分别取自川黔贯通线和渝黔一级负荷贯通线，设两台干式变压器，其中一台变压器提供信号设备的主用电源，通信设备的备用电源，另外一台变压器提供信号设备的备用电源，通信设备的主用电源。

机务折返段变电所两路 10 kV 电源取自阁老坝 10 kV 配电所地区馈线，设两台干式变压器。

区间远动箱式变电站两路 10 kV 电源分别取自川黔贯通线和渝黔一级负荷贯通线，设高压环网开关间隔和变压器、低压开关、RTU 间隔。10 kV 侧进出线回路设高压负荷开关，环网接线，变压器回路采用带熔断器负荷开关保护。

（三）变电所设备

（1）电力远动间和变电所 10 kV 高压环网柜采用三工位 SF6 负荷开关或负荷开关+接地开关（负荷开关和接地开关之间有可靠的机械联锁），安装在充 SF6 的气室内，实现 10 kV 电压系统的全封闭、全绝缘。环网柜应具有各种防止误操作的功能。负荷开关采用电动操作机构，可远程操控。

（2）远动箱式变电站采用欧式箱变结构，设置在区间，为通信等重要设备供电。箱式变电站 10 kV 侧进、出线回路设高压负荷开关，环网接线，高压柜采用共箱式气体绝缘环网柜，SF6 负荷开关，其操作电源取自工业级纯在线式 UPS 电源，UPS 输入电源由两路低压出线自投切换后提供，UPS 的电池容量应满足箱式变电站事故停电 2 小时内的放电容量以及其他冲击负荷电流的放电容量要求，变压器回路采用带熔断器负荷开关保护干式变压器。负荷开关带电动操作机构，纳入电力远动控制。

五、高低压电力线路

（一）10 kV 电源线

（1）气象条件按Ⅲ级典型气象区设计。

（2）采用架空和电缆相结合的方式，一般情况下采用架空架设，在经过绿化带等易受林木影响的地带及穿越城镇、车站等受地形限制的场所采用电缆，在过轨、过公路地段穿钢管保护。

（3）架空线路采用预应力钢筋混凝土电杆、铁横担，导线采用钢芯铝绞线。电缆线路采用 YJV22-10 kV 三芯电缆。电源线截面为 150 mm^2。

（二）10 kV 贯通线

（1）高炉子（含）至南白镇（含）段新建一条 10 kV 电力贯通线路，两端与既有川黔线电力贯通线相连。

（2）贯通线采用全电缆方式，电缆采用 YJV22-10 kV 三芯电缆，截面为 70 mm^2。

（3）电缆在桥梁上和隧道内沿桥隧电缆槽敷设，其余地段采用直埋敷设。结合电缆长度及沿线地理位置设置箱式电抗器。

（三）车站高、低压电缆线路

车站 10 kV 馈线采用 YJV22-10 kV 三芯电缆，车站低压线路一般采用 YJV22-1 kV 型，通信、信号等一级负荷采用 WDZBN-YJY-1 kV 型或 WDZB-YJY-1 kV 型阻燃耐火电缆。高低压电缆采用直埋、沿电缆沟或沿电缆桥架等敷设方式。

六、电力远动系统

（1）全线设电力远动系统。电力远动系统由电力远动监控主站、监控终端设备和通信系统组成。

（2）电力监控主站设在既有贵阳供电段。

（3）设备监控信息终端对象主要包括 10 kV 配电所、电力远动间、区间远动箱变等与行车密切相关的重要低压供电设备。

（4）远动通道由通信专业提供，接口标准为 FE 光（电）口模式。各配电所及车站监控终端数据通道采用环网结构。各远动点分别申请 2 路 2 兆数字通道。

（5）10 kV 配电所设置视频监控系统，并纳入电力远动系统。在高压配电室、隔离开关室、控制室及室外设置摄像头。

七、站场、室外照明及控制方式

（1）车站站场采用固定式投光灯塔照明，控制采用就地控制和车站运转室集中控制。

（2）货场室外照明采用固定式投光灯塔和灯柱照明，在门卫或值班室集中控制。

（3）配电所等室外照明采用灯柱照明，在门卫或值班室集中控制。

八、火灾自动报警系统

（1）在信号机房、通信机房、牵引变电所主控室、10 kV 配电所主控室等场所设置气体灭火、火灾自动报警及联动系统。

（2）丙类生产房屋设置消火栓按钮手动启动消火栓泵系统。

（3）火灾自动报警及联动系统完成监测场所内的火灾报警、消防联动、设备工作及故障的监测报警、数据记录等功能。

九、防雷及接地

本线电力贯通线电缆金属护层的接地方式采用的是线路一端采用直接接地，另一端通过护层电压限制器接地。

（1）根据建筑物防雷分类采取防雷接地措施，一般按共用接地设计，防雷接地装置尽可能利用建筑物结构的金属导体，四电独立房屋接地电阻一般不大于 1 Ω，其余生产生活房屋接地电阻一般不大于 10 Ω。

（2）低压供电一般采用 TN-S 或 TN-C-S 系统，其中室外照明灯柱、投光灯塔采用 TT 接地形式，并设置漏电保护。

第三节　新技术、新材料、新设备与节能环保

一、采用的新技术、新材料、新设备

本线电力工程设计采用一系列新设备、新材料，如低压开关柜采用智能型模数化组合柜型；变压器采用干式节能型设备、区间负荷供电均采用统一模式的箱式变电站。在 10 kV 电力贯通电缆线路上分散设置箱式电抗器，起到补偿接地电容电流、补偿容性无功功率、降低线路容性电流、限制线路末

端电压上升的综合作用。

二、环境保护、节约能源、节约土地措施

（一）电磁环境卫生

（1）高压架空供电线路尽可能远离居民区，否则采用电缆方式，满足人员密集场所工频、磁场规范要求。

（2）高压电缆采用交联聚乙烯绝缘型，减少 PVC 对环境的污染。

（3）变电所、箱式变电站内采用干式变压器，避免采用油浸式变压器可能产生的污染。

（二）节约能源、节约土地措施

1．合理用电原则

变电所设于负荷中心；根据用电负荷特点，并选择相应容量的电力变压器；选择合理的电缆径路及截面。

2．节能设备选型

选用节能型干式变压器；变电所集中设低压无功自动补偿装置、10 kV 贯通线合理设置并联补偿电抗器，补偿电缆线路电容电流；大面积的照明场所采用高压钠灯或金属卤化物灯等电光源。

3．节约土地措施

区间供电点采用箱式变电站，尽可能利用铁路征地；电源线及贯通线采用架空和电缆相结合的方式，一般情况下采用架空架设，在经过受限区域采用电缆，减少砍伐树木及保护环境。

第十四章　电气化设计

第一节　牵引供电系统设计

一、设计依据

（1）《中国铁路总公司贵州省人民政府关于川黔铁路遵义城区段线路外迁工程初步设计的批复》（铁总办函〔2014〕1466 号）。

（2）《中国铁路总公司、贵州省人民政府关于重庆至贵阳铁路扩能改造工程川黔线遵义城区段外迁东移同步实施工程 I 类变更设计的批复》（铁总办函〔2014〕1465 号）。

（3）《川黔线遵义城区外迁工程和平至阁老坝段供电方案会议纪要》（渝黔、渝万铁路有限责任公司第 318 期会议纪要）。

二、电气化设计概况

新建高炉子 110 kV 牵引变电所 1 处、新建阁老坝开闭所 1 处。改建渝贵铁路拟建的遵义东牵引变

电所，增加 1 回馈线，牵引变压器由 2×(20+20)MVA 增容至 2×(20+40)MVA，改建工程量在渝贵铁路中同步实施，增加的投资列入渝黔线遵义段川黔线外迁干扰 I 类变更设计工程。

三、牵引网供电方式

采用带回流线的直接供电方式。

四、牵引变电所与分区所的分布方案

新建高炉子牵引变电所、阁老坝开闭所；调整既有松坝处电分相至汇塘河；增容改造渝黔铁路拟建的遵义东牵引变电所，新增 1 回馈线向本线供电；本线与渝黔铁路共站的龙坑站各个方向均设置电分段。

五、主接线及运行方式

新建牵引变电所进线采用两路 110 kV 电源，带跨条的分支接线；主变压器采用三相 Vv 接线，固定备用，并设有备用电源及主变自动投入装置。27.5 kV 侧采用单母线分段接线方式，馈线断路器采用固定备用方式，分相设置动态无功补偿装置。

六、总平面及生产房屋布置

新建牵引变电所 110 kV 侧除主变压器为户外低式布置，其余 110 kV 配电装置为户外中型布置。27.5 kV 配电装置为户内开关柜布置和户外中型布置。110 kV 进线、27.5 kV 出线采用架空方式。所内设有与外部公路衔接的运输道路和巡视小道。生产房屋按平房设计。

新建开闭所 27.5 kV 配电装置采用户内 AIS 开关柜布置方式，进出线采用架空方式。所内设有与外部公路衔接的运输道路和巡视小道。生产房屋按平房设计。

七、主要设备选型

牵引变压器采用三相 Vv、油浸、自冷式变压器，预留风冷条件。110 kV 断路器采用六氟化硫断路器并配弹簧操作机构，27.5 kV 断路器采用真空断路器。改变运行方式的隔离开关采用电动操作机构。避雷器采用氧化锌避雷器。动态无功补偿装置采用 SVC。二次设备采用综合自动化装置。

第二节　接触网设计

一、基本设计参数

（一）设计用气象条件多年年平均气温

根据《建筑结构荷载规范》（GB 50009—2012）典型气象区划分、电力资料、供电段运营维护情况，以及收集的资料，确定本线的气象条件见表 3-14-1。

表 3-14-1　本线气象条件

项　目	高炉子（含）至阁老坝（含）
最高温度/°C	34.5 ~ 37.5
最低温度/°C	− 7.8 ~ − 6.6
风偏设计风速/（m/s）	25
结构设计风速/（m/s）	30
最大风速时气温/°C	10
覆冰厚度/mm	10
定位器正常位置时气温/°C	25
年平均雷电日数/d	40 ~ 60

说明：正线锚段长度及腕臂偏移量的最高计算温度为+60 °C。

（二）污秽区划分

本线为重污区。

（三）海拔高度

全线海拔高度在 1 000 m 以下。

二、接触网新建及改建范围与类型

（一）接触网新建及改建范围

1. 新建范围

高炉子（不含）至南白镇（不含）区间及董公寺站、遵义站（川黔场）。

2. 改建范围

高炉子、阁老坝站及引入既有区间相关改建工程。

3. 根据站场专业提供的电化股道表，车站电化范围见表 3-14-2。

表 3-14-2　车站电气化范围表

序号	站名	电化股道	备注
1	董公寺	Ⅰ、2	新建
2	遵义（川黔场）	8、9、X、11	新建
3	阁老坝	1、Ⅱ、3、4、5、6、7、8、18、H1	既有电气化改造

4. 与相关项目的工程界面划分

本次工程与渝黔线共用龙坑站，龙坑站全部计入渝黔线Ⅰ类变更设计范围，两个项目在龙坑站两端线路所（谢家坝线路所、桐子线路所）锚段关节处分界。

（二）接触网悬挂类型

正线、站线均采用全补偿简单链形悬挂。

三、技术数据

（一）接触线高度

接触线高度见表 3-14-3。

表 3-14-3　接触线高度表

安装地点	导线最低高度/mm	接触线悬挂点高度/mm
隧道外	5 700	除阁老坝站外区段：6 000 阁老坝站：6 450
隧道内	5 700	5 750

（二）跨距

区间及站场的跨距按接触线距受电弓中心最大水平偏移值不大于 450 mm 控制，确定跨距值见表 3-14-4。

表 3-14-4　跨距标准值表

曲线半径/m	正线跨距标准值/m	站线或联络线跨距标准值/m
250		30
300 ~ 350		35
400		40
450 ~ 550		45
600 ~ 700		50
800 ~ 2 200	55	55
2 800 ~ 5 000	55	55
1 800 ~ 4 000	60	60
直线	60	60

锚段关节转换跨距及中心锚结、分段绝缘器、分相绝缘器、高路堤、风口、谷口、桥梁等所在的跨距按上表适当缩小一级。

相邻两跨距之比，不宜大于 1.5 : 1；桥梁、隧道、站场咽喉等困难地段，不宜大于 2 : 1。

（三）绝缘距离

（1）接触网的空气绝缘间隙按照《铁路电力牵引供电设计规范》（TB 10009—2005）第 5.3.2 条，《接触网运行检修规程》（铁运〔2007〕69 号）第 111 条，《铁路电力设计规范》（TB 10008—2006）相关规定执行。

（2）全线接触网按重污区设计，腕臂绝缘子主绝缘子的公称绝缘爬电距离 1 600 mm，副绝缘子的爬电距离 145 mm；隧道内接触网上复合绝缘子、加强线下锚复合绝缘子公称爬电距离 1 600 mm；隧道外接触网上绝缘子串及供电线悬挂绝缘子串按照爬电距离 1 600 mm 设计；上、下行接触网带电体间的空气距离、带电体对地绝缘距离正常情况下按照 2 000 mm 设计，困难情况为 1 600 mm。

（四）电分相

电分相一般采用两个四跨绝缘锚段关节搭接而成的七跨锚段关节形式，每处电分相设置 2 台电动隔离开关并纳入远动；地形受限时采用器件式分相；电分相处设置地面磁感装置感应列车车载设备，从而实现列车自动过分相。

本线电分相设置里程、线路坡度、形式等见表 3-14-5。

表 3-14-5　电分相参数表

序号	分相中心位置	坡度	分相中性段起止里程	分相中性段长度/m	备注
1	DK234+080	3.3‰	DK233+985～DK234+175	190	关节式（路基上）
2	K255+000	13.2‰	K254+905～K255+095	190	关节式（路基上）
3	D1K269+650	11.5‰	D1K269+635～D1K269+665	30	器件式（路基上）
4	K294+900	11.9‰	K294+805～K294+995	190	关节式（路基上）
5	K303+457	16.3‰	K303+427～K303+487	30	器件式（路基上）

行车检算结果如下：本次结合区间通过信号机布置对电分相进行检算。采用货车 SS3-2-4000t，从分相前方区间通过信号机（或出站信号机）位置起车，进入无电区后惰行，断电区长度按照断合标之间计算。分相检算结果如表 3-14-6。

表 3-14-6　分相简算结果表

分相名称		分相中心	分相坡度/‰	分相检算			
				入分相速度/(km/h)	出分相速度（有）/(km/h)	出分相速度（无）/(km/h)	速度损失/(km/h)
1	下行	DK234+080	3.3	72	67	72	−5
2	下行	K255+000	13.2	52	24	51	−27
3	上行	D1K269+650	11.5	53	35	49	−14
4	上行	K294+900	11.9	72	62	70	−8
5	上行	K303+457	16.3	49	27	53	−26

四、供电分段原则

（1）一般在来电端设置绝缘锚段关节。

（2）专用货物线及车站中兼作货物线的股道设置电分段。

（3）装卸线、整备线、专用线等单独电分段。

（4）绝缘关节处、电分相处、长度大于 200m 供电上网处以及改变运行方式的隔离开关采用电动隔离开关并纳入远动。

五、防护措施

（一）跨线建筑物、隧道口等防护

根据原中国铁路总公司运输局《关于迅速开展接触网绝缘套管检查的通知》（运供供电电〔2013〕1711 号）及成都铁路局供电处《关于吸取“7.20”“7.21”接触网事故教训，强化接触网专业管理的通知》（供函〔2013〕88 号）相关要求。

（1）在隧道口、跨线建筑物下方的承力索上加装预绞式保护条，隧道（含跨线建筑物）口外侧安装 3 m，隧道口内侧安装 1 m。保护条两端及中间每隔 500 mm 进行绑扎，绑扎线采用ϕ1.5 mm 不锈钢丝。

（2）关节式分相处承力索在有电区与无电区转换区段内加装 10 米预绞式保护条，以避免机车过分相时拉弧烧伤中性区承力索。保护条两端及中间每隔 500 mm 进行绑扎，绑扎线采用ϕ1.5 mm 不锈钢丝。

（二）支柱号码及标识、标志牌

接触网支柱号码牌、安全作业标、接触网终端标、高压危险标、禁止双弓标、断标、合标、隧道内下锚处等标牌，均采用反光标志牌，反光标志牌必须满足《铁路逆反射标志技术条件》（TB/T 2929—1998）的要求。

（三）支柱防护

在货物装卸线和机动车辆通过容易损坏支柱或拉线基础的场所，应增设支柱或拉线基础防护。机动车和非机动车通行和铁路平交道口的通道两侧应设限界门，其高度为 4500 mm。靠平交道左右两侧的支柱宜对称布置，并设防护桩。

六、防雷与接地

（一）防雷保护

在车站和分相端部的绝缘锚段处、长度大于 200 m 的供电线连接到接触网上的接线处、长度大于 2 000 m 的隧道两端或隧道群两端设氧化锌避雷器以预防大气过电压。

（二）接地方式

接触网支柱及接触网带电体临近的金属结构，应遵循下列原则。

1．工作接地

悬挂回流线的接触网支柱利用回流线作为闪络保护地线；隧道外腕臂柱采用绝缘安装方式；隧道内回流线采用非绝缘安装方式，吊柱或弓形腕臂底座直接与回流线连接，隧道口两端设接地极；当成排的支柱不悬挂回流线时，增设架空地线实现集中接地；零散的接触网支柱单独设接地极接地；根据信号专业提供的位置，吸上线直接接扼流变压器线圈中性点；隧道口两端回流线设接地极。

2．安全接地

距接触网带电体 5 m 以内的金属结构（桥栏杆、水鹤、信号机等）均单独设接地极实现安全接地；开关、避雷器等设备的底座单独设接地极实现安全接地；桥上钢柱设置架空地线实现安全接地；架空地线下锚处及长度超过 1 000 m 的锚段中间单独设接地极实现安全接地。

3．接地电阻值

接触网设备及邻近物接地装置的接地电阻值不大于表 3-14-2-7 规定。

表 3-14-2-7　接触网设备及邻近物接地装置的接地电阻值表

<table>
<tr><th>类别</th><th>接地电阻值/Ω</th></tr>
<tr><td>开关、避雷器</td><td rowspan="2">10</td></tr>
<tr><td>架空地线终端下锚处及长度超过 1 000 m 的中部</td></tr>
<tr><td>零散的接触网支柱</td><td>30</td></tr>
</table>

七、其他

（1）防风设计。接触网支持装置采用平斜腕臂结构形式，并加装腕臂支撑，矩形定位器均设防风拉线。

（2）直线或缓和曲线之字值或拉出值为“0”的地方，如定位器不受力或受力很小，按反定位选安装图号，3 500 m 以上半径按曲线内外拉，跨中接触线与受电弓距离为 0，并以外侧为 300 mm 计算内侧拉出值，以 50 mm 取整，并核算风偏。

第十五章 综合接地系统设计

一、信号综合接地系统

按照铁运〔2006〕26 号《铁路信号设备雷电及电磁兼容综合防护实施指导意见》、运基信号〔2008〕362 号《关于对铁路信号设备雷电及电磁兼容综合防护进行补充规定的通知》、铁建设〔2012〕29 号《关于发布高速铁路设计规范等 14 项铁路工程建设标准局部修订条文的通知》，对信号设备房屋考虑综合防雷。全线各站信号设备房屋（含计算机室、电源室、继电器室、防雷分线室）设计综合雷电防护系统，电磁屏蔽和设备接地与房建工程同步进行。

为提高信号设备抗御电磁干扰能力，减少或防止雷电故障，信号设备采取综合防护的方法：① 改善电磁环境条件，包括屏蔽、等电位设置以及合理布线；② 分区分级设置防雷保安器；③ 良好的接地措施；④ 综合防护包括外部防护措施、内部防护措施及接地。

相关设计和具体实施如下：

（1）信号设备用房接地综合防护设有避雷网及引下线、地网（环形接地装置及基础接地体）及室内接地引出端子（接地汇集线）的综合防护。

（2）信号设备机械室（电源室、继电器室、计算机房、防雷分线间）室内电磁屏蔽设计（含地面、墙面的法拉第笼屏蔽网、室内等电位均压环、防静电地板等）。详见房建专业相关图纸。

（3）信号设备应设安全地线、屏蔽地线和防雷地线。

（4）信号设备不应与电力、房屋建筑合用接地体，其接地体间的距离不应小于 20 m，否则，应进行绝缘防护；与通信接地体间的距离不宜小于 15 m。其接地体宜采用石墨接地体。

（5）信号设备接地电阻值不应大于 10 Ω。用于防护电子设备的安全保护地线的接地装置，其接地电阻值不应大于 4 Ω。对不同系统的电子设备应尽可能采用同一接地体。

（6）室内设备、柜体的等电位接地连接内容如下：同排设备机柜、组合架（柜）走线槽用不小于 10 mm^2 电线栓接，并用不小于 50 mm^2 绝缘电线、电缆或 3 × 30 mm 紫铜条分别就近与等电位汇集线冷压栓接。同排架（柜）及其走线槽与架间走线槽连接应绝缘，不得形成电气闭合回路，架间走线槽应就近与等电位接地汇集线连接，在穿越处应用绝缘管、槽等方式防护。防雷分线柜或防雷柜应设置接地汇集线，并应单独与水平接地体连接，汇集线应能保证柜内浪涌保护器接地端至接地汇集线间的走线不大于 1 m。电缆钢带、铝护套应与接地汇集线栓接或焊接，连接线截面应不小于 6 mm^2 绝缘电线。引入楼内的电缆长度大于 15m 时，应在电缆引入口或电缆间，将电缆钢带、铝护套用连接线截面不小于 25 mm^2 的绝缘电线或多股电缆与水平接地体冷压卡接。并联型浪涌保护器与被保护设备间连接线的截面积应不小于 1.5 mm^2，其长度不得大于 0.5 m，受条件限制时，应不大于 1.5 m。浪涌保护器与接地汇集线间连接线的截面积应不小于 1.5 mm^2，其长度应不大于 1 m。所有传输放电电流的导线应采用阻燃型绝缘护套。室内设备接地汇集线应根据不同类型分别用两根 25 mm^2 绝缘电线或多股铜缆绑扎，并就近与建筑物墙内主筋焊接或环形接地装置可靠连接（如信号设备防雷接地系统示意图所示）。等电位汇集线宜采用 3 × 30 mm 规格的紫铜条沿墙连接成条形、环形，环型设置时不得构成闭合回路。等电位汇集线距地面高度宜 0.15 ~ 0.25 m，与墙面间距宜 25 ~ 35 mm，并应与墙体绝缘固定。

（7）浪涌保护器（SPD）设置内容：信号电源应采用三级防雷措施，第一级（Ⅰ级）信号电源引入处（建筑物配电盘处或信号电源防雷箱处），第二级（Ⅱ级）电源屏电源引入侧，第三级（Ⅲ级）UPS 电源引入侧。电源屏内部电源入口的防雷设置在符合“铁运〔2006〕26 号”文时，可作为信号电源的第二级防雷。电源屏输入/输出端应设置浪涌保护器。信号机点灯电路、主灯丝断丝报警电路采用压敏电阻串放电管纵向防雷设置。除室内信号设备设置的防雷单元外，上述与室外连接的信号电路浪涌保护器（SPD）均集中设置在防雷分线柜上。

（8）室外信号设备接地内容：

① 电气化区段高柱信号机的金属体全部互相连接并接地。轨旁信号设备的金属材料壳体应用不小于 25 mm^2 的绝缘电线与接地极就近采用冷压接、焊接等方式连接。

② 进出信号生产房屋的信号电缆金属护套和屏蔽层应与建筑物环形接地装置连接实现单端接地；室外电缆钢带（铝护套）应采取分段的单端接地方式，每段电缆长度不宜超过 1 000 m，且 300 m 以下电缆不得接续；每段电缆中间的电缆接续处，电缆钢带（铝护套）应屏蔽连接，并与金属材料箱盒及大地绝缘。

③ 室外信号设备采用分散接地打接地极的方式。

二、道床板综合接地系统

道床板接地按长度≤100 m 形成一个接地单元，接地单元中部与“贯通地线”单点“T”形可靠连接，接地单元之间的接地端子不连接。无砟轨道中的接地钢筋利用道床内的结构钢筋，每线轨道设三根纵向接地钢筋，即道床板上层轨道中心一根和最外侧两根钢筋。连续道床板每一接地单元设置一根横向接地钢筋。接地单元内纵向接地钢筋间及横向接地钢筋交叉点应焊接，接地钢筋不得构成电气环路。接地钢筋与其他钢筋交叉时应进行绝缘处理。

三、隧道综合接地系统

隧道综合接地系统按《铁路综合接地系统》通用参考图（通号〔2009〕9301）办理。

第十六章 防灾安全监控设计

本线灾害监测系统是按成都局雨量监测系统既有模式建设，由现场监测设备、雨量监测主机、传输及网络设备等组成。

一、现场监测设备

（一）设备组成

现场监测设备包括机械式雨量计、雨量报警主机、安装附件及配套缆线等。

（二）基本功能

现场雨量监测设备按 1 ~ 240 min 连续可调的时间间隔，采集降雨量信息，并通过铁路办公网将数据上传至监控主机。

当降雨量达到报警阈值时，系统自动显示报警雨量值、报警时刻、报警主机所属工区等，同时将雨量信息发布到防洪网页上，以便于其他各部门实时查看雨量信息并采取相应的防范措施。

（三）布点原则

根据铁总建设〔2013〕86 号文《铁路自然灾害及异物侵限监测系统工程设计暂行规定》及铁建设〔2012〕149 号《铁道部关于铁路防灾安全监控系统有关设施设置要求的通知》要求，本线雨量监测点布置结合线路特点及现场地质、地形地貌等因素原则确定：

（1）结合工务维护需求，各工务工区或车站设置监测点。

（2）每个监测点雨量计按单套配置。

（3）雨量计应安装在无遮掩的开阔场所。

（四）设备安装

雨量计采用机械式雨量计，安装于车站或工区内无遮掩、宽敞的场所，雨量报警主机设置于车站或工区内运转室或综合值班室。董公寺站、遵义站、龙坑站设置雨量计及雨量报警主机。

二、雨量监测主机

雨量监测主机主要负责实时接收监测点传送来的数据和信息，并对实时数据进行存储、分析、处理、显示、打印等，同时根据信息内容提供相应级别的防灾报警、预警等信息。

本次设计不新增雨量监测主机，接入贵阳工务段既有雨量监测主机设备。同时成都局防洪指挥部在成都局信息处机房设置有 1 套既有雨量监测主机，负责收集全局各工务段雨量监测主机上报的数据，完成全局数据的发布。本工程考虑主机系统的接入调试。

三、传输及网络设备

根据川黔线遵义外迁工程实际情况及成都局既有雨量监测系统网络构成，董公寺站雨量监测设备采用有线传输方式，数据信息由铁路办公网承载。遵义站和龙坑站雨量监测设备采用无线传输方式，数据信息由移动通信网络承载。

雨量计至雨量报警器主机之间采用 WDZ-RVVP 2×1.0 电缆传输数据，董公寺站雨量报警器主机通过六类非屏蔽双绞线接入办公信息系统交换机，并预留紧急情况下通过 GPRS 网络连接至所属工务段雨量监测主机的条件。遵义站和龙坑站采用 GPRS 网络连接至所属工务段雨量监测主机，并预留有线网络接入条件。

四、电缆线路及防护

本工程所用缆线采用无卤低烟阻燃型。所有管槽均采用阻燃型材料，穿墙洞和楼板洞时作防火封堵。室内线缆穿放于防静电地板下走线架中，信号电缆和电源线分别穿放于两个走线架。

区间电缆敷设于通信电缆槽内；直埋电缆采用钢管防护；跨水沟、跨电力电缆槽采用钢管加混凝土包封防护。

电缆设计应满足《铁路工程设计防火规范》（TB 10063）、铁建设〔2012〕29 号《关于发布高速铁路设计规范等 14 项铁路工程建设标准局部修订条文的通知》的相关要求。

第十七章 客运服务系统设计

本线遵义站旅客服务信息系统后台设备纳入渝黔线工程统筹设置，本工程在遵义站川黔场旅客站台设置综合显示系统、客运广播系统、视频监控系统、时钟系统等前端设备。系统设备配置如下。

一、综合显示系统

遵义站川黔场旅客站台设置 8 块全彩色 LED 站台信息屏，在进站通道设置 1 块全彩色 LED 进站通道屏。全彩色 LED 显示屏规格型号与渝黔线遵义站站台全彩色 LED 显示屏保持一致。

二、客运广播系统

遵义站川黔场旅客站台设置 20 个强指向型扬声器（单个功率 30 W）、10 个 5 W 扬声器、3 个 10 W 扬声器、2 个无线呼叫站、2 台 300 W 功放。

三、视频监控系统

遵义站川黔场旅客站台及进出站通道设置 16 台数字高清一体化快球摄像机、8 台数字高清枪式摄像机、4 台数字高清一体化快球摄像机及 4 台视频接入交换机等设备。新增视频磁盘阵列容量由渝黔线综合视频监控系统统一考虑。

四、时钟系统

遵义站川黔场旅客站台设置双面式子钟 2 套，接入在建渝黔线遵义站旅客服务信息系统时钟系统后台设备。

第十八章 环境保护与水土保持设计

第一节 污染源分析及治理

根据铁路工程特点，本线施工期重点污染源为铁路建设产生的弃土弃渣。运营期污染源主要有铁路运营噪声、振动；车站排放的生活污水及机务、车辆配套设施排放的生产废水以及旅客列车和车站排放的少量固体废物；重点污染源为铁路运营噪声、振动对沿线两侧的学校、医院和集中居民点等环境敏感目标。

通过弃土弃渣综合利用，弃渣场合理选址和利用渝黔线弃渣场，弃渣场综合防护措施等，可最大限度地解决弃土弃渣对项目区生态环境的影响。施工产生的建筑废料尽量回收、利用其中的有用部分，剩余废物送到当地的建筑垃圾填埋场填埋或作妥善处置；对职工生活垃圾、旅客列车垃圾统一收集后交地方环卫部门统一处理，可最大限度地解决固体废物对生态环境的影响。

通过采取声屏障、隔声窗等降噪措施，可使铁路运营噪声达标排放，环境敏感目标满足相应的使用功能。在运营期要加强轮轨的维护、保养、定期进行轨道打磨和车轮的清洁与旋轮工作，以保证其良好的运行状态，减少附加振动。

通过采取化粪池、SBR 加生物氧化塘、SBR 序批式污水处理设施或工艺，可使铁路运营产生的污废水得到有效的处理。

第二节　环保设计与环境保护监理

从预可行性研究和环保选线开始，环保设计就开始全过程地介入了总体设计，在绕避娄山风景名胜区和凤凰山森林公园等敏感区方面，为本工程的总体选线提供了决定性的指导意见。

从环保和设计角度，提出了采取环境保护监理的必要性和重要性，并要求在施工建设过程中依法合规开展环境保护监理工作。

第三节　水土保持设计

在本篇第三章第八节中提到，对于因地下水流失可能影响居民生产生活用水的隧道段，应采取注浆堵水措施，并要求尽量维系岩溶暗河的既有通路，严禁随意封堵溶洞、暗河。

第四节　设计经验与体会

根据环评批复、初设批复、施工图审核意见等，进行本线降噪工程及绿色通道施工图设计，满足环评及其批复要求。

由于川黔铁路地质复杂，在设计中考虑了结构性能和降噪性能要求，声屏障采用了结构性能优良的桩基、连系地梁、H 形钢插板式结构，并采用了方便安装、吸声效果好的吸声板材料，在结构、降噪、综合景观等多方面均能满足相关要求。隔声窗结合现场情况进行了详细测量，针对影响较大的铁路一侧居民房采取措施，以达到良好的降噪效果。

第十九章　工程接口设计

第一节　专业间工程接口设计概述

高度重视接口设计，积极沟通与本专业发生接口关系的各相关站前、站后专业；做到不遗漏本专业为其他相关专业所预留工程的设计内容，并且主动提供本专业对其他相关专业的设计要求。

第二节 接口设计原则与要点

一、轨道专业接口设计

（1）与线路专业：根据线路专业互提的线路平面图、纵断面图等基础资料计算本专业工程数量，并布置无缝线路单元轨节。

（2）与站场专业：根据站场专业互提的车站平面布置图、道岔示意图、车站表等基础资料计算本专业工程数量，并布置无缝线路单元轨节。

（3）与桥梁专业：根据桥梁专业互提的桥、涵表以及特殊桥梁无缝线路检算资料计算本专业工程数量，并进行桥上无缝线路检算。

（4）与隧道专业：根据隧道专业互提的隧道表及隧道横断面计算本专业工程数量，并进行无砟轨道横断面设计。

（5）与路基专业：根据路基专业互提的路基挡墙表计算本专业工程数量。

（6）与信号专业：根据信号专业互提的绝缘接头数量、轨道电路专用枕、桥上护轮轨及综合接地要求计算本专业工程数量并进行接口设计。

（7）与环评专业：根据环评专业互提的具体要求进行轨道减振降噪设计。

（8）与施预专业：向施预专业互提轨道主要工程数量。

（9）与行车专业：根据行车专业互提的牵引曲线数据图进行轨道超高设计。

二、给排水专业接口设计

给排水专业与站前、站后各个专业接口较多。站前专业主要有站场专业，站后专业主要房建、暖通、通信及电力专业。

给排水专业对于站前专业需在站前设计前提出土建要求，如站场专业需要在股道间预留客车上水干管管沟等。

站后专业和给排水专业之间接口，主要有房建专业、暖通专业向给排水专业提供房屋平面图和室内给排水要求，给排水专业需要向通信、电力专业提供给排水电话设置要求和用电要求。

车站给排水管道在站区平行铁路线路设置时，提供给排水管道位置、管径给站场专业统一布置，给排水管穿越铁路时，应提供防护涵洞的设置要求；根据站场、建筑平面布置图以及地方规划要求，合理设置给排水构筑物位置。

三、电力专业接口设计

（一）与桥梁专业的接口

1．电缆槽预留

新建铁路区间桥梁一侧预置电力电缆槽，电力电缆槽道净空尺寸不小于 200 mm（宽）×300 mm（深），采用盖板式电缆槽结构。

2．电力光、电缆及供电电缆上下桥爬架、锯齿孔的预留

全线桥梁须在梁端二侧设置锯齿形槽口，相应箱梁及桥梁墩台设置电缆爬架。要求设置的电力用锯齿形槽口及引下应分别设置在桥梁墩台两头梁端。

（二）与隧道专业的接口

1．电缆槽预留

全线区间隧道一侧预置电力电缆槽，电力电缆槽道净空尺寸不小于 250 mm（宽）×300 mm（深），采用盖板式电缆槽结构。隧道长度大于 500 m 时，间隔 500 m 在隧道内综合洞室底部设置电力余长电缆腔。

2．过轨管、综合洞室等预留

在各隧道进出口处及隧道综合洞室附近设置过轨管 4 根。

（三）与路基、站场专业的接口

（1）路基段电缆槽、过轨、管井等的预留及工艺要求参考《铁路路基电缆槽》（通路〔2010〕8401），按综合管线图在站场范围线路外侧设置电力电缆槽道，并与桥梁、隧道、站台的电缆槽道贯通，并设置分支电缆槽或钢管引入区间房屋、站房等相关设备房屋。电缆槽采用盖板式电缆槽结构，电缆槽分层设置电缆支架，支架间距为 1 m。

区间及站场过轨、手孔、管井、分支电缆槽等的预留如下：

（1）长度大于 300 m 的路基，一般每隔 250 m 在线路两侧设置电力电缆井。

（2）路基与长度大于 500 m 的桥、隧连接时，应在桥端、隧道口垂直于线路方向预埋 4 根 G150 过轨钢管，钢管两侧分别与电力电缆槽连通，过轨处在线路两侧设置电力电缆手孔井，电缆井内净尺寸为 1 800 mm×1 200 mm×900 mm（长×宽×高）。

（3）位于路基区段的牵引变电所、通信基站、直放站设置 3 根或 6 根 G150 过轨钢管，过轨处在线路两侧设置电力电缆井，电缆井内净尺寸为 1 800 mm×1 200 mm×900 mm（长×宽×高）。

（4）干线电缆槽根据区间房屋位置设置分支电缆槽引至路基边缘。

（5）站场内设电缆过道防护管，管道直径 100 mm 或 150 mm。在设有电缆过道管道处设维修手孔或电缆井。大型车站可结合其他专业管线集中设置管线涵。

（四）建筑物的预留

（1）建筑物内应根据电力专业需求预留变电所土建沟槽、预埋槽钢、钢管等设施，并根据电力综合管线要求设置电力电缆间、电缆井、桥架孔洞、室外电缆沟、室外综合排管等设施。

（2）结构设计应在女儿墙每隔 0.5 m 预留避雷带钢筋支撑，利用柱内主筋作为引下线的构造柱，结构设计应采用焊接或绑扎的方式保证柱内主筋的电气连通，柱内主筋引下线距离地面 0.5 m 处应预留接地接地板。

（五）与站后各专业接口

详见表 3-19-1 ~ 表 3-19-7。

表 3-19-1　站后通信专业接口表

序号	电力供电系统	通信系统	接口
1	通信机房设备供电	通信电源设备	电力配电箱出线端
2	区间机房供电	机房通信电源设备	电力配电箱出线端
3	防雷接地	通信设备接地	等电位连接端子箱
4	RTU、综自系统	通信专业组网	电力专业确定电力被控制站 RTU 位置并提供给通信专业，电力被控站远动通道组网由通信专业负责。

表 3-19-2　站后通信专业接口表

序号	电力供电系统	信号系统	接口
1	信号楼、室机房设备供电	信号电源设备	信号防雷配电箱进线端
2	防雷接地（不含站房）等电位连接端子箱（含）	信号设备接地	等电位连接端子箱

表 3-19-3　站后通信专业接口表

序号	电力供电系统	信息系统	接口
1	信息设备供电电源线	信息设备	电力配电箱出线端
2	防雷接地	信息设备接地	等电位连接端子箱

表 3-19-4　站后通信专业接口表

序号	电力供电系统	牵引供电系统	接口
1	10 kV 电力贯通线	牵引变电所（亭）	牵引变电所（亭）所用变环网柜高压侧

表 3-19-5　站后通信专业接口表

序号	电力供电系统	接触网	接口
1	非所亭附近接触网开关供电	非所亭附近的接触网远动开关电源	接触网开关配电箱进线端子

表 3-19-6　站后通信专业接口表

序号	电力供电系统	给水专业	接口
1	给水设备供电	给水动力设备	给水动力设备接线端
2	给水动力控制	给水控制柜设备	控制柜接线端

表 3-19-7　站后通信专业接口表

序号	电力供电系统	房建专业	接口
1	四电独立房屋供电	房屋配电电源设备	总配电箱进线端
2	非四电配套房屋供电	房屋配电电源设备	总配电箱进线端

四、信号专业接口设计

（1）与站前专业的接口，详见表 3-19-8。

表 3-19-8　信号系统与站前专业接口表

序号	接口	需求及内容	界面
一	与桥梁专业		
1	电缆敷设	桥上单侧预留通信信号电缆槽（合槽净尺寸不小于 350 mm 宽×300 mm 深）	桥梁专业设置
2	转辙机安装	桥上防护墙开口预留	桥梁专业设置
二	与隧道专业		
1	电缆敷设	隧道单侧预留通信信号电缆槽（合槽净尺寸不小于 350 mm 宽×300 mm 深）	隧道专业设置
2	转辙机安装	隧道内转辙机安装条件预留	隧道专业设置
三	与站场专业		
1	补偿电容专用枕	到发线有砟轨道	站场专业设置
四	与轨道专业		
1	胶接绝缘	正线无缝线路、道岔	轨道专业设置
2	补偿电容、电气绝缘专用枕	正线有砟轨道	轨道专业设置

（2）与其他专业的接口，详见表 3-19-9。

表 3-19-9　信号系统与其他专业系统间的接口接界面划分表

序号	接口	需求及内容	界面
一	信号系统与通信系统		
1	传输及接入	TDCS 车站至 TDCS 中心广域网通道（2M），光纤接口 FC/PC	信号机房 ODF 模块（信号专业设）外线侧
2	传输及接入	车站至电务段集中监测通道（2M），光纤接口 FC/PC	信号机房 ODF 模块（信号专业设）外线侧
3	电源及环境监控	集中监测（2M），光纤接口（FC/PC）	信号机房 ODF 模块（信号专业设）外线侧
二	信号系统与电力供电系统		
1	信号电源设备	信号设备供电回路电源线，一级负荷	信号专用配电箱出线开关
2	信号用房防雷	防雷接地	避雷网、等电位端子排；地网接入接地系统
三	信号系统与牵引供电系统		
1	吸上线		信号专业提供安装位置（含空扼流或空心线圈）
2	电气化干扰防护	交流电力牵引区段信号设备外绝缘要求	交流电力牵引区段，信号设备外缘距接触网带电部分的距离不得少于 2 m
四	信号系统与房建、暖通系统		
1	室内电磁屏蔽网、防静电地板、地面防静电漆	信号计算机室（防静电地板）继电器室、电源室、防雷分线间	房建专业设置
2	室内空调、消防	信号电源室、计算机室、继电器室、防雷分线室 24 h 不间断机房专用空调及消防措施	暖通专业设置
3	生产用房		房建专业设置

五、接触网专业接口设计

（一）与桥梁专业

桥上预留了供接触网支柱安装的基础锚栓，相关的桥墩（台）顶帽的加宽、加厚、悬壁板的设置及预埋锚栓等均由站前相关施工单位完成。

（二）与隧道专业

隧道内锚段关节下锚、开关洞衬砌由隧道施工单位施工预留。隧道衬砌厚度及强度必须满足接触网安装的要求。

（三）与路基专业

在挡墙等特殊地段，在设计中应根据接触网专业提供资料预留支柱位置；路基在施工时应预埋接触网相关过轨通道。

（四）与通信、信号专业

接触网专业向信号专业提供扼流变设置要求，信号专业反馈具体设置位置及相关要求。

第二十章　高性能混凝土耐久性设计

一、高性能混凝土特点

高性能混凝土是指采用普通原材料、常规施工工艺，通过掺加外加剂和掺合料配制而成的具有高工作、性高强、度高耐久性的综合性能优良的混凝土。

二、高性能混凝土配合比设计

高性能混凝土配合比是保证高性能混凝土质量的关键，所有高性能混凝土的配制全部运用正交试验法进行配合比的优化设计试验。依据原材料性质配制多个配合比，对每个配合比坍落度含气量、泌水率、强度、弹性模量等进行试验，从中选出能满足设计要求的最佳配合比。进行抗渗性、抗氯离子渗透性能、抗碱-骨料反应、抗冻性、抗裂性、抗钢筋锈蚀等检验，确定最终的混凝土配合比。

三、耐久性混凝土设计的主要内容

（一）耐久型设计原则

《铁路混凝土结构耐久性设计暂行规定》明确规定了其主要的内容有以下 8 个方面：

（1）结构及主要可更换部件的设计使用年限。

（2）结构所处的环境火别及其作用等级。

（3）结构耐久性要求的混凝土原材料品质、配合比参数限值以及耐久性指标要求。

（4）结构耐久性要求的构造措施（包括钢筋的混凝土保护层厚度）。

（5）与结构耐久性有关的主要施工控制要求。

（6）严重腐蚀环境条件下采取的附加防腐蚀措施。

（7）与结构耐久性有关的跟踪检测要求。

（8）与结构耐久性有关的养护维修要求。

（二）耐久性混凝土的原材料选择

基于抗裂、低水化热高体积稳定性低渗透性，并适应混凝土施工要求，通常实现耐久性混凝土的关键技术措施主要有：选用高性能优质水泥、优质骨料、优质掺合料和高性能政水剂。并利用高性能威水列的大减水率大幅度降低混凝土的水胶比。

第二十一章　经验体会与问题探讨

（1）在选线设计中结合项目功能定位、遵义市城市总体规划、环境敏感区、不良地质等因素，充分利用渝黔铁路通道资源，既实现了项目功能又减少了对城市规划和建成区的干扰，在节约集约利用土地、与渝黔铁路共同设置道路立交通道、节约投资等方面取得了良好的效果。通过对线路方案的综合比选合理确定了项目建设规模，将既有线改建范围由李家湾至阁老坝调整为起于高炉子出站端止于南白镇站进站端，节省了大量的工程投资。在与渝黔铁路并行地段，通过详细的地质勘察并结合工程敷设情况，合理确定隧道、桥梁、路基并行段的间距，达到了减少征地拆迁、工程投资的效果。特别是镇隆至龙坑段，合理利用渝黔铁路建设时机，对与本项目并行段进行 I 类变更并同步实施，且在此基础上开展了路基、桥梁并行段线路最小间距的研究，从桥上设施布置、路基排水、运营管理、投资等因素进行比选，确实了最小间距 8.5m 的设计原则，为以后其他类似项目设计有一定参考借鉴意义。

（2）施工图设计中部分置于横坡较陡处桥梁墩台，边坡开挖及防护用地要充分考虑，后期补充征地耗时耗力。

（3）挖方架梁区域，梁下清方及梁测刷坡坡率要满足永久边坡要求且预留一定安全距离，边坡滑移或垮塌对桥面安全带来巨大隐患。

（4）严禁桥区弃渣，尤其是部分弃渣置于桥梁墩台处，引起墩身偏压导致侧向变形而损坏。

（5）加强桥涵工点应与路基、隧、站及站后接口衔接，桥梁与路基防护措施的衔接尤其紧密。

（6）地方道路下穿铁路大桥时应设计防撞设施，避免道路车辆撞击铁路桥墩的安全隐患，桥梁下穿铁路桥梁时，公路桥梁与铁路交叉地段应设置防撞墙，且防撞等级采用 SS 级。

（7）本项目通过精心设计，将川黔普速铁路与渝贵快速铁路融合，采用超大区间路基横断，通过设置线间排水、线间防护栅栏的方式实现独立运营、独立路权，实现了普速铁路与快速铁路在区间并行共用通道，大幅节约用地和节省工程投资，可为今后铁路发展实现高速铁路与普速铁路开展同步建设提供借鉴。

（8）本线隧道与渝黔铁路隧道并行段较多，选线阶段宜适当拉大线间距，可减少两隧之间的相互影响，并节省工程投资。两线隧道并行施工时，相互影响较大，为确保工程质量，必须严格按照设计要求施作并加强现场管理.

（9）后行隧道掌子面滞后先行隧道距离，不得小于安全距离。

（10）后行隧道施工时，需通过对先行隧道的爆破震速监控合理的确定装药量。

（11）加强对隧道的监控量测，根据监控量测数据必要时动态调整隧道支护措施。

（12）后行隧道二衬施作完成需进行衬砌背后充填注浆时，注浆必须先进行注浆试验，通过试验结果确定合理的浆液配比和注浆压力。

04 第四篇

工程施工

第一章　大型临时工程

一、混凝土拌和站

本工程重点考虑桥梁、隧道工程及 T 梁预制的混凝土供应，混凝土需求较大。为减少用地面积、保证混凝土质量，同时兼顾附近其他小型构造物和附属工程，沿线按各区段工点结构物混凝土需求量，结合道路、用电、用水、场地等实际情况设 5 处混凝土拌和站供应整个标段混凝土。

二、临时汽车运输便道

本工程临时汽车运输便道主要是连接既有城市主干道及地方乡村道路，以及进入隧道、桥梁及路基土石方施工场地的便道。本工程采用挖掘机进行施工便道的开挖，施工便道每隔 150 ~ 200 m 左右，并结合道路的实际情况设置会车道，道路路面宽 4.5 m，路面结构为混凝土路面，道路两侧设置排水沟，部分地段有偿利用渝黔铁路施工便道。

三、施工用水、用电

工程施工用水采用城市自来水。

铁路沿线电力系统供电营业区属中国南方电网贵州电网公司遵义供电局电源及铁路贯通电源，同时重点施工部位（拌和站、低瓦斯隧道，特大桥）配备相应功率的柴油发电机。

四、铺架基地

铺架基地设于川黔线 DK283+660 ~ DK284+400 线路右侧，不新征用地；建轨排线 2 条（含正线），有效长度 570 m，设机务整备线 1 条，有效长度 65 m。

五、材料厂

根据沿线有货运作业的车站布置，结合铺架基地的设置，在阁老坝设置 1 个临时材料厂。

六、铺轨基地

根据工程分布及与既有铁路的位置，铺轨基地设置比选了渝黔线息烽站方案、高炉子站方案、阁老坝站方案。经综合分析，选择在阁老坝站设置铺轨基地，可利用阁老坝站改建工程的货场，规模和场地宽阔，无需另外征用土地，而且减省了基础土石方的开挖。同时可充分利用阁老坝站有利的交通运输条件，材料运输费用低，铺架基地投资最省。

本线按换铺法铺设无缝线路，从阁老坝往李家湾方向单向铺轨。

七、过渡工程

李家湾站和阁老坝站各 1 处过渡工程。

李家湾站先利用车站既有（1）（2）（Ⅲ）三股道临时办理车站作业，然后铺设（Ⅲ）（4）（5）股道相关线路及设备作为新的1、2、Ⅲ股道，利用新铺设三股道作为临时三股道车站办理车站作业，再铺设4、5、6、7、8股道以及其他线路设备，最后利用天窗时间连通车站径路，整正线路后开通运行。

阁老坝站先新建到发线7、8、9股道，修建三股道临时会让站，两端修建施工过渡便线与既有线搭接，维持既有车站交会功能，再修建其余股道以及改建既有股道，待修建完毕，利用天窗时间搭接设计线位，拆除施工过渡便线。

第二章 路基工程

第一节 工艺试验

路堤正式填筑前，首先对该段填料按设计规定进行取样和土工试验并对比核对，然后按填料种类和进场的施工机械实际配型，铺填一长度不小于100 m的试验段。按该段各填筑部位的压实要求及标准，对铺填厚度、压实方式、碾压遍数等进行试验及数据检测，并对所得数据进行处理分析，从而确定该段路堤所使用的填料的最佳含水量、最佳摊铺厚度、最佳压实方式及遍数等各类参数，作为该段路堤填筑的施工依据。

一、试验段的选取

（一）试验段确定

本段路基基底上部覆盖黏土，下部为石灰岩。填筑范围内地势平坦，无不良地基。路基基床设计厚度2.5 m，其中表层0.6 m，采用A组填料填筑，底层1.9 m，采用A、B组填料填筑，基床底下采用 A、B、C 组填料填筑。施工填料根据土石调配均为移挖作填，填料主要以石方为主，根据施工顺序情况，决定选择阁老坝站K302+110～K302+310段作为路基填筑试验段。

（二）试验段填料来源及数量

K301+300～+730 段路堑开挖石方，经二次加工粒径满足要求的填料，主要为灰岩。填基床下部路基用A、B、C组填料15 300 m^3，填基床底部用A、B组填料7 980 m^3，填基床表层用A组填料2 520 m^3。

二、试验目的

（1）确定经济合理的填料，选定满足施工要求的压实机具、所用填料、压实条件下合理的松铺厚度、压实遍数和施工最佳控制含水量等工艺参数，选定经济、合理、准确的检测手段。为以后大面积路基填方施工积累施工经验和现场检测数据。

（2）通过此试验段的现场试验，确定标段范围内的路基填土施工时填料的最佳含水量，松铺厚度、碾压遍数、预沉降值等施工工艺。

三、填筑前的地基处理

测量放出线路中线及填筑边线，采用人工和机械相结合的方法清除地基表层根植土，翻挖碾压后对原地面进行检测。

四、路堤填方填筑

（一）路堤填料的选择

试验段路堤填料选用 K301+300～+730 段路堑开挖石方，经二次加工粒径满足要求的填料，主要为灰岩。

本段使用的填料通过现场取样做试验后，土工试验报告得出结论：填土类别为块石类土。

试验得出的最佳含水率为 3.2%，最大干密度为 2.36 g/m^3。

（二）路堤填筑试验参数的选定

本路基试验段的填料均为块石土，因此以填筑后的 K30 地基系数及孔隙率为主要判定指标。结合施工规范、设计交底、施工经验等，在本试验段经试验结果选择的各项参数如下：

1．填料及粒径

填料采用本段内比较有代表性的灰岩。路基本体及基床底层所用填料最大粒径不得超过 15 cm，基床表层中所用填料最大粒径不得超过 6 cm。

2．分层厚度

路基本体及基床底层分层虚铺厚度暂定为 40 cm，压实后为 30 cm。路基表层分层虚铺厚度暂定为 35 cm，压实后为 30 cm。

3．碾压遍数

碾压设备采用 20t 振动压路机，碾压遍数 6 遍（往返一次为一遍）。

（三）基床以下路堤填筑施工

1．填料的破碎

根据现场经验，路堑开挖的灰岩，在爆破后，其粒径大小不一，少数达到 50 cm 以上，对于此类超径填料采用破碎头破碎达到要求粒径后才能用于填筑。

2．填筑段分格

路基填筑压实一般情况下要按照三阶段、四区段、八流程的施工工艺操作，在本试验段内，场地较短，不适宜开展，因此，只同时开展施工阶段中的填土区段、整平区段、压实区段。

路堤填筑的边坡、分层厚度等通过三线和方格网控制。在试验段的每层填筑面，布置三线：两条边线、一条中线，沿线路方向间隔 20 m 用木杆或钢筋插入地下，在桩上系布条标明本层需要填筑压实到达的高程，在施工过程中，通过任意两个桩之间牵钢丝线来控制中间各点高程。

填料采用红岩自卸车运输，无后挡板，松方每车装载量 8 m^3，方格网横向分 4 m 幅宽，计算虚铺厚度 0.4 m，则每格纵向 5 m。每层填筑前，均按此布网。自卸汽车在每个网格内卸一车，以此来控制松铺厚度。为保证路基边坡的填筑质量，路基右侧边坡按设计边线加宽 50 cm 填筑，在路基压实后再通过收坡达到设计宽度。

3．填筑及压实工艺

填筑时有两种堆料方式，分别为进占法和后退法，见图 4-2-1。路基填筑时为保证堆料的均匀性，决定采用后退法施工。

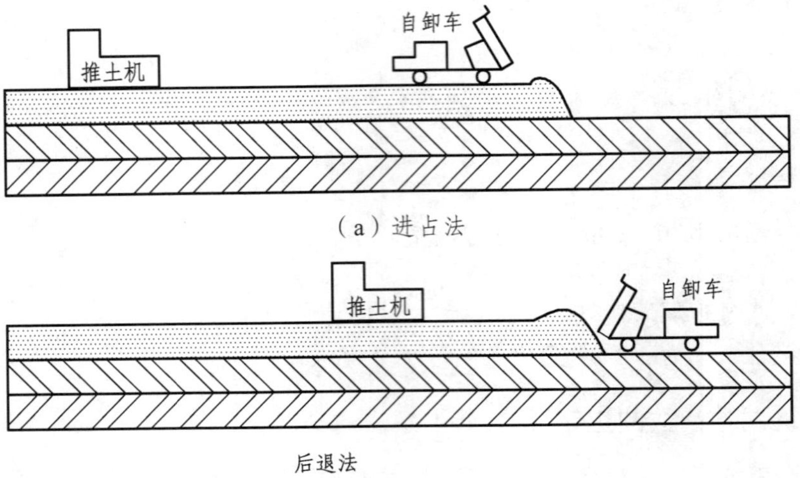

(b) 后退法

图 4-2-1 填筑堆料方式

路基填筑时为保证堆料的均匀性，决定采用后退法施工。

工艺流程：汽车倒渣→挖掘机散料、改料→测定含水率，采取晾晒或洒水改正含水率→推土机推平→压路机碾压。

汽车在路堑运输填料，按进占法分格倒料，挖掘机对每方格内的填料散开，严格按照高程桩控制散料 40 cm 的虚铺厚度，对粒径超标的，利用破碎头破碎直至满足粒径小于 15 cm 的要求。散料后，试验人员现场测定填料的含水率，现场含水率偏离土工试验最优含水率的限值范围为 ± 2%，当含水率偏大时，则晾晒填料，停止下步的碾压工作，当含水率偏小时，采用洒水方式。现场准备好水管，由试验人员计算出每方格内填料需要增加的水量，然后由水管加水，水管上安装水表，控制水量。

含水率调整合格后，由推土机纵向推平，横向坡度为自左侧向右侧 4%的下坡。

推平后的填区，由 20 t 压路机碾压，先对松铺土表面静压，再加振进行振动碾压。压实作业的施工顺序为：先压路基边缘，后压路基中间，先慢后快，先静压后振动的操作规程进行碾压。碾压施工中，压路机往返行驶的轮迹必须重叠一部分，静压时重叠 1/2 轮宽，振动碾压时重叠 40 ~ 50 cm，相邻两区段纵向重叠 2 m。压实作业做到无偏压、无死角、碾压均匀。碾压遍数分别采用 4 遍、6 遍、8 遍、10 遍，然后由试验检验压实效果。

在碾压过程中，对造成的凹坑，及时由人工补填料。碾压完成后，在 100 m 长度内，用钢尺和钢丝，间距大致均匀的检查 10 点，最大凸凹差不大于 50 mm，超限部位，补充填料，重新碾压，当表面整平补填厚度小于 10 cm 时，将原压实层翻挖至少 10 cm 深，再补填。

路基填筑分层碾压过程中，在中间沉降观测管周围和路基边缘压路机不能碾压到的地方，采用振动夯实。

4．填筑压实效果的检验

1）检验标准

根据川黔线《路基工程设计通用图》中路基填料与压实标准中，基床以下采用块石类填料压实后，地基系数 K_{30} 值>150 MPa/m。

2）检验数量

沿线路纵向每 100 m 每层抽样检验 3 处，路基中部 1 处，距路基边 2 m 左右各 1 处。

5．基床下路堤填筑完成后的外观质量要求

基床下路堤填筑完成后的外观质量要求见表 4-2-1。

表 4-2-1　基床下路堤填筑外观质量要求

序号	检验项目	允许偏差	施工单位检验数量	检验方法
1	高程	+50 mm	每 100 m 等间距检查 3 个断面（每个断面左、中、右各 1 点）	水准仪测量
2	中线至边缘的距离	+50 mm	每 100 m 等间距检查 3 个断面（每个断面左、中、右各 1 点）	尺量
3	宽度	不小于设计值	每 100 m 等间距检查 3 个断面	尺量
4	横坡	+0.5%	每 100 m 等间距检查 3 个断面	坡度尺量
5	平整度	填石：50 mm	每 100 m 等间距检查 6 点	2.5 m 直尺量测

（四）基床底层填筑

1．填料

基床底层填料设计要求填 A、B 组填料，均采用 A 组填料的粒石土填筑，粒径不大于 6 cm。

2．压实标准

分层碾压原则同路堤本体，压实标准为 $K_{30} \geqslant 150$ MPa/m。

3．检验方法

在面层每 100 m 抽样检验地基系数 4 点，其中，距路基边 2 m 处左、右各 1 点，路基中部 4 点。

（五）基床表层填筑

1．填料

基床表层厚 0.6 cm，采用 A 组填料的碎石类土填筑，粒径不大于 6 cm。分两层填筑，第一层厚 30 cm，第二层厚 30 cm，松铺厚度均采用 35 cm。

2．压实标准

基床表层压实标准：地基系数 $K_{30} \geqslant 150$ MPa/m，孔隙率 $n \leqslant 28\%$。

3．压实检验方法

地基系数的检验方法、频率与基床底层相同。孔隙率在面层每 100 m 检测 2 个断面 6 个点，其中，距路基边 1 m 处左、右各 1 点，路基中部 1 点。

4．基床表层填筑质量外观质量要求

基床表层填筑质量外观质量要求见表 4-2-2。

表 4-2-2　基床表层填筑质量外观质量要求表

序号	检验项目	允许偏差	施工单位检验数量	检验方法
1	中线高程	+20 mm	每 100 m 等间距检查 3 点	水准仪测量
2	路肩高程	+20 mm	每 100 m 等间距检查 6 点（左、右各 3 点）	水准仪测量
3	中线至路肩边缘的距离	不小于设计值	每 100 m 等间距检查 3 个断面	尺量
4	宽度	不少于设计值	每 100 m 等间距检查 3 个断面	尺量
5	横坡	+0.5%	每 100 m 等间距检查 5 个断面	坡度尺量/水准测量

第二节　地基处理

地基处理前先对原地面进行处理，确保施工质量达到要求。地基处理采取的加固措施有换填、改良、水泥搅拌桩等。

一、原地面处理

路堤填筑前，清除基底表层植被，挖除树根，做好临时排水设施，并碾压达标后进行路基填筑施工。原地面坡度陡于 1∶5 时，自上而下挖台阶，台阶宽度、高度满足设计要求，沿线路纵向挖台阶的宽度不应小于 2 m。根据现场实际情况，采用推土机等大型机械辅以人工进行施工。原地面处理后符合下列要求：基底无草皮、树根等杂物，平整无积水，达到相应部位压实标准，横坡符合设计要求。

二、换填

换填地段主要有填方小于 2.5 m 高的低填方地段，原地面地基承载力无法达到设计要求，因此该部分地段的地基采取 A、B 组填料进行换填处理。

采用挖掘机或推土机挖除换填深度内的软弱土层，预留 30 ~ 50 cm 的土层进行人工清理。挖除需换填的土层，将底部整平；如果底部起伏较大，设置台阶或缓坡，按照先深后浅的顺序进行换填施工，开挖宽度不小于路堤宽度加放坡宽度。

半填半挖地段或路堑地段挖除换填按照设计要求进行，保证换填底部纵、横向的排水坡度，防止局部积水。

换填施工采用自卸汽车运输符合设计要求的填料，推土机摊铺，平地机平整，压路机碾压。分层填筑碾压达到相应的压实标准。

三、水泥搅拌桩

DK257+350 ~ DK290+500 区间路基、阁老坝站等部分地段设计有采用水泥搅拌桩进行地基加固。设计桩径为ϕ0.5 m，按正三角形布置，根据线路等级间距分别为 1.0 m、1.2 m、1.3 m。

（一）工艺流程

搅拌桩施工工艺流程图如图 4-2-2 所示。

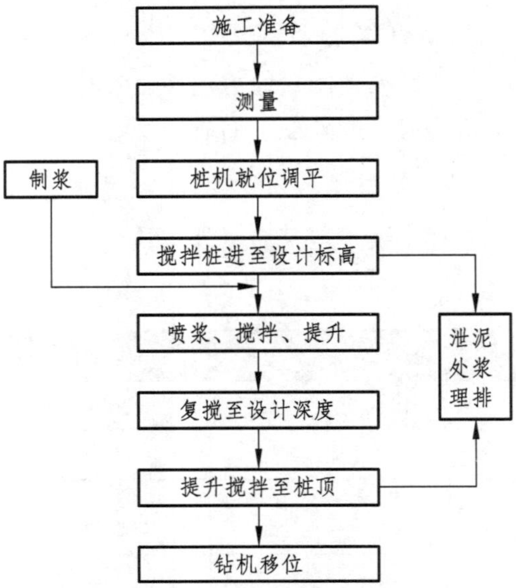

图 4-2-2　水泥搅拌桩施工工艺框图

（二）施工方法

1．施工准备

施工前根据设计及规范要求，先进行成桩工艺性试验，确定各项技术参数，检验成桩效果。试桩数量不少于 3 根，并报监理批准。试桩目的验证满足设计喷浆量的各种操作参数。如管道压力、喷浆压力、钻机提升速度、钻进速度、搅拌速度等，以用于指导施工。

2．成桩施工

（1）预搅下沉：开机前先调试，检查桩机运转和输浆管畅通情况。待搅拌机的冷却水循环正常后，启动搅拌机电动机，根据土质情况计算速率，放松起重机（或卷扬机）钢丝绳，使搅拌机沿导向架自上而下搅拌切土下沉，下沉的速度可由电动机的电流监测表控制。直到钻头下沉钻进至桩底标高。

（2）备制水泥浆：待搅拌机下沉到一定深度时，即开始按设计确定的配合比拌制水泥浆，待压浆前将水泥浆倒入集料斗中。

（3）提升喷浆搅拌：搅拌机下沉到达设计深度后，开启灰浆泵将水泥浆压入地基中，边喷浆边旋转，使水泥浆和原地基土充分拌和，同时严格按照设计确定的提升速度提升搅拌机。直提升到离地面 50 cm 处或桩项设计标高后再关闭灰浆泵。

（4）重复上、下搅拌：搅拌机提升至设计加固深度的顶面标高时，集料斗中的水泥浆应正好排空。为使软土和水泥浆搅拌均匀，可再次将搅拌机边旋转边沉入土中，至设计加固深度后再将搅拌机提升出地面。由于搅拌桩顶部与上部结构接触部分受力较大，对桩顶 1.0 ~ 1.5 m 范围内再增加一次输浆，以提高其强度。

（5）清洗：集料斗中注入适量清水，开启灰浆泵，清洗全部管路中的残存的水泥浆，直至基本干净，并将粘附在搅拌头上的软土清洗干净。

（6）移位：重复上述步骤，再进行下一根桩的施工。

（三）施工中常见的问题和处理方法

施工中常见问题及处理方法见表 4-2-3。

表 4-2-3　施工中常见的问题和处理方法

常见问题	发生原因	处理方法
预搅下沉困难，电流值高，电机跳闸	电压偏低；土质硬，阻力太大；遇大石块、树根等障碍物	调高电压；活量冲水或浆液；挖除障碍物
搅拌机下不到预定深度，但电流不高	土质黏性大，搅拌机自重不够	增加搅拌机自重或开动加压装置
喷浆未到设计桩顶面（或底部桩端）标高，集料斗浆液已排空	投料不准确；灰浆泵磨损漏浆；灰浆泵输浆量偏大	重新标定投料量；检修灰浆泵；重新标定灰浆输浆量
喷浆到设计位置集料斗中剩浆液过多	拌浆加水过量；输浆管路部分阻塞	重新标定拌浆用水量；清洗输浆管路
喷浆管堵亲爆裂	输浆管内有水泥结块；喷浆口球阀间隙太小	拆洗输浆管；使喷浆口球阀间隙适当
搅拌钻头和混合土同步旋转	灰浆浓度过大；搅拌叶片角度不适宜	重新标定浆液水灰比；调整叶片角度或更换钻头

（四）质量保证措施

（1）现场施工应予平整，必须清除地上和地下一切障碍物。暗塘及场地低洼时应抽水和清淤，分层夯实回填黏性土料，不得回填杂填土或生活垃圾，顶面成三角形，中心高 0.2 m，两侧与地面平，宽度不小于路堤及护道底宽，碾压密实。

（2）施工前根据设计要求进行工艺性试验，确定出各项施工参数，施工过程中严格按设计及工艺要求进行。应对相对软弱土层增加搅拌次数或增加水泥掺量。根据试桩时确定的灰浆稠度、控制喷浆、搅拌提升速度及重复搅拌时的下沉和提升速度等技术参数精心组织施工。

（3）根据实际施工经验，水泥土搅拌法在施工到顶端 0.3 ~ 0.5 m 范围时，因上覆土压力较小，搅拌质量较差。因此，其场地整平标高应比设计确定的基底标高再高出 0.3 ~ 0.5 m，桩制作时仍施工到地面。而对于基础埋深较大时，取下限；反之，则取上限。

（4）施工中始终保持搅拌桩机底盘的水平和导向架的垂直，垂直度偏差不得超过 1%，桩位的偏差不大于 20 mm，成桩直径和桩长不得小于设计值。

（5）制备好的浆液不得离析，泵送必须连续。拌制浆液的罐数、固化剂和外掺剂的用量以及泵送浆液的时间等应有专人记录。

（6）为保证桩端施工质量，当浆液达到出浆口后，应在座底喷浆 30 s，使浆液完全到达桩端。

（7）预搅下沉时不宜冲水，当遇到较硬土层下沉太慢时，方可适量冲水，但应考虑冲水成桩对桩身强度的影响。

（8）可通过复喷的方法达到桩身强度为变参数的目的。搅拌次数以 1 次喷浆 2 次搅拌或 2 次喷浆 3 次搅拌为宜，且最后 1 次提升搅拌宜采用慢速提升。当喷浆口到达桩顶标高时，宜停止提升，搅拌数秒，以保证桩头的均匀密实。

（9）成桩过程中如因故停止，要将搅拌头提升至停浆点以上 0.5 m 处，待恢复供浆时搅拌下沉至停浆位置 1 m 以下再进行搅拌提升，以免断桩。若停机超过 3 h，要拆卸输浆管路进行冲洗。

（10）搅拌机凝浆提升的速度和次数必须符合施工工艺的要求，喷灰量及提升速度等由流量计控制并有专人记录搅拌机每米下沉和提升的时间。深度记录误差不得大于 100 mm，时间记录误差不得大于 5s。

（11）成桩 28 d 后钻取水泥搅拌桩桩芯，直观地检验桩体强度，搅拌的完整性、均匀性。检验桩抽检数为 2%，并不少于 3 根，取样进行无侧限抗压强度试验，抗压强度不得小于 1.2 MPa。钻芯后孔洞用水泥砂浆灌注封闭。

四、填料改良

参见第四篇第二章第六节。

第三节　一般路基施工

路基施工严格执行《铁路路基工程施工质量验收标准》（TB 10414—2003）及《路基工程设计通用图》等各项规定。路基基床以下优先采用 A、B、C 组填料，基床底层优先采用 A 组、B 组填料，基床表层采用 A 组填料。本节重点介绍路堤施工。

一、地质核查

在填筑前对路基基底的承载力进行检测，当基底承载力小于设计承载力时，按设计进行地基加固处理。无设计时会同建设指导、设计、监理等部门进行现场勘察确定处理方案后进行加固处理。确保路基基底达到设计承载力要求后，方可进行路基填筑施工。

二、路堤填筑

（一）路堤基床以下填筑

1．施工方法

路堤填料来自隧道、路堑弃方移挖作填及取土场。所用填料满足设计、规范的要求。硬岩石质岩及不易风化的软质岩碎、块石填料须满足级配的要求，分层填筑，分层压实，不得倾填。若含有不满足填料要求的大石块，将大石块清除或破碎。

通过路基试验段，确定的每层填料施工段的长度、机械配备、最佳组合方式、碾压遍数、碾压速度、松铺厚度、填料含水量等，据此全面组织施工。

路堤填筑严格按照图 4-2-3“三阶段、四区段、八流程”的施工程序，采取路堤全宽水平分层填筑压实的施工方法。路堤填筑采用挖掘机挖装、自卸汽车运输、推土机摊铺、振动压路机压实的施工方法。

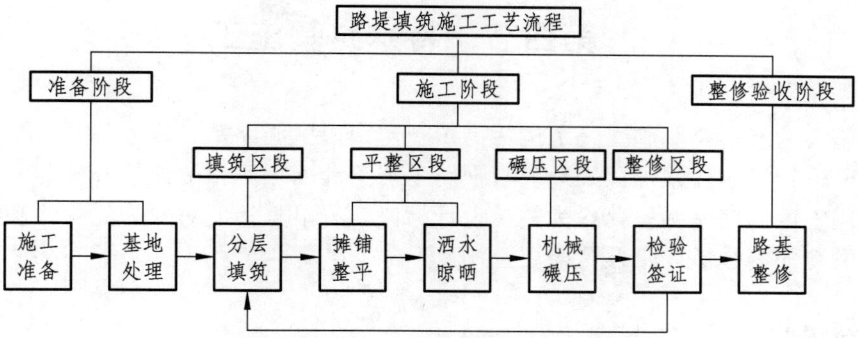

图 4-2-3　三阶段、四区段、八流程施工工艺框图

2．施工要求

1）基底检查

表面平整坚实，具有规定的路拱，没有任何松散材料和软弱地点，平整度和压实度符合规定。

2）施工放样

在基底表面恢复中线，每 20 m 设一控制桩，并在两侧路肩边缘设指示桩。进行水平测量，在两侧指示桩上绑红布条（或白线绳）标示出每层边缘的设计高。

3）松铺厚度

根据压实设备、压实方法及现场压实试验（试验路段）确定，最大厚度不超过 40 cm。

4）压实

路基压实按重型击实试验法求得的最大干密度的压实度作为压实标准。碾压前对摊铺层再次整平，使每层厚度均匀一致。

碾压采用重型振动压路机碾压。碾压由静压到振动，由弱振到强振，先慢后快地进行。压实不到的部位，采用小型夯实机具压实。

压路机的碾压行驶速度开始时慢速，最大速度不超过 4 km/h；碾压时由低处向高处排压，直线段由两边向中间，小半径曲线段由内侧向外侧，纵向进退式进行。振动压路机前后两次轮迹重叠 0.4 ~ 0.5 m，前后相邻两区段纵向重叠 1.0 ~ 1.5 m。

压实前对每层摊铺路基土进行含水量检测。含水量过小时，洒水车洒水；含水量过大时，翻拌晾晒，路基含水量稍大，可适当掺加骨料，再进行压实。

为了保证路基的压实度，填方路堤填筑超出设计宽度 50 cm 一并压实。最后削坡成设计宽度。为了保证排水畅通，路基以 4%横坡填筑成型，达到路基顶面时，路基横坡再调整到 2%。

5）路基整形

路基填筑基本完成后，对其外形进行整修，使之与设计图纸相符合；各部尺寸误差满足规定要求，且具有满意的外观。路堤边坡整齐，路容美观。

按设计图纸要求检查路基中心位置、宽度、纵坡、横坡及相应的标高等，并恢复各种标桩。

路基表面采用推土机刮平，铲下的土不足填平凹陷时，采用与表层土相同的土填平压实。填补凹陷时，不采用薄层补足的办法，而是将下层土翻松，连同增补的土一起碾压成形。

（三）质量检测

路堤基床以下填料主要选择的块石类填料，其主要检测指标为地基系数 K30 承载板试验方法进行检验，要求地基系数 $K_{30} \geqslant 130$。

路基整修检验路基高程、中线至边缘距离、宽度、横坡及路基平整度等采用水平仪、钢尺及水平尺进行检验。

第四节　特殊路基施工

特殊路基施工为岩溶路基施工，范围为高炉子至南白区间路基，董公寺站、龙坑站及阁老坝站。岩溶路基基底需进行溶洞注浆加固处理。根据路基岩溶地面塌陷预测评价分析资料，以资料评价为易塌陷区、极易塌陷区的路基标段落作为整治设计标段。岩溶整治的对象为危及路基稳定的溶洞、连通性较好且垂直发育的溶蚀破碎带及覆盖层土洞。

一、整治措施

裸露型岩溶区或岩质路堑段以单个不稳定的岩溶为整治设计对象，采取揭盖回填 M7.5 浆砌片石或钻孔注浆充填（填充料以砂、碎石为主）整治；覆盖型岩溶以钻孔注浆为主整治措施。下面主要介绍钻孔注浆施工。

二、钻孔注浆施工

（一）钻孔注浆施工工艺流程

岩溶路基的钻孔注浆施工工艺流程见图 4-2-4。

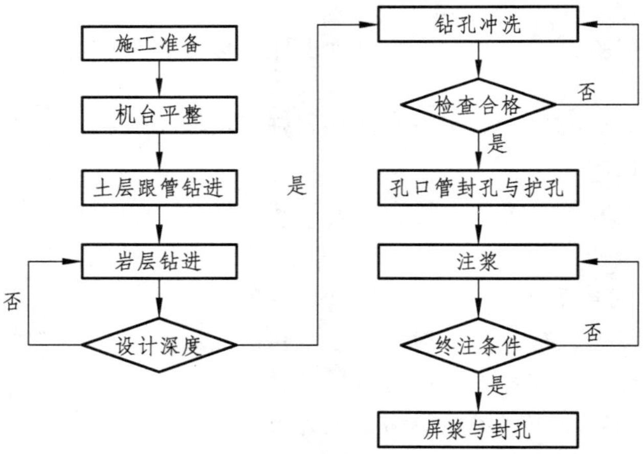

图 4-2-4　岩溶路基处理施工工艺流程图

1．定孔位

（1）根据设计要求标出注浆孔位置，并进行复测。注浆孔按设计位置进行钻孔放样。

（2）钻孔位置依据平面图施放，孔位偏差不大于 10 cm。当因避让管、线等客观原因需对孔位进行调整，且距离大于 50 cm 时，需报设计、监理单位核准。

2．钻机与注浆设备就位

（1）注浆孔位标定后，移动钻机至钻孔位置，完成钻机就位。

（2）钻机就位后，用倾斜尺、水平尺等工具调整钻机角度，安装牢固，定位稳妥。

（3）各类设备就近安装，注浆管线固定，不宜过长，一般为 30 ~ 50 m，以防压力损失。

3．钻进

（1）将钻杆对准所标孔位，用不小于ϕ110 mm 钻头开孔钻进，保证开孔直径不小于 110 mm。开孔时要轻加压、慢速、大水量，防止将孔开斜。

（2）钻进至一定深度，采用套管护壁。

（3）加固深度为岩土界面以下 5 m，即孔深潜入基岩 5 m，若施工过程中遇溶洞，应至溶洞底板下 2.0 m。

（4）钻进过程中应注意观察地层变化，详细做好钻孔记录。覆盖层中钻孔直径不得小于 110 mm，基岩段终孔直径不得小于 91 mm，结构松散易垮孔地层应采用跟管钻进。所有先导孔、探灌孔均须按勘探钻孔技术要求施钻，进行岩芯鉴定和编录，回次进尺不应大于 1 m，岩芯采取率不得小于 50%。钻进过程中，必须注意机械运转情况以判断地层的变化，必须准确判断土石分界面的位置、覆盖层中的松散层和土洞、基岩中的溶蚀裂隙发育带、溶洞及充填等。在基岩钻进过程中，要根据机械运转情况初步判断岩溶发育情况，若发现掉钻情况，必须记录起始深度。钻孔采取全断面取芯，岩芯要按顺序摆放整齐，终孔后，记录员及其他验收人员对全孔进行编录，岩芯待设计院确认后处理。

4．地质核对

对设计明确为先导探灌孔的注浆孔，应按勘探孔技术要求施钻，用以验证设计地质条件。先导探灌孔主要的施钻技术及资料编录要求如下：

（1）基岩段钻进应多提少钻，回次进尺不应大于 1 m。

（2）详细记录钻进过程中钻具自然下落或自然减压的情况及起止深度；详细记录钻进过程中发生异常声响、孔内掉块、钻具跳动等情况及起止深度。

（3）详细记录钻进过程中冲洗液变化情况，如漏水、涌水和水色突变的情况及起止深度。

（4）测定三大指标为岩芯采取率（TCR）、岩石质量指标（RQD）和钻孔岩芯线岩溶率（KST）。

岩芯采取率（TCR）：钻进采得的岩芯长度与相应实际钻探进尺的比值，以百分率表示。完整岩层≥80%；破碎带≥50%；溶洞充填物>50%。

岩石质量指标（RQD）：在岩石钻进过程中，连续取芯，回次钻进所取岩芯中长度大于 10 cm 的岩芯段长度之和与该回次进尺的比值，以百分比表示。

钻孔线岩溶率（KST）：钻孔岩溶中具有溶蚀现象的岩芯长度与该孔基岩长度的比值。

（5）孔岩芯应装箱摆放整齐、进行地质鉴定、拍照，并根据钻孔记录编制钻孔柱状图。

（6）岩芯照片应清晰，应从多角度拍照，照片上应有自动记录拍照的日期。

5．终孔

钻孔深度根据设计原则，最近物探剖面揭示无不稳定溶洞发育的，旋钻过程中注浆钻孔深度进入基岩不得小于 5 m，如遇溶洞应钻至溶洞底板下 2 m；对最近物探剖面揭示有不稳定溶洞发育的，旋钻过程中注浆钻孔深度不得小于设计预计深度，如遇溶洞应钻至溶洞底板下 2 m；施工过程中若遇串珠状溶洞、规模较大溶洞、现状塌陷密集区、反复泉与间歇泉出露区，应及时通知设计现场核对，必要时进行加强探灌处理。

当按上述原则钻至设计孔深度后，需联系设计院地质专业工程师现场确认岩芯，合格后方可停钻。同时经施工专业工程师自检后，报请现场监理工程师检查，同意后方可提钻，再进行清孔。

6．清孔

在钻孔结束后，要及时进行清孔，将孔中碎石等破碎岩芯取出，确保注浆时水泥浆能顺利的充填基岩中破碎岩层和裂隙。对冲洗时返水的钻孔，以冲洗液变清为结束条件。对溶洞、溶蚀破碎带发育、冲洗时不返水的钻孔，要求流量不小于泵送额定流量的 80%，冲洗时间不少于 10 min。

对大规模充填溶洞、串珠状充填溶洞等地质条件复杂地段，需上报设计单位，通过现场试验确定冲洗方法和工艺要求。

（二）封孔

根据注浆孔揭示的岩溶发育情况采用两种封孔方法：一次性封孔、动态阻塞法封孔。

1．一次性封孔

（1）适用条件：当注浆钻孔未揭示有土洞、空溶洞、半充填溶洞及较大开度溶蚀裂隙发育时，可采用水泥砂浆一次性封孔。

（2）技术要求：当覆盖层厚度小于 4 m 时，封孔段入岩长度不小于 50 cm；当覆盖层厚度大于 4 m 时，封孔段长度不小于 4 m，对结构松散易垮孔地层自封孔段以下至基岩面应采用花管护孔，防止垮孔。

2．动态阻塞法封孔

（1）适用条件：当注浆钻孔揭示有土洞、空溶洞、半充填溶洞及较大开度溶蚀裂隙发育时，应采用孔口管加止浆塞的动态阻塞法封孔。

（2）技术要求：当覆盖层厚度小于 4 m 时，封孔段入岩长度不小于 50 cm；当覆盖层厚度大于 4 m 时，封孔段长度不小于 4 m，对结构松散易垮孔地层自封孔段以下至基岩面应采用花管护孔，防止垮孔。

3．孔口封闭结构

孔口管及护孔花管采用ϕ110PVC 管，公称压力（PN）不小于 1.5 MPa，花管孔眼呈梅花形布置，直径 5 mm，孔眼间距 3.5 cm。孔口封闭结构如图 4-2-5。

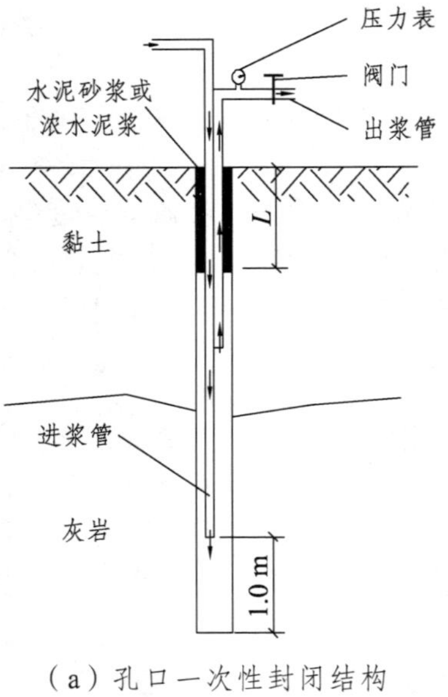

（a）孔口一次性封闭结构

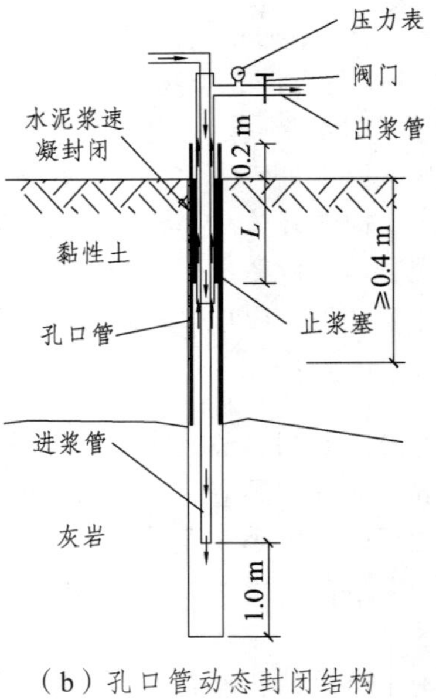

（b）孔口管动态封闭结构

图 4-2-5　孔口封闭结构

4．终孔与验收

终孔与验收时间间隔不宜过长，以免垮孔等不利情况发生。终孔验收后应及时进行封孔作业，封孔水泥浆（或水泥砂浆）终凝后进行注浆作业。

（三）注浆

1．试泵

开泵前先将三通转芯阀调到回浆位置，待泵吸水正常时，将三通回浆口慢慢调小，泵压徐徐上升，当泵压达到预定注浆压力时，持续 2 ~ 3 min 不出故障，即可结束。

2．安装注浆管和止浆塞

钻孔完毕，进行清孔检查，在确认没有坍孔和探头石的情况下，方可下管。否则，必须用钻机进行扫孔。

在确定注浆管内无阻塞物后，即可进行注浆管安装。为减少拔管时的阻力，在注浆管上可上防水板。用沾有 CS 胶泥的麻丝绳绕成不小于钻孔直径的纺锤形柱塞，把管子插入孔内，再用台车将管顶入孔内到要求深度，使麻丝栓塞与孔壁充分挤压紧实，然后在麻丝与孔口空余部分，填充 CS 塑胶泥，使注浆管和止浆塞固定。注浆管外露的长度不小于 30 ~ 40 cm，以便连接孔口阀门和管路。注浆管安放好后，在注浆管管口加上孔口盖，以防止杂物进入。

需注意在路基岩溶试验段施工时，根据施工图设计要求，须进行单孔注浆工艺试验，验证封孔工艺的有效性与合理性。施工中部分封孔处会环封孔结石体或止浆塞冒浆，现场分析因钻孔对周边土体产生扰动较大，造成封孔不密实，产生沿采用环封孔结石体冒浆。施工中采用手锤对环孔结石体周围土体夯实的加固措施，夯实后再无漏浆现象。

3．压水试验

正式注浆前应进行现场压水试验，确定合理的注浆参数和施工工艺，压水实验采用单点法，每单元不少于 3 组。

压力为灌浆压力的 80%，在稳定压力下应每 5min 测读一次压入流量，连续四次读数中最大值与最小值之差小于最终值的 10%，或最大值与最小值之差小于 1 L/min，本试验可结束，取最终值为计算值。

4．浆液配制

（1）以纯水泥浆为主的单液注浆材料，水泥采用 42.5 级普通硅酸盐水泥，水灰比为 0.6：1 ~ 1：1。开始注浆时采用稀浆灌注，当灌入量较大时可据情况采用浓一级的浆液灌注。

对于土洞、空溶洞或半充填溶洞，应充填砂、碎石后再进行注浆处理。砂采用合格机制砂，碎石采用 5 ~ 10 mm 碎石。

（2）对于溶蚀裂隙发育、连通性好、漏液严重时，注浆时可掺入一定量的粉土或粉煤灰或水玻璃，粉土掺入量小于水泥用量的 10%，粉煤灰掺入量为水泥重量的 20% ~ 50%，水玻璃掺入需根据试验确定。

（3）制浆材料必须按规定浆液配比计量，计量误差应小于 5%。

（4）纯水泥浆的搅拌时间，使用高速搅拌机时应大于 30 s；使用普通搅拌机时应大于 2 min。浆液使用前应过筛，浆液自制备至用完的时间不宜大于 4 h。

（5）将配制好的化学浆液和水泥浆液各送入搅拌式储浆桶内备用。

5．注浆

（1）注浆管路系统的试运转：用 1.5 ~ 2 倍于注浆终压对系统进行吸水试验检查，并接好水、电；检查管路系统能否耐压，有无漏水；检查管路连接是否正确；检查设备机况是否正常，使设备充分热身。试运转时间为 20 min。

（2）注浆顺序：按自路基坡脚向线路中心的顺序进行，先两侧后中间，以保证注浆质量。

（3）注浆压力控制：注浆压力控制根据受注地层的地质条件和渗透性、注浆时吸浆量，以及对浆液稠度变换等一并考虑。一般情况下，当吸浆量较小时，可尽快地达到规定的注浆压力；而在吸浆量较大时，则可较缓慢的升到规定的注浆压力。

注浆过程中，注浆压力的控制采用“一次升压法”。就是在注浆开始后，将压力尽快升高到规定的压力，使整个注浆过程尽量是在规定的压力下进行。其优点是裂隙不至于在低压下提前被堵塞，能较多地注进一些浆液，使一些较小的裂隙也能得到充分地注实。

注浆以纯水泥浆为主，开始注浆时采用稀浆灌注，当灌入量较大时可根据情况采用浓一级的浆液灌注。注浆压力（孔口压力表读数）为 0.2 ~ 0.3 MPa，终注压力 0.3 ~ 0.5 MPa。

（4）终注条件：在终注压力 0.3 ~ 0.5 MPa 下连续注浆 10 min 的注入率不大于 5 L/min 时，维持 10 min，可终止注浆。

若注浆时发生长时间隆起仍然不能满足终孔条件时应采取间歇式注浆，或者采取双管注浆加水玻璃等措施。

对溶蚀裂隙发育、连通性好、漏液严重，采用水灰比为 0.6∶1 的浓浆灌注如不能进行有效堵截时，应间歇注浆，当采用间歇注浆仍无法形成有效堵截时，采用冲填砂骨料后再间歇注浆处理。为缩短间歇时间，可添加早强剂。

对无充填孔，采用砂、碎石充填堵截的注浆孔开灌水灰比采用浓度适中的浆液（如 0.8∶1），同时采用间歇注浆及掺加早强剂，间歇时间为 45 ~ 60 min。间歇后浆液继续进行灌注后，吃浆量仍过大，浆液水灰比变为 0.6∶1 进行灌注；如吃浆量持续过大，则掺加早强剂，并间歇注浆。对有充填孔，开灌水灰比采用 1∶1，如采用变浆措施后吃浆量仍过大，则掺加早强剂，并间歇注浆。

当达不到上述标准时，应清孔再次注浆。

注浆必须安装带打印功能的自动流量计装置，每孔均应打印水泥浆量小票，并作为归档资料。

注浆结束后，经质量检查工程师检查，通知监理工程师检查确认终孔条件。将注浆孔填实封闭，留下标记备查。最后清理场地，去除污染。

注浆过程中应做好注浆记录，记录表应能满足注浆参数、浆液耗量、填充料耗量及其他特殊处理等记录的要求。返浆前记录时间按浆液配比变换、间歇及其他特殊处理时间控制，间隔以 45 ~ 60 min 为宜；返浆后为 5 min。

6. 提管与回填

注浆完成后应立即拔管，若拔管不及时，浆液会把注浆管凝固住而造成拔管困难。拔管时使用拔管机。每次上拔高度为 500 mm。拔出管后，及时刷洗注浆管，以便保持清洁、通畅。拔出管后留下的孔洞，及时用水泥砂浆封孔。

（四）质量检测

在分段（或分区）注浆施工结束后，应进行施工质量自检。在注浆孔间布置 2% ~ 3%质量自检孔，且每个注浆段落不得少于 2 孔，当自检满足下列条件之一时，报监理单位确认后，可转入下一分段（或分区）的注浆施工，自检孔情况：检查孔岩芯可见多处水泥结石体，基本填满可见缝隙，压水试验测试渗透系数（或透水率值）应小于注浆施工前的 1/10。自检孔的单位吃浆量均未超过周围 4 孔单位平均吃浆量的 15%。符合设计要求，自检合格。

第五节　路堑施工

开挖之前首先检查坡顶、坡面，对危石、裂缝和其他不稳定情况必须妥善处理。路堑开挖应从上而下进行，严禁掏底开挖。开挖可按地形情况、岩层产状、断面形状、路堑长度及施工季节，并结合土石方调配选用合适的方式开挖。开挖以机械作业为主，严防破坏边坡和堑底，要预留整修厚度。

全、强风化质岩石、软质岩石及土质路堑基床表层填料按设计要求进行换填，并对基床底层原地层不产生扰动。

坚硬岩石路堑边坡开挖采用光面爆破。爆破时应严格控制药量，爆破后达到边坡和堑顶山体稳定，基床和边坡平顺、不破碎、不松动。

一、路堑开挖施工

路堑开挖根据地形情况采用挖掘机配合自卸汽车运输或铲运机开挖运输，对施工场地狭窄地段无法进入机械时采用人工配合小型机具施工。靠近基床底层表面及边坡辅以人工开挖。

路堑挖方采用横向台阶分层开挖，深挖路堑采用“横向分层、纵向分段，阶梯掘进”的方式施工；合理安排运土通道与掘进工作面的位置及施工次序，做到运土、排水、挖掘、防护互不干扰，以确保开挖顺利进行。

按设计边坡自上而下分层逐层开挖方式，开挖面保持不小于 4%的排水坡，严禁积水，并且保持边坡平顺。

每段开挖工作完成后，对边坡进行及时防护，当防护不能紧跟开挖进行，要暂时留一定厚度的保护层，待做护坡时再刷坡。

深挖路段安排先行施工。路基防护、排水工程与路基成型协调进行，深挖路堑开挖一阶、防护一阶，与路基成型平行流水作业，并紧随路基尽早完成。

当路堑开挖至基床底层上部的设计标高时，核查地质是否与设计资料相符，如设计与现场不符等技术问题，及时与相关单位联系解决；如与设计资料相符，按设计和规范要求进行地基处理施工，经检验合格后方可进行基床底层上部的填筑施工，其施工方法与路堤基床底层填筑施工相同。

路堑地段的附属工程及时施作，并紧随路基成型尽早完成。

路基相关配套工程与路基同步施工，并制订相应的保护措施，确保路基本体的整体性和密实性。

二、土质及软质岩路堑施工

路堑开挖前，首先核对地质资料，开挖后如发现与地质资料不符，及时反馈设计和监理单位。同时做好堑顶防排水设施，临时排水设施与永久性排水设施相结合，并与原排水系统顺接。

采用挖掘机、装载机挖装，自卸汽车运输，推土机辅助作业。较平缓地段上的短浅路堑，采用从路堑的一端逐渐向前或按横断面全宽不分层的全断面开挖方式；当路堑中心高度大于 5 m 时，采用分层逐层顺坡开挖或纵向台阶法开挖方式。长度较短时，开挖自上而下进行，分层开挖，不得乱挖、超挖，严禁掏底取土。长距离深路堑，沿着路堑纵向将高度分成不同的层次依次开挖。

每层纵向开挖坡度不小于 4%。每层开挖前先在两侧设低于开挖面标高的临时排水沟，开挖面设中心至两侧 2%～4%的横坡，保证开挖路基面不积水。边坡和平台顶预留不小于 20 cm 保护土层，平台顶表面做成向外侧 4%的排水坡，使平台不积水。

路堑开挖过程中为保证雨水不冲刷边坡，每侧预留 50 cm 待开挖至设计标高或平台位置时一次刷坡完成。刷坡保证边坡坡度及平整度，对特殊部位做好边坡防护工作。对影响边坡稳定的地面水和地下水及时采取措施引排，并在路堑的表面设置排水坡，以利排水。路堑开挖前对坡顶、坡面的危石、裂缝等不稳定情况进行检查，并根据情况采取措施妥善处理，保证施工安全。

边坡主要采用机械整修，人工配合，按设计坡度利用坡度尺拉线，根据拉线修整边坡，开挖与边坡整修同步进行。刷坡修整随时检查堑坡坡度，避免二次刷坡造成浪费。

防护紧跟开挖，随挖随护。坡面坑穴、凹槽中的杂物清理后，嵌补平整。需设防护的边坡，当防护不能紧跟开挖时，暂时留一定厚度的保护层，待做护坡时再刷坡。

开挖至基床标高时，对路基基床厚度内地层进行检测，结合室内土工试验进行基床范围内地基条件的检验，验证设计采用的地质资料。若地基条件满足设计地基条件要求，继续开挖至设计换填底面标高后，按设计换填厚度填筑基床底层A、B组填料和基床表层填料。若地基条件不能满足设计要求，反馈设计，根据地下水发育情况，进行详细地质补充勘探后重新进行分析，确定采取加深换填厚度或其他地基处理措施进行地基加固施工。

路堑开挖后根据设计土石方调配方案进行调配，在填料满足路堤填筑技术条件的情况下，移挖作填。其余的路堑开挖土方作为弃方，运至弃土场。弃土至弃土场后，用推土机推平后碾压平整，使之整齐、美观、稳定，周围砌筑防护设施，弃土场顶面向外做 3%的排水坡，外缘设一道截水沟，确保弃土堆周围及其上排水畅通，不对周围的建筑物、水源及其他任何设施产生干扰或损坏。

三、硬质岩路堑施工

路堑开挖采用浅孔松动爆破；深路堑竖向分层、纵向分段，仍采用浅孔松动控制爆破。靠既有线侧采用预留隔墙法施工，边坡采用光面爆破开挖，爆破施工中加强爆破体的覆盖。

根据路堑开挖区岩石的岩性、产状以及开挖高度，详细进行爆破设计，严格控制装药量，爆破后达到边坡和堑顶山体稳定、基床和边坡平顺、不破碎，边坡凹凸不平处用混凝土或浆砌片石补齐。

路堑基床施工开挖至路堑堑底后，鉴别核对岩石，然后按照设计断面测量放线，开挖修正。基床需要换填时按设计要求处理。

爆破后的石方按设计进行调配，利用为路堤填方填料，采用挖掘机或装载机装车，大型自卸汽车运输。符合级配和填筑要求的石方直接运输至填筑现场，不符合要求的石方运输至填料生产场，经破碎符合设计填料要求后，自卸汽车运至填方地段利用。挖至路堑基床表层设计标高面时，采用浅孔爆破或孔底缓冲装药，控制用药量进行堑底光面爆破。

部分线路区段紧邻既有线施工地段，为保证既有线行车安全，3 ~ 6 m 采用先钻眼加入膨胀剂，促使坚硬岩层胀裂，在采用机械破碎开挖方式；6 ~ 20 m 采用机械破碎开挖方式，大于 20 m 采用浅眼松动控制爆破的开挖方式。

四、施工要求

（1）路堑施工应做好堑顶截排水沟，堑顶为土质或含有软弱夹层的岩层时，天沟应及时铺砌或采取相应的防渗措施。

（2）不稳定的土质路堑边坡应分层加固。开挖和边坡加固有特别要求的，按照设计要求办理。

（3）石质路堑开挖严禁采用洞室爆破，本段区间路基主体采用浅孔控制爆破。边坡采用光面爆破，以确保达到美观性。

（4）石质路堑采用爆破法开挖，不得造成路堑边坡稳定的隐患和对邻近建筑物的损伤或安全隐患。

（5）开挖区应保持排水系统畅通，按照临时排水设施与永久性排水设施相结合的原则，并与既有排水系统顺接。

（6）边坡开挖按照下列规定执行。

① 标示出边桩连接线，经常检查复核边坡开挖坡度。

② 坡面应平顺、无明显凹凸，无危石、浮土、砟堆、杂物。

③ 需要防护的边坡，按照设计要求及时防护；当不能紧跟开挖防护时，预留 0.3 ~ 0.5 m 厚度的保护层，待最后施工时一次性清除。

（7）开挖前和施工过程中，应随时检查坡顶、坡面的危石、裂缝和其他不稳定的情况，并及时妥善处理。

（8）开挖应从上到下进行，严禁掏底开挖。

（9）对岩石的走向、倾斜不利于边坡稳定及施工安全的地段，应按照设计要求进行开挖，并采取减弱施工振动的措施；在设有支挡结构的地段，应采取短开挖或马口开挖:对影响施工安全的地段，应加设临时支护措施。

（10）路堑开挖按照边开挖边支护的方式进行，在坡脚采用预加固。

五、检查项目

（1）路堑开挖应自上而下纵向、水平分层开挖，纵向坡度按照 4%控制。

（2）光面爆破和浅孔控制爆破的边坡坡面上应保持炮孔痕迹，硬质岩石边坡炮孔痕迹率应达到 50%；边坡坡面应平顺，凹凸差控制在 15 cm 以内。

（3）路堑边坡坡率、边坡点、平台位置、宽度、侧沟排水坡度允许偏差及检验标准应符合表 4-2-4 要求。

表 4-2-4　各项目允许偏差及检验方法表

序号	项目	允许偏差	施工单位检查数量	检验方法
1	边坡坡率（偏陡坡）	不得陡于设计坡率	每 100 m 每侧检查 2 点上下不各 1 点	坡度尺量、计算
2	边坡点位置	±200 mm	每 100 m 每侧检查 3 点	水准仪测量或尺量
3	平台位置	±200 mm	每 100 m 每侧检查 3 点	水准仪测量或尺量
4	平台宽度	±100 mm	每 100 m 每侧检查 3 点	尺量
5	侧沟排水坡度	不得积水	每条沟全检	目测

（4）光面爆破与浅孔控制爆破的边坡坡率允许偏差及检验方法见表 4-2-5。

表 4-2-5　爆破边坡坡率允许偏差及检验方法表

序号	项目	允许偏差	施工单位检验数量	检验方法
1	倾斜坡面坡率	±3%设计坡面值	每 100 m 每侧等间距检查 6 点	吊线尺量
2	垂直坡面坡率	正面 2°，不允许倒坡	每 100 m 每侧等间距检查 6 点	吊线尺量+计算

第六节　填料改良施工

改良土的配制分路拌和场拌两种方式，路拌是指在路基填筑现场拌制，场拌是指在取土地点集中拌制。改良土是将不适合直接用于填筑路基的天然土（膨胀土、粉质黏土、砂质泥岩等 D 组填料），通过掺入水泥或石灰进行化学改良配制成合格填料。场拌改良土一般用于基床底层的填筑。路拌一般用于路堤本体（即基床以下部位）的填筑。

石灰采用磨细生石灰粉，如选用消石灰需在使用前 7 ~ 10 d 加水充分消解并过筛，然后定量袋装存放在料棚内备用。路拌法拌制程序：详见相关技术规范要求。路拌改良土与一般填料填筑相比，有工序多、周期长等特点。场拌改良土在取土地点集中拌制，其配制程序基本与路拌法相同，与路拌法相比，具有土源单一、场地广阔，机具与检测设备相对固定齐全，管理集中等优势。

一、施工要点

（1）基床底层、对环境敏感地段基床以下路基填筑采用场拌改良土。

（2）施工前按设计提供的配比进行室内试验，确定施工配合比。改良土的配合比应保证混合料的无侧限抗压强度能达到设计要求。

（3）在大面积填筑前，根据初选的摊铺、拌和、碾压机械及试生产出的改良土填料，在选取长度不小于 100 m 的地段进行填筑压实工艺试验，确定工艺参数，并报监理单位确认。施工区段应按填筑阶段的不同进行划分，一般宜划分为底层准备区段、拌和摊铺区段、碾压整形区段、检测报验区段。改良土填筑按试验段总结的施工工艺流程组织施工，同时在施工中，根据实际情况不断完善施工质量控制措施，确保路基压实质量。

二、场拌改良土路堤施工

（一）施工工艺流程图

场拌改良土路堤施工工艺流程图见图 4-2-6。

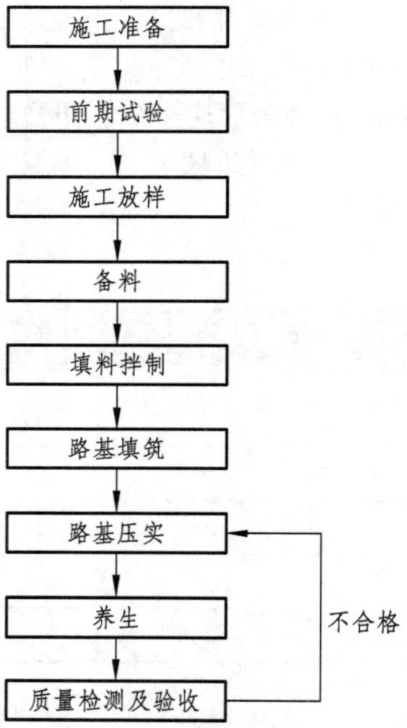

图 4-2-6　场拌改良土路堤施工工艺流程图

（二）施工方法

1．施工准备

做好拌和站的规划建设和设备安装调试、设备计量标定等工作。

做好室内配合比、施工配合比设计，试样检测试验。

机械选型及布置：为了保证拌和质量，满足水泥改良土的细度要求，采用液压碎土设备先进行破碎，然后用自动计量拌和站拌和。先破碎后拌和的机械布置见改良土二级厂拌法机械布置图。

2．室内试验

室内试验主要步骤为：试样准备→制试件→养护→性能试验→计算、分析。

试验项目包括：击实试验、无侧限抗压强度试验、自由膨胀率试验、生石灰土中氧化钙与氧化镁含量试验、含水量试验、液塑限试验等。

压实工艺参数确定：施工前选择有代表性的试验区，结合工程实际情况进行工艺试验。根据试验区获得的试验参数，选择最佳机械组合，确定松铺厚度及碾压遍数等，进而编写最佳施工方案，指导施工。

3．测量放样

在施工现场附近引临时水准点，报监理审批，严格控制标高；在路基上采用方格网控制填料量，方格网纵向桩距不宜大于 10 m，横向应分别在路基两侧及路基中心设方格网桩。在两侧路肩边缘外设指示桩，在方格网内用白灰点控制自卸车倒土密度，以此控制每层的摊铺厚度。

4．破碎

正式破碎前与下级稳定土拌和站进行联动联调，使两级设备的生产能力协调一致，以达到最佳的质量和经济效果。

植物根茎在取土源处予以清除。原料土的粒径小于碎土设备的破碎能力，剔除或改小超过此限的土团；后台上料选用装载机上料；破碎出料运输皮带的落料口对准下级稳定土拌和站的配料仓漏斗，破碎土可快速通过漏斗进入搅拌筒。最后添加改良剂，一个拌和站配备 100 t 水泥粉体罐，粉体通过螺旋输送器添加到配料仓。

5．拌和

在正式拌和前，采用液压碎土设备对填料进行粉碎基质土处理，并调试所用的厂拌设备，保证拌和均匀。

采用拌和站对已破碎的填料进行拌合。在设定拌和产量时，将拌和产量设定在略大于破碎机产量的工况，使拌和站配料仓保持较少的存料，防止拌和站配料仓因进料过快而出现“粘”“堵”“拱”“卡”的现象。

改良土的含水量低于设计要求时，在拌和站这一级设备加水拌和。同时采用雾化加水技术，加水量通过精密计量装置加以控制。基质土和改良土混合料的实际含水量均跟班检测，以便及时调整。

拌和成品混合料经皮带机运送进入储料仓。

6．混合料运输

采用 15 t 以上大型自卸车运输，成品仓前至少安排有 3 台车在等待装料，防止成品仓储料过多，时间过长造成“粘”“堵”“拱”“卡”现象。

在气候干燥、水分蒸发过快的天气条件下运输时，车斗加苫布覆盖，以保证混合料的含水量维持在允许的误差范围内。

运料车不在新铺且未碾压成型的层面上行驶。

7．摊铺

根据松铺厚度计算每车混合料的摊铺面积，确定堆放密度。在填筑场地按照每车土方的数量及摊铺厚度，用白灰点控制自卸车倒土密度，同时埋桩挂线，标示松铺厚度；混合料摊铺完后，先用平地机初平和整形，再用压路机快速碾压 1 ~ 2 遍。对于出现的坑洼应进行平整。混合料应先初平，后精平，设专人及时铲除离析混合料，补以新混合料。分层填筑压实厚度根据压实机具和试验段确定的方法进行，一般宜控制在 20 ~ 28 cm。混合料应全断面均匀摊铺，不得出现纵向接缝，不宜中断。当因故中断超过 2 h 时，应设置横向施工缝，横向接缝应采用搭接施工。

整形应按规定的坡度和路拱进行，并特别注意接缝处的整平。在整形过程中，严禁车辆通行。初步整形后，检查混合料的松铺厚度，必要时应进行补料或减料。

8．碾压

当混合料接近最佳含水率时，用重型压路机在路基全宽内碾压至要求的压实密度，碾压完成后表面应无明显的碾压轮痕迹。碾压时，各区段交接处应相互重叠压实，纵向搭接长度不小于 2.0 m，纵向行与行之间的轮迹重叠不小于 40 cm，上下两层填筑接头应错开不小于 3.0 m。两作业区段之间的衔接处纵向搭接拌和长度不小于 2.0 m。

碾压过程中，表面应始终保持湿润，严禁有“弹簧”、松散、起皮等现象产生。碾压结束之前，应用平地机终平一次，使其纵向顺适，符合设计要求。

9．养生

改良土碾压完成后，如不能连续施工应进行养生，使改良土表面保湿养生不少于 7 天。养生期间勿使改良土过湿，更不能忽干忽湿，应控制好交通，除洒水车外应封闭交通。当改良土分层施工时，下层检验如压实度、平整度等指标合格后，上层填土能连续施工时可不进行专门的养生期。

三、质量控制与检验

（一）质量控制

改良土施工工程质量控制要点主要为五个方面：原材料（土、石灰或水泥）；配合比（根据不同的土质需掺入的石灰或水泥量）；改良土含水量控制；均匀性（避免改良土中出现素土现象）；压实度（通过试验段确定适宜的施工参数）。

（1）对需改良的土料种类应进行核实，路堤填料种类、质量应符合设计要求。

（2）改良土填筑前按设计提供的配比进行室内试验，确定施工配合比。改良土的配合比应保证混合料的无侧限抗压强度及压实质量能达到设计要求。

（3）路堤填筑改良土施工中，拌合料的均匀性是关键因素，应严格控制拌合过程中的施工质量，确保拌合熟料的均匀性。

（4）对初步确定使用的混合料，应进行重型击实试验，计算最佳含水率和最大干密度，并进行 7d 无侧限抗压强度的试验，无侧限抗压强度必须符合设计要求。

（二）质量检验

（1）基床底层及基床以下路堤工程质量检测按《铁路工程土工试验规程》（TB 10102）和《客运专线铁路路基工程施工质量验收暂行标准》规定的试验方法检验。

（2）对需改良的土料种类、质量应符合设计要求。检验方法：按《铁路工程土工试验规程》（TB 10102）规定的试验方法检验。

（3）改良土外掺料的种类及技术条件应符合设计要求。检验方法：检查每批产品的生产检验报告和产品合格证，并在料场的 5 个不同部位等量取样，总计取样不少于 12 kg，按有关规定试验方法进行检验。

（4）对进入摊铺场地的混合料进土团粒和生石灰块的检查，在 100 m^2 面积内随机检查 3 个点。检验方法：土团粒检查采用孔径为 10 mm 的筛子，标准为不能有筛余量；生石灰块检查采用孔径 5 mm 的筛子，标准为不能有筛余量。

（5）改良土填筑压实质量应符合验标的规定。

检验频数：沿线路纵向每 100 m 每压实层抽样检验压实系数 K（改良细粒土）6 点，其中：左、右距路肩边线 1 m 处各 2 点，路基中部 2 点，有反压护道地段每 100 m 增加 1 个检测点。每 100 m 每填高约 90 cm 抽样检验地基系数 K_{30}、动态变形模量 Evd 各 4 点，其中：距路基边线 2 m 处左、右各 2 点，路基中部 2 点。

检验方法：压实系数 K 检验宜用环刀法，K_{30}、Evd 按《铁路工程土工试验规程》（TB 10102）规定的方法检验。

（6）无侧限抗压强度应符合设计要求。

检验频数：每层每 1000 m^2 检查一组；

检验方法：按《铁路工程土工试验规程》（TB 10102）规定的试验方法检验。从已摊铺好填料的地段现场抽样，在室内按要求的压实度成型，进行无侧限抗压强度试验。

第七节　过渡段施工

一、路堤与桥台过渡段

相邻路基填筑推进到过渡段范围时，透水软管按设计埋设，渗水墙施工完成；对过渡段先期已经处理过的地基表面再做清理。

过渡段桥台的基坑以 C15 混凝土回填或以碎石分层填筑，并用小型振动设备碾压。回填工作必须在隐蔽工程验收合格后才能进行。

过渡段填料施工分层填筑压实，每层的压实厚度不大于 20 cm，最小压实厚度不小于 15 cm，具体的摊铺厚度及压实遍数按工艺试验确定的工艺参数进行控制。每压实层路拱坡面符合设计要求，无积水现象。

过渡段填料和与其连接段的填料填层与相邻的路堤及锥体同时施工，并将过渡段与连接路堤的碾压面按大致相同的水平分层高度同步填筑并均匀压实。在填筑压实过程中，保证桥台、横向结构物稳定、无损伤。

路堤与桥台过渡段填料和结构形式满足设计要求。过渡段路堤应与桥台锥体和相邻路堤同步填筑。

大型压路机碾压不到的部位及在台后 2.0 m 范围内，用小型振动压实设备进行碾压，填料的松铺厚度不大于 25 cm，每层填筑压实后，经检测合格后进入下一层施工。

二、路堤与横向结构物过渡段

路堤与横向结构物连接处，设置过渡段。除横向结构物顶面距地面高度小于 1.0 m 且不足路堤高度的 1/2 时不设置过渡段外，其他情况均设置过渡段。当横向结构物顶距路肩距离大于等于 1.0 m 时，过渡段范围内采用 A 组填料填筑，当横向结构物顶距路肩距离小于 1 m 时，横向建筑物顶面以上路堤以及过渡段范围内基床表层填筑 A 组填料。

对涵洞两侧基坑进行清理，做到基坑底部无先期涵洞施工中所产生的垃圾及松土（杂土）。按设计要求填入填料，使用小型夯实机具分层夯实。

涵路过渡段施工在涵洞两侧对称同时进行，并与相邻路堤同步施工。根据过渡段不同部位填料的不同，由涵洞向路基方向、由中心线向路基两侧按顺序依次进行填料的铺设工作。每层的压实厚度不大于 20 cm，最小压实厚度不小于 15 cm，每压实层路拱坡面符合设计要求，无积水现象。

每层填料利用人工及推土机松铺填筑完成之后，根据试验段所得出的压实数据及标准进行碾压，使其达到设计规定的压实标准。在涵洞及其两侧 1.0 m 范围内，不能使用大型压实设备进行碾压，采用内燃式冲击夯进行夯实，其振压遍数以达到设计要求的压实标准为准。

横向结构物的顶部填土小于 1 m 时，不得采用大型振动压路机进行碾压。每层填筑压实后，经检测合格后进入下一层施工。

三、路堤与路堑过渡段

当路堤与路堑连接处为坚硬岩路堑时，在路堑一侧顺原地面纵向开挖台阶，台阶高度≥0.6 m，并应在路堤一侧设置过渡段，过渡段采用 A 组填料填筑；当路堤与路堑连接处为软质岩石或土质路堑时，路堤部分基床以下采用 A、B 组填料填筑，并顺地面开挖台阶，台阶高度≥0.6 m，其开挖部分填筑同路堤。

过渡段填筑前，平整地基表面，碾压密实；并挖除堤堑交界坡面的表层松土，按设计要求做成台阶状。过渡段填筑施工与相邻路堤填筑施工同步进行。

硬质岩路堑台阶开挖按设计尺寸要求采用浅孔、小药量光面爆破施工。

软质岩、强风化硬质岩、土质路堑过渡段台阶开挖按设计尺寸采用机械开挖，预留 20 cm 土层人工清除，确保台阶几何尺寸满足设计要求。

大型压路机能碾压到的部位，其施工方法参照路堤施工相关规定，靠近堤堑结合处，沿堑坡边缘进行横向碾压。大型压路机碾压不到的部位，采用小型振动压实设备进行碾压，填料的松铺厚度不大于 20 cm，碾压后其检测满足设计要求。

第八节 路基基床施工

路基基床由表层和底层组成。区间正线路基基床表层采用级配碎石填筑，底层采用 A、B 组填料填筑。

一、基床底层填筑

基床底层填料采用 A、B 组填料，填料来自隧道、路堑弃方移挖作填及取土场，填料主要属块石类混合填料。自卸汽车运输，全断面水平分层填筑，推土机摊铺，人工配合整平，压路机碾压的施工方案。

（一）填土高度小于等于 0.6 m

1．地基为土质、全风化岩层

基床表层底面以下地基换填厚度不小于 0.5 m。当地下水位距离路肩≤2.5 m 时，基床底层采用 0.4 m 的 A、B 组填料+0.05 m 中粗砂+PVC 毛细防排水板+0.05 m 厚中粗砂填筑，并于两侧排水沟底部设纵向排水盲沟；当地下水位距离路肩＞2.5 m 时，基床底层采用 0.05 m 厚中粗砂+复合土工膜+0.05 m 厚中粗砂+0.4 m 厚 A、B 组填料填筑。

2．地基为膨胀土

基床底层地基换填厚度不小于 0.5 m。当地下水位距路肩≤2.5 m 时，换填底部铺设 0.05 m 厚中粗砂+PVC 毛细排水板+0.05 m 厚中粗砂填筑，并在两侧排水沟底部设置纵向排水盲沟；当地下水位距路肩＞2.5 m 时，换填或填筑底部铺设 0.05 m 厚中粗砂+复合土工膜+0.05 m 厚中粗砂填筑。

3．地基为强风化、弱风化软质岩、强风化硬质岩

基床底层挖出换填 0.3 m 厚 A 组填料，当地下水位距离路肩≤2.5 m 时，基床底层采用 0.2m 的 A、B 组填料+0.05 m 中粗砂+PVC 毛细防排水板+0.05 m 厚中粗砂填筑，并于两侧排水沟底部设纵向排水盲沟；当地下水位距离路肩＞2.5 m 时，0.2m 的 A、B 组填料+基床底层采用 0.05 m 厚中粗砂+复合土工膜+0.05 m 厚中粗砂填筑。

4．地基为不宜风化的坚硬岩

不预处理，采用 C25 混凝土找平后直接填筑。

（二）填土高度大于 0.6 小于等于 2.5 m

1．地基为土质、全风化岩层

当地下水位距离路肩≤2.5 m 时，原地面挖除换填 0.2m 的 A、B 组填料+0.05 m 中粗砂+PVC 毛细防排水板+0.05 m 厚中粗砂填筑，并于两侧排水沟底部设纵向排水盲沟；当地下水位距离路肩＞2.5 m 时，换填 0.2m 的 A、B 组填料+0.05 m 厚中粗砂+复合土工膜+0.05 m 厚中粗砂+0.4 m 厚 A、B 组填料填筑。

2．地基为膨胀土

当地下水位距路肩≤2.5 m 时，原地面挖除换填 0.4 m 的 A、B 组填料+0.05 m 厚中粗砂+PVC 毛细排水板+0.05 m 厚中粗砂填筑，并在两侧排水沟底部设置纵向排水盲沟；当地下水位距路肩＞2.5 m

时，原地面挖除换填 0.4 m 的 A、B 组填料+0.05 m 厚中粗砂+复合土工膜+0.05 m 厚中粗砂填筑。

3．地基为强风化、弱风化软质岩、强风化的坚硬地段

将地面整平并做成两侧 4%的横坡，碾压密实后，直接在上填筑路基。

4．地基为不易风化的坚硬岩石

不予处理，采用 C25 混凝土找平后直接填筑。

二、基床表层填筑

填方路基基床表层采用 0.6 m 的 A 组填料填筑，采用水平分层，填筑压实厚度小于 30 cm 为宜。

基床表层级配碎石填筑施工顺序：

（1）材料准备：填筑前对所需的材料做全面检查，并提前做好储料的一切准备工作，并有足够的储料场和储料设备，保证基床表层的正常铺筑。

（2）堆载预压土方卸载：路基工程安排堆载预压的沉降时间大于 6 个月，堆载预压期间进行沉降观测，并进行路基工后沉降推测，当推测工后沉降满足要求后方可卸载。

（3）验收基床底层：基床表层填筑前应检查基床底层几何尺寸，核对压实标准，不符合标准的基床底层应进行修整，达到基床底层验收标准。

（4）测量放样：在施工现场附近引临时水准点，报监理审批，严格控制标高；按 10m 一桩，放中线和边线，设置钢丝绳基准线。

（5）加工：级配碎石混合料复合要求的原材在碎石加工场集中破碎加工，经试验室检测合格后方可用于过渡段施工。

（6）运输：装料时，车要有规律的移动，使混合料在装车时不致产生离析。采用大对吨位自卸车运输。并保证足够的运输车辆，确保摊铺机能够不间断的连续摊铺。车辆运输过程中用防水篷布覆盖。运料汽车在摊铺机前 10 ~ 30 cm 处停住，不得撞击摊铺机。卸料过程中汽车挂空挡，靠摊铺机推动前进，以确保摊铺层的平整度。

（7）摊铺：摊铺时以日进度的需要量和拌和设备的产量为度，合理计算卸料需要量。

基床表层下层的级配碎石或级配砂砾石的摊铺可采用摊铺机或平地机进行，顶层必须用摊铺机摊铺。

每层的摊铺厚度应按工艺试验确定的参数严格控制。用平地机摊铺时，必须在路基上采用方格网控制填料量，方格网纵横向桩距根据自卸车的吨位而定，一般不宜大于 10 m。用摊铺机摊铺时，应根据摊铺机的摊铺能力及拌和场的拌和能力配置运输车，使摊铺机的摊铺作业能够不间断的连续进行。

（8）碾压：采用重型光轮振动压路机进行碾压，按试验段确定的碾压遍数和程序进行压实，使其达到规定压实度，且表面须平整，各项指标符合设计要求。直线地段，应由两侧路肩开始向路中心碾压；曲线地段，应由内侧路肩向外侧路肩进行碾压。

碾压遵循先轻后重、先慢后快的原则。各区段交接处应相互重叠压实，纵向搭接压实长度不小于 2.0 m，纵向行与行之间的轮迹重叠不小于 40 cm，上下两层填筑接头应错开不小于 3.0 m。

（9）检测：每层施工完成后进行自检、复检，合格后报验监理工程师抽检的三级质量检测系统，严格按照规范要求的试验方法、试验点数、检验频次，逐层分段、分部进行试验检测。

第九节　路基防排水施工

地面排水设施的主要表现形式有：排水沟、侧沟、平台截水沟、天沟、吊钩及坡面排水槽等，地下排水设施主要指集水井及过渡段各类排水。

一、集水井

集水井是将路基表面水汇集并排入侧沟或坡面排水槽，采用 C20 混凝土浇筑。施工前熟悉施工图纸，施工前技术人员应统计各个路基段的集水井的数量、形式、位置。

集水井基础采用人工开挖，施工前按照测量出的桩位及控制轴线放出检查井的开挖尺寸。开挖过程中控制好检查井的尺寸和竖直度，施工中不允许出现超挖，对于超挖的部分采用与检查井井身同标号的混凝土回填。

井口周围要做好防排水工作，以免雨水或施工废水流入基坑内。开挖到设计标高时应检查集水井的基底标高是否符合设计要求；并采用锤球和直尺检查检查井的竖直度和尺寸。

绑扎安装检查井的钢筋，钢筋底部采用安装混凝土预制垫块来控制钢筋位置。浇筑集水井的基础混凝土，浇筑时要注意基础的混凝土顶面标高。在基础混凝土初凝后，混凝土面上用锤球定出检查井的中心位置及控制轴线，用墨线标出井身位置。按照放样出的位置安装模板，并加固牢靠。

浇筑井身混凝土前要注意预埋直径为 0.15 m 的镀锌钢管或耐压 PVC 软式透水管。采用对路基切槽预埋管道，管道安装完成以后切槽采用混凝土封闭。

集水井盖采用集中预制，井盖上设置多个 3 cm×10 cm 的泻水孔。在集水井身混凝土强度达到设计强度后安装集水井盖板。

二、地面排水沟

地面排水沟分为：路堤坡脚外的排水沟、侧沟、平台截水沟、天沟及排水沟、坡面排水槽等。

地面排水沟在施工时要选好排水沟的排水方向，施工材料应满足设计要求；路堤坡脚外的排水沟、侧沟在路基完成后施工；平台截水沟与护坡同时施工，施工应注意在急流槽位置与吊沟连接。坡面排水槽与坡面防护同时施工，排水槽每隔 15 m 设置一道。

排水工程严格按照设计图纸施工。砂浆采用拌和机拌和，做到砌体砂浆饱满，石料尺寸选配合理，强度满足要求，石料颜色一致，勾缝采用凹缝，墙面平整、美观。挖方段的天沟，以及路基填筑的临时排水工程，尽量在雨季到来之前完成。

浆砌圬工采用挤浆法施工。

天沟的位置、尺寸要求符合设计要求，出水口牢固，以防被雨水冲塌并且与其他排水设施平顺衔接。由于本工程区域主要是湿陷性黄土，所以对沟底要进行严格的加固和防渗漏处理。

排水沟的线形平直、圆顺，排水沟的位置、坡度、长度符合设计要求。如因纵坡过大致使水流速大于沟底、沟壁的容许冲刷流速时，对边沟采取加固措施。

第十节 路基防护工程施工

路基防护工程主要介绍混凝土挡土墙、桩板挡墙、抗滑桩、土钉墙锚杆（锚索）框架梁、浆砌人字骨架护坡、绿色防护六种形式。

一、混凝土挡土墙

（一）施工概况

DK257+350 ~ DK290+500 区间、董公寺站、阁老坝站等地段设计采用混凝土挡墙进行挡护。

（二）施工工艺

1．挡墙基坑开挖

挡墙基坑采用机械开挖，人工整修，挖基宜避开雨季，保证槽壁平整坚实，基底平顺，无积水。土质及软质岩墙背开挖时分段跳槽开挖，并及时浇筑墙身。临时开挖边坡与墙背坡度保持一致，临时边坡如超挖、局部坍塌、掉块等，采用透水砂卵石材料回填。

2．挡墙施工

挡墙施工采用人工立设组合钢模板，拌和站集中拌制混凝土，混凝土搅拌运输车运送混凝土，吊车提升或泵送混凝土，料斗入模，分层浇筑，机械振捣，草袋覆盖，洒水养护的方法施工。

二、桩板挡墙

（一）施工概况

DK257+350 ~ DK290+500 区间、董公寺站、阁老坝站等地段设计采用路堑桩板墙进行挡护。

（二）施工方法

路堑桩板墙施工，先按照设计边坡开挖桩顶以上土石方，挖至桩顶平台位置停止边坡开挖，及时施作已经开挖边坡坡面防护工程，然后开挖桩孔，灌注桩身混凝土强度达到设计值的 80%后，进行桩身无损检测合格后，再开挖桩前土石方，严禁超前开挖土石方后施工桩。路堤（肩）式桩板墙先施工桩，待桩身混凝土强度达到设计值的 100%后，再安装挡土板，填筑桩背土方。抗滑桩桩身采用 C30 ~ C35 混凝土。孔桩护壁为 C20 钢筋混凝土。桩身强度达到设计强度后，再间隔或分层开挖桩前土体。路堤、路肩式桩板墙墙背地面以上部分，路堑式桩板墙墙背路肩以上部分设 0.3 m 厚砂夹卵石反滤层；反滤层下部和距墙顶 0.5 m 高范围内设置夯填黏土防渗层。

（三）桩孔施工

1．桩孔开挖

桩孔施工尽量安排在旱季，跳桩开挖基坑，护壁及时跟进。桩身混凝土不间断浇灌，避免形成相对软弱截面。井内土方采用短镐、铲、锹开挖，基岩、孤石采用爆破。在井口竖立三脚架配卷扬机出砟、进料。起吊高度高出井口 2 m 以上。井口搭设临时雨棚，做好井口排水沟。

2．桩孔的开挖支护

采用分节开挖、支护，每节高度视不同地质而定（一般 0.6 ~ 1.0 m）。在土石层变化处和滑床面处不得分节。井孔开挖采用现浇薄壁钢筋混凝土护壁，厚度 0.2 m，井口锁口厚 0.3 m，高出地面 30 cm，以免地表水流入孔内。开挖程序见图 4-2-7。

当上节护壁浇筑 24 h 后，即可拆模，继续下挖，先挖Ⅰ部，后挖Ⅱ部。护壁混凝土的灌注，上下节可连成整体，也可间开，视孔壁稳定程度定。对于软弱土层或土石分界处，要增强护壁钢筋，且连成整体。下送混凝土时做到对称和四周均匀捣固，防止模板偏移。

施工中，随时检查护壁受力情况。若发现护壁开裂、错位，孔下作业人员立即撤离，待加固处理后方可继续开工。

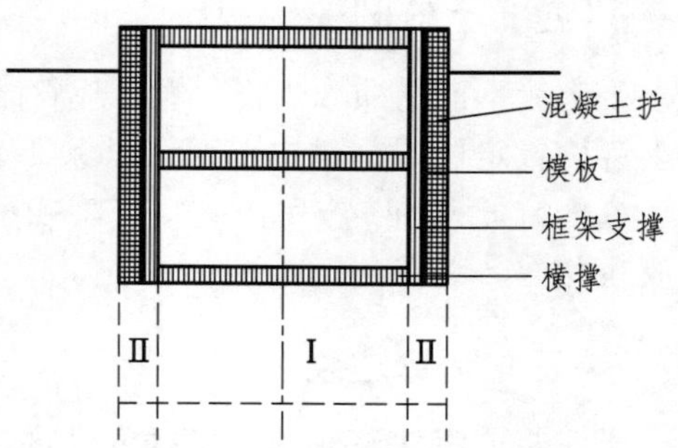

图 4-2-7　桩孔开挖程序图

3. 灌注桩身混凝土

挖至孔底后，检查桩的深度是否符合设计要求。钢筋笼采用现场制作、孔内绑扎成型，其与护壁的间隙用混凝土块楔紧。以串筒、漏斗将混凝土传送至孔内浇筑、捣固。如此连续反复循环直至井口。路堤（肩）式桩板墙桩的地面以上部分安装钢模板，整桩一同浇筑。桩身混凝土连续分层浇筑、振捣密实。拆模后覆盖麻袋片洒水养生 7 d。桩身混凝土强度达到设计要求后，通过第三方桩身无损检测均合格。

4. 挡土板施工

（1）路肩式挡墙挡土板在小型构件预制场预制，采用 4 mm 厚钢模、角钢紧固，模板壁涂脱模剂。粗骨料粒径不大于 15 cm，采用平板振动器振实，并及时养护。

挡板安装：自卸汽车运至现场，采用吊车安装就位。安装时，板与板之间铺水泥砂浆，以利调平板缝。

（2）路堑式挡土板边开挖，根据土质情况从上至下分节现浇，一般高度为 0.5 ~ 1.0 m。现场制作绑扎钢筋并立模现浇。

三、土钉墙

（一）施工概况

区间路基 DK260+250 ~ +281，DK272+520 ~ +573.35 段路堑边坡设置桩间土钉墙进行支挡加固。

（二）工作面开挖

边坡开挖前先按照设计要求施工锁顶锚杆，锁顶锚杆采用ϕ16 mm 钢筋，长 3m，间距 1.2 m，钻孔直径采用ϕ100 mm。

土钉施工随工作面按设计 1：0.2 坡率开挖，分层分段施工，分层高度土质边坡 0.5 ~ 2 m，石质边坡高度 1 ~ 4 m。机械开挖后辅以人工修整坡面，清除松动面层，进行必要的嵌补平整，开挖断面经检查合格后立即初喷 5 cm 厚 C20 混凝土封闭坡面，减少坡面土暴露时间。待喷射混凝土强度达到设计强度后方可继续向下开挖土方。

（三）土钉钻孔

土钉孔成孔采用水平钻机，干钻方法，以防塌孔、缩孔，按照设计要求定位开孔，成孔直径为 100 mm，入射方向与坡面垂直[与坡面成（11）31°水平角]。土钉孔钻孔过程中若发现坍孔，采用套管跟进护壁。土钉成孔偏差符合施工规范要求，允许偏差：土钉孔深 ± 50 mm；土钉孔径 ± 5 mm；土钉孔距 ± 100 mm。

（四）土钉制安

土钉钢筋材质、规格、直径应符合设计要求，使用前应调直、除锈、除油，钢筋接头采用帮条焊。土钉设置定位器，对中支架，以保证土钉钢筋保护层厚度。

土钉插入前，应用压缩空气将残留及扰动的废土清除干净，然后将经监理检查合格的土钉（钢筋）放入孔内。

（五）土钉注浆

注浆前将注浆管随土钉插入孔内，将灌浆材料从锚杆底部开始灌注，水泥浆灌满孔流出后，用快干水泥砂浆封住孔口，待 5 ~ 10 min 后，再套上垫板，并锁上螺帽。灌浆压力不小于 0.2 MPa，灌浆料必须均匀填满钢筋与孔壁之间的空隙。

土钉注浆采用砂浆泵灌注。浆液采用 1∶1 水泥砂浆，水灰比 0.35～0.45，沙粒径不大于 1.0 mm。为防止水泥砂浆产生干缩，掺入一定量的微膨胀剂。注浆管从止浆塞中伸出同注浆泵相连，边压入水泥砂浆边向孔口方向拔出注浆管，直至浆液挤满孔壁、孔口返浆为止。最后拔出止浆塞，用干硬性砂浆封孔。

（六）网喷混凝土施工

待土钉锚固体强度达到设计强度的 70%后，敷设钢筋网，安装土钉锚头紧固件。将钢筋网与紧固件连接牢固。

（七）立模灌注混凝土面板

现场根据设计坡面采用钢模进行立模，采用 C35 混凝土进行浇筑面板混凝土，插入式捣固器振捣。立模现浇采用一次性连续浇筑，不得形成施工通缝，确保混凝土面整体光滑，混凝土墙面强度达到设计强度的 85%以上，方可拆除模板。

四、锚杆（锚索）框架梁

（一）施工概况

DK257+350～DK290+500 区间、董公寺站、阁老坝站部分地段设计有锚杆（锚索）框架梁加固边坡。施工前做好地表截排水设施后，路堑边坡自上而下分层开挖，每一分层高度 2～3 m。每一分层开挖完毕后，立即施工坡面锚杆：定位、造孔、锚杆安装、灌浆。然后进行下一分层施工。每一级坡面开挖完毕后，绑扎制作钢筋笼，现浇框架梁。每一级全部施工完毕后，进入下一分级循环。

（二）锚杆

按照设计要求布置钻孔，锚杆施工工序为钻孔→安装锚杆→注浆→锚头封闭。

钻孔：采用水平钻机钻孔，钻孔结束后用高压空气（风压 0.2～0.4 MPa）将孔中岩粉排除干净。

锚杆安装：锚杆采用ϕ32 螺纹钢筋，安装锚杆后用注浆泵进行孔内锚固段注浆，注浆用 M35 号水泥砂浆，采用孔底返浆法一次注浆，避免中途停注。锚杆灌浆后养护不少于 7 d，待砂浆强度达到设计强度 70%后，方可进行框架梁和封头施工。

（三）框架梁

框架纵横梁均采用 C35 钢筋混凝土现浇，土质边坡采用嵌入式（框架内喷播植草），石质边坡采用外露式（框架内堆码植生袋），顶面与边坡面齐平；梁背面与槽底面密贴，凹凸不平处用 M7.5 浆砌片石填平；框架梁采用现场定位，纵向每隔 3 个框架于框架中部设置伸缩缝一道，缝宽 0.02 m，缝内填塞沥青麻筋，框架梁机构尺寸严格按设计要求施工。

（四）锚索

按照设计要求布置钻孔，锚索施工工序为钻孔→安装锚索→注浆→框架梁施工→张拉→锚头封闭。

钻孔：按照设计要求在坡面上放置孔位，孔位偏差，孔深、孔径、角度满足验收标准；钻孔采用水平钻机钻孔，干钻方法，钻孔结束后用高压空气将孔中岩粉排除干净。

锚索安装：锚索采用高强度、低松弛ϕ15.2 mm 钢绞线制作，锚索一孔 6 束钢绞线，制作锚索时，其长度应增加 1.5 m 张拉段，锚索安装就位后及时进行孔内注入 M35 水泥砂浆，注浆压力不小于

0.6 MPa，水泥砂浆 7 天强度不低于 20 MPa，28 天的强度不低于 30 MPa。注浆管插入距离孔底 300 mm ~ 500 mm。浆液自下而上连续灌注，中途不得停浆，在初凝前进行补浆，保证浆液均匀地填满钢筋与孔壁之间的空隙。

锚索张拉：框架梁施工时在框架节点中心预埋钢管，钢管内径和钻孔直径相同，锚具与框架之间连接牢固，锚具垫座必须与框架梁同时浇筑成整体，锚具垫座的承压面平整，并与锚索轴线方向垂直，锚索张拉前注浆体和锚具混凝土台座的抗压强度满足设计要求。锚索张拉前，应取 0.1 ~ 0.2 倍轴向设计拉力值进行预张拉 1 ~ 2 次，使锚索体完全平直，各部位紧密接触，在同一联框架梁内采用两次对称张拉，每次张拉时间间隔 3 ~ 5 d，第一次张拉循环分 3 个循环进行张拉，张拉值为设计值的 70%；第二次张拉分两个循环进行张拉，张拉值为设计值的 40%（包括 10%的超张拉值），每次内每个循环均应对同一联锚索张拉一次，并且每孔时间间隔应保持一致，张拉过程中应对锚索的伸长值及受力做好记录，核实伸长与受力是否相符合。

锚索施工完毕后，应对锚索的受力情况进行检查，核实，经综合评估锚索受力趋于稳定后，方可切割锚具外超长的钢绞线，并对锚索进行封头处理。

五、浆砌人字骨架护坡

路堤填方高度大于 4 m，挖方地段土质边坡大于 4 m、小于 8 m 均设计有浆砌人字骨架护坡。

护坡砌筑时基面应平顺无浮土、松动岩块、浮砗；墙基应置于稳定可靠的地基之上，在新填土质路基坡面上砌筑护坡，待路基沉降稳定后进行。

护坡分层、分段砌筑。采用挤浆法砌筑，确保砌缝饱满；石块应错缝砌筑，无通缝、瞎缝，石块之间彼此镶紧咬合。砂浆采用机械拌制。砌体砌筑时双向挂线，保证线条顺畅、坡面平顺、砌体厚度合格。

伸缩缝/沉降缝按设计留置，设计无要求时每隔 10 ~ 20 m 设一道，缝中填满沥青麻筋。所用片石无风化、水锈，强度及尺寸符合规范要求，砌筑时选面或修面。砌筑砂浆采用机械拌制，随拌随用，砂浆稠度锥体沉入度控制在 50 ~ 70 mm 范围内，现场监控以用手捏成团不散为宜。

六、绿色防护

（一）喷播植草

喷植前先修好天沟等排水设施，修整坡面嵌补凹槽、坑洼、准备好喷植混合材料等，喷植材料随拌随喷。

草籽选择：草籽、树种选用根系发达茎矮叶茂并适于当地成活率高的多年草种。喷播草籽含量每平方米不小于 15 ~ 20 g。

试喷：大面积的喷播工程先进行试播，以得到合理的种子、肥料、农药、保水剂和营养土等的配合比。喷投物料要有一定的稳定性，喷到预定坡面上忌浆材沿坡面流动。

喷播：连续向喷射机供料；保证喷射机工作风压稳定；完成或因故中断作业时，将喷射机和输料管内的积料清除干净。

养护：在施工完毕后，进行精细的养护管理，养生期不少于 30 d，在养生期内，用透气农膜覆盖，避免雨水直接冲刷。对漏喷、草籽发芽成活过稀部位进行补种。

（二）种植灌木、花草

按设计标出种植地段、种植位置及品种的轮廓，并进行放样。树坑由人工开挖，由有经验的工人，按照常规做法，进行种植、施肥和回填土。植物栽植深度比在苗圃的种植深度加深 20 ~ 30 mm。种植后按设计要求，对树苗、花草及时浇透水，半月之内再浇水 2 ~ 3 次。其后每周一般浇水一次，视气候情况而定，直到植物成活为止。

第十一节　路基沉降控制与评估

一、路基沉降控制

路基沉降主要发生在软土及松软地基，路桥（涵）过渡段和高填方地段，主要控制措施有：

（1）路基填料控制，填料选择透水性好，强度高，粒径合格及级配良好的材料。

（2）严格控制松铺厚度，桥涵过渡段压实厚度小于 20 cm。高填方路基及软土地基压实厚度不大于 30 cm。

（3）施工过程中严格按照规范及验标要求进行路基压实度检测，确保每层填筑路基压实度满足设计要求。

（4）加强软土地基加固质量控制，严格按照设计要求铺设土工织物。

二、路基沉降评估

路基沉降评估委托给西南交大铁路发展有限公司，评估区段 DK257+350 ~ +675，DK283+610 ~ DK284+823，DK287+295 ~ +890，LDK0+572 ~ +902，LDK3+750 ~ +989，K300+030 ~ +130，K301+400 ~ K302+000 段及桥涵路基过渡段共 102 个测点进行评估，沉降测点时间，观测频率，沉降值及沉降速率等满足技术规程和评定细则要求，具备钢轨铺设技术条件。

第三章　桥涵工程

第一节　基础施工

一、明挖基础施工

明挖基础施工时，用挖掘机开挖至距设计标高 20 ~ 30 cm 后，采用人工配合整修。在坚硬岩石部分，采用机械破碎的方式进行开挖；在地下水较多地段基坑外设集水井采用水泵抽水施工。

（一）定位放样

根据地质情况定出放坡率，根据基础尺寸、深度、渗水情况确定基坑尺寸。置于岩石中的扩大基础，底层基础混凝土满灌，其他情况下，为便于立模、挖排水沟和汇水井，每边加宽 0.5 m ~ 0.8 m。基坑开挖尺寸偏差符合现行规范的要求。

（二）基坑开挖

基坑开挖采用机械开挖和人工开挖相配合。开挖时控制边坡坡度，注意边坡稳定。根据土质、深度、渗水情况，采取适当的坑壁支护。深度过深时，可将边坡放缓或增加平台。石方开挖时，采取机械破碎，尽量避免超挖，同时采取适当的防护措施。

（三）地面排水

在基坑周围设排水沟，排除地面积水，防止积水流入基坑，浸泡基底。

（四）地基检验

基坑开挖接近设计标高时，采用人工清底至设计标高，对地基承载力试验，岩层基底按照设计要求进行钎探，并经设计人员、监理工程师等共同进行基地验收签认，符合设计要求后方可进行下道工序施工，否则应按要求进行基底处理。

（五）混凝土浇筑

混凝土使用的粗细骨料、水泥等，经试验合格后方可使用。混凝土采用具有自动计量和检测装置的拌和站集中供应，混凝土由混凝土输送车运至现场，用混凝土输送泵或泵车泵送入模，插入式振动棒捣固。当混凝土自由下落高度超过 2 m 时，设滑槽或串筒，防止混凝土离析。浇筑混凝土必须认真振捣，不能过振和漏振。基础混凝土与墩台身的连接处，设置直径不小于 16 mm 的预埋钢筋以加强其整体连接，钢筋埋入与露出部分的长度各不小于钢筋直径的 30 倍，间距不大于钢筋直径的 20 倍。

二、挖孔桩施工

挖孔桩采用人工挖孔，钢筋混凝土护壁，卷扬机提升，施工过程中做好井口防护，确保施工安全。

施工方法为人工挖孔从上到下逐层用镐、锹进行，遇坚硬土层用锤、钎破碎。挖土次序为先中间后周边，按设计直径加护壁厚度控制截面，允许尺寸误差为 3 cm，孔深超过 10 m 时，要增设通风设备通风送氧，挖孔暂停时，孔口要罩盖。将弃土装入吊桶，用安装在孔口支架上的慢速卷扬机垂直提升，吊至地面，用机动翻斗车或手推车运出。

（一）水磨钻挖孔方式

当挖至基岩层时，采用水磨钻方式进行开挖，先用水磨钻机沿孔壁四周钻孔并取出岩芯，中间按十字形钻孔，用铁楔把石块改小；同时钻孔的布孔形式根据岩层的变化进行调整，每循环钻进深度约 60 cm。

（二）井孔护壁

采用现浇 C25 钢筋混凝土圆形薄筒护壁，护壁钢筋上焊接钢筋制扶梯，供人员上、下。本工程所用井圈的护壁混凝土厚度为 20 cm，锁口混凝土厚度为 0.4 m。护壁施工采用自制钢模板拼装而成，拆上节、支下节，循环周转使用。模板间用 U 型卡连接，上下设两道 6 号槽钢圈顶紧，钢圈由两半圈组成，用螺栓连接，不另设支撑。以便浇灌混凝土和下节挖土操作。第一节混凝土护壁宜高出地面 30 cm，便于挡地表水和定位。混凝土用机械拌制，用吊桶运输人工浇筑，每隔 1.0 ~ 2.0 m 开挖节段护壁一次，扶梯也随护壁延伸而加长。待护壁达到允许强度后，再进行下一节段开挖。

（三）钢筋工程

根据施工条件，挖孔桩的钢筋骨架可在钢筋加工场先加工，现场绑扎吊安。为使钢筋骨架正确牢固定位，除在主筋上要设钢筋“耳环”或混凝土垫块外，也可在孔壁上打入钢钎，用铅丝与主筋绑扎使其牢固定位，钢筋绑扎严格按设计要求进行，焊接接头按相关规范执行。

（四）桩身混凝土

采用拖泵，通过串筒送入孔内，然后用振捣棒分层振捣成型。同时注意以下两点：桩身混凝土应连续浇注，尽可能一次浇完，若施工接缝不可避免时，按一般混凝土施工浇筑施工缝的规定办理，并设置上下层锚固钢筋，锚固钢筋的截面积，根据施工缝位置验算。

混凝土灌注至桩顶以后，超出设计桩顶 1 m，待承台基坑开挖后将离析的混合物及水泥浆等清除干净。

三、钻孔桩施工

（一）施工准备

（1）场地准备：旱地钻孔时要求平整场地，清除杂物，换除软土，夯打密实。

（2）埋设护筒：采用钢护筒，钢板壁厚 10 mm，高度为 2m，做成整体圆形，为增加刚度防止变形，在护筒上、下端和中部的外侧各焊一道加劲肋。护筒直径符合设计、规范要求。旱地（浅水经筑岛后按旱地处理）施工护筒埋深 1.5 m，护筒顶高出地面 50 cm，埋设时将护筒周围 0.5 ~ 1.0 m 范围内土挖除，夯填黏土至护筒底 0.5 m 以下。

（3）泥浆：泥浆有护壁和悬浮钻渣两个作用。一般可选塑性指数大于 25，粒径小于 0.005 mm 颗粒含量多于总量 50%的黏土制浆。如当地缺少适宜的黏土时，可用略差的黏土，并掺入 30%的塑性指数大于 25 的黏土。所有黏土中不应含有石膏、石灰或钙盐类化合物。调制泥浆时采用将黏土直接投入钻孔内，利用钻锥冲击制造泥浆。

（二）冲击钻钻孔

开挖时应先在孔内灌注泥浆（有水时可直接投入黏土），采用小冲程，使成孔坚实、竖直、圆顺，能起导向作用，并防止孔口坍塌。

当钻进深度超过钻头全高加冲程，且超过护筒底脚以下 2 ~ 4 m 后，方可进行正常的冲击；钻进过程中，必须勤松绳，防止打空锤；每次松绳量：松软土层为 5 ~ 8 cm，密实坚硬土层为 3 ~ 5 cm。勤抽渣，使钻头经常冲击新鲜地层；冲程应根据土层情况而定，坚硬土石层采用高冲程（100 cm）；较软土层采用中冲程（75 cm），在易坍塌地层宜用小冲程，并应相应提高泥浆的黏度和相对密度；对于岩溶强烈发育地段及回填区域采用钢护筒跟进；被冲击破碎的钻渣，少部分和泥浆一起被挤进孔壁，大部分靠反循环泥浆泵将钻渣清除出孔外，清渣必须按时，一般密实坚硬土层每小时钻进小于 5 ~ 10 cm、松软地层每小时纯钻进小于 15 ~ 30 cm 时，应进行清渣。或每进尺 0.5 ~ 1.0 m 时清渣一次，每次清至泥浆内含渣显著减少时为止。

在初钻孔阶段，为使钻渣挤入孔壁，可待钻进 4 ~ 5 m 后再清渣，正常钻进每工班至少应清渣一次。

（三）旋挖钻机钻孔

施工准备与冲击钻钻孔相同，钻孔分为干钻和泥浆护壁钻孔，当孔桩地质较好并且桩底标高在地下水位以上采用干钻孔，孔桩地质较差及桩底在地下水位一下采用泥浆护壁钻孔，钻进过程中检查钻孔的垂直度，孔径并及时补入泥浆，确保护壁稳定，岩层软硬交接处应放慢钻进速度，以免造成偏孔或卡钻；钻孔完毕后及时进行清孔，清孔后沉渣厚度小于 10 cm。

（四）钢筋笼制作与安装

钢筋笼宜整体吊装入孔，为了吊装时有足够的刚度，主筋与加强箍筋必须全部焊接，如条件困难时可分段（每段不超过 6 ~ 8 m）入孔，为减少上下节偏心，上下两段应保持顺直，接头最好采用对焊

（手扶对焊机），条件不具备时，可采用帮条焊接。钢筋笼入孔后，应牢固定位，以免在灌注混凝土过程中发生掉笼或浮笼现象。

（五）灌注水下混凝土

采用直升导管法灌注水下混凝土。导管上设漏斗，漏斗下设隔水栓。开始时漏斗中储备足量的混凝土拌和物，其数量要保证在切断隔水栓首批混凝土灌注下去后，使导管下口埋入混凝土中长度不小于 1 m。以后尽量采用连续快速灌注，混凝土拌和物通过导管进入已灌好的混凝土中，并始终保证导管口埋在混凝土中（控制在 2 ~ 6 m 范围内）。让灌好的混凝土顶托着上面的泥浆和水逐步上升。为使灌注工作顺利进行，应尽量缩短灌注时间，使整个灌注工作在首批混凝土初凝以前的时间内完成。

导管使用无缝钢管，钢管臂厚 8 mm，直径 250 mm，中间节长 2 m，底节长 4 m，为了保证导管搭配，导管上部有 1 m 和 1.5 m 两种形式，接头采用法兰盘连接，底节导管下端不得有法兰盘。导管使用前应试拼、试压，不得漏水，并编号及自下而上标示尺度。

混凝土由拌和站集中供应，混凝土由混凝土输送车运至现场，用混凝土输送泵或泵车泵送入导管漏斗，水下混凝土的坍落度采用 18 ~ 22 cm。混凝土要求超灌高度不小于 1 m。

在混凝土灌注过程中，应设专人经常测量导管埋入深度，并做好记录。

四、承台施工

（一）施工准备

技术放线测定基坑四周边线及地面标高。核对设计提供地质资料，并根据每个墩（台）现场钻孔地质资料、计算开挖深度确定开挖坡度和支护方案，定出开挖范围。根据开挖四周地形，做好地面防水、排水工作。根据设计的弃砟要求，确定弃砟场地并预留回填土，待承台施工完成后用预留土回填。严格按设计要求铺筑机动车道路及场地平整，以满足施工及环保要求。

（二）基坑开挖

（1）基坑开挖采用挖掘机进行，根据现场条件选择挖掘机操作距离。

（2）基坑开挖边坡，坡度采用 1∶0.5 ~ 1∶1，基坑大小满足基础施工要求。

（3）基坑有动荷载时，坑顶缘与动荷载间要留出不小于 1m 宽的护道，为防止上层砂土层坍塌，必须采取加固措施。基坑底的几何尺寸要比设计承台平面尺寸大至 80 ~ 100 cm，以便设置排水沟或集水井。

（4）挖掘机开挖基坑，挖至距坑底 20 ~ 30 cm 时采用人工开挖。

（5）人工按设计标高清理基坑，基坑底四周挖出排水沟及汇水井，及时用水泵排出地下水，水泵的进水管要包扎，基坑内抽出的水引导排放，确保不会污染环境。

（6）凿桩工作与人工清理基坑同步进行，凿桩设备为空压机带动风镐机组，凿除桩头至设计标高，将桩头清理干净。进行承台放线定位。基坑底在地下水位以下时在承台底面标高以下浇筑一层 10 cm 的 C20 混凝土作为垫层，以便承台后续的施工。

（三）钢筋制作及安装

钢筋按图纸设计尺寸，集中下料、加工后拖车运至施工现场，在基坑内现场绑扎。钢筋安装按图纸设计的位置及先后顺序进行绑扎，钢筋接头、接头间距满足设计及规范要求。钢筋与基底及模板之间用水泥沙浆垫块支垫，其强度不低于设计的混凝土强度，垫块互相错开，分散布置。钢筋骨架绑扎完成后，保证其设计位置正确，无倾斜扭曲。按图纸设计预埋墩身钢筋，钢筋安装误差符合规范要求。

（四）模板安装

承台模板安装前，技术人员核对基底处理结果桩身检查情况、桩顶高程，并放出承台模板安装控制线（承台四周边线外引 5～10 cm）。承台模板全部采用组合钢模板进行拼装，模板底部垫平，模板安装平整光滑，均匀、满涂脱模剂，接缝严密并用泡沫填充，模板固定采用外侧钢管竖向 1 m 间隔，横向双根 0.7 m 间隔，拉筋穿过模板伸入模板外侧横向双根钢管中，用螺帽压住燕尾扣固定，固定距离为 0.7 m，模板顶部用钢管配合扣件锁定、对拉，模板底部用混凝土封底以防止漏浆，模板安装位置、尺寸、高程符合设计和规范要求，每竖向钢管处上下处用方木支承，支承基底应稳固，并用木楔塞紧。模板的平面尺寸、轴线偏位、相邻模板高差均满足验收标准要求。

第二节　墩台施工

一、桥墩施工

实体墩身采用大块定型钢模板，分段工每次施工高度控制在 4.5～6 m。小于 30 m 高墩身模板和钢筋采用汽车吊垂直吊装作业，大于 30 m 高（空心桥墩）墩身模板和钢筋采用塔吊垂直吊装作业。墩身混凝土采用集中拌和，混凝土运输车运输、泵送入模的方式施工。墩身浇筑完成后先带模浇水养生，拆模后覆塑料膜养生，冬季施工严禁洒水养护示例见图 4-3-1（彩图见附录 3）。

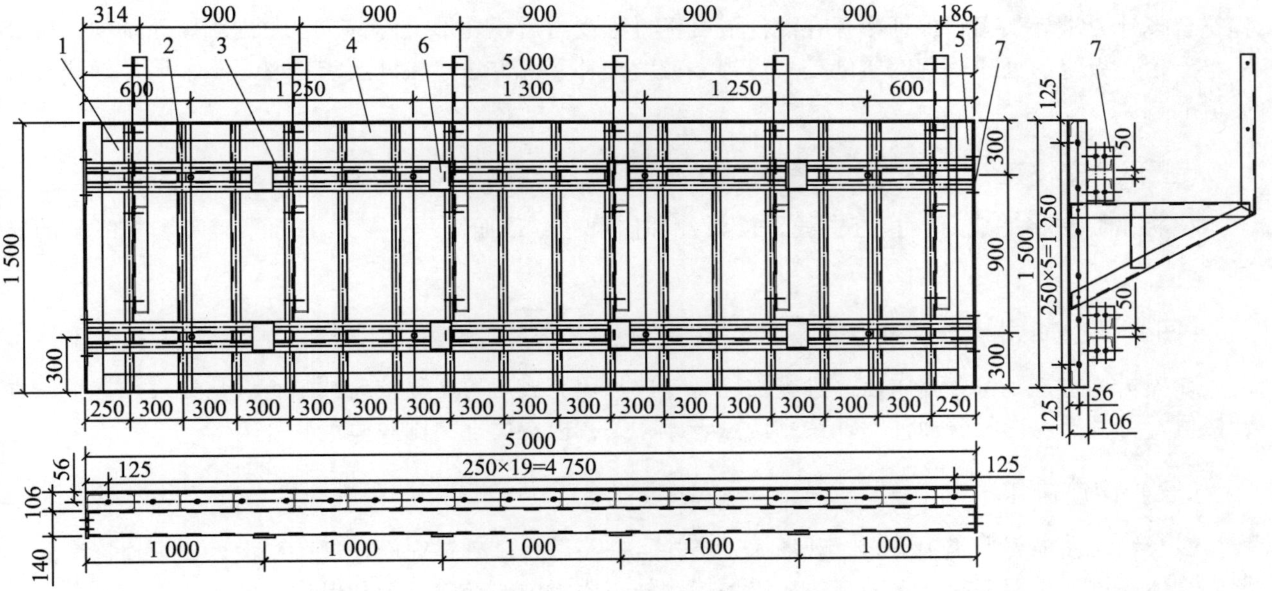

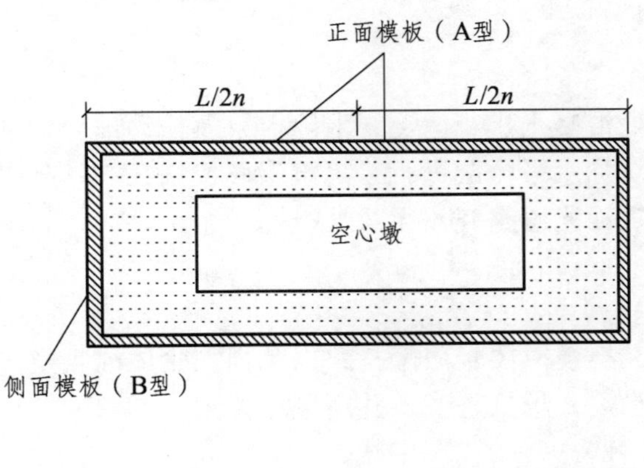

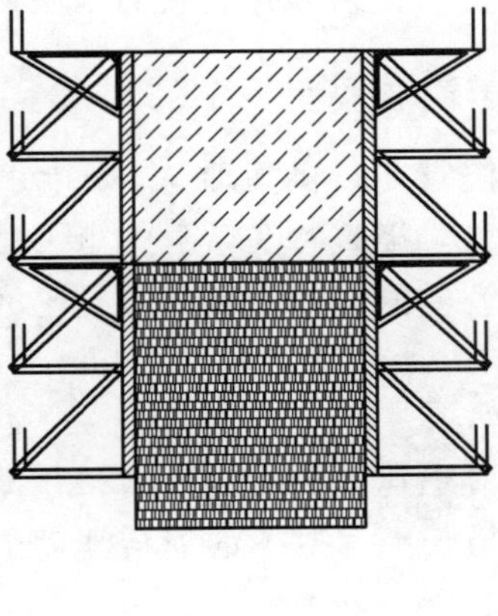

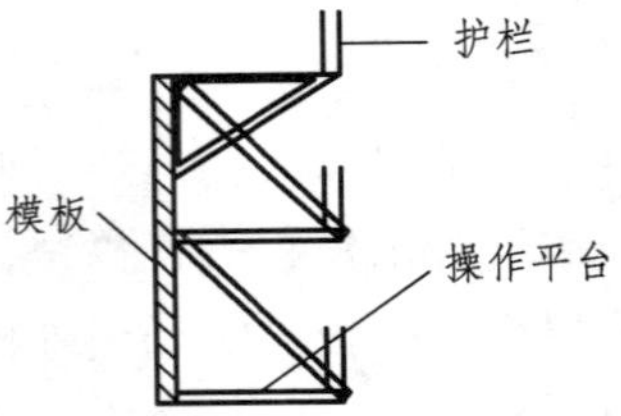

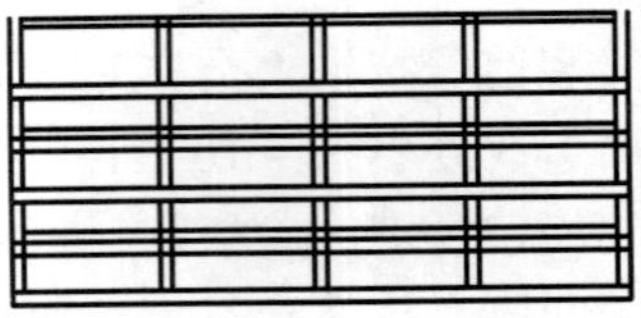

图 4-3-1　墩台施工图

（一）模板

模板采用特制定型钢模板。为保证混凝土外观质量美观，模板标准节每节高 1.5 m，另外根据墩高不同配不同的调整节模板。为保证模板有足够的刚度和强度，模板背带采用 10 号槽钢，面板采用 6 mm 厚优质冷轧钢板。每节间使用螺栓连接，节间隙用双面海绵胶条密封，以防混凝土施工时漏浆。承台混凝土浇筑前，依据墩身模板结构尺寸在承台上预埋型钢铁件。墩台身模板采用厂制定型无拉杆钢模，墩台模板采用汽车运输至墩位附近，现场拼装成整体，安装桁架支撑，采用汽车吊整体吊装就位，与承台预埋型钢连接固定。模板整体拼装时要求错台<1 mm，拼缝<1 mm。安装时，用缆风绳将钢模板固定，利用经纬仪校正钢模板两垂直方向倾斜度。墩身模板安装应符合相关验收规范。

（二）模板吊装和板缝处理

分节或大块板采用吊车吊装。吊装时要采取措施控制模板的变形。模板安装好后，检查轴线、高程符合设计要求后加固，保证模板在灌注混凝土过程受力后不变形、不移位，模内干净无杂物，拼合平整严密。板缝的处理采用在接缝处夹海绵条或缝外补平等方法。接缝要求紧密，不漏浆，确保外观平滑顺直。

（三）检查校正

模板吊装拼接完成后，检查中线、模板各部位尺寸、顶面高程，模板表面平整度和板缝间的错台等。

（四）模板加固与表面处理

在模板调整校正符合要求后，进行加固。初次加固完成后再次复核尺寸是否满足要求。模板检查合格后，将模板内部和表面油污、杂物清除干净，并在模板面上涂刷脱模剂。

（五）钢筋施工

墩身钢筋在加工厂集中下料，现场人工绑扎，并与墩台基础锚固筋按规范和设计要求连接牢固，形成一体；钢筋骨架绑扎适量的垫块，以保持钢筋在模板中的准确位置和保护层厚度。

（六）浇筑混凝土

混凝土浇筑前，将基础与墩、台身接头处混凝土进行凿毛，清除浮浆及松动部分，冲洗干净，并整修连接钢筋。浇筑时在墩身整个平截面内对称水平分层进行，浇筑层厚控制在 30 cm 以内，同时注意纠正预埋铁件的偏差，保证混凝土密实和表面光滑整齐，无垫块痕迹。

（七）拆模

墩台混凝土达到拆模强度后，立即拆模，拆模时要轻敲轻打，以免损伤主体混凝土的棱角或在混凝土表面造成伤痕。拆下的模板清理干净，涂油，堆放整齐，并用篷布覆盖。

（八）混凝土养护

混凝土终凝后就开始洒水养护，墩台表面盖麻袋以保持湿润。拆模后采用塑料薄膜包裹，养护期内向薄膜内喷水，保持其湿度。

二、桥台施工

桥台外模采用大块定型钢模板，内模采取组合小钢模，支立模板时内外侧设桁架或槽钢并通过拉筋对拉进行支撑，台身一次性立模灌注成型。台身钢筋和模板采用汽车吊进行吊装。混凝土采用集中拌和，混凝土输送泵施工的方法。

三、支承垫石和锚栓孔

墩台的支承垫石为C40和C50高标号混凝土，在墩台顶帽浇筑完后，最后单独立模施工，锚栓孔的预留采用ϕ100埋设在设计孔口位置，支座垫石的标高在负工差（+0/－10 mm）进行控制。

四、附属工程

桥台施工完毕并达到一定强度后，按设计要求施作台背及台顶面防水层，进行台后及锥体填土，台背及锥体采用A组填料进行填筑，小型机具夯实。锥体用浆砌片石砌筑，铺设碎石垫层，按要求设置泄水孔，切实做到了填土（石）密实，砌石表面平顺，排水流畅。

第三节　T型简支梁的制运架

原设计川黔线遵义段外迁东移工程将梁场选于阁老坝站，铺架基地设于阁老坝站新建货场内，永临结合。

根据铺架工期安排，若要满足铺架工期的要求，每天需要通过既有线运输请点多达11次，而成都铁路局批复既有川黔线运输能力无法满足铺架提出的运输要求，因此将制梁场选址于川黔铁路线路里程D1K284+380～D1K284+998.5，位于遵义县龙坑镇谢家坝社区，距和平大道约1.6 km。存梁区主要位于路基红线用地，生产区及生活区位于弃土场及补征用地范围，梁场占地面积约60亩。根据铺架工期梁场设计生产能力2孔/天，存梁70孔。具体为16个生产台位（其中32 m台位12个，24 m与32 m共用台位4个），1个移梁区和10个存梁台位。另配置了钢筋存放及加工区、混凝土拌合区、库房等生产附属设施。

一、T梁预制

预制329.5孔简支T梁，其中24 m梁46孔，32 m梁283.5孔。T梁预制采用台座法施工，钢筋采用集中加工、梁体和桥面两部分分片预绑扎工艺；孔道预留采用胶管抽拔工艺成型；混凝土灌注为料斗灌注，振捣形式采用附着式和插入式相结合；预应力施加采用二次张拉工艺；初张拉后用龙门吊直接将桥梁吊出生产台座，用移梁小车移至存梁区；在存梁区完成终张拉、压浆、封端及桥面防水等工作；采用大型龙门吊装车发运。

（一）钢筋及预应力孔道工程

1．钢筋施工顺序

钢筋进场及检验→钢筋加工（调直、下料、焊接、弯曲成型）→预埋件的安装（支座板、连接板、T 钢）→绑扎骨架→固定预应力管道→吊装就位。

2．钢筋检查及调直

筋调直采用调直机和冷拉方法进行调直，应先根据图纸要求核对下料长度及数量，调整定尺撞块的位置。调直后的钢筋应平直，无局部折曲，若发现应裁除。钢筋表面的油污、油漆、水泥浆和用锤敲击能剥落的浮皮，铁锈等均要清除干净。钢筋表面不应有削弱钢筋截面的伤痕。

3．钢筋焊接

为了保证钢筋间距和保护层厚度，便于梁体混凝土浇筑，对于梁体$\phi18$ 和$\phi16$ 的钢筋接长采用闪光对接焊。首先根据施工实际条件进行工艺性焊接试验合格后，方能进行成批焊接。闪光对焊接头应熔接良好，完全焊透，且不能有钢筋烧伤、横向裂纹、弯折超过 2°等现象。

4．钢筋绑扎

T 梁钢筋分梁体钢筋和桥面顶板钢筋两部分，梁体钢筋在生产台位上编制，编束时需要将橡胶管穿入绑扎，桥面钢筋在设计合格的编架工装上进行钢筋绑。为了保证钢筋绑扎位置的准确及加快模板的周转时间，使钢筋绑扎与 T 梁混凝土施工能够同时进行，我制梁场特制了桥面钢筋绑扎胎具。

5．预应力孔道

预应力孔道采用抽拔橡胶棒预埋成孔。梁体钢筋骨架与定位网片绑扎好后，即可从骨架两端向跨中将抽拔棒穿入定位网片的设计坐标孔。安装穿送时前端须人工引导进入预设的定位网眼中。穿送时注意不得用力过猛，以免造成抽拔棒损伤或使定位钢筋网片移位。胶管在跨中对接时采用铁皮管每端用塑料胶布缠紧，并用铁线绑扎两道，一道扎紧塑料胶布和铁皮管。一道扎紧塑料胶布和胶管，并在第二排及以上胶管绑胶管吊筋。抽拔棒穿好后，技术人员负责对管道的方向、位置进行检查调整，特别是跨中接管处、端模支承板处、联结角处，要求胶管顺直，确保管道定位准确无死弯，并在胶管中穿入通长的钢绞线。同时检查抽拔棒接头处包裹严密，以防漏浆影响成孔效果和抽拔棒拔出困难的现象。

（二）模板工程

1．模板设计

模板分底模、侧模、端模三部分。底模由面板、底横梁共同组成，采用 12 mm 厚的 Q235 钢板。底模设置在刚性可靠无沉陷的基础上，底横梁与基础之间设厚度为 40 mm 的胶垫隔振。除两端头活动模板外，其余中间段全部按要求焊为一体，并将焊缝打磨平顺；侧模板由整体钢板和钢结构支撑体系组成，钢板采用 8 mm 厚 Q235 钢板，竖带采用 16#工字钢，横向加强采用 14#以上槽钢，并确保有足够的强度、刚度和稳定性。侧模之间及侧模与底模之间的连接缝，采用槽形橡胶垫板，安装时保证与连接缝形状一致，安装好后密实不漏浆。侧模板上附着式振动器布置合理，布置在下翼缘和腹板中部，内外侧振动器交错布置，端部钢筋密集可适当增加振动器数量；端模采用刚度较大的内嵌式整体模板，预留孔位置的偏移值严格控制在 3 mm 以内。

底模板根据设计和实际张拉力、弹性模量及上拱值这三类因素预设反拱及预留压缩量，反拱轨迹按二次抛物线设置。梁场 32 m 和 24 m 在跨中分别预设 38 mm、20 mm，预留压缩量分别为 34 mm、

20 mm。预设反拱和预留压缩量要经实测数据验证，不合理时要及时做出调整。

2．模板安装

立模程序：端模（梁体骨架准备好后）→穿胶棒芯棒→侧模→端模找正→侧模找正→桥面拉杆及其他配件安装（桥面板钢筋骨架绑扎后）。

安装端模时，应先将锚垫板安装在端模上，由上往下穿入胶管，并用手将其拉直，然后调整端模就位；穿横向预应力制孔钢管时将钢管穿入横隔板预留孔道内，并在其两端用螺栓固定，防止浇筑混凝土时串位。

3．模板拆除

试验室负责进行同条件养护试件强度试压和梁体、环境温度监测，当梁体混凝土强度≥25 MPa，梁体混凝土芯部与表层、表层与环境温差均不大于 15 °C，且能保证棱角完整时，联结板根部、隔墙根部及梁面板腋部不开裂方可拆除模型。当环境气温急剧变化时不拆模。拆模时，严格遵守“上顶下拉，同步平移”的原则。拆模顺序为：紧固件→模型附件→端模→外侧→内侧。内、外侧模型从一端至另端按序号逐扇拆模。拆除端模及内外侧模型时门吊、千斤顶、撬棍配合使用。脱模后即对锚穴表面混凝土进行凿毛，以不见光面为准。

（三）混凝土工程

1．混凝土浇筑

混凝土的浇筑采用连续整体浇筑。浇筑时采用斜向分段、水平分层、一次成型的方法。每灌混凝土投料长度约为 12 ~ 16m，投料形成的坡度不得过陡，每层厚度：下翼缘、桥面板不得超过 100 mm，腹板厚度不超过 300 mm，先后两层混凝土的间隔时间不得超过混凝土初凝时间，在投料长度范围内的附着式振动器均应震动。每片梁混凝土的浇筑总时间不超过 3.5h。浇筑总的原则为：先底板、再腹板、最后顶板，从梁的一端向另端分层浇筑。

在端部扩大部分，振动棒从蹬筋内插入，由一端隔墙向另一端隔墙依次振捣来回各一遍，端头和隔墙扩大部分应加强振捣；在腹板（梁腹板厚度为 210 mm）区段先采用插入式振动棒振捣，用直径为 50 mm 的振动棒从蹬筋中部插入振动一遍，插入深度以振动棒不接触胶管为准，用红油漆在振动棒上分别做好插入深度标记，待腹板每一层混凝土浇平后，采用附着式振动器间隔振动 2 ~ 3 次。附着式振动器每次振动时间控制在 15 ~ 30 秒。每层混凝土入模后，立即进行全面的振捣，使之形成密实的均匀体，严格控制振动棒的插入间距和两台振动棒的振捣范围，避免出现漏振。采用插入式振捣器振捣时振动棒的移动间距不能大于振动棒作用半径的 1.3 倍，即 150 ~ 250 mm，移动振动棒时应先竖向缓慢将振捣棒拔出，然后再将振捣棒移至新的位置，不得将振捣棒放在拌合物内平拖，也不得用插入式振捣棒平拖驱赶下料口处堆积的混凝土拌合物。桥面振平，在混凝土初凝后、终凝前进行赶压抹平。注意保证桥面平整度及排水坡度符合要求：用 1 m 靠尺靠量，最大空隙不大于 3 mm/m；边梁挡砟墙内侧根部比桥面内侧边缘低 42 mm。

2．混凝土养护

当桥面混凝土浇筑完毕、在混凝土表面用人工收浆的过程中，加强混凝土表面得保湿工作。当气温较高、气候干燥时应采用水管洒水保湿，混凝土接近初凝时梁面采用土工布覆盖，注意不得污染桥面，土工布之间应有搭接宽度。侧模拆除后，混凝土自然养护时洒水次数应能使混凝土表面保持充分潮湿，养护时间不少于 14 d。当环境温度低于 5 °C 时，采取保温措施，禁止对混凝土洒水；当环境温度高于 10 °C，且梁体表面温度与水温相差不大于 15 °C 时，应立即对梁体及桥面全面浇水养护，浇水时应避免水进入管道，向阳面多洒些水。

（四）预应力工程

1．钢绞线制作

首先对出库的钢绞线按试验报告单逐盘检查，在弹性模量和力学性能检验合格后投入使用。钢绞线下料应在特制的放盘筐中进行，防止钢绞线弹出伤人和扭绞。散盘后的钢绞线应仔细检查外观，发现劈裂、小刺、折弯等需进行处理。钢绞线下料时必须根据盘号记录钢绞线的批号，并将该批号交工程部根据其实测弹模计算伸长值；特别是遇到两批钢绞线同时用于同一片梁时，必须注明每批钢绞线用于哪些管道。当两批钢绞线实测弹性模量相差>3 GPa 时，同束钢绞线不能使用不同批号的钢绞线。

2．钢绞线张拉

分为三次张拉：初张拉、终张拉两个阶段。清除锚垫板下水泥浆，安装工作锚，并与孔道轴线同心。工作锚安装后安装张拉限位板及千斤顶对位，再安装工具锚，安装工具锚时应注意不得使钢绞线错孔扭结。以上安装工作就绪后，启动油泵，使千斤顶受力并与梁端锚面垂直，再次检查锚具、千斤顶、孔道三者轴心是否同心，有偏差时应用手锤轻击锚环调整位置，检查合格后开始张拉，当张拉到 $0.2\sigma_k$ 后停止张拉，测量并记录千斤顶油缸外伸量及夹片外露量。测量记录完后，发出信号，两端同时继续张拉至控制应力时停止张拉，并测量记录千斤顶油缸外伸量及夹片外露量。测量记录完后静停 2 min 并补充到控制应力，回油至 1 MPa 测量并记录油缸外伸量，回油至 0 MPa 测量夹片外露量及夹片错台量。钢绞线束在达到 σ_{con} 时，持荷 2 min，并维持油压表读数不变，然后主油缸回油，钢绞线锚固。最后回油卸顶，张拉结束。张拉完成后，在锚圈口处的钢绞线上做标记，以作为张拉后对钢绞线锚固情况的观察依据。实际张拉力尚需对试验梁进行孔道摩阻、锚口摩阻、喇叭口摩阻测试，来确定孔道偏差系数、摩阻系数及锚口摩阻、喇叭口摩阻系数，根据测量结果对各束设计张拉力进行调整。

3．孔道压浆及封锚

管道压浆采用真空辅助压浆。终张拉结束后在 24 ~ 48 h 内检查无滑丝、断丝再切割钢绞线后进行管道压浆，压浆前先用清水冲洗预应力孔道，再用压缩空气将孔道内的所有积水吹出。压浆过程中及压浆后 3 d 内，梁体及环境温度不应低于 5 °C，压浆时的浆体温度应控制在 5 ~ 30 °C。对锚头的处理采用压浆堵头对锚头进行封堵，并在压浆堵头和锚板之间用胶垫封堵，以使管道密封。压浆堵头与锚具应配套制作。

在压浆前应首先进行抽真空，使孔道内的真空度稳定在 – 0.08 ~ – 0.06 MPa。真空度稳定后，应立即开启管道压浆端阀门，同时开启压浆泵连续压浆，浆体从甲端压入至乙端，待乙端溢出的浆体的流动度和搅拌罐中的浆体流动度一致时，关闭出浆阀，保持压力在 0.5 ~ 0.6 MPa 并持压 3 分钟且无漏水、漏浆时再封闭进浆阀即甲端。输浆管不得太长，长度不大于 30 m。

压浆料的出机流动度在（18 ± 4） s，30 min 后流动度不大于 30 s；7 天标准养护浆体强度要达到 35 MPa，抗折强度达到 6.5 MPa；28 天标准养护浆体强度要达到 50 MPa，抗折强度达到 10 MPa。压浆顺序应先下后上，同一管道压浆连续进行，一次完成。从浆体开始搅拌到压入梁体的时间不超过 40 min。压浆作业结束后 30 min 再拆除进、出浆口阀口，压浆帽待浆体终凝以后拆除。

压浆结束后，对锚具进行防锈处理。先将锚具、钢绞线涂聚氨酯防水涂料进行防水、防锈处理，锚穴混凝土凿毛，然后设置钢筋网浇注封端混凝土，浇注混凝土时应用小锤反复轻轻敲击模板，使混凝土密实。并采用同标号的砂浆抹面。封端混凝土采用无收缩混凝土，抗压强度不低于设计要求。封端后及时覆盖薄膜养护，防止干缩和有害介质渗入接缝。

二、T 梁运输

采用公路轮胎运梁车进行梁片运输。运梁车驾驶人员必须经过专业培训，考试合格并取得特种作业操作证书方可上岗。运梁车在梁场装梁后运至换装龙门架，换装龙门架吊起梁片至运梁炮拖上方；炮拖装梁时，梁片重心应落在台车纵向中心线上，偏差不得超过 20 mm，在曲线上装梁时，可使梁片中心与台车纵向中心线略成斜交；梁片落在炮拖上时，梁前端应超出炮拖支承横梁 2 ~ 3m，如施工条件限制，可按照规范利用其最大悬出位置，梁片与台车支承间应垫放硬杂木板或纤维层胶皮，以保护梁片混凝土。运梁炮拖运送梁片时，应在两台车上分别由专人护送，观察梁片支撑是否松动。运梁炮拖重载速度小于 48m/min，运梁车在行径过程中严禁猛踩制动踏板，急剧刹车，确保梁片运输安全。

三、T 梁架设

（一）施工准备

在谢家坝线路所进行架桥机组装，靠近制梁场，场地宽度适宜，且临时用电方便。设备进场前对该场地进行了相应规划，对路基两侧的干扰物进行了清理。清理进场设备构件；在接收到质量技术监督局办理特种设备安装告知，进行安装备案，后联系遵义市质量技术监督局特检所，在架桥机组装调试完成，试车后由特检所进行检测并取证。轮胎式运梁车已进场，换装龙门架安装到位、检测合格，桥梁支座已进场等。DJ180 架桥机架梁作业使用的是大型特种作业设备，且属于高空作业，正式开始铺架前，对作业人员进行安全培训，并在铺架作业开始后，每月定期培训一次，使每一个作业人员牢记安全操作规程。架梁前，编制架梁施工安全技术交底、严格按照交底进行架梁施工。

架桥机重载试吊在组装场地的路基上进行，试吊完成后再进行动载试验。试吊前，必须对架桥机进行全面的结构件、电气、液压动作等进行检查，确定无误后再进行试吊。

DJ180 架桥机正式进行架梁前，进行 1.1 倍动载试验（受吊梁钢绳及配重布置条件因素的影响，仅按照本工程最大吊重的 1.1 倍布置配重）。按照国家特种设备有关检测要求，请鞍山市特种设备监督检验所进行检测，检验合格并取证后方可正式架梁。

（二）T 梁架设

桥梁运输、架设过程中，采取措施防止各类机具碰撞梁体，严禁梁体受损。落梁前支座锚栓安装在支座上，在支承垫石上平铺 2 ~ 3 cm 厚的干硬砂浆，支座直接就位在干硬砂浆上，保证支座受力均衡。顶梁位置需设在腹板下，顶梁千斤顶外边缘距离梁混凝土边缘大于 100 mm，每端两台千斤顶处于梁重心的两侧平均布置。顶梁过程应缓慢进行，两千斤顶应同步，防止因千斤顶受力不均造成梁体侧翻。T 梁横向连接板未焊接完成，不得进行过孔，架设步骤如下。

（1）解除走行梁与横移轨道固定装置。运梁车将梁片运至前吊梁小车起吊位置停车。三号柱与桥面间隙 30 mm，挂千斤绳，支垫好梁片拐角处护瓦后起吊。

（2）前吊梁小车和后运梁车同步前进，到后吊梁小车能够起吊梁片时停车。挂千斤绳，支垫好梁片拐角处护瓦后起吊，梁片水平后停止起升。

（3）前、后吊梁小车同步前进，到达位置后停车。

（4）前、后吊梁小车同时下降。桥梁支座底面离垫梁石 100 ~ 200 mm 时停止下降。三号柱收缩高于轨面。整机横移，外侧车轮距垫梁石中心线 750 mm 时停车，如图 4-3-2；启动横移机构泵站，机臂横移 750 mm 梁片到位，如图 4-3-3。落梁就位，并支护好。

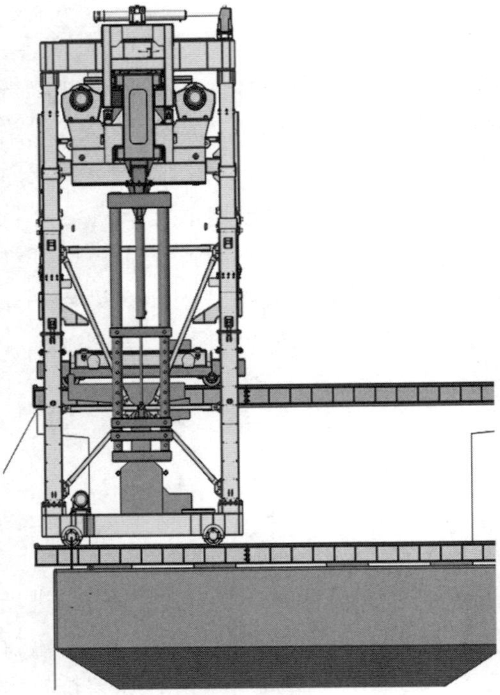

图 4-3-2　整机横移

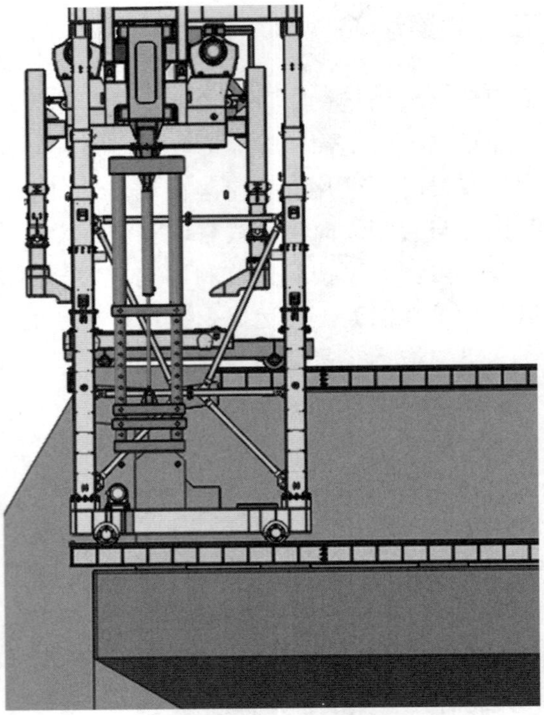

图 4-3-3　机臂横移

（5）重复 1～4 步骤进行另一片梁架设。不同之处在于梁片落到与已架梁片 100～200 mm 间距后横移到位再落梁就位。

（三）转移架桥机

（1）运梁车及转运托架用吊梁小车吊至下一座需要架设的桥梁。

（2）销接吊梁小车与曲梁，拔去曲梁与机臂连接销。

（3）2#柱按架梁位置不动，按图 4-3-4 调整 1#柱、2#柱及前后运梁车位置，将零号柱折起；

（4）收 1#、2#、3#柱将机臂落在转运托架上，并使柱体离地。将运梁车与机臂用倒链钢丝绳捆绑牢固。

（5）运梁车驮运架桥机至下一工地，按相反顺序调整架桥机为架梁状态。

（6）通过曲线隧道时柱体需要进行横移才能通过。

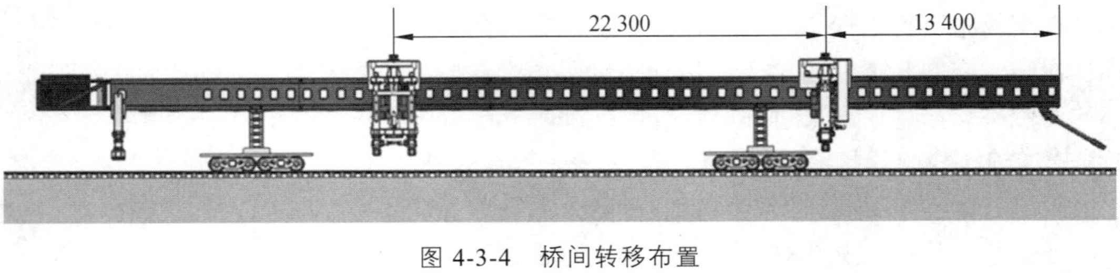

图 4-3-4　桥间转移布置

第四节　简支、连续梁的桥位现浇

在川黔外迁工程中，桥位现浇施工方法是简支、连续梁桥的主要施工方法。桥位现浇主要采用了挂篮悬灌法和满堂支架法。下面将结合具体的桥梁对这两种桥位现浇方法分别进行介绍。

一、悬灌施工

小和口湘江特大桥及向家湾山特大桥位于遵义市城区，分别上跨湘江河和杭瑞高速公路，均采用三跨一联预应力混凝土变截面连续梁，跨径采用（48+80+48）m，分 2 个单“T”悬臂浇筑，均采用 4 套三角形挂篮同时施工。

混凝土由混凝土 1#拌和站和 3#拌和站集中拌和，混凝土运输车运至施工现场。泵送混凝土入模。混凝土浇筑后进行养护，达至设计张拉要求后进行预应力施工。挂篮移动。重复进行完成悬臂段的施工。最后进行悬臂段及合拢段的施工。

（一）临时支墩、支座锁定

临时固结通过设置临时支墩和锁定支座的方式来实现。临时支墩为混凝土结构，内设有电阻丝的硫黄砂浆夹层，通过电阻丝内通电融化硫黄砂浆即可解除临时支墩，在临时支墩顶底设塑料薄膜隔离层。临时支墩仅在连续梁施工时实施。

（二）墩顶现浇段（0#段）施工

0#块采用三角形托架现浇施工，一次整体浇筑完成。施工工艺流程为：托架安装→立底模→荷载试验→安装底板、腹板钢筋及预应力管道→立外侧模、内侧模→安装内支架及顶板模板→绑扎顶板钢筋、安装预应力管道及预埋件→安装堵头板→浇筑混凝土→养护→张拉、压浆→养护。

1．支架设置

支架是悬臂浇筑过程中主要受力结构，由于受地形和环境的限制，采用在桥墩两侧预埋高强度螺栓安装三角形托架，并在支架搭设范围浇筑 1.2 m 厚混凝土，支架搭设采用钢管、扣件，其间距纵横向为 0.3 m，步距 0.6 m。为消除支架的非弹性变形，保证箱梁施工质量，在浇筑 0#节段时在平台悬臂端模拟施工荷载，并依次加载至 120%进行压重，压重变形完后，重新检查结构，撤除压重，安装模板。

2．外模、底模安装

0#段外模采用钢模，墩顶处底模为竹胶模板，底模带木与分配梁间留有缝隙，以供底模抄平及拆除，底模安装时，应预留孔洞。孔洞方向与尺寸要与球型钢支座上摆一致。0#块支架搭设完成后，进行荷载试验（预压），合格后方准进行模板安装。

3．底板钢筋、腹板钢筋安装

底板钢筋下料在钢筋加工场集中下料加工，绑扎在 0#段上进行，绑扎及安装时应严格按照图纸施工，间距及保护层厚度应满足要求。如底板钢筋与预应力管道相抵触，可适当移动底板钢筋，但不得截断钢筋。

4．腹板钢筋定位网及预应力孔道安装

钢筋接头按设计要求错开布置，架立筋牢靠，对焊接接头抽样检验。预应力孔道分为纵向波纹管、竖向波纹管、钢筋与预应力管道相碰撞时，可将钢筋位置适当调整，必须保证预应力孔道的设计位置，波纹管定位钢筋必须与四周钢筋相连，以加强整体性和稳定性，位置必须准确。竖向钢筋均在绑扎梁体钢筋时与波纹管一起安装，安装时，对竖向粗筋的压浆通孔要防止堵塞，为确保预应力粗筋位置正确，宜将其连成一体，以防摆动，灌混凝土时，上端的螺帽将其反扣并销紧，使混凝土等不进入孔内，同时采取措施，保护螺杆、螺帽。

5．模板安装

内模为木模钢支架，且腹板设多排 $\phi16$ 的拉杆，以防止翼缘侧模移位，在内模安装前，必须将腹板钢筋、预应力孔道及各种预埋件等安装完毕，并经各级检查合格后方可安装内模，模板安装前须涂脱模剂，接缝处粘贴封口胶，有变形及时矫正，安装好的模板应按要求填写检查记录，对各部分尺寸、标高进行测量，经检查合格后方可安装内支架和内顶模及桥面钢筋。

6．桥面钢筋及预应力管理安装

（1）波纹管纵横顺直。波纹管要与普通钢筋绑扎牢固而不因混凝土挤压而产生位移。

（2）操作者不能脚踏其上及不得以其他工具设备砸碰波纹管变形。发现漏缝处要用胶布缠补密实。

（3）浇筑混凝土前要将竖向预应力粗筋丝头缠护，不得与水泥浆接触，普通钢筋要垫够保护层，上下层用拉筋连接。

7．梁体混凝土浇筑

根据现场实际情况，本桥采用泵送混凝土。输送泵支立两台，防止一台在输送过程中出现故障。

在浇筑混凝土前，对模板钢筋、预应力管道、预埋件等按设计要求和施工技术规范要求进行检查验收，模板内的杂物和钢筋上的油污均应清除干净，模板内均应涂脱模剂。

采用全断面一次浇筑，在水泥终凝时间以内，并加快浇筑速度，同时振动时加以控制，使重复振动的影响因素减小。

首先浇筑底板，混凝土不能直接进入模板内，应用铁板或滑槽过渡，底板浇筑次序是先内后外，先边后中，先低处后高处，避免砂浆集中而流入支座或两节段的接头处，产生收缩裂纹。因底板不设顶模，故底板混凝土浇筑完后，腹板及隔墙梗肋底部要压以 40 ~ 50 mm 厚的木板，宽约 50 cm，以防隔墙及腹板混凝土在振捣自此向内翻入。隔墙进入洞底口模板开始可不立，在浇筑该层以下混凝土时，从此口进行振捣，待混凝土灌至该层时再将此口封闭，其余部分可在安装钢筋时留好孔洞，以便进入振捣。

腹板混凝土水平分层浇筑，每层浇筑厚度不大于 30 cm。浇筑时，以插入式振动器振捣为主，混凝土振捣后，自底板冒出时，不宜过早铲除，待腹板部分全部浇筑完毕，再作处理，以防止浇筑腹板时因混凝土尚未凝结而产生振动流失现象，以致下梗肋出现局部空洞。

顶板混凝土最后浇筑，为避免因翼板悬臂较大，模板支架变形而产生裂纹，顶板宜采取由外向内的浇筑次序，浇筑时用插入式振捣，振动器不能接触波纹管，竖向预应力筋支承板以下混凝土要注意竖筋排列整齐，横竖成行成线，为避免出现裂纹，顶面要进行二次收浆，收浆之前，应按图将挂篮施工用的预埋件安装就位。混凝土浇筑完毕后应按照规范养护，强度达至设计强度 90%，并满足五天龄期，张拉预应力钢束，并进行管道压浆。

（三）悬灌梁段施工

安装挂篮前，先预拼，拼好后，各构件由塔吊吊至 0#段对称组装。检查安装质量后，采用反拉预压消除各部位的非弹性变形量。利用挂篮和已灌筑完成梁段作为支撑体系，在挂篮模板内绑扎钢筋、安装管道、浇筑梁体混凝土。然后张拉压浆，完成一个梁段。挂篮前移进行下一个循环。

施工方法为 0#段浇筑后，达到设计张拉强度时进行预应力张拉并压浆，在 0#段上拼装挂篮。进行其他梁段的平衡对称悬臂法施工。挂篮在上 0#段拼装前，在工地进行试拼。

1．施工挂篮

1）挂篮拼装

本桥施工挂篮采用自行设计制作三角形挂篮，挂篮结构构件运达施工现场后，利用汽车吊吊至已浇梁段顶面，在已浇好的 0#梁段顶面拼装，拼装完毕后，对挂篮施加梁段荷载进行预压，充分消除挂篮产生的非弹性变形，悬灌施工过程中，将挂篮的弹性变形量纳入梁段施工预拱度计算。

2）挂篮静载试验

挂篮拼装完毕后，进行荷载试验以测定挂篮的实际承载能力和梁段荷载作用下的变形情况。

荷载试验时，加载按施工中挂篮受力最不利的梁段荷载进行等效加载，测定各级荷载作用下挂篮产生的挠度和最大荷载作用下挂篮控制杆件的内力。

根据各级荷载作用下挂篮产生的挠度绘出挂篮的荷载—挠度曲线，为悬臂施工的线性控制提供可靠的依据。根据最大荷载作用下挂篮控制杆件的内力，可以计算挂篮的实际承载能力，了解挂篮使用中的实际安全系数，确保安全可靠。加载方法根据现场的实际条件采用的取堆积砂包模拟加载。

3）挂篮的移动

在每一梁段混凝土浇筑及预应力张拉完毕后，将挂篮沿行走轨道移至下一梁段位置进行施工，直到悬灌梁段施工完毕。

4）挂篮拆除

箱梁悬灌梁段施工完毕后，进行挂篮结构拆除。拆除顺序为：箱内拱顶支架→侧模系统→底模系统→主桁架，吊带系统及行走锚固系统在其过程中交叉操作。箱内拱顶支架采取拆零取出，侧模、底模系统采用卷扬机整体吊放，主桁架采取先退至墩位附近再利用吊机进行拆零。

2. 悬臂灌注施工

悬臂浇筑施工主要包括挂篮前移、挂篮调整及锚固、钢筋及孔道安装、混凝土浇筑及养护、预应力施加、孔道压浆六个工序循环进行。当混凝土强度和弹性模量达到设计要求后进行预应力张拉。

挂篮前移：在张拉压浆结束、待水泥浆终凝后即可前移。前移步骤为：

（1）接长并锚固挂篮轨道，在轨道表面放置镀锌铁皮，并涂润滑油。

（2）拆下底模后吊带、内外模前后锚杆，并确认模板已经和混凝土脱离，内模和内模架落于降低的内滑梁上，外模板落于底模走行纵梁上；拆除主桁架的后锚杆让后支座受力，放松底模前吊带，使底模离开梁体 100 mm 左右。

（3）每片主桁架各用一个 10 t 的倒链牵引，带动挂篮底模、侧模和内模同步前移，滑行时及时对接缝进行处理，尤其是对拉杆头进行处理，防止锈水污染混凝土表面，进行修补和处理时挂篮不能移动。

（4）到位后及时安装底模后吊带，内外滑梁吊杆和挂篮主桁架后锚固装置，将滑移受力状态变为施工受力状态，确保施工安全。

挂篮调整及锚固：挂篮就位后，先进行主桁梁上锚固转换给梁体的锚筋上和底篮后锚安装转换在梁体上，然后通过测量仪器进行中线、高程测量、定位，通过千斤顶进行标高调整，经过检查确定合格后，最后进行全面锚固。

钢筋及孔道安装、混凝土浇筑及养护、预应力施加、孔道压浆等工序不再详述。

3. 线型控制

本桥线型控制计算，由现场每段实测数据，上报二院桥梁所，由二院专业人员进行分析，并根据二院提供立模标高，现场调整模板标高，确保了桥梁线形与设计接近。

（四）合拢段施工及结构体系转换

在结构体系转换时，根据设计要求采用先边跨合拢，后中跨合拢。悬臂梁桥施工先中跨合拢，结构由双悬臂状态变成超静定刚构，中跨合拢后释放支座，形成连续梁受力状态。

1. 边跨合拢

在边跨合拢利用边跨挂篮一端底模放置与边跨桥墩托盘上，确保挂篮稳定，开始进行边跨合拢段的施工。

边跨合拢段施工，首先在边墩上安装永久支座，在考虑纵向预偏量的情况下对支座进行锁定，边跨合拢外模及底模采用挂篮模板，内模采用组合钢模。模板安装完成后进行钢筋、预应力筋、预应力管道等安装，浇筑边跨合拢段混凝土。

2．中跨合拢施工

1）吊架施工

中跨合拢根据连续梁跨数不同施工方法不同，本工程连续梁为三跨一联，中跨合拢吊架利用一个T构上的挂篮后退，另一个T构上的挂篮前行一个节段，利用挂篮作为吊架进行施工。

2）合拢锁定

合拢前使合拢段两共轭悬臂端临时连接，尽可能保持相对固定，以防在浇筑及早期硬化过程中发生明显的体积改变。合拢段支撑劲性钢骨架施工及临时预应力束张拉施工详见图4-3-5。

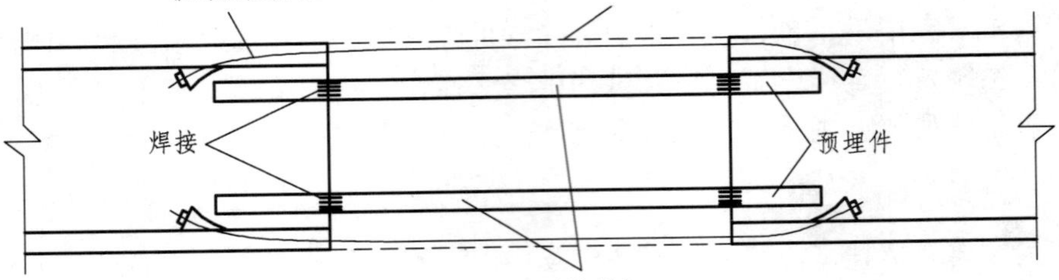

图4-3-5　合拢段合拢锁定布置示意

3）浇筑合拢段混凝土

合拢段混凝土浇筑过程中，按新浇筑混凝土的重量分级卸去平衡重（即分级放水），保证平衡施工。合拢段混凝土选择在一天中气温较低时进行浇筑，可保证合拢段新浇筑混凝土处于气温上升的环境中，在受压的状态下达到终凝，以防混凝土开裂，混凝土的浇筑速度每小时10 m^3左右，3～4 h浇完。

4）预应力施工

中跨合拢完成后，张拉中跨预拉预应力束到100%，张拉其余预应力束，完成合拢段施工，拆除临时预应力束并对其管道压浆。

5）拆除模板及吊架

并解除主墩临时固接。

6）封锚

张拉、压浆完成后，立即将外部的水泥浆冲洗干净，同时清除承压板、锚具及端面混凝土的污垢，并将端面混凝土凿毛，对锚具进行防锈处理，焊接锚穴内钢筋网片，浇筑封锚混凝土，封锚混凝土采用强度等级为C55的无收缩混凝土并掺加阻锈剂，并及时洒水养护。钢铰线工作长度的切割采用砂轮切割机，切割时采用棉纱包裹，并不停浇水降温。封锚后混凝土表面应采取涂刷防水材料等防水措施。

二、满堂支架施工

新朱家坝道岔大桥0#～6#台之间6×32 m连续梁，8#墩～10#台3×35 m连续梁以及新遵义东道岔特大桥9#～12#墩3×35 m现浇连续梁施工，6×32 m连续梁为等截面箱梁，3×35 m连续梁分左右两幅，左右两幅设计宽度均为5.99 m过渡至9.11 m，底板宽度从2.4 m过渡至5.52 m。

（一）基础处理及支架搭设

清除表层覆土、树根等杂物，并且用破碎头破除不平整岩石，采用沙石填筑至设计基础标高，如果承载力达到要求，即可直接施做30 cm厚C20混凝土基础平层，如果基底承载力不满足要求，须将原地面软弱土挖除，采用隧道弃渣进行换填，分层压实，严格按照路基填筑施工工艺进行，在承载力满足检算要求后，施做 30 cm 厚 C20 混凝土基础找平层。强度达到 2.5 MPa 即可进行支架搭设。支架基底从线路中向两侧设置 1%的排水坡，两边设置排水沟，做好隔水，排水措施。

6×32 m 现浇连续梁 2#墩～4#墩之间为新南大道，为满足交通需要，公路中间留两条行车通道，行车通道净宽为 5 m，净高 5 m。采用 I 40 工字钢作为行车通道的支撑，顺桥向置于下层脚手架上，间距 60 cm，腹板位置工字钢间距 30 cm。工字钢上满铺 5 cm 厚木板，在木板上安设桥梁模型。工字钢底部用连接筋连成整体，工字钢搭设长度 9 m，两端各 2 m 放置于支架上的横向工字钢上，行车通道两侧 2 m 范围内的支架纵横向间距均为 30 cm。

其余桥墩位置现浇梁的满堂支架采用ϕ48 mm 碗口式钢管搭设。支架立杆长度统一采用 1.8 m 和 3.0 m 长撑杆，如果实际需要接长，立杆接头必须错开 50%。立杆顺桥向间距按 60 cm，底板范围横向间距按 60 cm 布置，腹板范围横向间距 30 cm，翼缘板范围横向间距 60 cm，两侧超出梁体翼缘板 1.4 m（两侧设置栏杆）根据现场基底实际高度，确定立杆高度。立杆上下设置顶托、底托，控制在 20～30 cm 即可，满堂支架横向布置为 5@600+5@300+8@600+5@300+5@600(mm)。

满堂支架每排脚手架底纵横向设扫地杆，扫地杆采用ϕ48 mm 普通钢管，扫地杆距离支架底 20 cm，扫地杆采用直接扣件锁紧。

整个满堂支架设向剪刀撑，剪刀撑采用ϕ48 mm 普通钢管。支架顺桥向连续设置斜向剪刀撑，纵向设 11 道剪刀撑（每跨），横桥向间距 5 m；支架横桥向连续设置剪刀撑，横向宽 10 m 设 2 道剪刀撑，顺桥向间距 5 m，水平剪刀撑连续设置一套即可。

3×35 m 满堂支架搭设为 90 cm×90 cm。剪刀撑采用ϕ48 mm 普通钢管。支架顺桥向连续设置斜向剪刀撑，纵向设 6 道剪刀撑，横桥向间距 5 m；支架横桥向连续设置剪刀撑，横向宽 10 m 设 2 道剪刀撑，顺桥向间距 5 m，水平剪刀撑连续设置一套即可。

（二）支架预压

为验证支架的稳定，刚度及强度，消除支架非弹性变形，确保梁体不因支架沉降而产生开裂，需采用支架预压措施。预压采用砂袋预压，为了更好地模拟梁体浇筑过程的作用力过程，翼缘板、腹板、底板位置加载分部采用等效荷载进行加载，总体预压顺序应模拟混凝土浇筑顺序，由跨中向两端进行预压。预压应分级加载，按 60%、100%和 120%预压总荷载的加载顺序进行。每级加载完毕静压 1h 后进行支架的变形观测，所有荷载加载完毕后宜每 6h 测量一次变形值。预压卸载时间以支架地基沉降变形稳定为原则确定，最后两次沉落量观测平均之差不大于 2 mm 时，即可终止预压卸载。卸载后再次测量标高，根据加载前和卸载后的标高计算支架的弹性变形量及非弹性变形量，作为预拱度设置的主要依据。

（三）模板安装

（1）底模安装：箱梁底模竹胶板拼装。支架施工完毕，在分配梁上测量定位，采用两台 25t 吊车现场拼装模板，拼装原则为：自中间向两边对称放置。底板面板采用 15 mm 厚竹胶板，竹胶板下铺 10 cm×10 cm 的方木，间距 30 cm，方木下铺 I 14#工字钢横向分配梁。模板之间夹海绵胶条，板缝用油灰抹平密实，防止漏浆影响混凝土外观质量。预压完成后，根据预压成果报告进行底模整体标高调整。

（2）侧模安装：箱梁侧模板采用自行加工木支架，支架尺寸与梁体尺寸一致，然后把竹胶板钉在支架上。模板加工倒角必须按设计施工，侧模端头板考虑支座上座板的安装。支架采用截面 10 cm×10 cm 方木按照弧形尺寸，架子必须采用铁钉钉牢固，支架安装好安装底板模板，然后安装侧模支架，安装侧模。为了保证侧模的稳定，侧模支架每榀之间采用方木进行连接。安装完底模后铺设，接缝部位粘贴密封胶条，侧模翼板与侧模整体采用可分离式结构方便脱模，在侧模支撑架底部设可调座可调整翼板高度。

（3）内模安装：内侧模板采用木模拼装，支架采用普通钢管支架即可，标准段与变截面模内模接头需圆顺，无明显错台。由于腹板内侧向外侧倾斜，模板需要固定在内支架上。为了混凝土一次浇筑成型，内钢管支架直接立在底板底支撑点上，体内模在底模上设支撑点，支撑点采用 C30 预制块，尺寸为 0.2 m×0.2 m×0.1 m，支撑垫块下设“#”形 ϕ25 钢筋支撑。

（4）端模安装：端端头板安装考虑安装和拆除，加工成散模，要求模板板面平整光洁，无变形及残余砂浆，端头模管道孔眼清除干净。腹板与底板处预应力孔道的定位偏差必须符合设计和规范要求。

（四）支座安装

本桥现浇梁采用球型支座，其中 3 型 TJGZ-LX-Q12500-CD-0.1g-c 支座 2 个，2 型支座 TJGZ-LX-Q12500-ZX-e100-0.1g-c 支座 8 个，1 型支座 TJGZ-LX-Q6000-ZX-e150-0.1g-c 支座 4 个，见图 4-3-7。

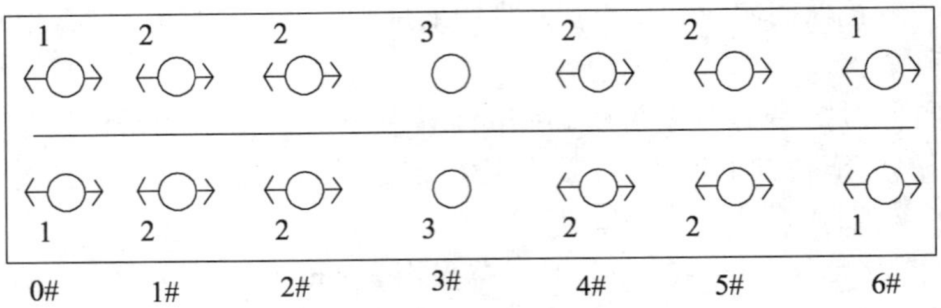

图 4-3-6　6×32 连续梁支座布置

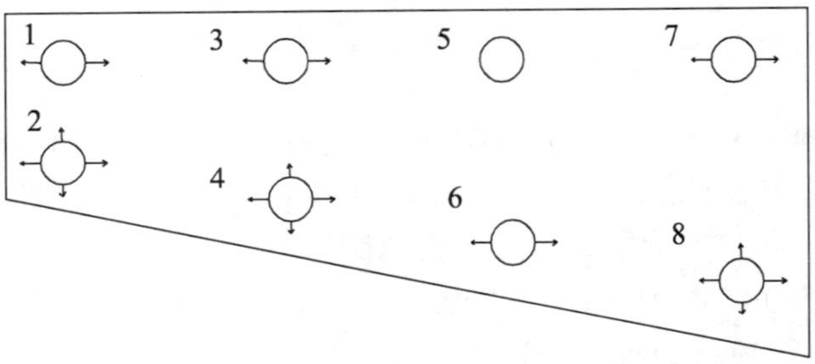

图 4-3-7　3×35 连续梁支座布置

本系列支座采用地脚螺栓+套筒螺杆的连接方式，在墩台顶面支承垫石部位需预留孔洞，预留孔直径为套筒直径加 100 mm，深度大于锚栓长度加 60 mm，预留孔中心及对角线位置偏差不得超过 10 mm；支座安装应通过精密测量，2 个支座顶面高差不大于 1 mm，确保支座受力均匀。凿毛支座就位部位的支承垫石表面，清除预留锚栓孔内杂物，安装灌浆模板，并用水将支承垫石表面湿润。用钢楔块楔入支座四角，找平支座，并将支座底面调整到设计高程，在支座底面与支承垫石之间留出 20 mm 空隙，安装灌浆模板。灌浆用模板应采用钢模，底层设一层 4 mm 厚橡胶防漏条，通过膨胀螺栓将模板固定在支撑垫石顶面。

仔细检查支座中心位置及标高后，支座螺栓孔采用无收缩高强度灌浆材料，灌浆性能及指标应符合设计要求，灌浆材料抗压强度要求不低于 50 MPa。灌浆前，应初步计算所需的浆体体积，灌注实用浆体数量不应与计算值产生过大的误差，应防止中间缺浆。灌浆材料终凝后，拆除模板及四块楔块，检查是否有漏浆处，必要时对漏浆处进行补浆，并用砂浆封堵楔块抽出后的空隙，拧紧下支座板锚栓，待灌注梁体混凝土后，及时拆除各支座的上、下支座连接螺栓，结合设计与现场实际施工温度设置支座的预偏量。

（五）混凝土浇筑

浇注顺序原则：箱梁混凝土立面浇注顺序：底板→腹板→顶板。顺桥向浇注混凝土顺序：一端→另一端。桥面板横向浇注顺序：一端→另一端。混凝土要求对称浇注。混凝土灌筑采用纵向分段、水平分层连续灌筑，由一端向另一端循序渐进的施工方法；先底板，再腹板，最后浇注顶板的顺序。具体操作：底板，由一端→另一端浇筑混凝土；腹板分七层浇注，浇注顺序与方向与底板相同。顶板分两次浇注，第一次浇注到钢筋顶面，返回到补充第二次混凝土，采用提浆整平机收光抹面，浇筑顺序与方向与底板相同；底板混凝土灌筑时，从内模顶的灌筑混凝土孔灌筑底板混凝土，当混凝土灌筑到接近于底板混凝土面标高时，改用从梁的顶端两腹板沿腹板方向，边移动边灌筑混凝土。振捣采用插入式振动棒；灌筑两腹板梗斜处，为保证底板与腹板交接部位及其附近区域混凝土密实，应将振动棒插入模板预留孔内，沿周围振捣。

（六）预应力施工

严格按照设计张拉顺序施加预应力，梁体预应力筋采用一次张拉，两端应同步进行张拉，并左右对称进行。且采用伸长量及张拉力双控，以预加应力为主，以预应力伸长量作为校核。安装预应力锚下垫板时，必须注意保证垫板与钢束中心垂直对中，当箱梁梁体强度及弹性模量达到设计值的 100% 后，龄期不小于 10 d，方可张拉预应力钢筋，张拉完毕应及时注浆。

第五节 大跨度桥梁施工

本线包含大跨度桥梁两座：小河口湘江特大桥、向家湾山特大桥。

一、小河口湘江特大桥

（一）施工方法

连续梁采用轻型挂篮分段悬臂对称灌注施工，普通简支梁采用预制架设施工。

（二）施工流程

参见本章前四节。包括基础施工、墩台施工、简支梁桥位现浇等步骤。

二、向家湾山特大桥

（一）施工方法

连续梁采用轻型挂篮分段悬臂对称灌注施工，普通简支梁采用预制架设施工。

（二）施工流程

参见本章前四节。包括基础施工、墩台施工、简支梁桥位现浇等步骤。

第六节 桥面系工程施工

一、桥面防水工程

防水层铺设其质量与材料节省要求桥基面应平整、无凹凸、无蜂窝及无麻面。如桥基面不符合施工的平整度要求，可用凿除的方法进行处理或在保证基底清洁、平整。浮砟、油污清除完毕的前提下用砂浆找平，用砂浆局部找平时，应用水溶性胶粘剂增强其与基底的连接。

清除挡砟墙内侧根部至上拐角的斜面处、内边墙、端边墙根部，保证防水卷材压边后，再进行防水涂料封边的效果，防止在此处有凹鼓不平现象，避免施工后出现渗水现象，侵害梁体。

备好防水卷材、防水涂料、圆形防水涂料拌合桶、220 V 电源、手枪式搅拌器、量具、刮板、手套等施工工具。

防水涂料的搅拌：我场桥面施工防水涂料采用水泥基胶，未开封的水泥基胶粉的有效期为 1 年；水泥基胶粘剂应涂刷均匀，厚度控制在 1.2 ~ 1.5 mm 范围内；产品应采用密封将胶粉材料加入清水内，用手提式搅拌机搅拌 10 min，使胶粉材料充分融化；加入水泥，再搅拌 10 min 即可使用；水泥基胶粘剂的配比按照产品使用说明书的要求进行。水泥基胶每次搅拌以 30 kg 为宜，搅拌必须均匀，搅拌时间为 3 ~ 5 min，且混合液体发出黑亮时方可使用。

涂刷防水涂料时基层应干燥，可用塑料布覆盖其上，利用阳光照射 1 ~ 3 h 后或（用吹风机加热的方法），观测是否有水汽出现，来判断其干燥与否。将搅拌均匀的防水涂料从挡砟墙一侧的一端开始倒出防水涂料，涂刷宽度按照桥面现浇宽度施行，用刮板往另一端均匀涂刷不得漏刷，一边涂刷一边铺贴防水卷材，用手压住卷材与基面涂料接触面后 10 ~ 15 cm 处用手擀压后再用刮板将防水卷材推压平整，防止卷材起皱折有空鼓气泡。

当桥跨度大于 16 m 时允许在防水卷材纵向搭接一次，此时应在纵向搭接后再沿桥面中心线横向搭接（搭接宽度≥8 cm，防水涂料涂刷厚度为 1.5 mm）。防水卷材应先铺贴挡砟墙一侧的一幅，后铺贴另一幅的顺序进行，应铺贴到端边墙挡砟墙、内侧根部。防水卷材铺设完毕并符合上述各项要求后，方可进行防水涂料封边，挡砟墙、内边墙、端边墙、内侧以及防水卷材的周边往里 8 cm 应涂刷防水涂料的部位均应进行封边，其涂刷厚度≮1.5 mm。在进行封边工序的同时，应时泄水管的进水口涂刷防水涂料，并与封边涂层接好茬。防水涂料应涂刷到进水口往里不低于 3 cm 处涂刷厚度为 1.5 mm，涂刷应均匀。

防水层铺设完毕 24 小时后方可进行保护层混凝土浇筑施工。防水层施工注意事项：四级以上大风天气不宜进行防水层施工。防水涂料搅拌完毕后必须在 20 min 内使用完毕。

料的配置：防水涂料由胶粉、水泥及水组成，使用时必须按照产品使用说明进行配置，每组分的称量误差不得大于 ± 2%。配置时按照先胶粉、后水泥的顺序将固化剂倒入盛水的容器，并充分搅拌使其混合均匀，搅拌时间各 10 min。

保护层施工：桥面保护层采用 C40 细石聚丙烯腈纤维混凝土，保护层施工时应按桥面纵向每隔 4 m 作一宽约 10 mm，深度为保护层厚度的断缝。当保护层混凝土强度达到设计强度的 50%以上时，用聚氨酯防水涂料将断缝填满，且不得污染保护层及梁体。

保护层顶面的流水坡应符合设计要求，其表面应平整、排水通畅。施工时用具、材料等必须轻吊轻放，严禁碰伤已铺设好的防水层。

纤维混凝土保护层强度等级应符合设计要求，施工时宜采用强制式拌和机拌和均匀；振捣采用平板式振动器振捣密实；抹面应在初凝时进行收光抹面，保护层制作完毕后应用土工布覆盖进行洒水养护。

二、声屏障工程

设置桥梁声屏障的桥梁有：余家巷特大桥，黄堡泥 G326 立交大桥，沙田特大桥，疏解线和平大桥，单侧总长度 3 036 m；在桥墩外缘设置 2.5 m 高桥梁非金属插板式声屏障，声屏障由上部结构和基础组成，上部以 H 形钢立柱作为声屏障支撑，采用预埋摩擦性高强度螺栓与基础相连，上部采用非金属轻质高强吸声板材，基础在梁体预留接长钢筋，现浇混凝土时预埋高强度螺栓，螺栓定位采用预埋钢板定位。

（一）基础施工

基础施工时，先按照设计接长梁体预留声屏障基础钢筋，同时预埋基础 U 形螺栓，螺栓间距严格按照设计图纸间距设置，采用 5 mm 钢板制作卡具，卡具孔眼严格按照设计螺栓位置定位制作，孔径尺寸略大于预埋螺栓 2 mm，螺栓安装定位检查合格后方可浇筑基础混凝土。

（二）H 形钢立柱施工

H 形钢立柱在工厂定做，立柱与底板、立柱与加强钢板的焊接及防腐防锈措施必须按照要求在工厂内完成，垂直度应符合设计要求。板车运至现场吊装，立柱安装采用汽车吊安装，人工扶正立柱的下端将孔位对准预埋螺栓放下，立柱放下后，将四个角的 4 根螺栓螺母安装上，采用线锤及钢尺测量立柱的垂直度，轴线等位置满足要求，单个立柱安装调整完成后，要将至少约一孔梁的立柱进行轴线调整，保证轴线顺直。

防松垫圈安装完成后，进行高强度螺母的施拧，高强度螺母的施拧采用专用的套筒，保证套筒有足够的长度进行施拧，M30 单个高强度螺母的预紧力为 100 kN，采用响示扳手施拧时，扭矩为 450 N·m，M24 单个高强度螺母的预紧力为 80 kN，采用响示扳手施拧时，扭矩为 360 N·m，施工时候不得漏拧、欠拧或超拧。第一个螺栓施拧到位后，再进行第二个螺栓施拧。桥梁声屏障六个螺栓中的中间的两个螺栓不需要施加预紧力，只要拧紧即可。

（三）吸声单元板施工

单元板采用自下而上逐块插入的方式插入 H 形钢立柱之间，插入时注意避免破坏单元板与 H 形钢分割的单元橡胶垫，汽车吊吊装及人工辅助安装，插入时自上而下两侧同时水平插入，避免倾斜插入时损坏单元板。局部地段如单元板与立柱间缝隙较小无法插入，采用橡胶锤轻敲缓慢插入。单元板与单元板之间须加垫三元乙丙橡胶垫，安装时注意的朝向和上下位置的正确性，固定用扁钢、橡胶垫等应安装牢固，杜绝声屏障单元板与 H 形钢之间出现松动现象。

安装时专人进行现场指挥，杜绝构件在吊装过程中造成的防腐涂层破坏或者棱角破损。

同时非标准段需要认真测量复核，及时统计。由厂家根据非标准段尺寸加工非标准板，根据立柱间测量的间距不同，做好标识及编号，厂家加工时帖上同样的标识，从而保证现场安装正确。

三、角钢支架及步行板工程

（一）角钢支架施工

桥梁步行板单线桥宽度 0.8 m，双线桥宽度 1.05 m，角钢支架在厂家定制，支架出场之前严格按照设要求施作防腐防锈措施。角钢支架施工桥梁挡渣墙时预埋 T 型钢，支架安装时，对预埋 T 钢污物进行清理，安装从梁的一端向另一端顺序安装，并及时拧紧双层螺母，保证安装时支架不左右晃动；安装扶手前，首先对已经安装支架立柱进行一次初调，使其立柱顶面高低基本相等，以便扶手与立柱顺利安装，并且同步进行栏杆圆钢的安装，圆钢穿完后，在断开处利用搭接焊进行连接，梁端处圆钢做成直钩。

角钢支架矫正：角钢支架安装完成后，进行角钢支架的矫正，要求与梁体横向，竖向均垂直，无喇叭口现象存在，角钢支架净空要符合相应步行板尺寸要求，且净距大于 40 mm。栏杆扶手要调整平直，扶手在 10 m 长度范围内，矢度不大于 10 mm。栏杆平直，无弯曲现象，焊接要平顺，调整栏杆后，对栏杆、支架螺栓进行一次全面紧固，补齐缺少的螺母。

（二）步行板施工

步行板在预制场进行预制，安装步行板前，先对步行板支架进行调查统计工程量，步行板安装时候按照工程量进行布板，采用人工进行步板铺设，端支架采用<80×80×8 和<100×80×8 角钢与支架 N1 焊接，防止梁端步板进行纵向移动，此措施在支架预设置时实施，每块端梁步板设置一个，步板手拉面朝下，不能倒面放置；步板铺设完成后进行步板调整，步板应铺设平稳，板面平整，无明显损伤，排列均匀，步行板相邻高差不大于 3 mm。缝隙采用沥青砂浆嵌缝，嵌缝要密实。

第七节　涵洞工程施工

一、新建盖板箱涵

（一）基坑及基础

基坑开挖采用人工配合挖掘机开挖，底部预留 20 cm 保护层，采用人工开挖。有水流涌出时，要配足抽水设备，禁止基坑被水淹泡，以免降低基底的承载力。根据具体情况采取草袋围堰等不同的基坑防护方法，遇到岩石地层后，采用小炮进行松动爆破。当基坑挖至设计标高后，请设计、监理工程师检验签证，报验合格后，浇筑基础混凝土。

（二）涵身

墙身、墙顶及出入口端翼墙现场立模浇筑，碗扣式脚手架支撑，分层浇筑混凝土。混凝土采用集中拌和，插入式捣固器振捣。

（三）盖板现浇

涵洞盖板采用现场现浇。采用大块定型钢模以保证混凝土外表光洁度。钢筋集中加工、现场安装；混凝土集中供应，泵送入模。混凝土达到设计强度后及时进行防水层施工。

（四）防水层施工

施工前，将结构物表面清刷干净，然后根据涵洞顶上不同的填土厚度，按设计要求进行不同等级的防水层施工。

（五）帽石浇筑及附属工程

盖板安装完毕后，可浇筑帽石及涵洞附属工程的施工。

（六）涵背回填土

涵洞施工完成后，当涵身结构强度达到设计强度时，进行涵背回填，涵洞两侧同时分层对称回填压实。锥坡砌体采用挤浆法砌筑，架设样架或靠尺控制圆顺度和平整度。涵洞边墙、盖板混凝土达到设计强度的 100%后，进行涵背回填。涵洞缺口路基填筑两侧同时分层、对称、水平填夯（压）实。

二、接长盖板涵

改建涵洞施工前，将施工方案、施工计划、安全保证措施报建设单位和线路运营管理单位审批，经批复后方可施工。

（一）防护方法

接长施工时，根据施工对既有线路基影响的实际情况，采取相应加固措施。首先，根据路堤填土高度确定是否需要加固措施。对于路堤填土较高，边坡容易坍塌的涵洞施工，在拆除既有涵洞翼墙前，先对既有线进行加固、在既有涵洞翼墙后面增设挖孔桩或施工钢管桩防护线路，避免路基填土坍塌。对于路堤填土较低，边坡不容易坍塌的涵洞施工，直接拆除既有涵洞翼墙，但应派人长期观察，发现既有路堤有坍塌的可能时，立即用木板支撑防护，确保行车安全。

（二）接长施工

首先拆除原有护锥或较高的端、翼墙。拆除时，如影响边坡稳定的，应分段拆除，如拆除后有坍塌危险时，可采用插打钢管桩或钢轨桩，及时加强支护。

拆除既有涵洞的翼墙、八字墙后，检查涵洞接长处土质变化的情况，并检查原有圬工有无缺陷及倾斜，如有分析研究产生的原因，并对接长涵洞基础采取相应的防护措施。并做好新旧圬工间的沉降缝及接茬处的防水层。

对新建涵洞与既有涵洞的接头处理在基坑开挖之前进行，确定既有涵洞接头处理的设计位置，并凿除清理干净，按照设计要求处理完毕，进行基坑开挖。

开挖基础至设计标高，进行基底承载力的检验，合格并经过监理工程师签认后，进行基础混凝土施工。后续工序同新建涵洞施工不再详述。

第八节　沉降变形控制与评估

桥梁沉降观测以墩台基础的沉降和预应力混凝土梁的徐变变形为主，涵洞在进行自身的沉降观测的同时进行洞顶填土的沉降观测。桥梁墩台工后沉降，应控制在规范规定的范围内。

（一）桥梁墩台沉降控制

施工时根据工程地质资料及桩长、桩径选择钻机，清孔应彻底。在浇筑水下混凝土前，复查桩底沉渣厚度，不满足要求时进行二次清孔，沉渣厚度采用数字式桩孔沉渣测厚仪进行检查，该仪器测厚精度达到 1 mm。沉渣厚度满足要求时，采用射水冲射孔底 3 ~ 5 min，翻动沉淀物，然后立即浇筑水下混凝土。

对于有可能沉降超标的墩台钻孔桩基础，采用设压浆管进行桩底压浆固结的措施。

墩台施工阶段除严格控制工程质量外，还应该分阶段对沉降差进行调整，以设计理论值控制标高，以分时段消除施工阶段的结构沉降值。

（二）涵洞沉降控制

在施工过程中加强对地基承载力的检查和复核工作。保证现场试验数据能代表真实地基承载力。加强对软弱地基处理质量的控制。

每个涵洞均要进行沉降观测，数量每涵不少于 6 处，观测点原则上应设在涵洞两侧边墙上，在涵洞进出口及涵洞中心分别设置。

（三）现浇梁梁体徐变控制

（1）弹性模量控制：在施工中优化混凝土配合比设计，最大限度提高混凝土的弹性模量为设计原则，以保证收缩徐变上拱量不超标。

（2）混凝土现浇控制：梁体混凝土浇筑过程中采用插入式振捣棒和附着式振捣器相结合的方式进行振捣，确保混凝土振捣密实。

（3）预应力张拉控制：在施加预应力前，检验混凝土强度及弹性模量，在两者满足设计要求后再施加预应力；现场对预应力筋的管道摩阻进行实测并对其张拉应力进行修正；施加预应力严格按照要求方式张拉，严格实行“双控”，严禁超张拉，以确保满足预应力徐变上拱限值的要求；预应力张拉完成后及时压浆；管道压浆密实。当水泥浆凝结硬化后进行传力，提高构件的抗弯刚度以减少梁体上拱。

（4）加强监控：梁体施工时在设计部位埋设徐变观测标作为监测张拉前后的徐变量观测点，严格按照要求的观测额次用电子水准仪进行观测。

第四章 隧道工程

第一节 一般隧道施工

根据围岩级别及周边环境采取多种开挖方法，形成超前支护、开挖、初期支护、仰拱、仰拱填充、二次衬砌、附属工程均衡生产、整体推进的施工格局，断层破碎带及其影响带地段初期支护及时成环，根据围岩量测结果及时施作二次衬砌。隧道开挖后初期支护应及时施作并封闭成环，Ⅳ、Ⅴ级围岩仰拱封闭位置距离掌子面不得大于 35 m。软弱围岩及不良地质隧道的二次衬砌应及时施作，二次衬砌距掌子面的距离：Ⅳ级围岩不得大于 90 m，Ⅴ、Ⅵ级围岩不得大于 70 m。

一、施工组织原则

隧道开挖遵循“先探后挖、支护在先”的原则，坚持“先预报、管超前、严注浆、短进尺、弱爆破、强支护、早封闭、勤量测、严防水”的原则稳步前进。施工中建立以地质工作为先导、以量测为依据的信息化施工管理体系，根据预报结果采取相应的处理措施，制定可靠的处理方案和技术措施，确保施工安全和不留隐患。按照“快速形成生产能力、工序紧凑平行、地质预报准确、措施有力及时、员工组织精干、机具配备精良、搞好环境保护、安全优质高效”的原则进行总体施工规划。

一般隧道施工的步骤为：边仰坡开挖—洞口暗洞超前预支护→洞口段明洞-暗洞施工。暗洞施工顺序为超前支护→开挖→初喷封闭→支护、仰拱及填充层→布设防水材料→衬砌钢筋骨架施工→二衬混凝土施工→水沟及电缆槽。

二、超前支护

（一）超前大管棚

隧道进、出口一般均设计有大管棚超前支护，黄堡隧道全隧均设置大管棚超前支护。

1．施工导向墙

在洞口岩壁上施工混凝土套拱作为大管棚导向墙，内设型钢钢架，按设计管棚位置埋设套管并与钢架焊接。套拱采用型钢钢架支设模板浇筑。

2．钻孔

在洞口搭设计工作平台，利用管棚钻机作为钻孔机械。钻机就位后，由测量工按设计图准确画出钻孔位置。施钻深孔时，钻机大臂顶紧在掌子面上，当第一节钻杆钻入岩层，尾部剩余 20 ~ 30 cm 时停止钻进，接长第二根钻杆，用连接套把两根钻杆连接牢固，又重新钻孔，直至钻孔达到要求深度（比管棚长 0.5 m 以上）后，按同样方法拆卸钻杆，钻机退回原位。钻孔时要确保孔径比管棚外径大 15 ~ 20 mm。

3．大管棚注浆

用高压泵将水泥浆压入钢管内，浆液通过钢管注浆眼压注入孔壁的缝隙内，固结附近岩土层，采用导管编号隔孔注浆，先注“单”号孔，待 1 ~ 2 d 固结后，再注“双”号孔。压注水泥砂浆水灰比和注浆压力符合设计要求。

（二）超前小导管

Ⅴ级围岩洞口段或洞身段超前支护采用超前小导管，小管导采用ϕ42 无缝钢管制作，管长采用 4.5 m（预留止浆段不小于 0.3 cm），导管加工在现场专业车间进行，其注浆孔采用钻床成孔，先将导管一端做成尖形，另一端加焊ϕ6 管箍，并经质检人员检验合格方可交付使用。

超前小导管施工采用钻孔打入法。钻孔采用 YT-28 风动凿岩机钻孔，人工安装超前小导管并与钢架焊接固定，小导管外插角符合设计，用注浆泵进行注浆作业，注入水泥单液浆，注浆压力一般为 0.8 MPa。

（三）超前注浆锚杆

1．锚杆安装

采用凿岩机钻孔，钻孔钻进设计深度后，高压风清空；锚杆孔若有异物堵塞，清除干净后，再将锚杆插入孔内，锚杆外露孔口长度满足安装止浆塞、垫板螺旋；将止浆塞通过锚杆外露端打入孔口 10 cm 左右，安装垫板及螺母。

2．锚杆注浆

检查注浆泵及其零件是否齐备和正常，熟悉有关泵的操作程序。用水和风检查孔体是否畅通，孔口返水或风即可。迅速将锚杆和注浆管及泵用快速接头连接好。配置浆液、使水灰比、和易性符合设计规范要求。开动泵注浆，整个过程应连续不停顿，一次完成，注浆饱满后密封排气孔。当完成一根锚杆注浆后，应迅速卸下注浆软管并安装至另一根锚杆，进行注浆。完成整个注浆后，应及时清洗及保养注浆泵。在灰浆达到初始设计强度后，方可上紧垫板及螺母。

3．质量控制及要求

（1）浆液应严格按照配合比配置，并随用随配。

（2）为保证注浆效果，止浆塞打入孔口不小于 10 cm，排完气后立即用快凝水泥砂浆封闭止浆塞以外的孔隙，保证在规定压力下浆液不致窜出。

三、洞身开挖

（一）开挖施工程序

隧道按新奥法施工。在偏压、浅埋和断层破碎地段坚持“先预报、管超前、短进尺、控爆破、强支护、快封闭、勤量测、衬砌紧跟”的原则，加强工序衔接，稳扎稳打，确保隧道施工安全和质量。

钻爆采用风动凿岩机钻孔、人工装药、塑料导爆管微差毫秒雷管光面爆破或微振动爆破技术；喷射混凝土采用湿喷机湿式喷射作业，锚杆采用凿岩机钻孔安装。

（二）洞身开挖

隧道全部采用新奥法施工、光面爆破。隧道主要有Ⅱ、Ⅲ、Ⅳ、Ⅴ级围岩，选择正确的开挖方法是保证施工进度的关键。单线Ⅳ、Ⅴ级围岩地段采用台阶法或短台阶法开挖；Ⅱ、Ⅲ级围岩采用全断面开挖。

1．全断面法施工

隧道Ⅱ、Ⅲ级围岩采用全断面开挖。采用凿岩台架配凿岩机钻孔，楔形掏槽，光面爆破；支护采用凿岩台架做平台，凿岩机钻锚杆孔，人工安装锚杆并进行锚固或注浆，人工挂网，湿喷机喷射混凝土。

2．光面爆破施工

人工钻孔作业采用多功能台架配合手持式风动凿岩机钻孔，人工装药连线，非电毫秒雷管微差起爆。炮孔的装药、堵塞和引爆线路的连接，均由考核合格，执证上岗的爆破工负责。

凿岩台车钻孔作业：固定人员司钻，固定部位孔眼，严格控制外插角和周边眼间距。在拱部周边眼钻孔完毕后，利用装药平台进行装药连线作业。

装药爆破：按各断面炮孔爆破设计装药量装药连线，周边眼采用ϕ25 mm 小直径药卷不隅合装药方式，其余炮眼采用连续装药，富水地段采用乳化防水炸药，掏槽眼采用“V”形掏槽。爆破材料采用 1 ~ 17 段非电毫秒雷管和塑料导爆管起爆，导爆管复式网路连接，全断面一次起爆。

3．台阶法施工

Ⅳ、Ⅴ级围岩采用台阶法开挖，上台阶用钻眼作业台架做平台，人工风钻钻孔，光面爆破，非电毫秒雷管起爆，用挖掘机扒砟到下断面；下台阶采用风动凿岩机钻孔，下台阶出砟采用装载机装砟，自卸汽车运弃。

开挖后及时施做全部初期支护，下半断面施工 10 ~ 15m 后施做仰拱及填充，根据围岩级别及掌子面与二衬的距离，及时进行二衬施工。

四、施工运输

本施工段隧道采用无轨运输。无轨运输全断面开挖地段主要采用装载机、挖掘机配合出砟，运砟采用 20 ~ 25 t 自卸汽车。

五、支护施工

初期支护采用锚喷网和钢支撑联合支护，喷锚支护按先拱部后边墙的顺序实施。初期支护紧跟开挖及时施作，尽量减少围岩暴露时间，抑制围岩变形，防止围岩松弛剥落。

（一）喷射混凝土

初期支护喷射混凝土采用 C25 喷射混凝土。喷射混凝土采用洞外自动计量拌和站拌和，自卸车运输至施工位置，湿喷机湿式喷射混凝土。湿喷混凝土可减少回弹量，降低粉尘，提高工作效率和施工质量。

按照设计厚度利用原有部件如锚杆外露长度等，也可在岩面上打入短钢筋，标出刻度，作为标记。

一次喷射厚度不宜超过 5 ~ 6 cm，过大会削弱混凝土颗粒间的凝聚力，使喷层因自重过大而大片脱落，或使拱顶处喷层与围岩面形成空隙；过小，则粗骨料容易弹回。分次喷至设计厚度，两层喷射的时间间隔为 15 ~ 20 min。

喷射混凝土紧跟开挖掌子面进行，当围岩破碎、稳定性差时，一般采用小药量的松动爆破，初喷

（厚 4 cm 以上）、锚杆、钢筋网、钢架、复喷（二喷、三喷）等作业可以连续进行，直到达到设计要求。架设好格栅钢架后，迅速用喷射混凝土封填，使之发挥支护能力。围岩较完整、稳定时间较长时，初喷、锚杆、钢筋网等施工后即可进行开挖作业，待下一循环初期支护时间再复喷。

（二）锚杆

隧道初期支护设计用的锚杆为：边墙锚杆采用ϕ22 砂浆锚杆；拱部锚杆采用ϕ25 中空注浆锚杆。

1．砂浆锚杆

钻孔采用风动锚杆钻机或风钻钻孔，钻至规定深度后，用高压风吹孔，向孔内灌入孔深 2/3 的砂浆锚固剂，打入锚杆，再用砂浆将孔口抹平，安装托板螺栓。

2．中空注浆锚杆

中空注浆锚杆施工钻孔使用锚杆钻机或 YT-28 风动凿岩机钻孔，钻孔前根据设计要求定出孔位，钻孔保持直线并与所在部位岩层结构面尽量垂直，钻孔直径ϕ42 mm，钻孔深度大于锚杆设计长度 10 cm。

中空锚杆按设计要求在厂家定做，使用前先检查锚杆孔中有无异物堵塞，如有异物清理干净。锚杆由人工安设，应保持锚杆的外露长度 10 ~ 15 cm，然后安装孔口帽（止浆塞）。

将锚杆、注浆管及注浆泵用快速接头连接好。开动注浆泵注浆，直至浆液从孔口周边溢出或压力表达到设计压力值为止。每根锚杆必须一步到位。一根锚杆完成后，迅速卸下注浆软管和锚杆接头，清洗后移至下一根锚杆使用。

（三）钢筋网

钢筋网沿拱墙铺设，钢筋网的铺设在初喷和系统锚杆施作后安设。钢筋网固定在锚杆末端，钢筋类型及网格间距按设计施作。

钢筋网必须安装顺直，随被支护岩面的实际起伏状铺设，与被支护岩面间隙约 3 cm，钢筋网与钢筋网连接处、钢筋网与锚杆连接处点焊在一起，使钢筋网在喷射时不晃动。钢筋网在加工厂加工成片，在洞内再焊接起来形成整体。

（四）钢架（格栅、型钢）

隧道采用格栅钢架或型钢钢架加强初期支护。

1．格栅钢架施工

1）加工

格栅钢架在现场设计的工作台上加工。工作台为δ=20 mm 的钢板制成，其上根据不同断面的钢架主筋轮廓放样成钢筋弯曲模型。钢架在胎模内焊接，控制变形。

按设计加工好各单元格栅钢架后，组织试拼，检查钢架尺寸及轮廓是否合格。

格栅钢架各单元必须明确标准类型和单元号，并分单元堆放于地面干燥的防雨篷内。

2）安装

格栅钢架在初喷 3 ~ 5 cm 后安设。确保主筋外缘有足够的混凝土保护层厚度，在安设过程中当格栅钢架和围岩间有空隙时，设垫块。

定位筋一端与钢架点焊在一起，另一端埋入围岩中。格栅钢架按设计间距安设，钢架间设拉杆，拉杆沿立筋按设计间距交替设置，并与主筋焊接。

3）格栅钢架安装标准

钢架安设前检查掌子面开挖净空，并挖除钢架底脚处虚渣，决不允许用虚渣填在超挖拱脚底部，垫方木或型钢进行高差调整。

分片钢架用人工在掌子面组成整榀钢架，拧紧螺栓。

钢架落底接长在单边交错进行。每次单边接长钢架 1 ~ 2 榀。及时焊接两榀之间的连接钢筋。

2．型钢钢架的施工

型钢钢架加工时首先根据各单位长度下好料，然后在车间工装台上弯制。钢架在胎模内焊接，控制变形。按设计加工好各单元钢架后，组织试拼，检查钢架尺寸及轮廓是否合格。

钢架的安装同格栅钢架不再详述。

六、衬砌施工

二次衬砌按仰拱超前，拱墙二次衬砌采用一次立模灌注的原则组织施工。Ⅲ、Ⅳ、Ⅴ级围岩地段采用曲墙加间拱的结构形式，仰拱采用仰拱栈桥（采用移动式根桥）全幅超前施工，仰拱及仰拱回填分开施工，分段整体灌注。拱墙衬砌在洞内采用整体式模板衬砌台车施工作业，在洞门段采用以整体式模板衬砌台车为主，并装合架配定型钢模板衬砌。混凝土由拌和站集中搅拌，混凝土罐车运输，泵送入模，插入式振捣器捣固。

（一）仰拱

仰拱超前拱墙混凝土施工，一次浇筑，全幅一次成型，为保证洞内车辆和机械的通行，在施工地段设仰拱便桥，仰拱便桥采用工字钢制作，一端支撑在枕木垛上，另一端支撑在已浇筑完的混凝土上，下面设橡胶垫对混凝土面进行保护。仰拱便桥移动利用机械牵引，桥下预留满足仰拱、仰拱填充及铺底钢筋绑扎或混凝土浇筑施工需要的空间。混凝土浇筑前，对隧底进行清理，经监理工程师检查合格后方可浇筑。混凝土浇筑采用泵送浇筑，从前到后一次浇筑成型，人工摊铺，振捣器捣固，初凝之前抹平压光。为保证仰拱曲率，采用纵向挂线控制。

仰拱与矮边墙（水沟底以上 50 cm）同时浇筑成型，仰拱与矮边墙模板采用钢板和角钢自制弧形定型模板，以便仰拱与矮边墙同时浇筑，避免填充混凝土侵入仰拱混凝土，而达不到设计要求。

（二）仰拱填充

仰拱和仰拱填充分次浇筑，待仰拱混凝土强度达规定要求后进行填充混凝土施工，为提高仰拱混凝土的早期强度，仰拱混凝土在拌制时可按试验确定的配合比掺加早强剂。在仰拱填充施工后，针对无轨运输的特点，对隧底混凝土尤其是表面采取保护措施，利用仰拱便桥保证施工的正常进行，并满足其早期强度龄期的需要；通过掺加外加剂或其他材料，提高混凝土的早期强度和抗磨性能。

（三）拱墙二次衬砌

根据监控量测数据，确定二次衬砌的施作时间。并在每个工作面配备 12 m 的自行式全液压衬砌台车，隧道洞身二次衬砌均在初期支护收敛变形趋于稳定后施工。

洞外混凝土拌和站按配比生产，由混凝土运输车将混凝土运送至灌注地点，由采用 HBT60 型输送泵泵送入模，附着式振动器配合插入式振捣器振捣。

1．钢筋制作与安装

钢筋的安装位置、间距、保护层及各部钢筋大小尺寸应符合设计图规定。由钢筋加工厂统一制作，利用作业平台现场绑扎，绑扎搭接严禁焊接，搭接长度不少于 35 d。施工时防止损坏防水层。

2．台车就位检查及加固

衬砌台车就位后，按测设位置准确校正衬砌台车位置，复合中线水平及高程，最后进行堵头模板施做及加固。

3．混凝土浇筑

混凝土自模板窗口灌入，由下向上，对称分层，先墙后拱灌筑，倾落自由高度不超过 2.0m。衬砌混凝土施工捣固采用分层捣固，选用的振捣器，其频率、振幅、振动速度等参数视混凝土的塌落度及骨料颗径而定；振动棒插入下层混凝土内的深度不小于 50 mm；捣棒不得碰撞模板、钢筋和预埋件。灌注施工采用全断面一次灌注成型，当混凝土灌至墙拱交界处时，间歇约 1h，以便于边墙混凝土沉实。拱圈封顶时，随拱圈灌注及时捣实。

拱墙衬砌无二衬钢筋段，设置接茬$\phi16$ 钢筋，接茬钢筋单侧按每延米 5 根，每根长 60 cm，每根插筋要求在施工缝上下各 30 cm 长。二衬水平施工缝应按要求进行凿毛，凿除松散混凝土，并用水冲洗、使接触面保持干净、湿润。

第二节　长大、重难点隧道施工

本线长大、重难点隧道有汤家湾隧道、大银山隧道两座，本节主要介绍汤家湾隧道的施工工艺。

汤家湾隧道全长 2 645 m，其中不同步施工 1 633 m，进口端临近 G326 国道，出口端洞门位置紧邻渝黔土建 9 标施工渝黔黄山坡隧道施工空压机房旁，施工干扰大，环境因素极其复杂。

一、工程概况

本隧道汤家湾隧道全长 2 645 m，中心里程为 D1K271+122.5，进口里程为 D1K269+800，出口里程为 D1K272+445，本施工组织方案编制的范围为汤家湾隧道进口段 628 m，里程范围为 D1K269+800 ~ D1K270+428，出口段 1 005 m，里程范围为 D1K271+440 ~ D1K272+445。D1K270+428 ~ D1K271+440 为渝黔同步施工段落；进口段 228.931 m 位于直线上，洞身段 580.167 m 位于 R-3500 的右偏曲线上，792.757 m 位于直线上，507.908 m 位于 R-4000 的右偏曲线上，出口段 535.237 m 位于直线上。其中正洞Ⅱ级围岩 250 m，Ⅲ级围岩 90 m，Ⅳ级围岩 908 m，Ⅴ级围岩 385 m。

二、总体施工方案

隧道均采用台阶法（Ⅱ、Ⅲ、Ⅳ、Ⅴ级围岩）施工，侧翻式装载机装砟，重型自卸汽车出砟，初期支护采用湿喷机，隧道仰拱先行施工，拱墙衬砌一次性立模灌筑。隧道拱墙模型采用 10.5 m 长液压衬砌台车，衬砌采用混凝土输送泵、衬砌台车等，洞外设置集中拌和站为洞内施工提供成品混凝土。爆破采用光面爆破，使用 2 号岩石硝铵炸药和乳化炸药，非电毫秒雷管及火雷管。施工中遵循“勤检测、短进尺、弱爆破、强支护、快喷锚”的原则。仰拱及填充衬砌超前拱墙衬砌施工，紧跟开挖面。本隧道进行全程监控量测和实施综合地质超前预报作业。隧道通风采用 2×110 kW 轴流式通风机，压入式通风，加强施工通风系统，确保通风良好。

（一）控制测量

1．隧道洞外控制测量

GPS 网覆盖整座隧道，控制网由洞外和洞内网组成。各洞口洞外控制点不少于三个，其中至少一个点为洞口投点，且能相互通视；洞外与洞内测量连接边的边长不短于 300 m。GPS 接收机选用 Trimble 5700 接收机。观测作业时按规定时间同步观测同一组卫星。外业有缺测、漏测或数据处理后观测数据不符合规定及检验发现基线向量质量不符合闭合差规定的进行补测或重测。计算完成后提供：平差计算的坐标系统、高程系统、基本常数、起算数据、观测值类型和数据处理方法；平差采用的约束条件、先验误差；平差结果及精度。

2．洞内控制测量

隧道内中线采用 Leica TC1800 全站仪进行测量。及时进行洞内控制网平差和中线调整；洞内导线控制测量：布设洞内导线，导线边长≥200 m。洞内导线测量按二等导线精度要求实施。洞内高程控制测量：用三等水准测量精度实施。

（二）地质预报

本隧道超前地质预报组采用 TRT6000 探测方法进行超前地质预报，超前钻孔每 25 m 施做一次，同时利用施工中加深炮眼进行验证，每次 150 ~ 180 m 施做一次。（探测原理见图 4-4-1）

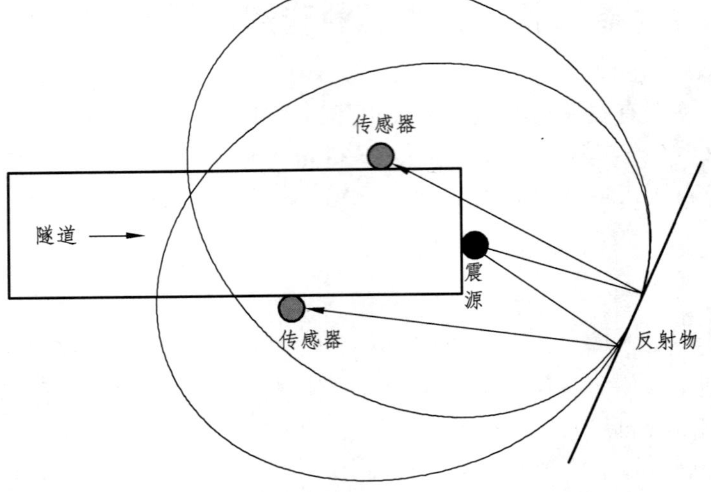

图 4-4-1　TRT 探测原理

（三）隧道正洞施工

1．洞身开挖

正台阶法开挖时，对隧道断面分为上、下台阶进行掘进，分界线为起拱线处，上部为上台阶，下部为下台阶。三台阶开挖时将整个断面分成上、中、下三个台阶进行开挖。

Ⅱ、Ⅲ围岩采用全段面开挖，Ⅳ、Ⅴ级围岩均采用正台阶法开挖，开挖采用人工手持 YT-28 型风钻，利用简易作业台架，按光面爆破的设计眼位进行钻眼、爆破作业。

2．隧道二次衬砌

根据收敛观测结果，变形量小于 0.2 mm/d，拱顶相对下沉速度小于 0.15 mm/d 后，开始隧道二次衬砌的施作，采用衬砌模筑台车，洞外设混凝土拌和站，由混凝土运输车运输至输送泵位置，泵送灌筑隧道二次衬砌混凝土。

（四）施工供风、防尘、通风

1．隧道高压供风

为保证供风的可靠和保证施工的正常，经计算隧道进出口洞口均采用 4 台英格索兰 XP825E 螺杆式电动空压机，供风管路采用ϕ159×4.5 mm 风管，中压法兰盘连接。

空压机站和管路布置如图 4-4-2。

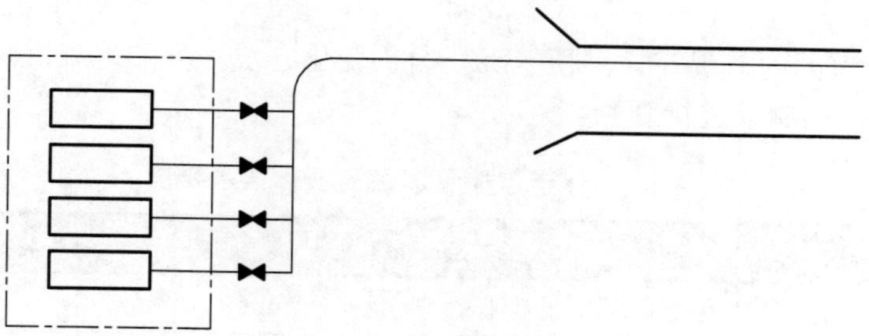

图 4-4-2　空压机站和管路布置

2．隧道防尘

由于采用钻爆开挖，爆破烟尘成为隧道内烟尘和有害气体的主要来源。除采用高效施工通风设备及排风方式有效地排烟、除尘、出砟过程中派专人洒水，湿式作业外，还采用水幕降尘、水炮泥技术以此来保证正常的施工环境和施工人员人身健康。

3．通风

汤家湾隧道进出口分别采用一台 2×110 kW 轴流风机，采用ϕ1200 PVC 软风管，在通风机尾部 10 米范围内特制相同直径的刚性风管以增强供风效应。

第三节　特殊不良地质条件隧道施工

不良地质隧道主要为浅埋、偏压及低瓦斯。黄堡隧道，老木湾二号隧道为浅埋、偏压隧道；沙坎隧道，白果坪隧道，黄堡隧道及汤家湾隧道部分段落为低瓦斯隧道。

一、浅埋偏压隧道施工

浅埋偏压地段采用管棚超前支护，采用台阶法加临时支撑，在隧道开挖作业时，必须采取有效的控制爆破，以确保施工安全。洞身采用非电导爆管微差光面爆破，起爆时采用导爆管激发器起爆，钻孔采用 T-28 风钻，钻孔直径ϕ42 mm，炸药采用乳化炸药、雷管采用非电毫秒雷管及导爆索、光面爆破的施工方法控制隧道超欠挖，并控制循环进尺过长，避免产生的爆破有害效应超过安全规程规定，本工程Ⅴ类围岩循环进尺不大于 1 榀钢架距离。

如遇地层较差时，爆破技术人员应及时通知总工、监理、设计并根据现场情况修改爆破进尺及爆破参数。

施工中严格按照设计要求，管超前，早预报，短进尺、弱爆破、强支护、早衬砌的原则，加强施工临时监控量测，确保施工安全。施工中如遇实际围岩类别与设计资料不符及时与监理、设计部门联系进行设计变更，确保隧道开挖爆破施工安全，顺利进行。

（一）超前地质预报

在该浅埋地段超前地质预报方法有地质调查法，包括地质调查、地质描述、地质作图；物探法包括 TSP202，地质雷达、高分辨直流电；加深炮眼每循环不少于 5 个，深度不小于 5 m，超前ϕ108 水平钻孔 3 孔/循环，每孔深度 30 m，循环长度 25 m（搭接 5 m）；施工过程中应根据超前地质预报揭示的地质情况，调整施工方法，确保隧道施工安全。

（二）隧道监控量测

浅埋偏压段采用隧道洞内外观察，拱顶下沉，净空变化，浅埋段的地表沉降四个必测项目，施工过程中应严格按照表 4-4-1 要求进行观测。

表 4-4-1　隧道监控量测必测项目技术要求

序号	监测项目	测试方法和仪表	测试精度	备注
1	净空变化	隧道净空变化测定仪（收敛计）	0.5 ~ 1 mm	一般进行水平量测
2	拱顶下沉	水准测量的方法、水准仪、钢尺	0.5 ~ 1 mm	
3	地表下沉	水准测量的方法、水准仪、塔尺	0.5 ~ 1 mm	隧道浅埋段必测（$H_0 \leqslant 2b$）
4	地质和初期支护观察	每次开挖后对开挖面进行观测，如发现异常应立即进行处理；对已施工的区段每天至少观察一次，发现结构开裂、突出等异常应立即采取应急措施		了解隧道支护结构及围岩地稳定情况

洞内、外观察和地表沉降观测根据隧道监控量测专项方案要求进行。净空变化和拱顶下沉量测布点应在开挖后至初喷前进行，若围岩出现变化异常应尽早布设；初始读数在每次开挖后 12 h 内取得；最晚不得迟于 24 h。

洞内观察可分为开挖工作面观察和已施工地段观察两部分。其中，开挖工作面观察应在每次开挖后进行，及时绘制开挖工作面地质素描图、数码成像，填写开挖工作面地质状况记录表，并与勘察资料进行对比，已施工地段观察，应记录喷射混凝土、锚杆、钢架变形和二次衬砌等工作状态。洞外观察重点应在洞口段和洞身浅埋段，记录地表开裂、地表变形、边坡及仰坡稳定状态、地表水渗漏情况等，同时还应对地面建（构）筑物进行观察。

（三）隧道开挖

采用台阶法加临时横撑方法施工，爆破方案根据地质条件，开挖断面、开挖进尺，爆破器材等进行编制，浅埋段下台阶施工之前应在线路左侧设置逃生管道，逃生管道设置长度 50 m，上台阶位置 30 m，下台阶位置 20 m，隧道发生坍塌后掌子面的施工人员通过逃生管道撤出。

周边眼采用低密度、低爆速、低猛度的乳化炸药，导爆管激发器起爆，非电毫秒管引爆。起爆顺序：导爆管激发器→导爆管→非电毫秒雷管→炸药。

爆破施工的关键是减小爆破振动速度，保证开挖面与周围建筑物之间的稳定。而根据以往对隧道爆破的质点振动速度观测发现，一般掏槽眼爆破在整个断面爆破中往往产生最大的地震波强度，因此减小掏槽爆破的地震波强度，是确保围岩稳定及周围建筑物安全的主要手段。一般情况下，掏槽爆破的地震动强度比其他部位炮眼爆破时的地震动强度都要大，而所有的形式中，楔形掏槽的振动最小，其原理是：隧道掏槽爆破之所以产生最大振动强度，是因为掏槽爆破只有一个临空面，要求用最大的装药密度来破碎和抛掷这部分岩石为随后爆破的炮眼提供第二临空面，降低振动强度。如果在最初就提供第二临空面，便可显著地降低掏槽爆破的地震动强度。因此，从掏槽效果及减小地震动强度等方面的综合考虑，本爆破设计采用复式楔形掏槽，以便减少钻眼数量。

（四）隧道初期支护

施工开挖出渣完成后，必须进行初喷后方可进行初期支护，严格按照设计要求施工系统锚杆，钢架，钢架架设完毕后及时施工锁脚锚杆，锚杆与拱架连接处必须焊接牢固，拱架底部严禁悬空，用预制混凝土块或型钢垫实，拱架纵向连接钢筋焊接牢固；喷射混凝土密实，严禁喷射混凝土后出现空洞。

（五）二次衬砌

衬砌施工的重点是保证材料的强度、混凝土的耐久性和防止混凝土开裂，施工中将按上述三个重点控制衬砌质量，材料强度和混凝土耐久性问题，由物资部门采购时控制，混凝土耐久性问题由试验、拌和站、浇筑按工艺要求共同控制，做到不合格材料不进入现场，混凝土质量经检验不合格，不得用于现场浇筑；衬砌施工之前进行监控量测数据进行分析，隧道变形趋于稳定及累计变形量达到90%后方可进行二次衬砌，避免二衬出现开裂问题，采取综合控制措施。仰拱距离掌子面的距离要求：浅埋偏压地段仰拱距离掌子面不宜大于35 m。二次衬砌距离掌子面的距离要求；Ⅴ级围岩地段二衬距离掌子面不宜大于70 m。施工过程中仰拱应及时封闭成环，仰拱开挖长度不大于3 m，同时二次衬砌及时施作，确保隧道施工安全。

二、低瓦斯地段隧道施工

沙坎隧道D2K262+240 ~ D2K262+500段长260 m（Ⅳ级围岩）、白果坪隧道D1K268+680 ~ +981段长301 m（Ⅴ级围岩）、黄堡隧道D1K269+068 ~ +576段长508 m（Ⅴ级围岩）、汤家湾隧道D1K271+440 ~ +650长210 m（Ⅳ级围岩）可能有瓦斯、硫化氢等有害气体逸出，设计为三级瓦斯地段。

（一）瓦斯超前预报

施工中采取定性预测（地质调查）和洞内超前钻孔预测预报，并采用相关仪器进行预测预报，以防止瓦斯突出及有害气体溢出等不良地质灾害的发生。

在隧道开挖面布置超前钻孔和加深炮眼，对前方及隧道周边短距离的地质进行预探，钻孔方向呈放射状延伸到隧道周边外，若遇瓦斯及有害气体溢出段，则应加强对各项施工措施的施工准备工作。

1．超前钻孔

超前地质钻3 ~ 5孔，超前钻孔采用ϕ108钻孔。详细记录岩芯资料，并测瓦斯压力浓度。如遇地质岩性明显变化，或随着向前掘进瓦斯浓度升高梯度变大时，不论是否为设计高瓦斯地段，均应加强超前钻孔探测。以防瓦斯突出及大量有害气体冒出。

采用液压钻机（ZDY3200S）钻孔，钻孔孔径ϕ108 mm，各循环搭接长度不少于5 m，一般提前距离为25 m，采用每循环25 m，孔深30 m的方式。

2．加深炮眼

加深炮眼5孔，每孔长3 ~ 6 m，加强瓦斯的探测及瓦斯的排出。如具有煤与瓦斯突出危险性应及时提出，以修正和调整施工方案，可采用钻孔排放，抽放瓦斯，强力通风，水力冲孔、钢架支护等技术措施，将突出危险性降至安全指标内。

（二）瓦斯检测

隧道各低瓦斯工区采用便携式瓦斯检测仪进行瓦斯检测、监控。

隧道瓦斯监测的内容：在施工中，对安全生产影响最大的是瓦斯（主要成分是CH_4）的浓度。主要以CH_4为监测对象，同时对CO、H_2S及洞内风速进行监测。监测CH_4、CO、H_2S气体的浓度变化情况及风速变化情况。

人工现场监测：低瓦斯工区进行人工携甲烷报警仪现场监测。实行装药前，放炮前，爆破后人工进行瓦斯检查（即一炮三检制、三人连锁爆破制）。使得开挖过程中监测瓦斯浓度做到不间断。每班不少于2次。瓦斯突出危险地段或瓦斯涌出量大、变化异常地段，应设专人观测。

瓦斯监测人员培训：瓦斯监测人员在进入工地前进行专业培训，由遵义市安全监督机构组织进行专业培训，培训内容为瓦斯的性质和危害，国家有关法规知识，瓦斯隧道安全施工知识，检测技术，通风技术，灾害防治技术和急救知识，考核合格后持证上岗。

测试数据的纪录分析：每班的瓦斯监测数据必须做好纪录，并绘制瓦斯浓度变化曲线，对累计的测试数据进行分析，推断瓦斯涌出的变化趋势。

加强关键工序的瓦斯检测：在一个施工循环中，瓦斯含量增加幅度最大的工序，是在凿眼过程中和放炮之后。因为炮眼可能成为与前方瓦斯层的连接通道，瓦斯沿炮眼很容易泄露到工作面乃至整座隧道；而放炮之后，由于突然揭露出大面积的新鲜岩层，有可能使封闭的含瓦斯地层逐渐解放乃至完全暴露，致使瓦斯沿围岩裂隙缓慢渗漏乃至大量涌出。因此，加强凿眼过程中及装药前和放炮后的瓦斯检测至关重要。当工作面风流中瓦斯浓度达到0.5%时，立即通知工区安质部，并停止工作，撤出人员，切断电源，进行处理。

加强重点部位的瓦斯检测：由于瓦斯比空气轻，而且有很强的扩散性，当隧道风速小到一定程度（通常认为风速小于1.0 m/s时），瓦斯将游离出来，并在隧道顶层和死角处聚积，局部有可能达到爆炸浓度。因此，风速变小处是检测的重点，主要重点部位为：

（1）开挖工作面风流、回风流中，隧道总回风流中。

（2）局扇及电气开关前后10 m的风流中。

（3）作业台车和机械、电动机及其开关、爆破地点附近20 m内的风流中。

（4）隧道拱顶、脚手架顶、台车顶、隧道顶部超挖形成的空洞中。

（5）隧道洞室中（如综合洞室）和断面变化处。每个检测点应设置明显的瓦斯记录牌，每次检测结果应及时记录在瓦斯记录本和记录牌上，并逐级上报。

（三）隧道通风

沙坎隧道、白果坪隧道、黄堡隧道、汤家湾隧道各个工作面均采用2×55 kW压入式通风机通风。

风管采用ϕ1.2 m的优质通风软管。单节长度20 m，拉链式连接，风管布设在正洞拱顶上，安装风管前，先按5 m间距埋设吊挂，并在杆上标出吊线位置，用细钢丝绳拉紧并焊固在锚杆上，然后吊线挂上风管，这样可使风管安装达到平、直、稳、紧，不弯曲、无褶皱，减少通风阻力。

根据《铁路隧道工程施工技术指南》（TZ 204—2008）中的规定，隧道在整个施工过程中，作业环境应符合下列卫生及安全标准：

隧道内氧气含量：按体积计不得小于20%。

粉尘允许浓度：每立方米空气中含有10%以上游离二氧化硅的粉尘为2 mg；含有10%以下游离二氧化硅的水泥粉尘为6 mg；二氧化硅含量在10%以下，不含有毒物质的矿物性和动植物性的粉尘为10 mg。

有害气体浓度：一氧化碳不大于30 mg/m^3，当施工人员进入开挖面检查时，浓度为100 mg/m^3，但必须在30 min内降至30 mg/m^3；二氧化碳按体积计不超过0.5%；氮氧化物（换算为NO_2）5 mg/m^{3}以下。

洞内温度：隧道内气温不得超过28 °C，洞内噪声不得大于90 dB。洞内风量要求：隧道施工时供给每人的新鲜空气量不应低于3 m^3/min，采用内燃机械作业时供风量不应低于3 m^3/(min·kW)。

洞内风速要求：全断面开挖时不小于0.15 m/s，在开挖的隧道中不小于0.25 m/s，均不应大于6 m/s。

通风管理：施工通风管理水平的高低是影响通风效果的关键因素之一。如果通风管理不善。将使工作面得不到足够的新鲜空气，沿途污浊空气不能及时排出洞外，达不到通风的效果。

以“合理布局，优化匹配，防漏降阻，严格管理，确保效果”二十字方针，作为施工通风管理的原则，强化通风管理。具体就是：以长代短，减少接头数量；以大代小，在净空允许的条件下，尽量采用大直径风管；以直取弯，减少风阻。

设立通风作业小组，作业人员进行通风值班，确保按要求通风以及及时关闭有关风门，防止漏风、窜风。风管用WSFG型软管，它具有防水、阻燃、抗静电性能。风管吊挂必须做到平、直、稳、紧，确保在水平面上无弯曲，风管无皱褶，无扭曲。为保证通风畅通，防止通风管被破坏，把通风管吊挂于正洞边墙上，并高于洞内行走机械的高度，吊挂风管的缆索要拉平、拉紧；锚杆要打牢、矫直；风管上的吊环间距要设置均匀，做到无一缺损和无一漏挂。通风机安装必须稳固，通风方向与施工前进方向一致。通风机与风管使用要做长远规划，避免反复安装。通风设备要定时检修和保养，平时备用一台性能良好的通风机，如果隧道通风机突然损坏可随时更换，以确保通风系统时刻处于良好状态，改善施工环境。

第四节　洞口工程施工

隧道洞口段施工是整个隧道工程施工的关键。针对隧道洞口的特点，如何做到超前思维，制定出切实可行的进洞施工方案，使其既能减少隧道洞口边坡开挖和防护工程量，又能维护洞口的原生植被，同时也能加工程施工快洞口段的施工进度，确保施工安全。经研究，隧道洞口施工应根据现场地形、地质、水文条件，从环保角度出发，制定出科学合理的进洞方案，采用合理的施工技术、方法和步骤开展施工。

洞门及洞口段施工顺序为：测量放线→预加固桩施工→洞口开挖（截水天沟→洞口土石方开挖）→边仰坡刷坡与防护→套拱施工→超前大管棚（小导管）施工→进洞施工→明洞衬砌→洞门→回填。

一、洞口处理措施

（一）清表

对洞口植被茂盛或有虚土、危石的必须对地表进行清理。在清表的过程中，注意控制好清表的厚度，尽量少破坏山体原有的植被，保护好生态环境，减少对山体的扰动。如洞口为超浅埋或负浅埋地段进洞较难时，需对特殊地段进行反压回填。

（二）施工放样

清表工作结束后，用全站仪将洞门以及边、仰坡的开口线放样，打好木桩。

隧道洞外控制测量采用 GPS 结合全站仪进行。进场后复核设计院提供的 CPⅠ、CPⅡ后，根据需要在洞口布设 CPⅡ点，并进行全线联测、平差。

（三）截水沟施工

根据洞口的地形，现场确定截水沟的位置和走向，截水沟位置的选择要考虑到离洞口边、仰坡的距离不能太远（一般为边仰坡开挖线外 3～5m），以免造成当截水沟施工完成后，边、仰坡上方仍然存在较大的汇水面积，使得截水沟和边、仰坡之间汇集的水流冲刷洞口，从而不能发挥出截水沟的作用。截水沟在开挖完成后应该立即用现浇混凝土或浆砌片石封闭，使其排水通畅，避免因截水沟的积水渗入到洞口的土体中，影响到土体的稳定。

（四）洞口边、仰坡开挖

隧道进出口地质条件较差，隧道出口洞门施工前先进行测量放线，根据测量放线做好边坡开挖轮廓线，确定洞门位置及明洞外边墙位置，确定施工平面位置。

洞口施工避开雨季施工，并提前做好洞口的排水、截水设施。洞口及其附近暗洞施工必须减少扰动，洞口施工前先清除坡顶松动岩块，并及时对坡面进行防护和加固，洞口边、仰坡加固。

边仰坡施工前先人工开挖并施作洞顶截水沟，截水天沟距洞门边仰坡刷坡线距离不小于 5 m，待进洞后及时施作洞门和两侧排水沟，与洞顶截水沟相连形成完整排水系统。

明洞开挖与仰坡开挖同步进行。

在进洞施工正常后，适时安排洞门施工，洞门采用钢筋混凝土整体浇筑，浇筑采用钢管搭设脚手架，大块钢模板并结合隧道斜切式洞门形式定制加工足够数量的异形模板，泵送混凝土浇筑。

对隧道线路左右侧边坡不符合设计以及要求的部位进行弱爆破，挖掘机、装载机装渣，自卸汽车运渣。

开挖过后及时对边坡进行“锚网喷”支护，并预留出锚端，作为下部模板施工支撑的受力点。

二、洞门施工原则

（1）隧道洞门要尽早修建。隧道开挖进洞后，为确保洞口浅埋地段的结构稳定性和洞口安全，尽早进行洞口段暗洞二次衬砌施工，然后进行洞口明洞和洞门施工。

（2）洞门结构的所有基础和侧沟铺砌均需置于稳固地基上，基底虚砟必须清除干净。

（3）洞门混凝土结构需分次浇筑，各浇筑单元间的连接必须良好，并应及时施作，以保证洞门各部分结构的共同作用。

（4）洞门混凝土结构施工完成后，要及时进行防水施工和洞口回填。

（5）洞门回填后，及时按照设计要求和洞口周围自然环境进行洞口绿化。

三、洞口开挖

洞口测量：依据设计准确放出开挖边线、截水沟的位置，及洞口中心桩位置、洞门里程和底板标高，并报申监理工程师，批复后施工。

洞口开挖：采取自上而下，分层开挖，分层高度 2 ~ 3 m，表层土采用挖掘机开挖，以下采用钻爆法开挖，装载机配合自卸车运砟。

洞口锚喷防护：边仰坡刷坡自上而下分层进行，人工配合修整，每层高度 2 ~ 3 m，随开挖及时进行锚网喷支护。做好坡面喷混凝土防护层与原坡面衔接，防止坡面风化，引起水土流失、导致边仰坡防护受到损坏。

洞口防排水：洞口土石方开挖前，根据洞口地形情况事先做好洞顶截水沟等砌筑工作，截排地表水，对地表进行处理，确保边仰坡稳定。出水口位置在洞口仰坡和洞外边坡交线 5 m 以外，并对出水口进行浆砌片石铺砌。洞口土石方开挖后，地面排水沟按照设计要求分段进行施工，在施工前先按不同的排水方式进行测量放样，对照地形与排水设计图纸逐桩核对，若发现水流不畅，则做适当调整。砌筑严格按施工规范、检验评定标准和设计要求执行。排水工程在施工中，必须注意与周围排水系统连通，保证路基安全稳定，水流畅通，避免污染农田。

四、明洞段施工

明洞采用明挖法施工。

明洞土石方与洞口土石方一起开挖完成，尽量采用挖掘机开挖，必要时采用弱爆破，人工配合装载机装砟，自卸汽车出砟。按设计施做边仰坡防护。

明洞衬砌从洞内向洞口方向先仰拱后拱墙，模板台车全断面衬砌，混凝土由自动拌和站生产，混凝土输送车运输，泵送混凝土入模，振捣器捣固。洞口衬砌与隧道洞门整体灌筑后进行洞顶回填施工。

明洞衬砌混凝土强度达到设计强度的 70%后方可拆模，外模拆除后及时施工防水设施。明洞衬砌两侧分层回填砂性土，顶面回填黏性土，压实度满足规范要求。

明洞开挖及边坡防护完成后进行暗洞掘进，暗洞掘进一段长度后，施做明洞衬砌。

五、进洞施工

隧道进出口地质条件多数较差，多为风化软弱浅埋破碎岩体，进出口洞门施工前先进行测量放线。根据测量放线，施作截水沟。水沟与路堑、路堤侧沟连接，以拦截地表水，避免地表水冲刷洞口边仰坡及洞门，造成危害。同时将洞口段开挖线以外的漏斗、洼地、危岩落石等进行处理，防止地表水向下渗漏等继续扩大影响隧道安全，确保边仰坡稳定。

洞口临时边坡和预加固桩施工完成后，进行暗洞大管棚或小导管超前支护施工，为暗洞开挖提前做好备。并对洞口进行绿化。

洞门施工：隧道进出口段进暗洞前先进行长管棚超前支护的施工，然后及时施工洞门结构确保洞口施工安全。洞门按整体灌注段长度要求做好模板制作安装。洞门帽檐模板采用定制钢模板，采用泵送混凝土，整体浇筑一次成型，使确保洞门内实外美。

六、洞门修筑

在进洞施工正常后，适时安排洞门施工，洞门采用混凝土整体浇筑，浇筑时采用钢管搭设脚手架，大面积钢模板立模，混凝土输送泵浇筑，插入式振捣器振捣。

洞门完成后及时修筑洞顶排水沟和边仰坡防护工程，保证洞口稳定和排水顺畅。

第五节　洞内设施工程施工

一、工程概况

隧道内附属构筑物主要根据相关专业要求设置，包括单线隧道大避车洞（兼余长电缆腔）、双线隧道综合洞室（兼余长电缆腔）、变压器室、无线通信直放站洞室、轴温探测仪洞室、设备洞室防护门、梯车洞、接触网锚段关节、电缆槽等构筑物，以及各类综合接地预埋件、各种预埋过轨管和隧道照明设备等。

洞内设施施工方案：

施工安排的原则是测量、钻孔安装电缆挂件等工序采用平行作业，其余的采用流水作业。机械为辅、人工为主。在施工中应注意施工人员的劳动保护措施，均应佩戴安全帽和防尘口罩才准许进洞作业。制定了翔实的施工组织设计。

采用隧道两头同时施工的方法，以加快施工进度。施工顺序为：先上部后下部，先设备后线路。重点工序为专用洞室及变压器洞室施工、隧道内电缆过轨、隧道照明工程、隧道内接触网基础预埋施工以及附属工程施工等，施工中应严格按照施工规范及验收标准作业。

二、专用洞室、变压器洞室

（1）专用洞室系为满足运营设施、设备置放安装，以及工务和其他业务部门需要设置。其布置按相关要求办理设置。专用洞室空间尺寸为 600 cm×400 cm×280 cm（长×宽×高），入口段 2.5 m 下沉设余长电缆腔，后段可兼做无线通信或紧急救援电话系统等设备洞室，专用洞室外设设置防护门。

（2）变压器洞室根据电力专业要求设计和布置。变压器洞室空间尺寸为 700 cm×500 cm×350 cm

（长×宽×高），入口段 2.6 m 设余长电缆腔，后段设置设备实体基础并提供电缆引入空间条件。

（3）隧道一般采用台阶法，在开挖下台阶施工一并施工专用洞室，专用洞室初支、衬砌等技术指标同洞隧道正洞，专用洞室衬砌采用小块模板拼装，然后浇筑混凝土。

（4）施工注意事项：① 专用洞室开挖后及时施作型钢支护，必须按照设计要求施工锁脚锚杆，保证洞室与正洞交叉口围岩稳定。② 施工过程中及时对洞室断面、净空、高程复测，保证运营设备对净空的要求。

三、隧道内电缆过轨

（一）洞口处电缆过轨

每个隧道洞口处，设置一组二束电力电缆过轨管，每束含 2 根 ϕ150 mm，壁厚 5 mm 双面镀锌无缝钢管，与线路正向交角不大于 45°，二束平面布置呈“八”字形。

（二）专用洞室处电缆过轨

（1）长度在 5 km 以上的隧道专用洞室处，设置一组二束通信过轨管，每束为 1 根/100 mm，壁厚 5 mm 双面镀锌无缝钢管，与线路正向交角不大于 45°，二束平面布置呈“八”字形。

（2）兼作直放站设备洞室的专用洞室处，设置一组二束无线通信过轨管，每束为 1 根 ϕ100 mm，壁厚 5 mm 双面镀锌无缝钢管，与线路正向交角不大于 45°，二束平面布置呈“八”字形。

（3）每个专用洞室处，设置一组二束电力电缆过轨管，每束含 2 根/150 mm，壁厚 5 mm 双面镀锌无缝钢管，与线路正向交角不大于 45°，二束平面布置呈“八”字形。

（三）变压器洞室处电缆过轨

变压器洞室处，设置一组二束电力电缆过轨管，每束含 3 根 ϕ150 mm，壁厚 5 mm 双面镀锌无缝钢管，与线路正向交角不大于 45°，二束平面布置呈“八”字形。

（四）施工注意事项

（1）过轨管自一侧电缆槽引出，沿仰拱表面、经中心水沟底部，引入对侧电缆槽。电力及通信电缆过轨管的弯曲半径不小于 1 m，无线通信过轨管弯曲半径不小于 1.5 m。每束过轨管中，管间净距不小于 20 cm。

（2）过轨管应采用冷弯加工、连接处采用套管连接，保证内壁光滑，无毛刺，保证电缆穿行不被破坏。

（3）各过轨钢管内均预留 ϕ3 mm 铁丝 2 根，口外保留和固定住不小于 1 cm 的余长，以便后期四电单位穿缆，管口设冷封胶堵头防止渗水和堵塞。

（4）过轨管沿仰拱表面通过中心水沟底时，可能受其钢筋阻挡，施工过程中将影响范围内中心水沟底板按 20 cm 厚调整配筋，方便其通过。

四、隧道照明工程

隧道照明工程的施工顺序为：测量，钻孔→安装不锈钢电缆挂件→展放电缆→安装灯具→安装电源箱，控制箱，首、末端控制箱→灯具、箱体配线→地线安装→送电实验。

（一）线路测量

组建线路测量小组，配齐工机具（如塔尺、标杆、测量绳等）和材料（如标桩、油漆、记号笔等），根据设计图纸确定线路控制点（线路起点、灯位置点、终点），结合现场地形条件，确定线路走向。

根据洞室实际情况，可对极个别灯具位置进行合理调整。

（二）电缆敷设及回填

依据电缆敷设位置，合理布置电缆盘位置。统一敷设方向，保证中间头制作时相位统一、不交叉；电缆从盘的上端引出，避免电缆在支架上及地面摩擦拖拉。电缆到位后，锯断电缆，电缆头做防潮、防磨处理，临时固定。

电缆沟回填，直埋电缆的上、下部铺以不小于 100 mm 厚的软土或沙层，并加盖保护板，回填土分层夯实。隧道内电缆的动力缆均在电缆槽内，应先将电缆槽盖板掀开放平稳以后再进行电缆敷设。隧道内电缆的控制缆为壁挂明敷设，应先将电缆展放在地上然后挂在挂架上，再锁死。

（三）隧道照明灯具及设备安装

大于 100 m、小于 500 m 的隧道设正常固定照明，照明灯沿隧道两侧交错布置，水平间距为 30 m，距地 3.5 m；大于 500 m 的隧道设正常固定照明并作为疏散应急照明使用，水平间距为 20 m，距地 2.5 m；大于 100 m 的隧道设疏散指示灯和标志灯，疏散指示灯沿隧道两侧对称布置，水平间距为 25 m，距地 2.5 m。隧道口及综合洞室内电源箱、RTU，照明控制箱均为明挂，箱体底边距地 1.3 m。EPS 为落地靠墙安装。

所有灯具、开关箱、按钮箱、EPS 等的防护等级为 IP65。

五、隧道内接触网基础预埋

接触网吊柱螺栓按照设计要求进行预埋，将导致二衬台车模板会有很多螺栓孔，不利于二衬外观质量的控制，且吊柱螺栓外露 10 cm，不利于二衬台车脱模和行走，且在行走过程中可能会撞击外露吊柱螺栓，导致螺栓内部受损，无法满足承载力要求。后期全线变更后置倒锥形化学锚栓。我项目按照具体预埋件位置及质量要求进行施工。

后置化学锚栓一定要控制锚栓植入深度和清孔质量。以保证满足承载力要求。后期按照 100%抽检频率进行检查。

六、附属洞室

隧道附属洞室有避车洞、避人洞及综合洞室内预留通信及电力等相关专业设备空间。

施工时预留相应洞室位置，初期支护过后，进行钻孔微震爆破开挖，并按设计进行初期支护，正洞衬砌过后，采用小模板内支架，泵送浇注混凝土，施工时注意与正洞防水设施连通。

所有综合设备洞室及专业要求设置洞室等附属洞室拱架、模板及支撑采用钢木混合结构。洞室开挖支护后，按设计要求挂设防水板，洞室所用的衬砌材料与边墙一致。定出洞室位置后，先对洞室进行铺底，并在支立隧道边墙的同时支立洞室的侧、背墙模板及拱架、拱模，然后与隧道边墙一起灌注混凝土。

第六节　运营通风及防灾救援施工

一、隧道通风

（一）通风方式

施工通风设计依据《铁路隧道施工规范》（TB 10204—2002）和本施工组织的施工工作面安排进

行设计。根据施工条件除甘家湾隧道采取自然通风外其余三座隧道均采用压入式通风方式

（二）风量和风阻计算

1．风量

施工通风所需风量按洞内同时工作的最多人数、洞内允许最小风速、一次性爆破所需要排除的炮烟量和内燃机械设备总功率分别计算，取其中最大值作为控制风量。

2．主要计算参数

洞内同时工作最多人数按 50 人/工作面考虑；洞内允许最小风速 V_{min}=0.15 m/s；洞内每人供应新鲜风 3 m^3/min；内燃机械设备作业供风量 3 m^3/（min · kW）；风管平均百米漏风率为 0.02，风管摩阻系数为 0.02。

（三）通风设备选择及配置

根据不同隧道的不同条件进行计算。当隧道独头掘进长度小于 200 m 时，主要采用自然通风（必要时采取局扇通风）；当独头掘进距离 $L < 500$ m 时，配置一台 2×37 kW 轴流风机，配置一道ϕ1 000 mm 的风管压入式通风；当单口掘进距离为 500 m≤L < 1 000 m 时，配置一台 2×55 kW 轴流风机，配置一道ϕ1 200 mm 的风管压入式通风；当单口掘进距离为 1 000 m≤L < 2 000 m 时，配置 1 台 2×110 kW 轴流风机，配置两道ϕ1 200 mm 的风管压入式通风；当单口掘进距离为 L≥2 000 m 时，洞口配置 2 台 2×110 kW 轴流风机，配置两道ϕ1 200 mm 的风管压入式通风。风管用便于装卸和维修的 PVC 拉链式软风管。

（四）施工通风管理

（1）由专业人员进行现场施工通风管理和实施，风管安装平、直、顺，通风管路转弯处安设刚性弯头，并且弯度平缓，避免转锐角弯，以减小管路沿程阻力和局部阻力。

（2）配有专业技术人员对现场通风效果进行检测，根据检测结果及时进行阶段调整。

（3）根据检测结果及时对通风系统作局部调整，保证洞内气温不得高于 28 °C、一氧化碳（CO）和二氧化氮（NO_2）浓度在通风 30 min 后分别降到 30 mg/m^3 和 5 mg/m^3 以下。

（4）风机配有专业风机司机负责操作，并做好运转记录，上岗前进行专业培训。

（5）电工定期检修风机，及时发现和解决故障，保证风机正常运转。

（五）施工要求

（1）加强日常通风检测，保证足够的风量和风压，并且要爱护通风管路，避免对通风管路的破坏，降低漏风率。

（2）要求通风管每节长度大部分为 20 m/节，根据掌子面衔接风管长度的需要可以配置少量 10m/节的风管。

（3）洞口风机需要安设在距离洞口 20 m 以外的上风向，避免发生污风循环；风管出风口距开挖工作面的距离不超过 30 m。

（4）因为所选择的风管直径较大，保证洞内有足够的净空高度，避免发生过往车辆和机械刮破风管而影响施工。

（5）由于采用无轨运输，运输车辆的尾气排放口安设净化装置，以降低对隧道内施工环境的污染程度。

（六）通风管理其他措施

因为隧道施工采用的内燃设备较多、功率较大，运输车辆排放的尾气量很大，隧道开挖产生的有

害气体和粉尘也较多。为了避免对施工人员和大气造成危害，对洞内排出的污风进行空气质量监测，如果发现不符合排放标准，及时采取有效的处理措施，以满足环境保护的要求。主要有以下措施：

1．水幕降尘器降尘

水幕降尘器具有喷水颗粒细，产雾量大，能够封锁整个隧道断面，除降尘外还可以吸收易溶于水的有害气体（SO_2、NH_3等）。

2．除尘机除尘

隧道干式除尘机除尘，用于喷混凝土和装渣时的除尘。

3．控制粉尘

通过调整供风的风速控制粉尘（当洞内风速达到 1.5 ~ 3.0 m/s 时，作业地点中空气粉尘的含量会降低至最低）。

二、隧道施工照明

照明和动力线分层架设，电缆线悬挂高度距行人地面不小于 2 m。

动力干线上的每一分支线装设开关及保险，禁止在动力线路上加挂照明设施。同时做到“一机一闸一漏保”。

作业面采用 36 V 低压照明设备，36 V 低压变压器设在安全、干燥处，机壳接地；抽水机、照明双回路双电源双保险。

三、管线布置

洞内“三管两线”按工地文明施工规范化要求布设，做好洞内排水、洞内路面清理及道路维护，加强洞内通风。

第七节　防排水施工

一、洞口防排水

洞口开挖前，应在边仰坡开挖边缘线外 5 ~ 10 m 设置天沟，天沟在分界断面处应与路基天沟顺接。进出口洞门端墙背按设计要求设置排水盲沟，盲沟最低点引入洞口路基侧沟。

二、洞身衬砌排水

道衬砌背后的积水通过环向和纵向盲沟的汇集后经进水管直接引入两侧侧沟排出洞外。

三、施工（变形）缝防水

（一）施工缝的处置

混凝土应连续浇筑，尽量减少施工缝，拱圈及仰拱不应留纵向施工缝。

1．纵向施工缝

衬砌纵向施工缝采用中埋式橡胶止水带防水。墙体水平施工缝不应设在剪力和弯矩最大处或铺底与边墙的交接处，宜设置在高出铺底面不小于 300 mm 的墙体上。拱墙结合的水平施工缝，宜设置在拱墙接缝线以下 150 ~ 300 mm 处。

纵向施工缝在混凝土浇筑前，将其表面清理干净。涂刷混凝土界面处理剂；或者，先刷不低于结构混凝土强度等级的净浆，再铺 25 ~ 30 mm 厚的 1 : 1 水泥砂浆，及时浇筑混凝土。

2. 环向施工缝

环向施工缝采用中埋式橡胶止水带。环向施工缝设置宜与变形缝相结合。垂直施工缝施工时，将其表面浮浆和杂物清除。刷不低于结构混凝土强度等级的净浆或涂混凝土界面处理剂。及时浇筑混凝土。端头模板应支撑牢固，严防漏浆。

（二）变形缝的处置

变形缝设中埋式钢边橡胶止水带+内缘采用双组分距离密封胶嵌缝，并采用聚乙烯泡沫塑料板填缝。

（三）止水带

止水带安设采用安设钢筋卡工艺施工。沿设计衬砌轴线，每隔 0.5 m 钻一直径为ϕ12 mm 的钢筋孔；将制成的钢筋卡，由待灌混凝土侧向另一侧穿入，内侧卡紧止水带之半，另一半止水带平靠在挡头板上；待混凝土凝固后拆除挡头板，将止水带靠钢筋拉直、拉平，然后弯钢筋卡套上止水带。

（四）防水板铺设

全隧初期支护与二次衬砌之间拱部与边墙部位铺设厚度≥1.5 mm 的 EVA 防水板，防水板与初期支护间敷设重量≥400g/m^2、厚度≥3 mm 的无纺布防水，防水板接缝与隧道各环向施工缝错开。

在铺设防水板之前，对初期支护的渗漏水及基面平整情况进行检查，外露的钢筋头、钢管头切掉后用防水砂浆补平。有渗水的地方采取埋管引排、局部注浆等措施进行处理，然后在初期支护表面全环采用 2 cm 厚防水砂浆抹平，确保在防水层施工时无水作业和基面平整。

（五）排水盲管

隧道二次衬砌背后设环向透水管盲沟，纵向每 10 m 一环，采用ϕ50 mm HDPE（外裹无纺布）打孔环波纹管，集中出水点视水量大小加密设置；隧道两侧边墙墙脚外侧泄水孔标高处分段设纵向透水盲管，采用ϕ80 mm HDPE（外裹无纺布）打孔波纹管，外裹无纺布：重量≥100 g/m^2。每隔 10m 设边墙泄水孔，将地下水引入洞内侧沟。纵、环向盲管两端直接弯入洞内侧沟。纵向盲管明、暗衬砌分别设置且不得连通。

四、水沟及电缆槽

水沟及电缆槽施工在衬砌、仰拱、仰拱填充完成后进行。

水沟及电缆槽施工采用组合模板，立模要严格控制尺寸、标高。水沟及电缆槽盖板采用预制构件，盖板铺设要平稳，盖板与沟沿的缝隙用砂浆填平。

第八节　辅助坑道施工

由于地形地质等原因，隧道施工进度严重滞后时，可以通过增设辅助坑道的形式来保证工期。一方面可增加正洞施工工作面，另一方面可发挥超前地质预报的作用。

一、短台阶法施工

施工方法：先开挖上台阶导坑，并立即施工初期支护，再左右错开开挖下台阶并进行初期支护，最后施工仰拱初期支护并将整体初期支护闭合成环。

（一）开挖

采用风钻机钻孔，装载机配合自卸汽车出渣。简易钻孔台车的钻架高度和宽度可根据开挖面的不同进行调整，进出方便，不必拆卸，操作安全可靠。

（二）运输

辅助坑道一般采用无轨运输方式。断面尺寸应满足掌子面风速符合《隧道设计手册》要求时，坑道回风风速（净面积）不大于 6 m/s。

对于高瓦斯隧道，宜采用有轨运输方式；当采用无轨运输方式时，施工机具均应进行防爆改装并达相关安全要求。

（三）支护

在新奥法施工体系中“锚喷支护”是十分重要的环节。在本隧道中，由于采用短台阶法开挖，在每一台阶开挖之后，及时施工初期支护是确保施工安全的主要措施，同时也成为永久性承载结构的一部分，它与围岩共同构成了永久的隧道结构承载体系。其中超前小导管和中空锚杆的施工尤为重要。

（1）超前小导管施工。小导管设置在Ⅴ级围岩区段。其施作的关键在于上仰角度的控制和管尾支撑的稳固，在一环炮出渣完成后先对掌子面喷混凝土 5 cm 封闭，然后施作下一环小导管，在小导管全部注浆完成，掌子面破碎围岩固结后，再施做中空锚杆、钢架等后续工作，这样可以确保有足够的空间施做上仰 15°钻孔，而且可以把管尾支承在工字钢顶部，确保支承牢固有效。

（2）中空锚杆注浆支护在施工中应注意，在使用前已除去杆体表面油污，以免影响锚固力，安装锚头时，杆体和锚头连通良好，达到注浆效果后，拧紧杆尾螺栓。

（3）喷射混凝土表面平整，无突出的尖角和硬物。

（四）辅助坑道进正洞

1．支护加强过渡段施工

施工时，设置支护加强过渡段，采用异形钢架，钢架间距按角度布置，完成从垂直于辅助坑道中线方向到平行于正洞方向的过渡。

2．交叉口边缘工字钢施工

在辅助坑道与正洞交叉口止洞边缘处设置 3 榀Ⅰ20b 组成的钢门架为正洞拱部的钢架提供落脚平台。第一榀钢架在安装时必须严格控制好里程，否则会给正洞挑顶钢架安装带来不便，甚至侵入隧道净室。

（五）辅助坑道进正洞挑顶施工

按照短进尺、弱爆破、强设护、早封闭开挖正洞导坑，高度根据正洞拱顶标高进行调整。施工中严格控制每循环开挖进尺和标高（进入正洞范用后开挖及初期支护需比正洞拱部相应设计标高加高，以预留临时支护厚度）；与正洞走向垂直上坡到正洞台阶开挖的上台阶，施做拱部钢架，再施工正洞的上台阶左侧部分，点至形成正洞标准上台阶开挖轮廓线。

二、注意事项

（1）正洞斜井相交段施工时由于断面变大，引起围岩不稳定，在挑顶施工过程中必须加强及时设置监控量测点，加强监控量测。

（2）正洞落底后马上进行正洞仰拱施工，以便初期支护与仰拱封闭成环，确保施工过程中安全保障。

（3）机械开挖时，为防止挖掘机等大型机械对已支护好钢架进行碰撞，造成钢架损坏，开挖时，指派专人对开挖作业进行指挥，严格限制机械作业界限，以防止碰撞钢架。

（4）钢架的安装作业时，作业人员之间须协调动作，在本排钢架未安装完毕，并与相邻的钢架和锚杆连接稳妥之前，不得擅自取消临时支撑。

（5）钢架每一循环安装作业时，中途不得停止，要一气呵成，交接班在工作面进行，使支护快速形成，并及时喷护，以便围岩开挖面尽早形成封闭对围岩变形起到一定的约束作用，减少不安全事故的发生。

（6）交叉口段斜井衬砌应及早施作，挡头板沿正洞线路方向安设。

（7）斜井与正洞掌子面施工时，应设专人值班，随时观察围岩及支护状态的的稳定性。制作钢架所用型钢进场检验必须按批抽取试件作力学性能（屈服强度、抗拉强度和伸长率）工艺性能（冷弯）试验。

第九节　沉降变形控制与评估

隧道监控量测是现代隧道施工的必备手段，通过对洞顶地表层的变化、开挖围岩及初期支护状态的观察及周边位移和收敛，拱顶下沉的量测、数据分析来判定围岩的稳定情况，据以作为施工中调整围岩级别，修正支护措施及确定二次模筑衬砌施作时间。

（一）地表沉降监测

主要在洞口及洞身浅埋段。

（二）围岩及支护状态观察

主要有开挖面的围岩的岩质、节理、地下水渗漏情况，开挖面邻近的初喷层有无裂缝、剥离和剪切破坏及钢架有无压屈形变等。

（三）量测监控

量测监控包含拱顶下沉、底板隆起、围岩位移、净空收敛、围岩及支护间接触应力以及钢架内力、锚杆轴力等项目。各项量测点一般布置在初期支护断面上，断面间距沿隧道纵向，Ⅴ级围岩为 5 ~ 10 m；Ⅳ级围岩为 10 ~ 30 m；Ⅲ级围岩 30 ~ 50 m；Ⅱ级围岩为 80 ~ 100 m。围岩监测应在开挖后 12 h 内进行，根据位移速度的大小决定量测频率，只有当收敛位移速度小于 0.2 mm/d，拱顶位移速度小于 0.15 mm/d，围岩趋于稳定时方可降低量测频率。

喷锚构筑法规范规定，经过严密监测、数据分析，只有当周边收敛速度明显下降，收敛量已达到总收敛量的 80% ~ 90%，收敛速率小于 0.1 ~ 0.2 mm/d，或拱顶位移速率小于 0.07 ~ 0.15 mm/d。才能进行隧道二次衬砌作业。一般软弱围岩仰拱灌注时间可在围岩稳定以后进行；对于极差的围岩，当位移量和位移速度很大时，为维持围岩稳定，仰拱灌注应尽早施作。

（四）沉降变形评估

无砟道床地段隧道完工后，需进行 6 个月的沉降观测，监测数据由评估单位进行评估，达到要求后才能施作无砟道床。

第十节　新工艺、新工法、新装备、新材料的应用及效果

本线隧道的不良地质有浅埋、偏压及低瓦斯等。按照《铁路隧道风险评估与管理暂行规定》，按照高风险隧道管理要求进行施工管理。对隧道积极进行风险管理，通过风险计划、风险识别、风险估计、风险评价、风险处理和风险监测，优化组合各种风险管理技术，对工程实施动态、有效的风险控制和跟踪处理。

采用地面预报和洞内超前预报相结合的模式，主要以洞内超前预报为主，对未开挖地段进行地质预测和分析，采集各种水文、地质、变形、应变等信息，及时进行信息反馈，以确定合理的支护参数，制定合理的施工方法。洞内超前预报主要通过 TSP203 地质超前预报系统、超前钻孔、炮眼加深和地质素描等手段进行，并将该项工作纳入施工工序管理。提前掌握地质情况，及时采取有效措施，确保了工程的顺利施工。

第五章　轨道工程

第一节　有砟轨道道床施工

一、有砟道床结构形式

直线地段或半径大于 1 200 m 曲线地段钢轨采用 60 kg/m、100 m 定尺长 U75V 无孔热轧轨，在半径小于等于 1 200 m 的曲线地段采用 60 kg/m、100 m 定尺长 U75V 无孔全长热处理轨，无缝道岔内部钢轨、胶接绝缘钢轨以及伸缩调节器钢轨符合相关规定。一般地段轨枕采用 2.6 m 长Ⅲa 型有砟档肩混凝土枕，桥梁和路基设置护轮轨地段铺设新型Ⅲ型有挡肩混凝土桥枕，均按 1 667 根/km 铺设；扣件采用与Ⅲa 型轨枕配套的弹条Ⅱ型扣件，扣件铁件进行防锈处理；正线单线道床顶面宽度 3.4 m，双线道床顶面宽度分别按照单线设置，曲线地段外侧道床顶的宽度按规范进行加宽，砟肩堆高 15 cm，道床边坡 1∶1.75。铺设Ⅱ、Ⅲ型轨枕地段道床顶面与轨枕中部与顶面齐平，其他类型轨枕地段道床顶面应低于轨枕面 3 cm。

二、施工准备

（1）复核路基断面尺寸、平整度、高程，核实线路中线测设贯通情况，确认合格后钉设线路中桩，桩距为：直接为 25 m，曲线为 20 m，缓和曲线为 10 m，钉设曲线五大控制桩。

（2）确定道砟供应的砂场，保证施工便道的畅通。落实面层道砟场的产量，严格控制道砟的质量，包括道砟的级别、材质力学性能、级配、颗粒形状与清洁度标准等，按规范规定进行取样试验，确认合格后方可使用。使用前编制好装车及运输供应计划。

（3）铺轨前利用汽车把钢轨卸至施工段附近，钢轨在卸下的同时进行逐根检轨，标识在轨头上，并将钢轨拖到指定位置且拨到路肩上，然后将轨枕卸到路基路肩两侧。

（4）施工前按轨节表中所标注的钢轨长度、顺序配对，用铲车将钢轨拖拉到对应铺设地点。

三、钢轨扣配件

（1）利用运输线把钢轨、轨枕及配件卸至施工路段附近，先利用履带式拖拉机或汽车将钢轨配对

拖拉散开后，拨到两侧路肩上，将轨枕及配件分段卸散，然后分段铺设。

（2）卸轨料：由平板车运输或汽车运输将钢轨、轨枕及扣件卸下，分类集中堆码。

（3）拖散钢轨：人工将钢轨按轨节表中所标注的钢轨长度、顺序配对，将钢轨拖拉到对应铺设地点，并按上、下股拨移到两侧路肩上。

（4）散布轨枕：把轨枕、扣配件运到施工现场，根据轨节表中注明的每节轨节的轨枕根数均匀散布，并按线路中线桩将轨枕初步方正。

（5）连接钢轨：人工用撬棍将钢轨由路肩拨移到轨枕内，安装鱼尾板。

轨道采用相对式接头位置相错量应符合下列规定：

①直线地段不应大于 40 mm，曲线地段不大于 40 mm 加采用缩短轨缩短量的一半。

②曲线尾剩余的接头相错量，宜利用钢轨长度偏差量在曲线内调整消除。必要时，可在曲线尾插入一根相应缩短量的缩短轨。不得用调整轨缝的办法消除接头相错量。

（6）方枕及散扣件：按照轨节表中所注明的轨枕间距，用粉笔在轨面上划出间距印，并用白油漆在轨腰上打上正式点位，然后用起道机顶起钢轨，将轨枕方正，放入轨下铁垫板，落下起道机，再将扣件按规定规格、数量散放在钢轨两侧轨枕上。

（7）上扣件：弹条Ⅱ型扣件：锚固螺旋道钉（锚固位置以凸台底面距承轨槽面不大于 2 mm 为准）→涂绝缘防锈涂料→铺设衬垫及橡胶垫板，放上钢轨→安装挡板座和轨距挡板（挡板座：外 2 内 4；轨距挡板 50 kg/m 钢轨：外 20 内 14；60 kg/m 钢轨：外 10 内 6）→安装弹条、平垫圈，拧紧螺母。

（8）线路维修：线路铺好后，按线路中线桩拨至设计位置、串砟捣固、消除硬弯、鹅头、扭曲和反超高现象。

四、上砟整修道床

上砟整道在铺轨后采用轨道车和运砟平板和液压捣固养路机组，分次进行道床补砟和整道养护达标作业的施工方法。

为了保证轨道铺设精度及道床的稳定状态达到设计标准，采用小型机械化养路机组根据道床厚度，在放散锁定前进行 3 遍整道作业，使轨顶标高达到设计标高 20 mm 以内，在铺轨过后随即进行第一次上砟整道，采用液压捣固机进行双捣作业，以减少初次整道后的下沉量，提高养路质量和作业效率。

放散锁定前完成道床全部补砟作业，放散锁定后进行 2 遍精细整道，达到轨顶设计标高及轨道线形要求和开通速度标准。

人工配合液压捣固机进行起、拨道及捣固作业。按照线路测量资料，测量人员配合抄平、起拨道和捣固作业，作业完成后，对轨道中心线及轨顶标高进行测量，按上述作业程序进行下一遍养路作业。

第二节　无砟轨道施工

无砟轨道施工长度大于 1 km 的隧道（包括渝黔同步段），含大银山隧道、沙坎隧道、白果坪隧道、汤家湾隧道以及老木岩隧道，全长 8 867 m（单线）。

一、无砟道床结构形式

（1）隧道无砟段 CRTS Ⅰ 型双块式无砟轨道结构由 60 kg/m 钢轨、WJ-8 扣件、SK-2 型双块式轨枕、道床板等组成；CRTS Ⅰ 型双块式无砟轨道自上而下依次由钢轨、扣件、轨枕、道床板构成，CRTS Ⅰ 型双块式无砟轨道在隧道内的轨道结构高度为 515 mm，隧道内曲线超高设置在道床板上，在隧道洞口内设置无砟与有砟轨道过渡段，过渡段长度 25 m，其中无砟段长度 5 m，有砟段长度 20 m，过渡段 WJ-7 型扣件。

（2）扣件：正线无砟轨道地段扣件采用 WJ-8A 型弹性扣件，无砟过渡段和有砟过渡段扣件采用 WJ-7A 弹性扣件，扣件支点间距一般为 600 mm，施工时可根据道床板分段情况合理调整，但不宜小于 570 mm。

（3）轨枕：正线无砟轨道轨枕采用 SK-2 型（配 WJ-8A 型弹性扣件）双块式轨枕，厂内预制，轨枕间距一般为 600 mm，且不宜小于 570 mm。无砟过渡段轨枕采用过渡段专用枕。

（4）道床：采用 C40 钢筋混凝土，每米 $0.75m^3$，道床板除在隧道结构缝处断开外均采用连续浇筑。道床板宽度为 2 800 mm，厚度为 260 mm；正线线路两侧设 1%的横坡排向两侧水沟，过渡段设单向 1%的横坡，纵向采用沿线路纵坡的排水方式；道床板采用双层配筋。上层纵向钢筋置于双块式轨枕的桁架钢筋上；无砟轨道中的接地钢筋利用道床内的结构钢筋，每单元道床板内设三根纵向接地钢筋和一根横向接地钢筋，其中三根纵向接地钢筋位于道床板上层轨道中心和最外侧的两根钢筋；道床板之间通过接地端子用等位连接线连接成接地单元，每个接地单元长度不超过 100 m。

二、施工准备

（1）材料准备：材料主要有道床板 C40 混凝土、钢筋、钢筋绝缘卡、双块式轨枕（600 mm）、综合接地材料、电阻检查设备、扣件、伸缩缝、泡沫板、4 mm 厚的聚丙烯土工布、弹性垫板、C40 的混凝土垫块（35 mm）、聚氨酯以及与安全防护、环境保护等相关材料。

（2）机械设备准备：跨线龙门吊、随车吊、洒水车、工具轨排、道床模板、轨枕吊具、轨排吊具、万能轨距尺、铁路方尺、水平尺、对讲机、扭矩扳手、开口扳手、喷雾机。

（3）现场准备：在无砟轨道施工前，对底板混凝土进行验收，基础顶面应平整、高程误差为 ± 20 mm，基础顶面必须进行拉毛，清除泥块、浮渣等杂物。并用高压水枪清洗干净，基础面无积水方可进行道床施工。无砟轨道道床板宽 2 800 mm，拉毛 2 700 mm，两边留 5 cm 方便边模安装。

三、钢筋工程

道床板工作面由监理工程师检验合格后，开始铺设底层钢筋，纵横排列成一条线，确保绝缘卡不脱落，钢筋不变形不移位，个别松动的绝缘卡要求重新绑扎固定。下层钢筋保护层为 35 mm。

按照设计图纸，钢筋采用$\phi20$、$\phi16$ 的螺纹钢，首先底层布置 11 根$\phi20$ 纵筋，纵筋间距（70+270+8×265+270+70）mm，钢筋距纵向模板 70 mm。布置完成后，安装型号为 16-20 的绝缘卡。按要求布置横筋，布置间距为 300 mm$\phi16$ 的螺纹钢横筋，钢筋布置时要求每一横筋一纵筋交叉处采用绝缘卡绝缘，且绝缘处采用塑料扎丝扎牢。横向钢筋直线段长 2 700 mm，曲线段长 2 700 mm+125 mm 为保证钢筋绝缘质量要选用合格且通过实验检验的绝缘卡，施工期间保证绝缘卡安装和绑扎牢固，绝缘测试时每根必测（绝缘检测数值要大于 2 MΩ）、不得遗漏，纵向钢筋搭接长度不小于 70 cm。每相邻两纵向钢筋搭接间距要大于 1 m。底层钢筋安装完毕后，按梅花形布置 35 mm 预制好的混凝土垫块，每平方不少于 4 块。钢筋自检合格并报监理工程师检查合格后进入下道工序。

四、铺设轨枕和工具轨安装

轨枕和工具轨安装前检查：轨枕要检查是否存在外观质量缺陷，承轨面与挡肩有裂纹、侧面与横截面有平行裂纹、钢筋桁架开焊或松脱、预埋套筒堵孔的轨枕均不得使用，特别是承轨槽位置如有棱角缺损坚决不用。两承轨台之间的相对扭曲；套管孔上的塑料盖子是否丢失，套管内是否有杂物掉进孔内，影响扣件安装。

工具轨的上部和底板是否平顺，不得有任何损坏或杂物，这直接影像到线路精调的数据。

散轨、安装扣件：使用随车吊将双块式轨枕移运至工作面（移运时必须保证轨枕块完整型、钢筋不允许变形），由人工进行散轨，散布间距一般为 600 mm，特殊情况也不应小于 570 mm，切不得大于 600 mm。控制相邻两组轨排的间距，以减少轨枕调整工作量。同组轨枕间距误差不大于 5 mm，左右偏差不大于 ± 10 mm，两组轨枕间距偏差不大于 ± 20 mm，轨枕线型平顺，与轨道中线基本垂直。人工装卸严禁抛掷；机械吊装必须轻起轻放，多根一起吊装，一定要注意轨枕之间不得发生损坏性碰撞，且多根吊装时其吊装绳不得置于轨枕连接钢筋中部位置，应采用辅助吊具四点起吊，吊点位于桁架焊接点位置，避免拉弯钢筋造成轨枕报废。

五、粗调轨排及螺旋调节器安装

通过千斤顶、线锤、万能轨距尺、钢尺人工完成粗调。先用千斤顶抬起一段工具轨和轨枕组成的轨排，通过线锤、钢尺、万能轨距尺及人工调整轨排至设计位置，之后安装螺杆调节器的螺杆，使其支撑在下部结构上。粗调完成后，卸掉千斤顶，将轨排荷载完全转移给螺杆调节器，由螺杆调节器支撑并保持轨道调整后的位置，千斤顶向前移动至下一个待调整的轨排继续循环工作。

将轨距撑杆均匀地分布在一组轨排上，间距是 3 ~ 5 m 布设一根，根据事情情况可以加设。并使轨距在 1 435 ± 1 mm 之间。

排架粗调作业依据施工放样的中线控制使用全站仪进行穿中线法测量，同时采用轨道尺调整另两侧轨面标高。调整顺序为：先中线后高程、宁低勿高（螺旋调节器上升容易、下降难）顺序循环进行调整。

粗调的精度直接影响轨排精调速度，为加快精调进度，粗调精度一般为：中线允许偏差 ± 5 mm，轨面高程允许偏差控制在 – 5 ~ 0 mm。同时注意排架的平面位置，以免造成相邻轨轨道板、轨枕间距误差过大。

六、模板工程

道床板侧模采用钢模，加固采用外支撑定位杆及内拉法进行固定，同时侧模板采用撑杆支撑在水沟电缆槽上，模板内侧浇注混凝土前清理干净并刷脱模剂。

模板安装前应先进行以下检查工作：模板平整度；复核基座条位置；基座条与下部结构连接固定情况；模板清洗情况；脱模剂涂刷情况；更换损坏或弯折的模板。

纵模板安装时，相邻模板间拼接要严密。横向模板处需要安装钢板网。道床板模板宽度为 2 800 mm，厚度为 260 mm，纵向采用连续浇筑。

模板安装不能扰动已粗调完的轨排。模板安装质量检查项目：纵向模板干净（无混凝土污染）；脱模剂涂刷情况（仅能使用脱模剂），油膜应分布均匀；损坏或弯折的模板不得使用；混凝土保护层最小厚度；目测纵向模板与下部结构顶面保持垂直；模板安装后，检查下部结构表面清洁。

七、轨排精调

排架的精确调整由人工利用轨排螺旋调节器和轨向锁定器完成，高程与方位允许偏差 ± 2 mm，轨间距允许偏差 ± 1 mm。精调步骤如下。

（1）采用全站仪、精调小车进行测量。每螺旋调节器处测出线路利用穿线法进行中心线测量。

（2）反馈信息。接受观测数据，计算设计值，指导轨道调整。

（3）调整标高。用六角螺帽扳手旋转竖向螺杆，调整轨道水平、超高。在粗调时遵循“宁低勿高”

的原则，因此高度尽量向上调，不向下调。

（4）调整中线。采用双头调节扳手，调整轨道中线。

（5）精调好轨道后，尽早浇注混凝土。浇注混凝土前如果轨道放置时间超过 24 h 或受到外部条件影响和温差变化较大，必须重新检查或调整。

八、混凝土工程

浇筑混凝土前，进行轨道几何参数的复核，超过允许偏差应重新调整；道床板混凝土由拌和站集中拌制，施工时采用混凝土运输车直卸的方式浇筑（单线施工时）。利用混凝土运输车将混凝土运至施工现场后，检测每车混凝土的坍落度、含气量及温度指标，合格后方可卸料。

当采用吊斗浇筑时，用吊斗将混凝土吊至待浇筑的轨排上方（下料口离轨顶 30 cm 左右），开启阀门下料；混凝土采用沿线路纵向由下坡端向上坡段方向均匀布料，一根一根轨枕平行推进。横向在双块轨枕对称布料。当混凝土从轨枕下自动漫流至下一根轨枕后，方可前移至下一根轨枕继续往前浇筑。为确保混凝土道床板浇筑不产生超限的温度裂缝，浇筑混凝土期间要全天监测环境温度、轨道温度，绘制温度曲线，使混凝土浇筑能在气温变化范围较小的时间段下进行，混凝土入模温度控制在 5～30 °C。在浇筑混凝土前留出轨道最后一次在白天精调的时间。

道床混凝土捣固采用 4 个振捣器人工进行振捣，两端对称振捣。作业时分前后两区间隔 2 m 捣固，前区采用 50 式振捣棒，主要对混凝土振捣密实。后区采用 30 式振捣棒捣固轨枕四周，同时顶面提浆为收面做准备。捣固时避免捣固棒接触排架和轨枕，遇混凝土多余或不足时及时铲除或补充。插入时快插慢拔，并边提边振，以免在混凝土中留有空洞；插入式振动器振动时的移动间距，不超过振动器作用半径（40～50 cm）的 1.5 倍，与侧模保持 5～10 cm 的距离；混凝土浇筑后，随即进行振捣，振捣时间要合适，一般控制在 25～40 s 为宜，以混凝土表面不再下沉、无气泡、表面泛浆为宜，避免漏振、过振。捣固时避免捣固棒接触排架和轨枕，遇混凝土多余或不足时及时处理；表层混凝土振捣完成后，及时修整、抹平混凝土裸露面。混凝土入模后用坡度尺和木抹按设计排水坡度 1%完成粗平，坡度尺用于两线轨枕之间，木抹用于钢轨下、纵向轨枕间及钢轨外侧部分。1 h 后再用钢抹抹平压实。为防止混凝土表面失水产生细小裂纹，在混凝土初凝前（钢球压痕试验确定）进行第三次抹面，抹面时严禁洒水润面，并防止过度操作影响表层混凝土的质量。抹面过程中要注意加强对轨道下方、轨枕四周等部位的施工。加强对表面排水坡的控制，确保坡度符合设计要求，表面排水顺畅，不得积水。

第三节　跨区间无缝线路施工

正线跨区间无缝线路由若干单元轨节、无缝道岔焊接而成，其长度除车站范围内，一般按 1 000～2 000 m 进行锁定，单元轨节位置可适当调整，尽量避免现场长钢轨切割。岔区无缝道岔单组或相邻多组一次锁定的道岔（含其间线路）及其前后各一定范围内的钢轨组成一个单元轨节。

一、轨道换铺

正线换铺施工开设一个作业面，从大里程拨接点开始组织施工，经过桐梓线路所、龙坑站、谢家坝线路所、遵义站、董公寺站，最后到小里程拨接点。

（一）长钢轨的运输及卸车

首先长轨在焊轨厂经配轨后装上长轨运输车，按卸轨顺序编好组后，挂运到龙坑站。运轨车组到达指定车站后待命，命令下达以后，挂运长轨运输车进入施工地段，并按计划的卸轨顺序，利用卸轨作业车，采用“拖卸法”将长钢轨拖卸至道床两侧的砟肩上，拨顺拨直，不得侵限。卸轨作业时必须确保两相邻单元轨节之间搭接量满足换铺要求，即考虑曲线伸缩量后再增加搭接 0.5 ~ 1.0 m。

（二）单元轨节换铺

单元轨节换铺作业采用人工换铺进行施工。单元轨条拨至混凝土枕端头上，施工时，拨轨人员分四组，其中两组拨旧轨人员（左右股各一组）将旧轨从承轨槽中拨出，两组拨新轨（左右股各一组）从砟肩将新轨拨入承轨槽。

二、无缝线路放散与锁定

（一）无缝线路锁定

（1）当实测轨温处于设计锁定轨温范围内时，采用“滚筒法”可以直接进行锁定。将作业人员均布在进行锁定的长轨范围内，长轨始终端各放置一个轨温表，测量并记录开始紧扣件时的轨温，同时进行紧扣件作业，每隔两根紧一根，无缝线路尾端 25 ~ 75 m 范围内的扣件全部紧完，并上紧与旧轨端的鱼尾板，此时视为长轨已锁定。记录此时轨温为结束时轨温，同时继续紧其余全部扣件。计算锁定作业开始与结束时的平均轨温为实际锁定轨温，记录在案。同时在位移观测桩和轨腰（或轨底上表面）相对应处，做出清晰的、规范的记号。

（2）当实测轨温低于设计锁定轨温范围时，可采用“综合法”进行锁定。该方法是利用钢轨拉伸器和撞轨器配合作用，通过均匀拉伸长轨条，以提高它的零应力轨温，使锁定轨温一步到位的方法。拉伸长轨条时，要做到匀、准、够。

（二）无缝线路放散

（1）确定放散长度。
（2）设立固定点。
（3）放松扣件，垫入滚筒，保证钢轨自由伸缩。
（4）测量作业轨温。
（5）根据放散轨温与作业轨温之差，计算并标记钢轨的变化长度，并在钢轨上每隔 100 m 做以标记。
（6）使用拉伸器和撞轨器共同拉伸钢轨，使其达到设定的标记。
（7）锁定钢轨，焊接。
（8）由焊接处向固定点方向上紧扣件。
（9）在焊接之后不少于 20 min 和焊缝两边至少 30 m 的范围内将扣件按照设计要求安装好后，撤出拉伸器。
（10）使各固定点之间的纵向力均匀化。

三、位移观测

应在每个单元轨节换铺的当天设置位移观测桩。

（一）位移观测桩设置位置

位移观测桩按下列条件进行设置：无缝线路单元轨节的起点、终点、中点以及距离长单元轨节起终点 100 m 的位置各设一对位移观测桩；当轨节长度不足 50 m 时，不设中间位置观测桩。无缝道岔区前端、限位器、道岔后端及距道岔前后 50 m 处各设一对位移观测桩。

（二）位移观测桩设置方法

（1）位移观测桩一般采用混凝土桩制作，观测桩应埋入最大冻结深度（1.76 m）加 0.25 m 以下；若是石质路基，需置于石质基床上，且埋深不得小于 0.5 m，并在观测桩四周焊接锚固钢筋（钢筋直径采用ϕ10 以上的圆钢筋，弯勾 180°，螺纹钢时弯勾 90°），再用 C18 级混凝土包裹固定，混凝土外边至观测桩边不得小于 0.25 m，若在桥上应做好永久性的标记。

（2）观测标记设置：在埋设观测桩一侧的钢轨外侧轨腰上，另一股钢轨则设在钢轨内侧轨腰上，以确保准置仪能一次观测两股钢轨的位移量。设置方法：单元轨节锁定后，应在当天列车碾压三趟，扣件重新复紧后进行零点标识，即在钢轨轨腰处用油漆做好标记。

（3）线路锁定之后，应每天进行观察，并认真填写《无缝线路钢轨位移量观测记录表》。

第四节　道岔施工

一、施工准备及技术要求

（1）道岔铺设前，道砟摊铺应平整，底砟应碾压密实。

（2）道岔位置应按设计铺设，困难条件下，可在不影响股道有效长度和不变更其他运营设备条件下，将道岔位置前后移动不得大于 0.5 m。

（3）道岔因钢轨焊接方式、绝缘接头位置等影响道岔内配轨长度时，采购前应予明确。

（4）与正线连接的道岔前后各 50 根、与站线连接的道岔前后各 15 根（含岔后长岔枕）轨枕的类型应与岔枕类型相同，每千米铺设根数应与连接线路标准一致。

（5）铺设无缝道岔时，道岔直股前后线路过渡枕的型号、根数及间距，应符合铺设图的规定。道岔轨面高程应与连接的主要线一致，与另一线的轨面高差，宜自道岔后普通轨枕起向站内顺接。

（6）顺接坡度不应大于该线最大设计限坡，与相邻坡段的坡度差不应大于 4‰，超过时应设竖曲线。

（7）伸入到发线有效长范围内的坡度不应大于 1.5‰。

（8）更换道岔时应同时更换前后引轨。

（9）再用道岔前后应铺设与道岔磨耗程度相近的钢轨，否则在接头 1 m 范围内应打磨接头处轨面高低差及轨距线错牙。

（10）交叉渡线铺设时，四组单开道岔与主要连接线应在一个平面上，次要连接线上的道岔与前后连接线轨面高差，按规定顺坡，并兼顾相邻道岔。可动心轨辙叉道岔起道作业时，二股道应同时起平，保证可动心轨辙叉在一个平面上，做好道岔前后顺坡。

二、无缝道岔施工

（1）施工工艺：测量放线→道床摊铺→布设岔枕→铺岔准备→铺设道岔→上砟整道→检查整修→道岔焊接→放散锁定→道岔整理→钢轨打磨→检查验收。

（2）精确定位：铺岔前应复核岔位桩、边桩。对于岔尾相连的两组正线道岔必须联测，精确定出岔位。

（3）摊铺道床：大号码的道岔，人工起道、捣固道床，不仅费力，而且不能保证道床密实和道岔平顺。如果用道岔捣固机起道 150 mm，其捣镐亦不能在辙叉心、岔尖等狭小空间下镐作业，直接影响道床密实度。而稳定车由于钢轨夹钳无法夹住辙叉心和岔尖的轨面，也无法在道岔上作业。为弥补上述机械作业的缺陷，必须保证道床摊铺的质量，要求对设计 35 cm 的道床，在道岔全长范围内，分层铺设道砟，用震动压路机碾压，压实密度不低于 1.7 g/cm^3，预留起道量不得大于 50 mm，砟面平整度允许偏差为 30 mm/3 m。在剩余少量起道量的情况下，用专用道岔捣固机起道。岔前和岔后各 30 m 内应与区间和站内正站线摊铺的底砟顺坡。

（4）排布岔枕：排布岔枕前要按图纸准确定位岔枕位置。用全站仪在直股岔枕头外 100 mm 处设置岔头、岔心、岔尾的外移边桩。外移边桩顶面高于道砟面 100 mm，桩钉误差 ± 2 mm。用弦线或细钢丝由岔头至岔尾的外移边桩上拉挂通线，弦线上准确标注岔枕间距位置，所挂弦线要保持绷紧和准确，根据外移边桩精确定位岔头、岔心、岔尾岔枕。排布岔枕时，纵向以岔枕上的螺栓孔对齐，横向岔枕间距以固定的间距控制，并随时消除累积误差。岔枕装车时应注意其编号顺序，将长短岔枕分类，分别装载，以便卸车。以直股为基准股，岔枕编号牌端与基准股同侧，岔枕垂直于基准股，用吊车配合将岔枕一次准确排布到位，间距偏差为依 10 mm。

（5）道岔钢轨装卸车与就位：道岔钢轨装车时应注意铺设方向，要装载在平板车上。吊配尖轨、基本轨组件，可动心组件等长钢轨及组件时必须使用吊轨架吊配，用两台吊车配合，统一指挥，同步作业，协调行动，平稳吊、运、安装配轨。

（6）道岔补砟整道：待车站一端岔区道岔铺设完毕应立即组织岔区卸砟。卸砟后应及时清道。捣固车作业前要拆除临时转折连杆，清除影响镐头作业的障碍物。组织劳动力人工上砟，轨枕盒内道砟要上满。整个道岔上的道砟要充足、均匀。捣固车对道岔进行作业时要兼顾道岔头尾与线路的顺坡，作业长度应伸出道岔头尾 50 m，顺坡不大于 6‰。作业完成后要对道岔标高、方向进行检查，要求达到相应技术标准。

三、有缝道岔施工

（1）施工工艺：测量放线→铺底砟、面砟→运枕、卸枕、布枕→岔枕硫黄锚固→运轨、卸轨→联接钢轨→上扣件、紧固扣件→拨道整修→检查验收。

（2）道岔利用已铺线路将岔料运至现场，由人工配合吊车铺设。具体步骤如下：

① 按道岔桩位铺设底砟并压实，预铺 20 cm 左右厚面砟并分层碾压密实，表面平整。

② 运送岔枕至现场，吊车配合卸枕，按设计位置、标准间距排放整齐。

③ 汽车运送道岔钢轨至现场，利用吊车卸下，人工配合放至岔枕的承轨槽内。

④ 按设计图核对曲基本轨弯折支距，合格后方可连接钢轨。

⑤ 连接钢轨配件及轨枕扣件，先尖轨后辙叉，先直股后曲股，严格控制尖轨尖端轨距和直线尖轨轨头刨切起点两基本轨距离，并保证尖轨扳动力调至 6 kN 以下。

⑥ 拨道整修、质量检查：道岔铺设完毕进行拨道、串砟、找平等重点整道工作。检查各部轨距和支距，顶铁与基本轨间隙大于 1 mm 时，加调整片，尖轨与基本轨密贴，第二拉杆处动程为 80 mm，不密贴时，其间隙不得大于 4 mm。各部分螺栓拧紧，弹簧垫圈没有错口，呈压平状。

第五节　轨道及道岔精调

铺设无缝线路后至开通之前，道床应逐步进入稳定状态，为了满足铁路行车要求，需按照一定的标准对轨道几何状态进行调整，调整一般采用大机捣固的方式进行，局部采用人工配合调整，大机作业前需要对轨道几何状态进行测量，获得轨道的起、拨道量。

一、施工准备

轨道精调整理前应完成长轨单元焊接和应力放散锁定并达到以下条件和准备相关机械设备、人员。

（1）组织专业测量队伍对全线 CPⅢ成果进行复测并出具成果报告

（2）技术人员对前期分层上砟整道工序进行验收，利用轨道几何状态测量仪主要检查线路平纵断面、轨距、水平、高低、方向、电容枕等其他枕木抽换、补全扣配件、钢轨硬弯和钢轨焊缝平直度、道床状态参数指标，达到轨道初期稳定状态验收标准后方能进入轨道精调。

（3）施工设备包括配砟整形车，大型机械捣固车，动力稳定车，小型起道、拨道、捣固机，风动卸砟车，电动道砟捣固棒、电子数显道尺等。

（4）相关精调作业班组人员配备齐全并进行人员培训。

二、轨道精调

（一）轨道检查

测量前安排专人对需要测量的地段进行全面检查，主要包括钢轨、扣件、焊缝等。

（1）钢轨：钢轨要用肉眼全面查看，应无污染、无低塌、无掉块、无硬弯等缺陷。钢轨工作边无残留混凝土等黏结物。

（2）扣件：主要消除扣件扣压力不足（表现为扣件与轨距挡块中间不密贴）、轨距挡块与钢轨、钢轨和轨下垫板不密贴、要求所有不密贴控制在 0.3 mm 以内，最大不超过 0.5 mm。检查方法：塞尺逐个检查。

（3）焊缝：焊缝要全部检查，采用 1m 平直度尺及塞尺检查，主要测量焊缝平顺性，顶面 0 ~ +0.2 mm，工作边 – 0.2 ~ 0 mm，圆弧面 – 0.2 ~ 0 mm。发现轨头不平顺及时通知铺轨单位处理。

（二）测量

按测量和精调小车操作程序对轨道进行仔细测量、重点控制好测量环境、设站精度、棱镜的安装等细节。每次测量结束后，及时整理导出数据以便分析和调整。下次测量时，与上次测量至少搭接 3 ~ 5 个枕木，避免测量误差出现错台现象。

对于测量结果出现异常地段应现场采用塞尺及 1m 直钢尺及时对钢轨及扣件的状态进行复查，查找原因，确认测量结果的可靠性，为下步调整提供依据。

（三）轨道模拟调整

利用 DTS 轨道精调软件对采集的数据进行模拟调整，并生成报表。生成的报表中，导向轨为“ – 1”表示右转曲线，平面位置以左轨（高轨）为基准，高程以右轨（低轨）为基准；导向轨为“1”表示左转曲线，平面位置以右轨（高轨）为基准，高程以左轨（低轨）为基准。

“先整体后局部”：可首先基于整体曲线图，大致标出期望的线路走线或起伏状态，先整体上分析区间调整量，再局部精调。

“先轨向后轨距”：轨向的优化通过调整高轨（基准轨）的平面位置来实现，低轨的平面位置利用轨距及轨距变化率来控制。

“先高低后水平”：高低的优化通过调整低轨（基准轨）的高程来实现，高轨的高程利用超高和超高变化率来控制。

在 DTS 轨道精调软件中，平顺性指标可通过对主要参数（平面位置、轨距、高程、水平）指标曲线图的“削峰填谷”的原则来实现，目的：直线顺直，曲线圆顺。

符号法则：以面向大里程方向定义左右；平面位置：实际位置位于设计位置右侧时，调整量为负，反之为正；轨面高程：实际位置位于设计位置上方时，调整量为负，反之为正；水平：外轨（名义外轨）过超高时，调整量为负，欠超高时调整量为正；轨距：以大为正，实测轨距大于设计轨距时，调整量为负，反之为正。

（四）轨道调整

轨距、轨向调整:根据设计要求,单股钢轨左右位置调整量为 ± 5 mm,轨距调整范围为 – 12 mm ~ +8 mm。

单股钢轨左右位置调整量在以下范围内时，调换不同型号的绝缘轨距块。

高低、水平调整：根据设计要求，高低位置调整量为 – 4 mm ~ +10 mm。通过更换轨下垫板、在轨下垫板与铁垫板之间垫入轨下微调垫板和在铁垫板下弹性垫板与轨道板承轨面之间垫入铁垫板下调高垫板，实现钢轨位置调整。

高程调整件更换需使用起道器将钢轨稍微抬起，平面个别轨距挡块需要使用小撬棍辅助更换。更换完毕禁锢扣件前，再核对一遍是否有换错，如果没有错误，按规定扭力上紧扣件。同一股钢轨上扣件时，直线地段一般先紧固调整量为正的一侧，再紧固调整量为负的一侧；曲线地段先紧固曲线内侧扣件（低的一侧），再紧固另外一侧（高的一侧）。

所有扣件更换完毕后，现场技术员再次检查确认更换效果并复核，然后做详细记录，以便编制竣工资料和日后备查。

三、道岔精调

（一）道岔线形测量

用轨道几何状态测量仪测量道岔线型，测量范围包括道岔前后各 30 m 范围。全站仪依据 CPⅢ点在中线位置设站，对扣件螺栓对应的轨道位置进行逐点测量，全站仪测量范围宜为 5 ~ 80 m，两次设站重复测量不应少于 5 点，重复测量区应避开转辙器及辙叉区。先测量直线段线型，后测量曲线段线性，并对承轨台位置按岔枕编号的方式进行标记。

（二）道岔调整

道岔精调作业应遵循“先方向，后水平；先直股，后曲股；先整体，后局部”的原则，道岔采用两次精调。

1．第一次精调应遵循以下步骤

（1）按照调整量优先调整道岔直基本轨的岔前缝及与导轨相连的位置，为道岔转辙器调整确定基本方向。

（2）沿道岔直基本轨外侧在转辙器全长范围张拉 30 m 以上的钢弦线，使用钢板尺检查扣件螺栓处弦线距 FAKOP 区拉槽的距离，对偏差大于 1 mm 的点通过更换偏心锥的方式予以调整。

（3）对照设计图，用支距尺检查曲基本轨与直基本轨间距，对偏差大于 1 mm 的点通过更换偏心锥的方式调整曲基本轨轨向。

（4）用塞尺检查曲尖轨与直基本轨、直尖轨与曲基本轨间隔铁间隙，对间隙大于 1 mm 的点进行调整。

（5）用轨距尺或轨道几何状态测量仪检查转辙器区段直向轨距，对偏差超过 1 mm 的点通过更换偏心锥的方式调整曲基本轨及直尖轨轨向。

（6）30 m 钢弦线向岔后方向平移，两次张线时搭接区不应小于 10 m，用钢板尺检查扣件螺栓处弦线距导轨外侧的距离，对偏差大于 1 mm 的点通过更换偏心锥的方式予以调整。

（7）以直向轨距控制尖轨后导轨方向的调整，以支距控制曲向尖轨后导轨轨向的调整，以曲向轨距控制曲向基本轨后导轨轨向的调整。

（8）辙叉区原则上不做调整。

（9）直向调整时，同时完成道岔前 10 m 及道岔后 30 m 线路轨向的调整。

（10）直向调整完成后，将道岔尖轨、心轨转到曲向位置。

（11）以轨距控制辙叉区段曲向基本轨后导轨轨向的调整。
（12）调整完成后，用轨道几何状态测量仪复测道岔轨道线型数据，并评估和计算新的线型调整量。

2．第二次精调应遵循以下步骤

（1）对照调整量清单，按直接更换偏心锥的方式完成拟定的轨距、轨向超差点的调整，通过 30 m 弦线、支距尺和轨距尺检查调整效果。
（2）每调整完成一次，用轨道几何状态测量仪复测道岔轨道线型数据，重新评估和计算线型调整量，再重新调整和复测，重复以上过程直到评估结果显示道岔轨距、轨向合格。
（3）高程调整时，以尖轨侧为基准轨，对照调整量清单直接更换调高垫板，以水平变化值控制调整量，用电子水准仪复测调整效果，不合格处重复调整及复测，再以水平控制另一股钢轨高程的调整。

（三）道岔内部几何状态检查及调整

（1）道岔轨道内部几何状态检查和调整项目是尖轨与基本轨密贴，尖轨与滑床板密贴，尖轨跟端限位器等。
（2）道岔轨道内部几何状态的检查和调整，应安排在道岔线型调整的后期同步进行。
（3）尖轨与滑床板间存在较大间隙的调整，应优先使用调高垫板，然后用滚轮调整片调整。

（四）道岔轨道长波平顺性调整

在道岔轨道短波平顺性调整合格的基础上，基本保持道岔区轨道的几何状态，用调整道岔前后轨道线型，完成道岔轨道长波平顺性的调整。

第六章　站场及运营设备工程

第一节　一般中间站施工

一、阎老坝中间站

（一）工程概况

里程范围 DK299+100 ~ DK302+800，主要对既有阎老坝 1 ~ 5 线升级改造，新建机务折返段，新建阎老坝货场。施工作业内容：路堑开挖、路堤填筑、水泥搅拌桩、约束桩，阎老坝站台墙拆除与新建，轨道铺设等。

（二）施工作业组织

阎老坝站分四个阶段进行施工。
（1）第一阶段。此阶段铺设过渡施工便线线下及线路工程，铺设调车场（9-16 道）线路工程，铺设 H1、H2、H3、H4 线线路工程，安排 3 个施工小组平行作业（便线 1 个班组，9-16 线、货物线 1 个班组，道岔班组 1 个）。
（2）第二阶段。封闭并拆除既有（Ⅰ）道、(Ⅱ)道、（3）道、（4）道相关道岔及设施设备，利用 GDⅠ道、GDⅡ道、GD3 道线路进行会让。施工线线下土方及涵洞工程，然后再进行Ⅰ、4、5 道轨道工程施工，将Ⅰ、4、5 道线路的捣固完毕、长轨换铺完毕并达到验收条件，为开通Ⅰ、4、5 道做准备。

（3）第三阶段。请点封锁拆除施工便线两端接入正线线路，并拨接两端正线（K300+300，K303+120），利用点内时间人工进行 K303+120 ~ K303+400、K299+300 ~ K300+300 里程段无缝线路共 1.28 km 长轨换铺施工，开通 1 ~ 5 道。拆除施工便线正线线路，拆除 34#道岔及岔后线路，拆除 H1 线车挡，拆除 GD1#道岔；铺设 112#、154# ~ 160#及岔后车挡、164#道岔及岔间线路，铺设 143#道岔至 8 线线路、151#道岔及岔间线路，接通既有 6、7、8 道开通运营；铺设 113#、111#、117#、131#、133#、321#、102#、130#、136#、138#、140#道岔及岔间线路，铺设牵出线 17 道线路；铺设机务段相关线路工程并接通相关径路。

（4）第四阶段。铺设 301#、303#道岔及岔间线路。铺设 9 ~ 16 线相关线路；铺设 LL1 线断开线路。完善岔间衔接线路，接通所有进路配合电务开通全站设备。

（三）工程施工方案

站场路基施工便道由东南大道立交桥桥头两侧处进入，施工区内沿路基修建便道。施工顺序为先进行路堑开挖部分及软基处理地段水泥搅拌桩施工，待水泥搅拌桩强度达到要求后，依次施工路基本体、基床底层、基床表层填筑、轨道铺设、路基边坡防护及附属工程。

土方开挖采用挖掘机直接开挖，石方采用距离既有线 3 ~ 20 m 采用机械破碎，大于 20 m 采用控制爆破，挖掘机装运，自卸车运输至填方区或弃砟场，路堑开挖后及时施做重力式挡土墙、锚固桩、桩板墙及人字形骨架护坡、锚杆框架梁等附属工程；软基地段水泥搅拌桩加固，桩顶设置 0.4 m 砂砾石夹土工格栅的褥层，上部进行填筑施工，采用推土机推平填土层，压路机碾压密实。临近既有线施工作业，作业区与既有线间采用钢管架绑扎竹跳板全封闭全隔离的施工措施。

1．路基土方施工

阁老坝站路基土方开挖是站内的控制性工程，挖填量达到 240×10^4 m^3。开挖土方属 D 类填料。无法作路基填料全部外弃至弃土场。整个站场的进场道路，施工过程中的部分运输道路均需根据开挖的进度采用外借石方填料进行分层垫铺道路。

2．路基填筑

阁老坝内路堤填筑，因站内开挖土方为不合格填料，路堤填方需要外借 A、B 组填料进行填筑施工。

3．边坡锚杆框架梁

路堑开挖一级边坡，就及时进行边坡的锚杆框架梁施工，确保了施工过程中边坡的稳定。

4．路堑桩板墙

DK299+370 ~ +530 段左侧路堑坡脚路堑桩板墙，桩身采用 C35 钢筋混凝土灌注。孔桩采用跳槽开挖施工，挂板施工采用现场每开挖一段，板采用在预制场制作生产，现场汽车吊装。具体工艺同路基工程施工。

5．线间沟

站内线间沟，新建地段按设计开挖一段采用浆砌片石施工一段，盖板在预制场集中预制，汽车运至现场，人工装卸进行安装。临近既有线线间沟则每开挖 5 m 就立即施工，浆砌完后方可开挖下一施工段，当班开挖的线间沟必须当班完成后方可下班，以确保既有线路基的稳定和行车安全。

二、南白镇中间站

（一）工程概况

南白镇中间站位于贵州省遵义市境内，设计范围 K291+400 ~ K293+100，车站设到发线 5 条（含正线），到发线有效长度 877 m，安全线 2 条，油库专用线 3 条，车站维持既有，在正线左侧 K291+640 及正线右侧 K293+067 各增设 1 处 8×7 m 车辆轴温探测站机房场坪，场坪距离既有铁路线路水平距离最近位置 4 m、最远处 15 m，依据《成都铁路局营业线施工安全管理实施细则（试行）》（成铁施工〔2014〕598 号）文件规定，车辆轴温探测站机房场坪内所有土石方施工采用非爆施工，纳入临近营业线监管施工管理范畴。

（二）施工方案

根据现场情况，对临近既有线 4～15 m 内、石方开挖采用风镐配合水磨钻施工，由于 K291+640 段位置车辆轴温探测站机房场坪修建便道困难，土方采用人工开挖及运输；K293+067 车辆轴温探测站机房场坪施工利用遵义博成物流有限公司厂区道路。场坪施工完毕后，在四周修建深 40 cm、宽 30 cm、墙厚 20 cm 的排水沟，将场坪内、场坪外水引入既有排水沟。

K291+640 车辆轴温探测站机房场坪距离既有线 4～15 m，场坪大小 8×7 m，边坡开挖高度约 4.5 m，施工前先对 005 号接触网进行迁移，再拆除既有线浆砌片石挡墙长度 10 m，高度 4.5 m，土石方施工完毕后，在场坪四周恢复浆砌片石挡墙施工 24 m，墙高 5 m，挡墙采用川黔（改线）施路。由于距离既有线太近，为了保证既有线行车安全，施工前在既有线路左侧 3 m 位置搭设防护排架。

K293+067 车辆轴温探测站机房场坪距离既有线 4～11 m，场坪大小 8×7 m，场坪施工前应迁改地下管线，严禁盲目施工；该场坪主要施工内容拆除砖砌围墙 10 m，清除原地面杂草，回填 0.5 m 厚 AB 填料，碾压密实。

三、龙坑中间站

（一）工程概况

本站川黔线不同步施工段里程 D1K283+800～D1K284+100（谢家坝线路所）及 D1K288+310～D1K288+481（桐子线路所）的工程，其余全部纳入渝黔线Ⅰ类变更。DK288+380～DK288+400 处有三条 220 kV 高压线斜穿路基，高压线高度距原始地面约 8 m，路基需爆破开挖山体，左侧约 50 m 处为既有市政道路，左侧 150 m 处为遵义市博州建材市场，此道路交通繁忙，车流量大，故此处做重点控制爆破作业。

（二）施工方案

在 DK288+380～DK288+400 处有三条 220 kV 高压线斜穿路基，高压线高度距原始地面约 8 m，施工中存在安全隐患。故此段距顶部 25 m 范围内（高程 923 m 以上）采用非爆施工（机械破碎），25 m 以下采用控制爆破施工。

1．石方开挖机械破碎

为保证既有电力线安全，距顶部 25 m 范围内采用机械破碎开挖石方，沿半山处采取机械开挖，并修建平台，采用自上而下分层开挖的方式进行施工、作业机械开挖时，要派人监管，破碎头距高压线路 6 m 以下，施工中首先将岩层采用液压岩石破碎锤分层破碎，挖掘机配合清除岩块，按照设计边坡坡度、台阶及路基标高进行破碎，破碎将至设计坡面时，停止破碎，采用挖机修整坡面。

根据测量精确放样出的路基边坡开挖轮廓线，采用挖机进行清除表土，将所要破碎的石方露出，由于开挖破碎的方式为自上而下分层开挖，因此首先根据实际地形修出第一级施工平台，以方便破碎锤及挖机摆放。

现场安排施工人员根据实际地形采用红油漆进行画圈布点，布点间距为 30 cm，破碎锤根据布置好的红油漆点进行钻孔破碎，液压岩石破碎锤破碎施工时，将液压岩石破碎锤的钎杆压在岩石上，并保持一定压力后开动破碎锤，利用破碎锤的冲击力，将岩石破碎。

破碎锤破碎岩体时必须严格按照坡比进行破碎，不允许出现亏坡或坡比过大的情况出现，第一级施工平台上的岩层破到位并采用挖机将坡面修正平整后，然后进行下一施工平台岩体的破碎施工。

破碎锤破碎时挖机配合，清除破碎岩体，并将已破碎的岩体装车，运输车辆采用自卸车，运至指定地点，直至该段路基坡面成型并且路基标高达到设计要求。

2．石方控制爆破

采用浅孔控制爆破。根据我部在现场进行的爆破试验成果，编制调整爆破方案。对于不同的地质情况选择不同的爆破参数。对于每次爆破都做好纪录，分析爆破成果，逐步调整爆破参数，使爆破达到最佳效果。

爆破设计：爆破开挖采用 YT-28 凿岩机钻孔，采用浅孔控制爆破，缩小布钻孔参数；台阶高度 H=5 m、超深 h=0.5 m、孔距 a=1.5 m、排距=1.8 m。布孔方式为矩形，堵塞长度大于孔距 30 倍，以杜绝飞石。采用非电毫秒导爆管，反向连续延长药包装药剩余空间用黄泥堵塞密石（前段用细石粉、黄泥）。网路联接采用并串联，下孔管采用 MS-15，连接管采用 MS-3、MS-5、MS-7。

防护措施：爆破时段，对高压输电线危险区的爆破作业孔需要进行防护，要用 1 m×1.2 m 防爆胶皮覆盖，爆破体采用三层炮被覆盖，并搭设双层防护排架，杜绝飞石产生。

（三）附属工程

本站附属工程含排水沟，挡墙，浆砌片石骨架护坡等附属工程同步完成，施工工艺与路基附属工程施工工艺相同。

四、董公寺中间站

（一）工程概况

董公寺会让站位于遵义市汇川区董公寺镇割麻村，车站右侧为约 50 ~ 100 m 不等处为在建渝黔铁路。车站设到发线 2 条（1 线和Ⅱ线，Ⅱ线为正线），有效长 880 m。本站站场范围 D2K263+200 ~ DK264+355，其中 D2K263+744.8 ~ +DK264+355 段线下工程纳入渝黔线同步施工。

（二）施工方案

车站紧邻一条ϕ400 mm 石油管道石油管道，方案报审中石油管道产权单位要求开挖距离输油管道中心 100 m 范围内不得进行爆破作业施工，距离管道中心 100 ~ 200m 范围内采用控制爆破施工。

1．石方非爆施工

施工过程中现场开挖揭示 D2K263+200 ~ D2K263+649.2 段隐伏溶沟、溶槽强烈发育的情况，对开挖现场进行勘察，受早期岩溶强烈发育的影响，D2K263+200 ~ D2K263+649.2 段隐伏岩溶强烈发育，开挖揭示主要以溶沟、溶槽、石笋等为岩溶主要发育形态，溶沟、溶槽内充填软塑状黏土，导致土石界面起伏较大，土石变更量较大，石方开挖采用自上而下分层开挖的方式进行施工。施工中首先将岩层采用挖机破碎锤分层破碎，挖掘机配合清除岩块，按照设计边坡坡度、台阶及路基标高进行破碎，破碎将至设计坡面时，停止破碎，采用挖机修整坡面。

机械破碎石方施工步骤如下：

根据测量精确放样出的边坡开挖轮廓线，采用挖机进行清除表土，将所要破碎的石方露出，由于开挖破碎的方式为自上下分层开挖，因此首先根据实际地形修出第一级施工平台，已方便破碎锤及挖机摆放。

现场安排施工人员根据实际地形采用红油漆进行画圈布点，布点间距为 30 cm，破碎锤根据布置好的红油漆点进行钻孔破碎，液压岩石破碎锤破碎施工时，将液压岩石破碎锤的钎杆压在岩石上，并保持一定压力后开动破碎锤，利用破碎锤的冲击力，将岩石破碎。

破碎锤破碎岩体时必须严格按照坡比进行破碎，不允许出现亏坡或坡比过大的情况出现，第一级施工平台上的岩层破到位并采用挖机将坡面修正平整后，然后进行下一施工平台岩体的破碎施工。

破碎锤破碎时挖机配合，清除破碎岩体，并将已破碎的岩体装车，运输车辆采用自卸车，运至指定地点，直至该段路基坡面成型并且路基标高达到设计要求。

2．石方控制爆破

炸药选择：为减少爆破振动，可选用低威力、低爆速的炸药，控制爆破选用乳化炸药。

装药的方式：采用间隔装药结构，间隔装药是在保证矿岩充分破碎的前提下，采用孔底空气间隔装药可有效降低爆破震动的峰值质点振速、降低大块率，如图 4-6-1 所示。

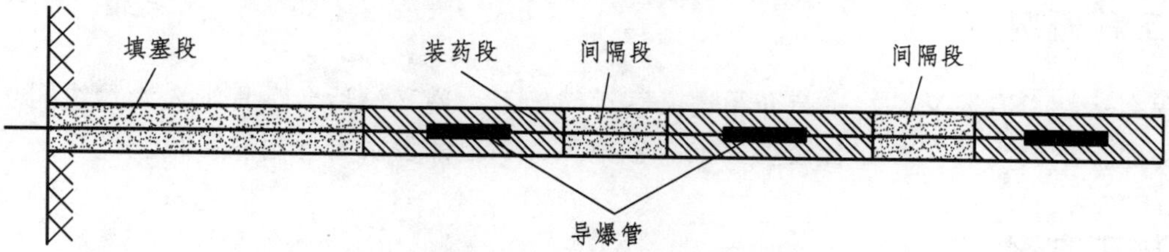

图 4-6-1　石方控制爆破装药结构

临空面布置：良好的临空面布置，在减少爆破时的夹制作用的同时，能避开爆破振动向输油管道的传播方向，大大降低爆破振动对输油管道的影响。爆破临空面的对立方向为爆破后座面，爆破后座面是爆破振动传播的最大发源地，因此尽量避开输油管道方向，避免直线传播。在爆破施工中，尽量选取台阶爆破，台阶爆破能使爆破参数规范设置，便于爆破过程按照药量控制设计要求精细控制，如图 4-6-2。

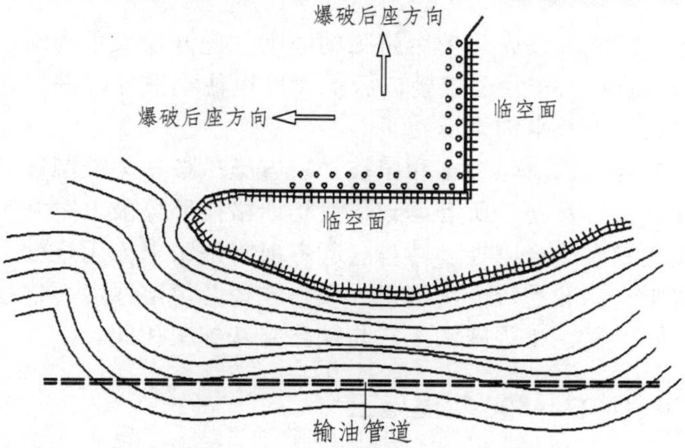

图 4-6-2　石方控制爆破临空面布置

起爆顺序：预先起爆离输油管道最近的炮孔，在爆破形成的沟槽裂缝，切断爆破振动向输油管道传播的途径，如图 4-6-3。

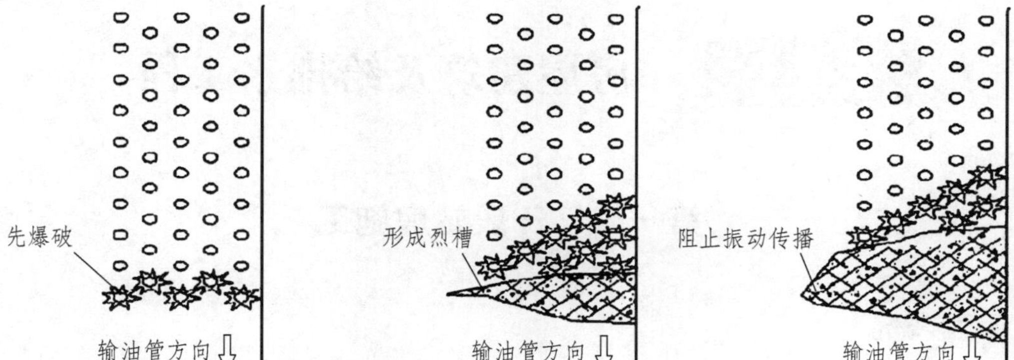

图 4-6-3　石方控制爆破起爆顺序

3．附属工程施工

本站路基附属工程有，锚杆框架梁护坡，桩板墙，浆砌骨架护坡，浆砌排水沟等工程，相关施工工艺与路基附属工程施工相同，不再赘述。

第二节 主要客运站施工

一、工程概况

本工程客运站只有遵义站，本节介绍遵义客运站施工。遵义站后台工程纳入渝黔线同步施工，施工内容有还建行车公寓及车务综合楼场坪土石方施工，轨道铺设及场坪附属工程。

二、施工方案

还建行车公寓及车务综合楼场坪位置变更至朱家坝道岔大桥线路左侧 180 m 处，对应里程 DK272+795～+945，场坪大小 150 m×150 m，由于紧邻牵引变电所，石方开挖采用控制爆破，运输便道由朱家坝道岔大桥接入。

（一）行车公寓及车务综合楼场坪施工

（1）施工原则：场坪爆破施工按先防护后施工的原则，先开挖大里程端往线路外侧开挖石方（远离牵引变电所一侧）、开挖宽度 15m，形成槽口后由大里程往小里程端进行开挖，使开挖临空面远离牵引变电所，最后完成边坡防护及水沟附属施工。

（2）施工方法：人工配合机械清除覆土和植被；石方施工按松动控制爆破编制专项方案，经监理单位审查后上报路局审查批复后实施。所有爆破作业均严格按照爆破方案施工，爆破时炮眼方向平行与既有线，施工过程中设置专人严格监控装药量。起爆前将炮眼上方用炮被全覆盖，并将炮被用土袋压牢。石方填筑按照路基压实标准进行分层填筑，填料粒径及填层厚度严格按照施工方案进行施工。并同步完成场坪排水及附属工程，相关施工工艺与铁路路基施工相同。

（二）DK272+573.35～DK274+600 轨道施工

此段轨道施工紧邻渝黔线，轨道施工时候做好与渝黔线之间的隔离；轨道施工参照前面轨道施工章节。

第七章 房屋建筑及给排水工程

第一节 一般站房施工

一、工程概况

本工程范围四电房建工程包括“四电”独立房屋及房屋附属工程。房屋工程含基础、主体结构、屋面墙体及装饰工程等；房屋附属工程包括围墙、大门、道路、室内外电缆沟、设备基础等。

二、地基与基础施工

川黔外迁站房工程施工基础的类型主要有：桩基础、独立基础等。

一般填方区，房屋基础挖至老土层，采用 7∶3 砂夹碎石换填处理、C30 片石混凝土换填等方式进行地基处理。回填土较厚的填方区，房屋采用桩基础，并设置桩承台。

软土地区房屋基础开挖，以机械开挖为主、人工配合的方式进行施工。硬土地区房屋基础开挖以采用水锯切割、水钻切割、机械破碎相结合的方式进行施工。

房屋基础及房心土回填采用非膨胀性页岩土回填，经检测机构检测，压实系数满足设计要求。

（一）独立基础施工

钢筋混凝土独立基础施工工艺流程：

基槽清理、验槽→混凝土垫层浇筑、养护→抄平、放线→独立基础钢筋绑扎、柱插筋安装→相关专业施工（如防雷接地施工）→模板安装→钢筋、模板质量检查、清理→混凝土浇筑→混凝土养护→模板拆除。

（二）桩基础施工

根据现场实际情况，桩基施工按一个方向的顺序开钻，同时对每一根灌注桩先进行统一编号。当地质条件较好时，采用旋挖钻机与冲击钻机结合施工，现场挖出的泥浆土由钻机直接提取集中堆放后，再统一由运输车外运清走。当地质条件较差时，需采用泥浆护壁，泥浆排量较大，在场区设一沉淀池，施工泥浆污水经沉淀池沉淀净化后排出。

三、主体结构施工

（一）钢筋施工

本工程钢筋直径 > 16 mm 时均采用滚轧直螺纹机械连接，钢筋直径≤16 mm 均采用绑扎搭接；钢筋安装时，框架柱主筋位置采用定位箍，梁底采用混凝土垫块，梁侧面采用塑料垫块固定主筋位置，板钢筋用马凳控制板双层钢筋间距。

（二）模板施工

根据本工程的设计和施工特点及以往的施工经验，模板体系确定如表 4-7-1。

表 4-7-1　模板体系表

序号	构件名称	模板体系	配置数量	备注
1	独立基础	木模板	一半配置	/
2	框架柱	木模板	一半配置	18 厚
3	顶板、框架梁	木模（18 厚覆面多层板，次龙骨用 50×100 mm、主龙骨用双根 100×100 mm 白松木方）	按站房框架结构面积全部配置	/
4	楼梯	木模，同顶板	满配	/

（三）混凝土施工

本工程采用商品混凝土，汽车泵进行浇注。

（四）砌体施工

砌筑前对施工人员进行书面交底，严格按照设计要求设置圈梁、构造柱、配筋带、过梁、拉结筋、马牙槎等构造措施，砌体砂浆饱满，梁体采用斜砖顶紧，待下部砌体完成 7 天后在砌筑。

四、建筑装饰装修施工

（一）门窗施工

1．施工流程

检查洞口尺寸→放线定位→门、窗框就位→门、窗框与墙体固定→填塞缝隙→装门、扇→安装玻璃→安五金配件→（打胶）清理。

2．施工方法

主要有：①抹灰施工；②内墙饰面工程；③吊顶工程；④楼地面工程；详见相关技术规范要求。

（二）装修

（1）墙面：办公居住房间一般采用抹灰墙面，刷乳胶漆。辅助生产房间，一般采用混合砂浆墙面，刷内墙涂料。卫生间浴室、厨房采用面砖；高湿度房间如浴室等采用釉面砖防水墙面。

（2）顶棚：办公居住房间采用板底喷涂乳胶漆顶棚，辅助生产房间一般采用混合砂浆顶棚。

（3）楼（地）面：一般办公房间采用地砖楼（地）面；对于电力和牵引供电变配电所，放置大型设备的房间地面考虑水磨石地面；厕所、盥洗间、浴室及更衣室等潮湿的房间采用防滑地砖楼（地）面；按照有关专业要求设置金属抗静电活动地板。

（4）踢脚：地砖、硬木或水磨石踢脚（同楼地面），高度 120 mm。

（5）栏杆：一般生产办公、生活房屋采用混凝土栏板或不锈钢栏杆。

（6）外装修：一般生产房屋外墙采用刷外墙涂料墙面，白色。

（7）围墙：四电房屋根据防护要求，围墙高 2.5 m，上设 0.7m 的铁蒺藜。

（8）房门：四电大门选用 2 500 mm 高不通透钢制门。

五、建筑安装工程施工

整体安装工艺流程为：编制安装施工计划→前期施工准备→人员及机具进点→加工件制作→配合土建预埋管道及接地网→给排水系统及电气设备安装→水压试验及电气部分通电试验→管道油漆保温→整体验收及竣工移交。

（一）电气工程施工

（1）电气安装流程：电器材料检查验收→接地网连接及导线保护管预埋→设备安装及其导线连接→灯具安装→防雷接地安装→通电试验及电气整体验收。

（2）电气设备安装：电缆及导线敷设，灯具、开关、插座安装，保护接地等详见相关技术规范要求。

（二）水系统工程施工

1．室内给排水工程

（1）室内给水管采用聚丙烯管（PP-R）。敷设要求：公共卫生间管道均暗装，选用带水封的防涸地漏，水封高度不小于 50 mm。

（2）室内排水采用污、废水合流排放，粪便污水经化粪池处理后排入室外管网。

（3）电热水器使用带有安全使用的装置，电开水器与进水管间用不小于 0.4 m 金属软管连接。

（4）根据《建筑给水聚丙烯管道工程技术规范》第 5.6 条，冷水管试验压力不小于 0.9 MPa，本次按 0.9 MPa，试验具体过程严格按照本规范执行。

2．室外给排水工程

高炉子站生产生活供水系统与由既有自来水管网直接提供，供水管网按支状设置。明铺管道采用钢塑复合管，其他供水管采用给水 PE 管。排水采用建筑物出户排水管采用 UPVC 粘接，其他排水管采用 HPDE 双壁波纹管，橡胶圈柔性接口。

董公寺站已接城市自来水，接管点位于车站附近，车站附近给水管为 DN300.供水水压不得小于 0.35 MPa。车站供水管管径：DN100 生产生活供水系统与消防供水系统和设施，供水管网按支状布置。

阁老坝站给水以城市自来水为水源，从自来水供水管道上接入 1 路管道，接管管径均为 DN150，生产生活供水系统与消防供水系统分开建设。消防供水按环状布置，生产生活供水系统按支状设置。排水采用 UPVC 或 HPDE 双壁波纹管，橡胶圈柔性接口。

（三）通风工程

阁老坝桶装油存放间、阁老坝维修车间、叉车库及保养间，运转整备综合楼电力远动间设温控轴流风机，卫生间设通风机，行修间，工具间设轴流风机设置轴流式通风机；给水所防爆轴流风机。

（四）消防工程

运转整备综合楼、机务折返段临修库及边跨、检修设备综合楼、军运备品库设置消火栓系统。消火栓箱，采用铝合金材质，每个消火栓箱内均配置 DN65 消火栓一个，L=25 m 麻质衬胶水带一条，19 mm 直流水枪一支。各类房屋均配置手提式磷酸铵盐干粉灭火器。

（五）电气工程

本房屋主要有防雷接地，管路敷设，线槽及桥架安装，导线敷线、电缆敷设，电缆头制作，照明灯具安装，开关插座安装，配电箱安装等，系统通过单独调试和联调联试，运行稳定可靠。

六、附属工程施工

川黔线房建工程附属工程主要有检查井、化粪池等，均按设计要求施工，施工前同室外给排水管网施工单位核对附属检查井、化粪池位置，以及给水走向、排污走向等，确保无误后，再进行施工。

第二节　采暖与通风施工

采暖与通风系统施工包括空调水系统施工、空调风系统施工以及集中采暖系统施工。其中，本工程沿线房屋不设置集中采暖，对设有空调系统的建筑，充分利用暖通空调系统。

一、空调水系统施工

（一）管道制作与安装

对即将安装管道仔细检查，察看有无局部的“凸起”或“凹陷”，否则在空调水系统循环运行时，会在管路上形成相应的气囊，影响循环效果。所以在管道装卸、运输、搬运时要提醒工人格外注意，采取相应的保护措施，防止管道磕碰变形。对已变形的管道则应在安装前予以矫正或更换。

（二）关键阀门部件安装

（1）管道系统电动阀门在安装前需先进行模拟动作试验，可预先进行驱动器通电，检查其机械传动部位是否灵活，有无松动、卡滞现象，防止安装后出现问题影响循环效果，避免重复拆卸更换。

（2）为满足管路内介质正常流动，立式升降式止回阀安装在垂直管路上，立管介质从下向上进入。旋启式止回阀安装时，要使摇板的旋转轴处于水平位置，以保证循环管路处于最佳的工作状态。

（三）保温技术施工

为保证空调系统冷冻水、冷却水在设计温度下正常循环，节约能源，必须重视管道系统保温工作，尤其是一些细部环节、重点部位的保温处理，更是重中之重。

首先，严格把关材料进场检验工作，应严格执行设计图纸的要求规定，确保所用材料为正规厂家生产的合格产品。同时，要对绝热材料的热导率、密度、耐热性、含水率、机械强度等物理、化学性能进行复试，核对材料的各项性能指标是否满足设计要求。

保温管道与支吊架之间必须加设绝热衬垫，防止管道局部形成“冷桥”，造成不必要的能源浪费及冷凝水的产生，衬垫应选用热沥青浸泡过的硬木双合管夹，其厚度应大于管道保温层厚度，宽度应大于支吊架支承面的宽度。

二、通风工程

本工程的卫生间、消防泵房设置机械通风系统进行通风换气；信息机房、防灾机房设置气体灭火后通风排气措施；PF-B1 风机为温控风机，当变电所温度超过 38 °C 时开启风机，低于 33 °C 时关闭风机；

通风与空调工程的安装顺序为风管制作→风管及部件安装→空调水系统安装→设备安装→VRV 及分体空调的安装。

（一）通风管制作安装

在现场设预制车间，根据现场情况和管径大小，在现场组合成长度不同的管段吊装，先安主管后安支管，支架采用膨胀螺栓固定，保温工作在土建吊顶施工前完成，然后配合吊顶安装风口。保温根据现场情况多加材料，保证保温质量。

（二）空调系统安装

管道安装：采用分段分层立体交叉施工，以缩短工期，集中下料，统一加工，以确保施工质量，空调管道支吊架按现场实际情况合理布置。每段每层施工完毕后即进行试压。整个系统施工完后再进行试压，反复试压，试验压力按工作压力的 1.5 倍进行，且比规范增加试压时间.完成后立即保温，管道法兰接头部件和阀门等操作难点，应采取措施确保保温的完整和密封。

风机盘管安装：每台风机盘管在安装前认真进行试压后方可安装，风机盘管操作阀组要安装在冷凝水盘范围内，冷凝水外滴处，风机盘管进出水处要软接头，进水处要加过滤器。

系统调试：空调系统全部安装完成后，再进行试压；试压后进行静压冲洗，然后再进行循环冲洗，冲洗前在设备进出口设置过滤网，水系统循环一段时间后由低点排放，再加水循环，反复几次并抽样检查水的清洁度，直至合格为止；在机组和系统运转正常后进行测定和调整，并将空调仪表和自动调节系统同时调试，直至符合设计要求为止；通风、空调工程的制作、安装、调试及施工质量必须符合《通风与空调工程施工质量验收规范》（GB 50243）的要求。

第三节　给排水工程施工

一、给水工程

根据现场实际情况，给水管道施工大致分为十个步骤施工：管沟开挖→管道倒运→管道安装与铺设→检查井及阀门安装→管道支墩→管道试压→管沟回填→水道标安装→管道冲洗消毒→竣工验收。主要分部分项工程施工方法和关键部位技术措施如下：

（一）测量方案

设置测量控制基准点和水准点，对工程进行严格的定位放线，并妥善保护。并核实既有既有给水管路管径、走向。调查现场情况，做好既有管线保护工作。

（二）土方开挖

采用反铲挖掘机进行机械开挖，留 20 ~ 30 mm 厚土由人工开挖，人工清理。

（三）管道安装施工方法及措施。

1．管沟挖填

沟槽开挖时沟底宽度按管外径加 600 mm，沟深小于 1.2 m 时可不放坡开挖，沟深大于 1.2 m 按相关技术要求执行放坡。管沟开挖应挖至设计高程以上 3 ~ 6 cm，再按标高和坡度进行清沟。给水管道安装时，管道铺设在原土上，但不得铺在石块、砖垫或其他垫块上。如遇局部沟底松软，或当沟内有地下水，又无条件排尽时应做砂、碎石基础。管道安装完毕后应立即将管道两侧进行回填。

2．管道铺设的一般规定

铺管前，沟底高程和基础质量、外观检查符合要求后方可铺管；根据管材长度，确定管段工作坑位置，做好工作坑；承插管的承口应向来水方向，坡度地段应向上坡；铺管暂时停止时，管端敞口应临时堵塞；给水管道在施工前应仔细核实各建筑单体进、出口的规格及位置，若有变化可酌情调整。

3．PE 管施工方法及措施

PE 管是一种卫生、无毒的绿色管材。具有保温性好、柔韧性好，抗震、强度高，内外壁光滑、沿程阻力小，耐腐蚀、使用寿命长等特点。

4．PE 管对接热熔操作规程

（1）接通专用热熔对焊机的电源，达到设定工作温度后，方可操作。热熔对接温度为 210 °C。

（2）管道的切割要使用专用的切割机，使用钢锯时，切割后的断面要去除毛边和毛刺；管道的截断面必须垂直于管轴线。

（3）熔接时，管材和管件的连接端面必须清洁、干燥、无油。

（4）连接时，无旋转地把管端导入热熔对焊机加热套内，待管端熔化后，迅速将其贴和，保持一定压力，经冷却后达到熔接目的。

熔接弯头或三通时，按设计图纸要求，应注意其方向，在管件和管材的直线方向上，用辅助标志，明确其位置。

（四）消火栓的施工方法及措施

消火栓施工流程为：消火栓干管施工→支管施工→消火栓安装→水压试验→冲洗调试。

（1）消火栓管道必须采用与管件相适应的管件，管径小于或等于 100 mm 的镀锌钢管应采用螺纹连接，套丝扣时破坏的镀锌层表面及外露螺纹部分应做防腐处理；管径大于 100 mm 的镀锌钢管应采用法兰或卡套式专用管件连接、镀锌钢管与法兰的焊接处应二次镀锌。

（2）消火栓管道安装时，阀门安装同时进行，在安装管道时，一定要按图纸控制阀门、支管的位置和坡度。

（3）管道安装完毕后进行水压试验，十分钟内压力下降不超过 0.05 MPa 为合格。

（4）管道支架每 2 m 设置一道，管道支架固定在建筑上的管道支、吊架不得影响结构安全。

（5）消火栓安装。地上式消火栓采用下部直埋，检修闸阀设闸阀套筒，地下式消火栓上部设砖砌井室，下部直埋，检修闸阀设闸阀套筒。消火栓弯管底座、消火栓三通下设支墩，支墩必须托紧弯管或三通底部。

（五）管道系统水压试验

管道的水压试验程序：缓慢地向管道中注水，以便排除管道内空气，管道充满水后无压情况下至少保持浸泡 12 h，然后将管内水压加到工作压力的 1.5 倍，并保持试验压力 1 h，压力降不超过 0.05 MPa，检查各部位是否有渗漏或其他不正常现象，为保持压力可以向管内补充水量。试验过程中，各连接处不得有渗漏现象。

（六）给水管冲洗、消毒

管道经试压合格后先用自来水冲洗管道中停留物质，直至出水口无任何杂物流出，关闭出水口和进水口阀门，在进水口处设置 DN100 加药口，管道末端出水口设置 DN100 放水口，管道采用含量不低于 25 mg/L 氯离子浓度的清洁水从加药口注入在管道中停留 24 h 后再冲洗，直至出水口处无色无味为止。消毒、冲洗完毕后取水化验，如不合格，再次进行冲洗、消毒。

二、排水工程

根据现场实际情况，排水管道施工大致分为八个步骤施工：管沟开挖→基槽整平→管道倒运→管道安装与铺设→检查井→管道通水→管沟回填→竣工验收。主要分部分项工程施工方法和关键部位技术措施如下：

（一）测量方案

设置测量控制基准点和水准点，对工程进行严格的定位放线，并妥善保护。核实既有既有管路管径、走向。调查现场情况，做好既有管线保护。

（二）土方开挖

采用反铲挖掘机进行机械开挖，留 20 ~ 30 mm 厚土由人工开挖，人工清理。

（三）管道安装施工方法及措施

1．管沟挖填及管道铺设

同给水工程。

2．HDPE 双壁波纹管道施工方法及措施

HDPE 管材具有重量轻、耐腐蚀、抗老化、水流阻力小、安装方便、提高工效、降低劳动强度等优点。本工程更换部分给水管道采用 HDPE 管，胶圈连接。

3．HDPE 双壁波纹管（橡胶圈）施工

（1）检查管材、管件及橡胶圈质量，清理干净承口，插口及橡胶圈不能有土或其他杂物。将橡胶圈正确安装在承口沟槽内，不能装反或扭曲。

（2）管材在施工中被切断时，须在插口端另行倒角，并划出插入长度标线，然后在进行连接。用毛刷将润滑剂均匀地涂在装嵌在承口橡胶圈和管插口端外表面上，但不能将润滑剂涂在承口的橡胶圈沟槽内。管道的插口对准承口，保持插入的管段平直，用手扳葫芦将管一次插入到标线。用塞尺顺承插口间隙插入，沿管圈圆周检查橡胶圈的安装是否正常。同给水工程。

三、消防水池

（一）消火栓的安装

消火栓的栓口应朝外，并不应安装在门轴一侧，阀门中心距箱侧面为 140 mm，距箱后内表面为 100 mm，允许偏差为 ± 5 mm，其箱体安装的垂直度允许偏差为 ± 3 mm。安装消火栓其阀门距地面、箱壁的尺寸符合施工规范的规定，水龙带与消火栓和快速接头的绑扎紧密，并卷折挂在托盘或支架上，消防水枪竖放在箱体内侧，自救式水枪和软管应放在挂卡上。暗装消火栓栓口根部应用水泥砂浆填塞、抹平，不得污染消火栓箱壁、箱底。

消火栓箱按设计要求标高固定在墙面上或墙洞内，要求箱底横平竖直固定牢固，对暗装消火栓箱，需将消火栓箱门预留在装饰墙面的外部。单出口消火栓箱的水平支管，应从箱的端部经箱底由下而上引入，栓口朝外。

消火栓门开启灵活，有明显标志，不应被装饰物遮掩，消火栓门四周的装饰材料颜色与消火栓门的颜色有明显的区别。消火栓箱在土建专业堵洞前应进行固定，采取四角固定方法，以免箱体产生变形。

室内各消火栓阀门中心距地 1.1 m，快速接头用喉箍卡加一道铅丝。

消防水泵接合器的组装应按接口、本体、联接管、止回阀、安全阀、放空管、控制阀的顺序进行。止回阀的安装方向应使消防用水能从消防水泵接合器进入系统。地上消防水泵接合器应设置与消火栓区别的固定标志。

（二）喷洒头支管及喷洒头的安装

（1）喷洒头支管安装指吊顶型喷洒头的末端一段支管，这段管不能与分支干管同时完成，要与吊顶装修同步进行。支管管径为 25 mm，末端用 25 mm×15 mm 的异径管箍口，管箍口采用临时丝堵封堵，管箍口与吊顶装修层平。支管末端的弯头处 100 mm 以内应加管卡固定。支管安装完毕，应进行系统试压。

（2）喷淋头安装：吊顶内净空大于 800 mm 且有可燃物者应设上下喷头，上下喷头的型号和规格根据设计选择。各层平面图中所绘喷头定位，为下喷头位置，上喷头根据吊顶情况避开各类设备管道安装。如室内装修时需对喷头位置进行调整，必须符合国家有关规范的要求。消防喷淋喷头安装：有吊顶的下喷头带装饰盘；装饰盘与吊顶平，装在吊顶内的上喷头距楼板 100 ~ 150 mm。在宽度大于 1.2 m 的风管下应增设喷头。

第八章　通信工程

第一节　通信线路施工

一、通信光电缆的类型及容量

本系统由干线光缆、无线光缆、地区及站场通信光（电）缆和地区电缆构成。采用电缆沟敷设 2

条 32 芯的单模光缆主干光缆，为铁路沿线传输系统、安全数据网、CTC 等提供传输通道；采用电缆沟敷设 48 芯光缆贯通整个区间，为 GSM-R 系统、电力远动系统提供通道；铁路用地界内，光（电）缆敷设在铁路两侧光（电）缆槽内；铁路用地界外的基站、电气化所亭采用两条 GYTZA 53 48B1 分歧光缆将通信用光纤部分环引引入。

（一）干线通信光缆

正高炉子（含）至遵义（含）直埋同沟敷设 GYTZA 53 24B1 和 GYTZA 53 48B1 光缆各 1 条。遵义（不含）至龙坑（含）延渝黔既有槽道同沟敷设 GYTZA 53 24B1 和 GYTZA 53 48B1 光缆各 1 条。龙坑（不含）至南白镇（含）直埋同沟敷设 GYTZA 53 24B1 和 GYTZA 53 48B1 光缆各 1 条。

（二）区间短段通信光缆

遵义站（含）至遵义通信站（含）敷设 GYTZA 53 24B1 光缆一条。

（三）地区及站场通信线路

站场通信线路采用 HYAT53 型市话电缆；站场内各接入点间敷设 GYTZA 53 12B1 通信光缆。

二、通信光电缆复测

（一）光电缆开盘检验

根据到货清单，核对到货光电缆的盘号、型号、规格、盘长、端别、数量，外观包装有无破损，缆线有无损坏、压扁等情况并详细记录。

收集好光电缆出厂记录和合格证，工程竣工后作移交归档。

根据光缆出厂记录并对照光缆实物，检查光缆程式、光纤、金属缆芯、绝缘介质、加强芯、屏蔽层、色谱标识及其他机械物理特性是否满足合同要求。若有偏差，跟供货商取得联系，寻求解决办法。

（二）光电缆单盘测试

光缆测试：用光时域反射仪（OTDR）测试单盘光缆的长度及固有衰减等指标应符合设计和订货合同要求。若有不合格情况，通知厂家立即处理。根据测试值，做好光缆单盘测试记录。

电缆测试：用万用表对线确定线对正确，用兆欧表和电桥测试电缆的绝缘性能、环线电阻，指标应符合设计和订货合同要求。

（三）配盘

（1）同一个光中继段内宜使用相同生产厂商、相同型号和批次的光缆。光缆配盘宜按出厂盘号顺序排列。非出厂盘号顺序排列时，相邻两盘光缆的光纤模场直径之差应小于 1μm。

（2）接头位置不宜落在与河流、公路等过渡位置上。

（3）根据光电缆盘长和路由情况配盘，尽量减少光电缆浪费接头数量。

（4）根据不同区间的不同长度，对光缆进行定位、配盘。

（5）在缆盘上标明敷设区间、敷设方向（上行侧或下行侧）。

（6）在单盘测试记录上写明敷设区间、敷设方向（上行侧或下行侧）。

三、通信光电缆敷设

（1）光缆沟开挖：为了保证光缆的安全，普通土、硬土地段沟深不小于 1.2 m；半石质、（砂砾土、风华石）地段不小于 0.9 m；全石质、流沙地段不小于 0.7 m；水田地段不小于 1.4 m；穿越沟、渠地段不小于 1.2 m。

（2）光缆防护：为了保证通信通道的安全，光缆沿线路敷设时沿线路两侧预留电缆槽敷设。沿线所需过轨均利用站前专业预留过轨钢管。干线光缆引入区间节点（信号中继站、GSM-R 基站、电气化所亭）时采用直埋敷设方式，特殊困难地段采用钢管或混凝土槽防护。引入区间节点采用不同物理路径，避免双缆同槽或同沟引入。

（3）光缆预留：光缆沿预留电缆槽敷设时采用蛇形敷设预留方式。接头处光缆接续后预留 2 ~ 3 m，中间站通信机械室引入口外预留 2 ~ 3 m，通信站每侧引入口外各预留 10 ~ 20 m。在滑坡、塌方、穿越铁路及有展宽公路规划地段应适当预留。光缆接续完毕后，接头盒内光纤的收容余长不小于 1.2 ~ 1.6 m。

（4）光电缆由于每盘长度一般是 2 km 左右，前后联系困难，采取措施：① 由现在施工负责人统一指挥；② 布放缆线时，在前面的施工人员和看线盘的施工人员、中间适当的位置的施工人员各配备一台对讲机；③ 统一指挥，匀速前进。

（5）特殊情况下电缆沟深度达不到要求，采取措施：与监理和业主驻地人员一起到现场，根据实际情况，采取合理的方式进行处理。

（6）在特长大桥等特殊地段，标准盘长将导致接头盒在桥上，采取措施：特殊地段采用特殊盘长敷设。

四、通信光电缆接续

光纤的接续成端：光缆光纤的接续采用熔接法，光纤接续采用微机械自动控制自动接续工艺。

光纤的接续质量好坏直接影响传输质量的好坏，光纤的接头平均损耗控制在 0.04 dB 以下，单个接头最大不超过 0.06 dB。

采用接头盒方式进行光缆接续的工艺要求如下：

（1）理直两侧光缆，并用棉纱清洁外护套两侧各 3 m。

（2）剪去两侧端头约 100 mm。检查光缆外部是否完好，损坏应切除。

（3）根据作业指导书确定的工艺方法进行工作场所布置、护层开剥、光纤清洁、连接支架、加强芯预装、余留盘/板安装。

（4）接续过程包括端面制备、对准、熔接、增强。端面制备时其端面倾斜度小于 0.5°；熔接合格后的光纤接续部位应立即进行热缩加强管保护，加强管收缩应均匀、无气泡。

（5）光纤盘留时盒内光纤的弯曲半径不小于 40 mm，接续后的光纤收容余长单端引入引出不小于 0.8 m，两端引入引出不小于 1.2 m。

（6）芯线应按光纤色谱排列顺序对应接续；光纤接续后，盒内应放入接续记录卡片；光纤盘留板覆盖后，应对所有光纤接续点进行复测。

（7）光缆的金属外护套和加强芯应紧固在接头盒内；同一侧的金属外护套与金属加强芯应电气连通；两侧的金属外护套、金属加强芯应电气绝缘断开，处于悬浮状态。

（8）接头盒安装应严格按操作工艺进行；安装完毕，对盒体进行密封性检查。

光缆接续应搭建帐篷，或在专用接续车内进行，不应露天作业。雨天、雾天不应进行光缆接续，在环境温度零度以下不宜进行光缆接续。

光缆接续时，采用“终端光纤环接，测试点随接续点移动的双向监测法”，用 OTDR 实时监测每一次接续的接续质量，监测 1 310 mm 和 1 550 mm 两个窗口 A→B、B→A 方向的接续损耗。

光缆做接头后余留 2 ~ 3 m，光缆接头盒内光纤余留 1.2 ~ 1.6 m。

光缆接头装置应以一个中继段为单位自上行往下行方向顺序编号。

光缆引入室内或引入井时，室内、室外金属护套及金属加强芯应断开，并彼此绝缘。

在 ODF 架进行光纤终端接续时，光纤应绑扎松紧适度，排放整齐。引出机架的尾纤应加以防护，并在尾纤上标明方向和纤号。同时在机架端子分配表中标明尾纤方向和纤号。

第二节　通信系统施工

一、通信电源系统

（一）工程概况

本线沿线各通信机械室均由电力专业提供两路独立交流电源。

本线新设通信电源系统，在各通信机房设置高频开关电源和蓄电池组，电气化所亭和电力配电所通信设备直流电源由电气化和电力专业提供。综合视频监控系统设备、会议电视系统设备采用交流供电方式，按设备功耗设置不同规格的 UPS 和蓄电池组。主要工程数量如表 4-8-1。

表 4-8-1　主要工程数量

序号	项目名称	单位	数量
1	安装电源柜	套	1
2	安装 –48 V 中间站开关电源设备	套	1
3	安装阀控式密封铅酸电池 300 Ah	套	2
4	安装 UPS 设备 5 kVA	套	1
5	安装二路三相交流电源限压型防雷箱	套	1
6	安装地线盘	个	3

技术要求：蓄电池架安装，蓄电池安装，防静电，单机调试，系统调试等满足设计文件相关技术规范要求。

（二）电源系统方案及构成

1．外供电源供电需求

本线各通信设备均由电力专业提供两路稳定可靠电源，在通信机械室设置交流配电箱，由通信负责交流切换等功能。

本线光纤直放站远端机设备由电力专业提供两路稳定可靠电源，设置交流配电箱，并负责交流切换等功能。

本线外供引入交流容量及电力配电箱输出分路应满足通信系统需求。

2．电源系统方案

通信设备用电类型有两种：–48 V 直流用电设备和 220 V/380 V 交流。本线根据通信设备用电需求，分别设置 –48 V 直流电源及 UPS 交流电源。

二、传输、接入系统

（一）工程概况

本线传输系统由干线层和接入层两层结构组成。干线层新设 SDH 2.5 Gb/s 的 1+1 MSP 传输系统，在龙坑站设置 ADM。接入层采用基于 SDH 的多业务传输平台（MSTP）组建 SDH 622 Mb/s 传输系统，站间形成 1+1 MSP 保护，区间接入点（基站、中继站、电气化所亭）形成两纤单向通道保护环，站内电气化所亭、电力配电所、综合维修工区 SDH 622 Mb/s 传输设备接入本站 SDH 622 Mb/s 传输设备。本线新设接入网，在各车站、线路所、综合维修工区、信号中继站、电气化所亭、电力配电所设置 ONU，ONU 与重庆北新设的 OLT 之间采用星型连接方式。重庆北 OLT 通过 V5.2 接口接入既有程控交换机。主要工程数量见表 4-8-2。

表 4-8-2 主要工程数量

序号	项目名称	单位	数量
1	安装机柜	架	2
2	安装 STM-16 ADM	套	1
3	安装接入网设备网络单元设备	套	1

设备检验，安装培训，防静电，单机调试，系统调试等满足设计文件相关技术规范要求。

（二）传输系统方案构成

（1）组网方案：本线传输系统采用基于 SDH 的 MSTP 平台构建，按干线层、接入层组网。

（2）传输系统同步方案：本线为一个同步区，采用主从同步方式，利用重庆和贵阳枢纽 SDH 10Gb/s 传输的 STM-N 线路码流提取时钟同步信号。

（3）传输系统网管方案：本次设计不新设传输网管，纳入川黔线既有传输网管，在遵义通信站新设传输复式终端 1 台。

（三）接入系统方案构成

1．系统构成

接入网由接入网局端设备、接入网终端设备、网管设备等组成。

2．组网方案

本工程在遵义通信站各新设置 OLT 设备 1 套；综合维修车间/工区、机务折返段/所、信号中继站、公安派出所、牵引变电所、分区所、电力配电所等有语音需求的节点设置 ONU 设备。

3．网管设置方案

按属地化管理划分，在遵义通信站分别新设 1 套接入网网管设备（含网管终端）。

本工程新设网元管理系统按照与通信综合网管系统之间所定义的规范和接口，接入成都铁路局通信综合网管系统。

三、铁路调度通信系统

（一）工程概况

本线新设调度通信系统，采用固定用户接入交换机（FAS），通过与 GSM-R 系统，实现有线无线调度一体化。本线调度通信系统纳入成都铁路局调度所管理，本线在龙坑站通信机房新设车站型 FAS 设备一套，通过 2 Mb/s 数字环接入成都铁路局既有调度所型 FAS 设备。主要工程数量见表 4-8-3。

表 4-8-3　主要工程数量

序号	里程	单位	数量
1	安装综合引入柜	架	1
2	安装 FAS 车站型分设备	套	1
3	安装 FAS 操作台	套	1
4	安装调度交换机	套	1
5	安装自动电话	台	12

技术要求：设备检验，安装培训，防静电，单机调试，系统调试等满足设计文件相关技术规范要求。

（二）系统方案及构成

1．系统构成

调度通信系统由数调主系统、数调分系统、调度台、值班台、其他各类固定终端（电话分机）、网管终端及录音仪等设备组成。

2．调度区划分

本工程利用成都铁路局调度所和成都通信站既有数字调度主系统设备（同城异地主备用）。

全线 7 个车站（李家湾、高炉子、董公寺、遵义、龙坑、南白镇、阁老坝）在董公寺、遵义、阁老坝驼峰信号楼均设置车站调度交换机，龙坑站利用渝黔线设置的车站调度交换机组建 1 个 2 M 数字环。

在成都调度所川黔线调度所型调度交换机通过 2 M 接口与既有调度交换机（渝黔线）互联，满足川黔线和渝黔线运营需求。

3．终端设置

设置调度台、车站值班台、调度电话分机、数字录音仪。

4．系统网管方案

本工程新设数字调度分系统纳入成都铁路局既有数字调度主系统网络管理系统统一管理。

四、电源及环境监控系统

（一）工程概况

本线房屋环境监控及电源监控系统为两级管理结构，由监控中心（SC）和监控站（SU）构成。在沿线各车站通信机械室、无线基站、直放站、信号机房、信息机房设监控站（SU）设备。对通信机房进行房屋环境监控及电源监控，对信号、信息化机房进行房屋环境监控。各基站、信号中继站等接入点，通过传输系统将监控信息汇聚至车站后接入数据网。直放站的监控站信息通过基站至直放站的短段光缆上传至基站。主要工程数量如表 4-8-4。

表 4-8-4　主要工程数量

序号	项目名称	单位	数量
1	安装与调试电源及环境监控设备（SU）	套	1

技术要求：设备检验，安装培训，防静电，设备安装，单机调试，系统调试等参见相关设计文件和技术规范要求。

（二）系统方案及构成

1．监控对象

对通信机房的通信电源设备的电压、电流进行监控，以及对通信、信号、信息机房、站房信息配线间的环境进行监控。

2．系统组网方案

系统由监控中心、监控站和终端等组成。

本工程在接入既有设在贵阳北监控中心设备。沿线各车站、区间及站内接入点分别设置监控站 SU 设备，由采集器、监控模块及环境传感器、探测器（温/湿度、烟雾、水浸、空调控制等）等构成。

本工程在直放站内设置电源及环境监控站 SU 设备（配置以太网光接口），对直放站内的 UPS 电源及机房或设备洞室环境（包括门禁、环境量、水浸、烟雾感等）进行监控；监控信息纳入电源及环境监控系统。系统采用 IP 数据网承载。

五、无线通信系统

（一）工程概况

本工程新设 GSM-R 移动通信系统，利用成都 GSM-R 核心网为基础进行组网，采用单层网覆盖建设，相邻小区的切换覆盖电平满足系统轨道的性能要求。明区间通过基站新型空间覆盖为主，在隧道、路堑等弱场区域采用光纤直放站结合天线及漏缆进行覆盖。光纤直放站近端机与远端机采用星线型方式连接，一个远端机通过 2 芯光纤与近端机采用热备方式连接。近端机设置于基站机房内，远端机设置与直放站机房或综合洞室内。

主要工程数量：架设 GSM-R 移动通信天线 30 m 独管塔 1 座，安装机柜 1 架，安装基站设备 1 套，安装近端机 1 套、安装天线 2 套、安装综合接地网 1 处，敷设埋式光缆 12 条公里。

技术要求：光、电缆敷设，铁塔、电杆安装，防雷措施等详见相关设计文件和技术规范。

（二）系统功能

本工程新设 GSM-R 数字移动通信系统，覆盖正线高炉子（含）至南白镇（含）GSM-R 覆盖，以及阁老坝机务折返段所等作业区，解决上述生产作业区域的移动通信业务需求。GSM-R 系统可提供 GSM 系统所具备的各类电信业务，此外通过 GSM-R 系统特殊的组呼叫、广播呼叫、多优先级强占及强拆业务以及功能寻址、基于位置的寻址、紧急呼叫、呼叫接入矩阵等功能可提供中国铁路的特殊应用业务。

（三）系统设计指标

（1）无线覆盖指标：本工程 GSM-R 系统按机车顶部接收天线处最小可用接收电平-98dBm（95%概率）设计。

（2）系统服务质量，参见相关设计文件。

（四）系统方案及构成

包含网络子系统和基站子系统，其中网络子系统利用成都铁路局既有核心网设备。

六、综合视频监控系统

（一）系统功能

综合视频监控系统具有开放性和可扩展性，遵循统一规划、分步实施的原则，总体功能满足以下要求。

（1）系统能对沿线铁路设施及机房内部进行实时监控。

（2）综合视频监控系统能够结合行为分析功能以及与 SCADA 系统、电源环境监控系统的联动，实现告警功能。

（3）综合视频监控系统使用灵活方便，具有用户鉴权、分级管理的功能，可实现多用户同时观看功能。

（4）综合视频监控系统采用集中存储方式，对重要图像进行存储。

（二）系统构成

综合视频监控系统由视频区域节点、Ⅰ类视频接入节点、Ⅱ类视频接入节点、视频采集点和用户终端构成。视频图像管理、记录和处理采用视频区域节点和Ⅰ类视频接入节点 2 级分布式处理结构。本工程接入既有成都铁路局综合视频监控系统区域节点。

（三）系统组网

综合视频监控系统采用 IP 数据网组网。

Ⅱ类视频接入节点视频信息通过传输系统提供通道汇聚至所属Ⅰ类视频接入节点；各Ⅰ类视频接入节点、用户终端和视频区域节点通过 IP 数据网互连。

七、应急通信系统

（一）系统方案及构成

1．系统构成

应急通信系统由应急中心设备、应急传输通道和应急通信现场设备组成。

2．系统组网方案

本次设计利用成都铁路局既有应急通信中心，并根据工程需要进行扩容，提供本线现场设备接入应急指挥中心的条件。

在龙坑通信工区均配置 1 套事故抢险现场设备，由渝黔线实施。事故现场采集到的语音、数据、图像等业务信息通过有线或无线方式传送到区间接入点，再通过传输设备传送到应急指挥中心，建立应急指挥中心与事故现场间的应急通信网络。

（二）实现的主要业务及功能

1．提供现场传输通道

基于区间光纤以太网接入技术，为事故现场至应急中心提供 2 Mb/s 传输通道。

应急通信系统还需提供多种接入手段。如宽带无线接入以及卫星接入、综合接入等多种方式，用户可根据事故现场情况及基础设施情况因地制宜选择适当的接入方式。

2．现场有线、无线内部通信系统

在事故现场最多能提供 4 部专线电话和 4 部无线专用手机，它们不经外线能互相拨打，与现场至应急中心通道的通断无关，是一个独立的通信系统；也可直拨任意一部自动电话。为事故抢险争取时间，使事故损失降到最低。

3．系统功能

系统具备现场动图上传功能、现场多路语音通信功能、现场无线摄像功能、远程数据通信功能、视讯会议功能。

（三）传输通道需求

沿线各车站/区间各传输接入点至成都铁路局应急中心按共用带宽 2×2 Mb/s 考虑。全线利用传输系统组成 2 个 2 M 数字环，接入成都铁路局的应急指挥中心设备。该数字环的 2×2 M 接口在车站、区间节点的传输设备处均分下引出，并在 DDF 跳通。

（四）区间接入节点设备

区间接入节点设备设在基站侧，包括车站接入设备和无线宽带接收设备。接入设备通过 FE 接口与基站的接入传输设备预留的 FE 接口连接，将现场语音及图像信息传送到路局应急救援指挥中心。

第九章 信号工程

一、施工概况

车站信号施工主要包括计算机联锁系统施工、行车调度指挥系统施工、信号集中监测系统施工、信号电源系统施工、信号 ZPW-2000 设备施工。

二、计算机联锁系统施工

（一）电缆地下接续

施工步骤为：开剥电缆→安装钢带固定环→芯线接续→铝护套、钢带连接→接地→盒体组装→灌注密封胶和膨胀胶→机械防护、回填→电气特性测试等严格执行相关技术要求。

（二）信号机安装

施工步骤为：开挖基础坑→立杆→安装梯子和机构→安装信号机配线，分为机构配线和设备配线。现场施工严格执行相关技术要求。

（三）转辙装置安装调试

施工步骤为施工准备、施工测量、孔位置基线确定、基础角钢安装孔测量、钢轨钻孔、基础角钢眼预制、基础角钢拼装、安装转辙机、三杆连接、道岔开程调整、道岔表示调整。

道岔调整完毕，条件具备时进行通电调整，电动调整主要检查转辙机运行情况，定位、反位表示正确，锁闭及表示情况，并调整摩擦电流符合要求。

（四）25 Hz 轨道电路安装

施工步骤为：钢轨钻眼→安装钢轨接续线→轨旁设备安装→变压器箱内设备安装→安装绝缘→轨道电路调试。

（五）室内设备安装

施工步骤为：施工准备→机柜安装→走线槽道安装→机柜及走线架中的电缆走线→电缆引入→室内防雷及接地。

三、行车调度指挥系统施工

（一）系统组成

列车调度指挥系统由调度中心子系统、车站 TDCS 子系统、网络子系统三部分组成。

（二）机柜安装

严格执行施工设计文件及有关技术规定。

（三）走线槽道安装及机柜布线

严格执行施工设计文件及有关技术规定。

四、信号集中监测系统施工

（一）微机监测范围

模拟量在线监测主要有：源屏监测，转辙机监测，道岔表示电压监测，轨道电路监测，信号机点灯电路监测，电缆绝缘监测，电源对地漏泄电流监测，站内电码化监测，半自动闭塞线路电压、电流监测，环境状态的模拟量监测（分为温度监测，湿度监测，关键设备表面温度监测）。

（二）开关量在线监测

监测内容为开关量实时状态变化。采样周期不大于 250 ms。

在线监测内容包括：按钮操作信息记录；控制台表示信息记录；灯丝报警；熔丝报警；区间计轴报警信息，通过和计轴分机的接口来完成信息的传送及采集；站内电码化发码状态监测记录；“信号设备故障”按钮的采集及报警；其他重要开关量（继电器）监测；环境监控开关量监测（具体项目有：电源室、微机室、机械室等处的烟雾、明火、水浸、门禁、玻璃破碎等报警开关量信息的采集、记录并报警）。

五、信号电源系统施工

（一）机柜安装

严格执行施工设计文件及有关技术规定。

（二）走线槽道安装及机柜布线

严格执行施工设计文件及有关技术规定。

（三）电源调试

（1）调试前对室内其他工作人员做出安全提示。

（2）在电源屏、配电盘、机架电源端子处等做出安全标识。严禁使用运用中的信号主电源，没有条件的地方（如 380 V 电源）可考虑使用（5 ~ 10 kW）三相柴油发电机供电。

（3）检查电源屏、防雷配电盘的安全地线连接良好。

（4）电源屏输出开关置于“断开”位置，防止电源误送入机柜。

（5）依据电源屏的使用说明书及原理图对电源屏进行通电前的检查和调试。

（6）电源屏输入电源为单相 220 V 或三相 380 V 交流电源，电源波动范围为额定电压 – 20% ~ 10%。

如果只有一路电源，可临时用 6 mm^2 铜芯塑料线将两路输入端子并联（一一对应）。测量电源符合要求后，进行电源屏的调试。

（7）手动或自动进行电源屏两路电源转换试验，其转换时间不大于 0.1 s，并核对电源屏表示及测量各路电源输出指标符合要求。

（8）依据原理图对电源屏进行报警试验。

（9）试验结束要切断电源屏的输入电源。

六、信号计轴设备施工

（一）磁头（车轮传感器）的安装点要求

（1）检测区段长度应大于最大轴距。

（2）安装应符合建筑接近限界的要求。

（3）距信号机的安装位置应符合信号机处钢轨绝缘安装位置的要求。

（4）用于站间闭塞的磁头安装于进站信号机内方 2 ~ 3 m 处。距钢轨接头≥2 m；相邻的两计轴点间≥2 m。

（5）磁头安装在轨枕间的钢轨上，应避开轨距杆等金属部件。

（6）两组磁头应安装于同一侧钢轨上，在复线区段磁头应安装于外侧钢轨上。

（二）车轴检测器（EAK）的安装

安装在车轮传感器（磁头）侧的轨道旁，其临近所属线路侧最突出部分与钢轨内侧距离≥1 400 mm；下部距地面高度 2 200 mm，基础底平面与钢轨底平面保持水平。

七、驼峰信号设备施工

（一）车辆减速装置安装

减速器的安装有的是在新站场施工，有的是既有线站场上进行改造，新站场施工时基础和减速器可以在安装地点进行现场安装，既有线站场改造，基础和减速器需异地集中安（组）装后，整体吊装到安装地点。

（二）限界检查器安装

1．加工安装装置

按施工图加工基础角钢，固定基础角钢的扁铁和角形铁并钻眼；

2．安装限界检查器安装装置

（1）请工务配合，先调整轨距、轨枕间距，然后用ϕ21 mm 的钻头在轨腰上钻孔。

（2）按施工图分别安装基础扁钢，扁钢与钢轨平行，两边以线路中心线对称，中间的一组间距为 211 mm，钢轨两侧间距为 2 398 mm，基础角钢垂直于钢轨安装，用角形铁固定在钢轨上，角形铁与钢轨密贴。

3．安装限界检查器

（1）限界检查器安装在两根轨枕之间，距峰顶 80 ~ 100 mm 处，轨枕和角钢间有 10 ~ 20 mm 的间隙。

（2）将限界检查器轴架固定到安装装置上，再安装内、外检查板，固定限界检查器，内、外检查板与钢轨垂直，任何一块检查板在受到不小于 30 kg 的水平推力时，应可靠转动倾斜，外力消失后即恢复垂直位置。

（3）安装接点盒和配线。

（4）涂漆：限界检查器和接点盒先涂一遍防锈漆，再涂灰漆；接点盒内涂白漆。

（三）驼峰自动、半自动设备安装

（1）安装时严格执行（铁路驼峰信号施工规范）的有关规定。

（2）安装标准符合（铁路信号工程质量评定验收标准）的有关规定。

（3）严格按设计图进行施工。

（4）雷达天线密封箱顶部最高点与轨面平齐，误差不超过 0 ~ 5 mm。

（5）雷达天线密封箱雷达发射方向的前方线路应采用凹形水泥轨枕，数量不少于三根.不应装轨距杆。

（6）驼峰音频测长发送电缆和接收电缆必须分开，防止在同一芯组内发送信号干扰接收信号。

（7）控制机柜与墙体距离不小于 1 m，施工安装时，外部配线一律在机柜背面。

（8）安装测重传感器位置钢轨轨面平直，路基捣固良好，第一个传感器与峰顶方向的轨缝距离大于 3.5 m。

（9）配线规格、型号应符合设计规定，绝缘软线不得有中间接头和绝缘破损现象。

第十章　信息工程

第一节　货运管理信息系统施工

阁老坝站设置货物运输管理系统，包括货运系统、现在车管理系统。

货物运输管理系统与办公管理信息系统共享网络通道，利用办公系统设置的交换机，通过 IP 数据网（接口为 FE 口）接入贵阳信息维修站。

车站设置微机服务器、业务终端、打印机、网络设备及电源设备由办公系统集中设置。

第二节　公安管理信息系统施工

李家湾、高炉子、董公寺、南白镇、阁老坝 5 站值班室及阁李家湾货运装卸办公楼、阁老坝货运装卸办公楼设置公安管理信息系统。系统星形组网，各站公安管理信息系统接入遵义东公安派出所，公安派出所接入贵阳铁路公安处。

5 站公安管理信息系统通过传输系统提供 2 × 2 Mb/s 通道接入既有遵义东公安派出所，5 站公安管理信息系统与遵义东公安派出所组成局域网，遵义东公安派出所利旧既有路由器接入贵阳铁路公安处。

公安管理信息系统地点设置 1 架机柜、1 台二层交换机、2 套微机和 2 台黑白传真激光打印机。

第三节　办公管理信息系统施工

办公管理信息系统由路局—站/段两级结构构成。李家湾、高炉子、董公寺、南白镇、阁老坝站 5 站及阁老坝站综合楼、维修车间、驼峰信号综合楼、运转整备综合楼、救援列车办公楼、乘务员候班楼 6 栋集中办公场所和 2 座货运装卸综合楼设置办公管理信息系统。

各车站信息机房分别设置 1 台三层交换机，通过 IP 数据网（接口为 FE 口）接入贵阳信息维修站。系统局域网传输介质采用综合布线系统。

各站根据需要在相关岗位设置工作微机和打印机。

遵义站（遵义车务段办公楼）新建办公信息系统，各站分别设置二层交换机、微机和 A4 激光打印机，通过 IP 数据网接入贵阳信息维修站后再接入成都铁路局信息技术所。

第十一章　电力工程

第一节　电力变配电所施工

一、外电引入工程施工

阁老坝站 10 kV 配电所电源线一回采用架空线路一回采用电缆线路。

（一）高压电缆敷设

电缆线路路径应征得城市规划部门认可，综合考虑路径长度、施工、运行和维修方便等因素。供敷设电缆用的地下设施不应平行设于其他管线的正上方或正下方。电力电缆相互之间允许的最小间距以及电力电缆与其他管线、构筑物基础等最小允许间距应符合《城市电力电缆线路设计技术规定》（DL/T 5221），如局部地段不符合规定者，应采取必要的保护措施。

电缆的类型、结构及敷设方式符合设计要求。施工中应保证电缆外护套不得有破损，最小弯曲半径不小于规定值，接头处密封良好。所有电缆保护管，密封前清扫干净，并保证管口平滑无毛刺。电缆连接应牢固，电缆的余长（引入、接头处）应符合设计规定，排列正确、平直，良好，环线电阻、耐压强度、绝缘电阻、传输损耗等电气性能符合技术条件的规定。

所有电缆端头均应挂标牌，标牌应全部采用计算机打字，清晰、明了且不会因潮湿等原因引起褪色。

（二）架空线路施工

电源架空线路路径应征得城市规划部门认可，应综合考虑城市规划、躲避房屋建筑、躲避大型林木去、交通运行和维修方便等因素而确定，施工遵照相关技术标准执行。

二、电力变/配电所设备安装施工

（一）施工总体流程

施工总体流程如图 4-11-1。

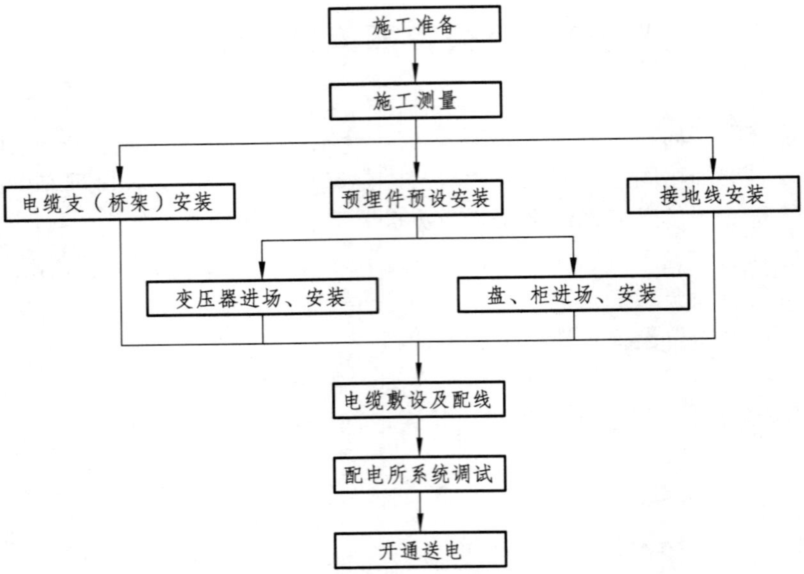

图 4-11-1　施工总体流程

（二）施工工艺及步骤

（1）施工测量。
（2）预埋件安装测量：根据施工图纸找到各预埋件在变电所设备房的安装位置。
（3）接地干线及支线安装。
（4）盘、柜安装。
（5）所内电缆敷设。
（6）变电所设备、系统调试。

全所设备安装完毕，二次配线结束，经检查接线无误，设备状态正常，所内交、直流系统投入运行，工作正常，可进行设备的传动试验和系统联调。

通信系统和电力调度系统具备远动调试条件时，设备运行正常后，配合远动系统的调试工作。远动系统调试时，在电力调度所进行各项功能的操作，检查受控端的动作情况。

第二节　贯通线施工

川黔铁路外迁工程全线贯通线采用全电缆设计，站前埋设电缆槽，隧道内在沟槽内进行铺沙处理。

一、电缆盘预配及试验

电缆敷设前，根据现场实测电缆沟情况、电缆敷设径路计算出电缆长度并合理预配电缆盘，电缆到货后先进行电缆外观的检查，再进行电缆的电气试验，各项检查、试验应在监理工程师的见证下按要求进行。

二、电缆敷设

根据电缆配盘表，确定需要运输和吊装的电缆盘编号、长度运至工地，采取人力敷设（地形条件允许的情况下可以考虑机械牵引，但须有防护措施），在电缆敷设过程中，在转弯、穿管等位置应设专人对电缆进行防护，以防止损伤电缆。

三、电缆整理、固定

电缆敷设后及时整理、理顺电缆，使电缆排列整齐，避免交叉重叠以达到整齐美观，并按规定做好电缆预留及电缆在支架上固定及其他防护措施。

四、电缆终端头和中间头制作、安装、试验

电缆终端头、中间头制作由经过培训、持证上岗并熟悉工艺的人员，严格按照电缆终端头、中间头的制作工艺规程执行。

电缆头制作完毕后，按规定进行电气试验，试验合格后再安装至设备连接处，最后按规定悬挂电缆标牌。

施工工艺流程如图 4-11-2。

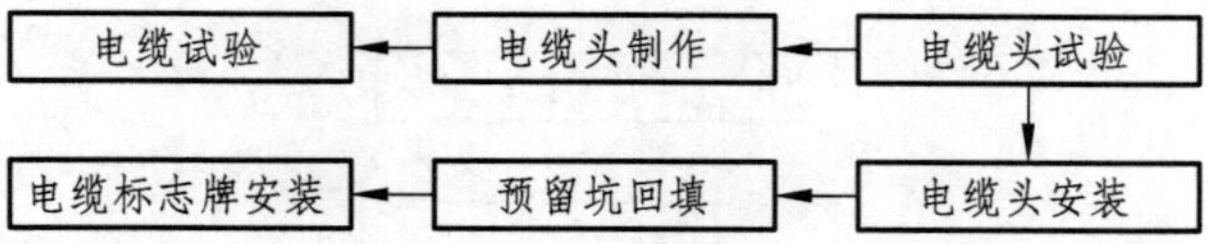

图 4-11-2　施工流程

第十二章　电气化工程

第一节　牵引变电所施工

一、施工要求

（1）牵引变电所外部电源由国家电网公司根据铁路建设需求，立项审批，与铁路同步建设实施，国家电网为项目投资、建设主体。

（2）外部电源为 110 kV 电压等级，采用独立双回电源保证铁路牵引站供电。

（3）外部电源设计、施工由相应国网下属公司根据南网公司计划组织，施工过程按照相关要求执行。

（4）施工时与铁路方共同确认相序、变比等技术参数，明确进线杆塔坐标及相应设备安装界面。

二、施工流程

变电工程施工工艺流程如图 4-12-1 所示。

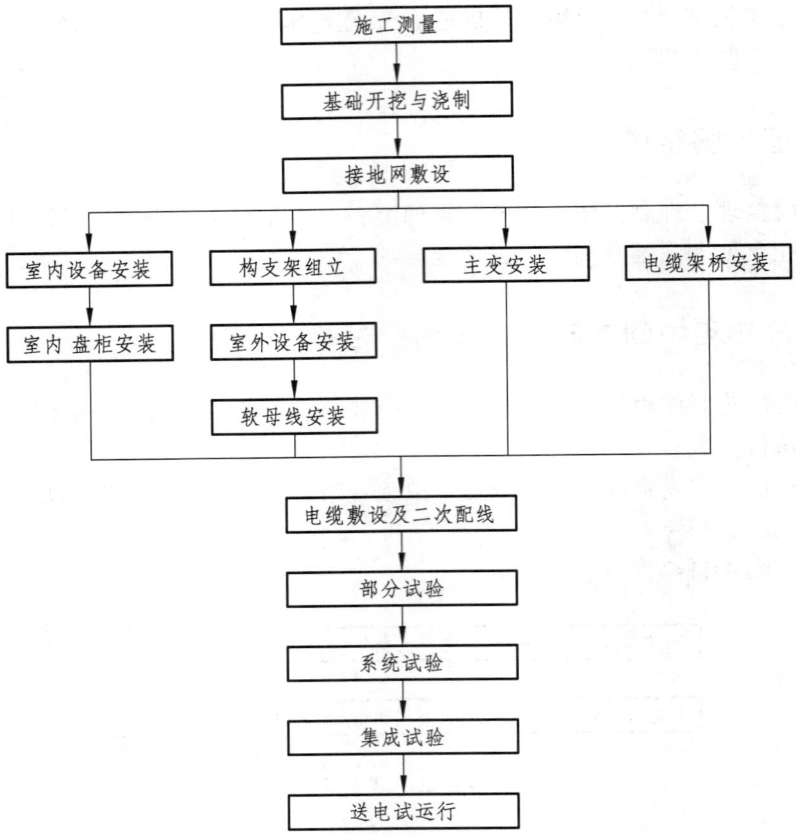

图 4-12-1　变电工程施工工艺流程

三、施工要点

（一）施工测量

变电工程施工测量，主要以房建专业移交的控制桩、水准点为准，根据基础平面布置图，采用经纬仪将基础和基坑位置测设在地面上。施工测量工艺流程图详见相关施工设计文件和施工技术标准。

（二）基坑开挖及基础浇注

工艺流程图详见相关施工设计文件和施工技术标准。

（三）构支架组立

变配电架构一般由环形预应力钢筋混凝土等径杆和钢桁梁组成。

混凝土电杆组立。由于在基础测量工序中，已提前确定了电杆在基坑中的位置，组立时只要摆正电杆在中心的位置，分别在大面（主轴线方向）和小面（垂直主轴线方向）将电杆调垂直，测定与其他相邻的电杆距离符合要求，就可以进行二次灌注及回填工作。

为便于安装、调整架构钢桁梁，同组架构先调整一侧的电杆符合要求，待钢桁梁安装后再调整另一根电杆满足要求。工艺流程图详见相关施工设计文件和施工技术标准。

（四）高压设备进场检验

高压设备运抵现场后，按《电气装置安装工程电气设备交接试验标准》（GB 50150）报请建设单位、监理、厂家、设计院共同进行开箱检查，确认设备规格、型号、数量符合设计文件，技术资料齐全。

（五）室内外设备安装

变压器安装包括：主体就位、附件安装、注油、试验及配线。变压器主体就位于基础后，其中心线应与基础中心线吻合，主体应呈水平状态，最大误差不得超过±3 mm。除有特殊要求外，一般情况下瓦斯继电器方向应抬高 1.5%。工艺流程图详见相关施工设计文件和施工技术标准。

（六）盘、柜组立

盘、柜等组立前，房屋内部屋顶、地面、门窗等装修工作应已结束；检查复核所有预埋件、预留孔的位置符合设计文件要求，预埋件安装牢固；盘、柜的底座型钢或支架的直线度、水平度应符合要求，并应可靠与接地网进行连接且接地电阻满足要求；盘、柜搬运至室内安装一般采用人力搬运，对于柜子较重时可采用小车运输或采用滚杠将柜子滑行至安装位置；检查盘、柜安装情况，盘、柜与基础型钢间应连接紧密、固定牢固、接地可靠，盘柜间接缝平整。

（七）接地网及接地母线安装

（1）按照设计图纸进行现场定点，用钢卷尺确定出所内接地网的位置及走向，在水平接地体的中心线和垂直接地体位置打上带铁钉的木桩。在各控制桩处绷上白线后用白灰线勾画出接地沟开挖边线。

（2）接地网沟开挖和垂直接地极安装，严格执行相关技术要求。

（3）水平接地体敷设、焊接，水平、垂直接地体焊接，接地沟回填，严格执行相关技术要求。

（4）接地电阻测试：接地电阻测试使用接地电阻测试仪按照测量规程进行测量，接地电阻应满足要求。如接地电阻经测试不符合设计要求，将采取添加降阻剂、埋设降阻模块等技术措施，直至接地电阻达到设计要求。

（八）电缆敷设及二次配线

（1）电缆敷设前，仔细核对电缆型号规格，用兆欧表检测芯线间绝缘及对地绝缘，并做详细记录，电缆敷设一般采用人工敷设，在支架上排列整齐并绑扎固定，挂电缆标牌、封堵管、沟口。

（2）二次配线：电缆敷设固定完毕，按照设计图纸核对电缆线号并穿字头，将已开剥的芯线一一捋直，临时固定在端子排附近，临时固定的成束芯线理顺、收紧，用合适的扎带将其扎紧。独芯线接线时采用煨线圈接线采用压接端子接线时线芯应伸端子压管 1 mm，以保证压接质量，导线接完后再检查一遍，复核无误，整理线把，清场。

（九）传动试验、系统调试

全所设备安装完毕，二次配线结束，经检查接线无误，设备状态正常，所内交、直流系统投入运行，工作正常，可进行设备的传动试验和系统联调。

第二节　接触网施工

接触网施工分为下部工程施工及上部工程施工。

一、接触网下部工程施工

接触网下部工程施工分为：路基段支柱开挖、桥梁段打孔灌注、隧道内打孔灌注、接地极开挖敷设等内容。

（一）施工测量

首先根据设计文件，收集资料，准备测量仪器及工机具，确定现场测量起点，纵向测量确定支柱位置，再利用经纬仪对同组硬横跨、软横跨支柱、基础的中心进行测量。隧道接触网吊柱固定底座、附加导线底座测量采用多功能激光测量仪测量。

（二）基坑开挖、浇筑

根据测量布点确定坑位及坑口大小，和开挖方式。基础支模前必须由监理进行验坑，基础尺寸必须符合设计要求。

（三）桥梁、隧道内接触网打孔、锚栓预埋

桥梁、隧道内接触网打孔、锚栓预埋应严格执行相关技术要求。

二、接触网上部工程施工

（一）施工方法

分为：支柱组立、支撑装置安装、附加导线架设、承导线架设、悬挂调整、冷热滑试验等施工内容。技术要求详见相关施工设计文件和施工技术标准。

下面主要介绍导线架设工程施工。

（二）接触网导线架设工程施工

1．承力索及接触线架设

承力索架设采用“定盘小张力放线施工技术”，接触线采用恒张力架线施工。架线车编组包括放线作业车、架线作业车、架线作业车，见图 4-12-2（彩图见附录 3）。

架线前准备 → 起锚 → 架线 → 紧线（超拉） → 落锚 → 倒滑轮 → 质量检查

图 4-12-2　架线车组编组

（1）力索架线前准备：承力索架设之前对架线区段跨越铁路或与铁路平行、交叉的电力线路、通信线路进行调查，确保与电力、通信线路的安全距离符合要求。承力索架设采用定线盘架设。对下锚支柱、拉线进行检查，保证锚柱下锚后支柱倾斜符合施工规范要求。准备工作就绪后申请封锁线路施工。主要工序有起锚、架线、超拉、落锚、倒滑轮。

（2）接触线架设：接触网恒张力架线施工是近年来国内接触网施工开始普遍采用的一种先进施工工艺。为保证接触线架设后接触线的平直度，接触线架设采用 FX-5 恒张力架线车组采用恒张力架线

及张力超拉工艺施工。

2．接触悬挂调整

接触悬挂调整是系统工程，施工工法和工艺需要根据接触网工程技术特点制定，避免重复调整，提高施工效率，缩短工程工期。

3．设备安装

设备安装包括：分段绝缘器安装，隔离开关安装与调试，避雷器安装与调试。

4．接地与标志牌安装

接地跳线采用硬铝绞线，安装时应工艺统一、美观，按规定采用本线绑扎。接地极采用角钢和扁钢焊接制作。接触网各种标志牌一般采用反光标志牌，统一运抵现场分散人工安装。

5．接触网冷试验

通过采用接触网多功能激光测量仪对接触网进行静态检测，可以测量出接触线拉出值、接触线导高、锚段关节转换柱处线索水平、垂直间距和道岔处线索交叉点位置等参数以及沿线跨越线、树木是否拆除，作为是否进行冷滑试验的依据。

在接触网送电前，检测接触网在受电弓作用下，检测接触线拉出值、导高、线索平行间距、接触网弓网压力、硬点、接触网弹性等参数和确认支柱装置、定位装置、锚段关节及线岔等部位均在受电弓包络线范围之外，检查受电弓在分段、分相绝缘器等部位的过渡和冲击情况。冷滑试验由建设单位组织，在专业对口验收合格后进行，路局安排内燃机车+电力机车进行试验，冷滑试验步骤：冷滑试验一般分三次进行，第一次检测车低速行驶，正线以 15 ~ 25 km/h 速度，第二次检测车以中速行驶，以 30 ~ 40 km/h 速度滑行，第三阶段：检测车以正常速度行驶，检测过程中通过录像装置对冷滑检测全过程进行全程记录。

第十三章　综合接地系统

第一节　房建综合接地系统施工

一、避雷带、避雷网的施工

（1）避雷带采用ϕ12 mm 热镀锌圆钢沿屋顶周边设置一圈，避雷带距墙体高度 0.15 m，用热镀锌圆钢均匀设置避雷带支撑柱，支撑柱间距为 1 m，转弯处为 0.5 m。

（2）避雷网由 3 m × 3 m 的方形网格构成，由 40 mm × 4 mm 热镀锌扁钢交叉焊接构成，每隔 3 m 与避雷带焊接连通。

二、引下线的施工

（1）引下线采用 40 mm × 4 mm 热镀锌扁钢，沿信号楼外墙明敷。按房型大小均匀垂直敷设 6 根，沿信号楼四周均匀或对称布置。

（2）引下线每隔 1 m 用固定绝缘子均匀牢固，引下线离墙 15 mm。引下线与分线盘（柜）间距不小于 5 m。引下线与地网的连接点，与其他室内地线连接点间距不小于 5 m。

三、综合地网的施工

（1）在信号楼四周，室外综合接地网由水平接地体和垂直接地体组成，环绕信号楼周围设环型地网，尽可能沿建筑物周围设置，以便与地网连接的各种引接线就近连接。

（2）综合接地网距离信号楼墙体 1m 以外建设，埋深不少于 0.8 m（土质地面）。水平接地体采用 40 mm × 4 mm 热镀锌扁钢。

四、机房屏蔽（法拉第笼）的施工

（1）信号机械室和通信机械室内壁敷设ϕ8 mm 和ϕ12 mm 的热镀锌圆钢作为电磁屏蔽材料。

（2）采用ϕ12 mm 的圆钢焊成不大于 5 × 5 m 的主钢筋网格，采用ϕ8 mm 的圆钢焊成不大于 600 mm × 600 mm 的网格作法拉第屏蔽笼的墙面和顶面部分。

五、地线连接的施工

（1）在信号机械室设置 4 处接地汇流排 TD-6，预留用于分线盘防雷、电缆屏蔽、电源防雷和接地汇集线接地使用。并用 2 根 25 mm^2 多股绝缘铜导线单点冗余连接到综合地网。

（2）在信号微机室设置 1 处接地汇流排 TD-6，预留用于微机逻辑地接地使用。并用 2 根 25 mm^2 多股绝缘铜导线单点冗余连接到综合地网。

六、地线测试线的施工

安装接地电阻测试箱：按照统一规格设置接地电阻测试箱，按“ZC 型接地电阻表”接地方式，采用 10 mm^2 铜芯线预先埋设测试针及连接线，并在室内设置地线测试端，具体要求相关技术规范。

第二节　路基综合接地系统施工

一、区间路基贯通地线埋设实施方案

针对路基施工情况，确定以下几种不同的贯通地线埋设实施方案。

（一）基床表层不换填的石质路堑地段，贯通地线埋设实施方案

贯通地线埋设于电缆槽下，距离基床表层顶面以下 0.75 m，距离轨道中心 3.9 m 的位置。先将电缆槽宽度范围内的基床表层范围内基岩挖除，再在贯通地线埋设的位置，开挖出比埋设深度深 0.04 m，宽度略大于贯通地线直径的“小槽”，以敷设贯通地线；先向“小槽”内回填 40 mm 粒径不大于 5 mm 且不含碎石的土壤，敷设贯通地线，最后用粒径不大于 5 mm 且不含碎石的土壤将“小槽”填满，进行人工夯实。

横向连接线的埋设实施方案：在横向连接线埋设的位置，开挖出宽 0.2 m，深度低于横向连接线埋设深度 0.1 m 的凹槽，凹槽底部先浇筑 0.1 m 厚 C25 混凝土，将横向连接线埋设到位后，将凹槽采用 C25 混凝土浇筑填满。

（二）只基床表层换填且已换填完成的石质路堑地段，贯通地线埋设实施方案

贯通地线埋设于电缆槽下，距离基床表层顶面以下 0.75 m，距离轨道中心 3.9 m 的位置。采用机械切槽，将电缆槽宽度范围内的基床表层切除，在贯通地线埋设的位置，开挖出比埋设深度深 0.04 m，宽度略大于贯通地线直径的“小槽”，以敷设贯通地线；先向“小槽”内回填 40 mm 粒径不大于 5 mm 且不含碎石的土壤，敷设贯通地线，最后用粒径不大于 5 mm 且不含碎石的土壤将“小槽”填满，进行人工夯实。

横向连接线的埋设实施方案：在横向连接线埋设的位置，采用机械切槽切出宽 0.2 m，深度低于横向连接线埋设深度 0.1 m 的凹槽，清除凹槽边缘松动的填料，凹槽底部先浇筑 0.1 m 厚 C25 混凝土，将横向连接线埋设到位后，将凹槽采用 C25 混凝土浇筑填满。

（三）只基床表层换填且未换填完成的石质路堑地段，贯通地线埋设实施方案

贯通地线埋设于电缆槽下，距离基床表层顶面以下 0.75 m，距离轨道中心 3.9 m 的位置。待路堑开挖至基床表层底面后，在贯通地线埋设的位置，开挖出比埋设深度深 0.04 m，宽度略大于贯通地线直径的“小槽”，以敷设贯通地线；先向“小槽”内回填 40 mm 粒径不大于 5 mm 且不含碎石的土壤，敷设贯通地线，最后用粒径不大于 5 mm 且不含碎石的土壤将“小槽”填满，进行人工夯实。

横向连接线的埋设实施方案：待路堑开挖至基床表层底面后，在横向连接线埋设的位置，开挖出宽 0.2m，深度低于横向连接线埋设深度 0.1 m 的凹槽，凹槽底部先浇筑 0.1 m 厚 C25 混凝土，将横向连接线埋设到位后，将凹槽采用 C25 混凝土浇筑填满。

（四）已铺设完成两布一膜土工布的路基地段，贯通地线埋设实施方案

贯通地线埋设于电缆槽下，距离基床表层顶面以下 0.6 m，距离轨道中心 3.9 m 的位置。采用机械切槽，将电缆槽宽度范围内的基床表层级配碎石切除，将贯通地线埋设于电缆槽底部的中粗砂里，再将中粗砂铺设至电缆槽底部高程后，安装电缆槽。

横向连接线的埋设实施方案：在横向连接线埋设的位置，采用机械切槽切出宽 0.2m，深度低于横向连接线埋设深度 0.1 m 的凹槽，清除凹槽边缘松动的填料，凹槽底部先浇筑 0.1 m 厚 C25 混凝土，将横向连接线埋设到位后，将凹槽采用 C25 混凝土浇筑填满。

（五）不铺设两布一膜土工布且路堤填筑已完成的路基地段，贯通地线埋设实施方案

贯通地线埋设于电缆槽下，距离基床底层顶面以下 0.3 m，距离轨道中心 3.9 m 的位置。采用机械切槽，将电缆槽宽度范围内的基床表层切除。在贯通地线埋设的位置，开挖出比埋设深度深 0.04 m，宽度略大于贯通地线直径的“小槽”，以敷设贯通地线；先向“小槽”内回填 40 mm 粒径不大于 5 mm 且不含碎石的土壤，敷设贯通地线，最后用粒径不大于 5 mm 且不含碎石的土壤将“小槽”填满，进行人工夯实。

横向连接线的埋设实施方案：在横向连接线埋设的位置，采用机械切槽切出宽 0.2 m，深度低于横向连接线埋设深度 0.1 m 的凹槽，清除凹槽边缘松动的填料，凹槽底部先浇筑 0.1 m 厚 C25 混凝土，将横向连接线埋设到位后，将凹槽采用 C25 混凝土浇筑填满。

（六）路基填筑未施工完成的地段（不含基床表层不换填的石质路堑地段和只基床表层换填的石质路堑地段），贯通地线埋设实施方案

贯通地线埋设于电缆槽下，距离基床底层顶面以下 0.3 m，距离轨道中心 3.9 m 的位置。路基填筑并压实至高于贯通地线埋设深度约 60 mm 高程的同时，预留出 60 mm 深、宽度略大于贯通地线直径的“小槽”，以敷设贯通地线；先向“小槽”内回填 40 mm 粒径不大于 5 mm 且不含碎石的土壤，敷设贯通地线，再次回填 40 mm 粒径不大于 5 mm 且不含碎石的土壤后，进行人工夯实；人工夯实后，

必须在“小槽”上方覆盖不少于 100 mm、粒径不大于 5 mm 且不含碎石的土壤后，才能进行正常的路基填筑和机械压实作业。

横向连接线的埋设实施方案采用与贯通地线相同的埋设实施方案。

（七）分支引接线敷设连接方案

分支引接线应与贯通地线同材质、同截面，在同一引接位置设置一根分支引接线，采用与贯通地线相同的工序和工艺埋设；施作边坡防护前，将引接线埋设于边坡防护层下并与电缆槽中接地端子的引接线压接。对应电缆槽的两个接地端子，引接线在端子根部并联后分别与两个端子连接。

二、施工注意事项

（1）注意埋设深度不同的贯通地线之间的过渡连接，过渡连接应在埋设深度较深的段落完成。埋设完贯通地线、引接线及横向连接线以后，应采取严格的保护措施，防止后期施工时对贯通地线、引接线及横向连接线的破坏。

（2）对应接触网杆位的电缆槽内侧壁镶嵌接地母排，接地母排应在电缆槽预制阶段与电缆槽预制同步进行。

（3）施工开槽时，应小心施工，防止对两布一膜土工布的破坏。

第三节　桥梁综合接地系统施工

一、桥梁综合接地主要设计原则

（一）梁部接地装置

梁部纵横向预留接地钢筋，并在梁的顶面及底面预留接地端子，以便与需要接地的构件及下部结构接地体连接。梁部接地钢筋原则上利用梁部相应位置处的结构钢筋。

（二）墩台接地体

利用结构中两根钢筋作为接地体，在墩台顶部与梁端接地端子连接，在墩台下部与承台（扩大基础）接地钢筋焊接。

（三）基础桩接地体

在承台底面设置一个环接钢筋，利用每根桩基础的一根结构钢筋作为接地钢筋，与承台环接钢筋可靠焊接。承台环接钢筋原则上利用承台地层结构钢筋。

（四）扩大基础接地体

在扩大基础的基底底面设置一层钢筋网作为水平接地极，各层基础的四周设置垂直接地钢筋。垂直接地钢筋间距不小于 2 倍基础层高，垂直接地钢筋在基础顶面处用连接钢筋环接。

二、桥梁综合接地

（一）桥墩台接地设置

（1）每座桥梁的每个桥墩均应按照要求设置接地装置，并接入综合接地系统。

（2）在每根桩中应有一根通长接地钢筋，桩中的接地钢筋在承台中应环接，桥墩中应有二根接地钢筋，一端与承台中的环接钢筋相连另一端与墩帽处的接地端子相连，以上接地钢筋均可用桩、承台、桥墩中的结构钢筋。

（3）在每个桥墩垂直于线路方向的小里程侧面、距地面 - 10 cm 处，设一个不锈钢接地端子（水中墩除外），供测试和拴接附加接地极之用。贯通地线的接地电阻经测试大于 1 Ω 时，应另设附加接地极。

（4）桥台接地设置。台体内设置接地钢筋，桥台面接地钢筋参照桥梁体的接地设置要求实施。

（5）桥墩接地钢筋设置见图 4-13-1。

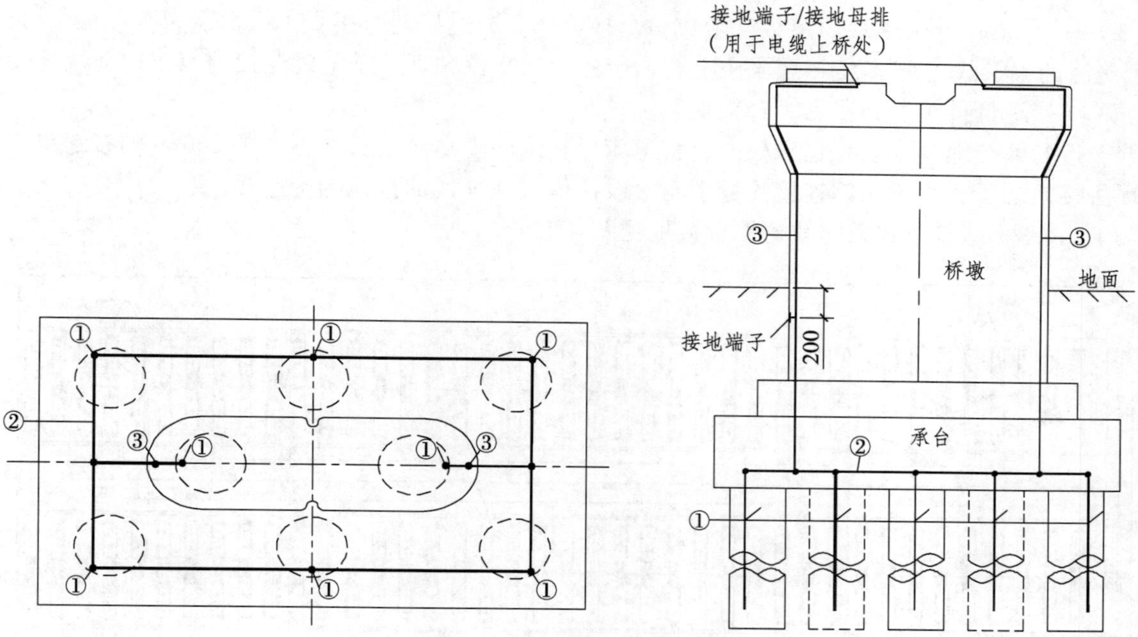

图 4-13-1　桥墩接地钢筋设置示意

（二）桥梁梁体接地设置

（1）所有接地钢筋间的连接均采用直径 $\phi 14$ 的钢筋 L 形焊接，焊接长度单面焊 250 mm，双面焊 100 mm，焊接厚度均大于 4 mm。

（2）梁顶接地端子组在距梁端 855 mm 处与横向筋相连，梁体纵横向接地钢筋利用梁体钢筋代替。

（3）防护墙施工时，防护墙钢筋 N1 与设置在防护墙顶面线路侧的纵向钢筋采用 L 形焊接，且防护墙 N1 钢筋还必须与防护墙下部的梁顶纵向钢筋采用 L 形焊接。

（4）梁上设计接触网支柱时，用 N5 钢筋将纵向接地钢筋 A4 与设置在接触网支柱基础（含拉线基础）底层预埋钢板焊接牢固。

（5）桥面电缆通信槽内设置接地端子，与桥面贯通地线相连接。

（6）每孔梁端截面的接地端子均设在桥梁小里程一端，与桥台相连的梁端，其大里程端端需设置接地钢筋环路，梁底增设两个接地端。梁底地接端子与桥墩和桥台相连接。为桥梁梁体内设纵、横向接地钢筋（利用梁体内结构钢筋），接地钢筋闭合成环。

（7）竖墙施工时，在箱梁小里程端两侧竖墙顶面各设计 1 个接地端子。

（三）桥梁地段声屏障综合接地

金属声屏障单元板利用连接线贯通整个单元板。声屏障通过梁体上部的横向接地钢筋与贯通地线实现单点 T 型连接，连接点应统一选在桥梁体一端。

第四节　轨道综合接地系统施工

一、设计原则

（1）无砟轨道区段，纵向接地钢筋每 100 m（或 20 块轨道板）与贯通地线单点 T 型连接一次。

（2）纵向接地钢筋位于轨道板内，按 1 根 ϕ16 mm 钢筋设置，两端与板内预埋端子焊接。相邻两块轨道板的板内预埋端子通过板端引接线（截面积为 35 mm^2、长度为 350 mm 带绝缘的铜绞线电缆）连接，但连接长度不能超过 100 m（或 20 块轨道板）。

（3）每 100 m（或 20 块轨道板）形成一个接地段，通过接地引接线（截面积为 35 mm^2、长度为 5 m 带绝缘的铜绞线电缆），将接地段中部合适位置处的板内预埋端子就近连接到与贯通地线连接的接地端子（或接地母排）上，接入综合接地系统。

（4）道岔区接地端子设在道床板内，将道床板在纵向上划分成长度不大于 100 m 的接地单元，在两侧预留接地端子，用不锈钢连接线分别与沿线两侧贯通地线的接地端子连接。

（5）CRTS Ⅰ 型双块式无砟轨道综合接地见图 4-13-2。

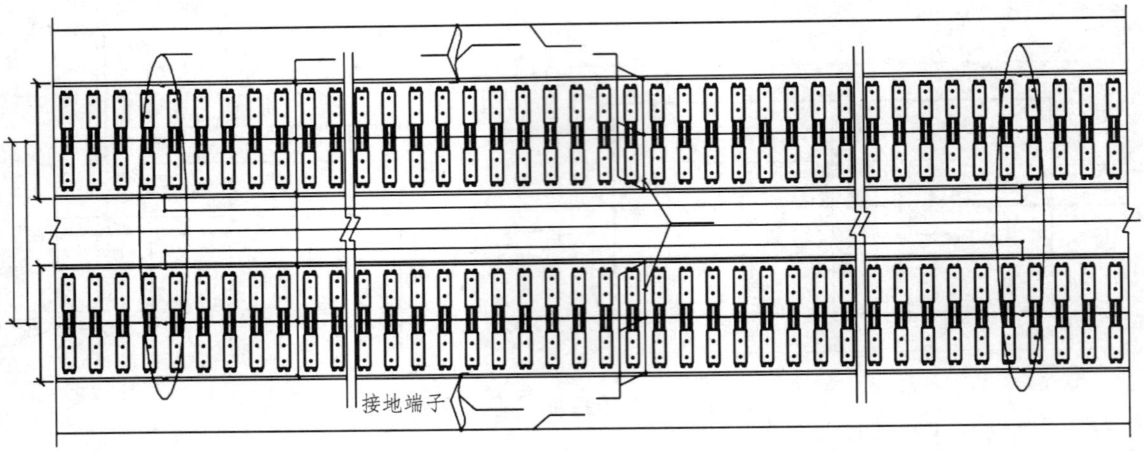

图 4-13-2　双块式无砟轨道综合接地示意

二、施工注意事项

（1）板内预埋端子应严格按相关规定制作并准确预埋于轨道板内。

（2）板端引接线、接地引接线应通过螺栓、垫圈与两端接地端子（或接地母排）可靠连接。

（3）路基地段，接地引接线应从电缆槽盖板上预留的孔内穿过，接至电缆槽内的接地母排上。

（4）接地引接线采用欧姆卡沿线路横断面方向固定，欧姆卡间距不大于 400 mm。

（5）施工期间，应注意对板端引接线和接地引接线进行防护，以免压断。

（6）为检查接地效果，施工后应在信号专业相关人员配合下对每个无砟轨道接地段进行接地测试。

第五节　隧道综合接地系统施工

一、隧道内综合接地设计主要原则

（1）隧道衬砌已施工完成的地段，仅在综合洞室下方设接地极。

（2）隧道开挖已经完成而仰拱（或铺底）未施工的地段，其接地极设置在隧道底部仰拱（或铺底）下方。

（3）隧道未开挖地段，其接地极设置按照“铁集成〔2006〕220号”文件执行。

（4）考虑接触网滑道槽及闪络保护。

二、已经开挖完成但衬砌未完成的隧道内接地极的设置

（1）对于小于200 m的双线隧道，隧道内不设置接地极。

（2）对于大于200 m、小于500 m的双线隧道，在隧道中心里程前后处且未施工仰拱（或铺底）的地方设置1处接地极，接地极设置在仰拱（或铺底）下方。

（3）对于大于500 m的双线隧道，在每个综合洞室下方均设接地极，综合洞室的纵向间距为500 m（单侧）。并在未施工仰拱（或铺底）地段，单侧综合洞室之间在仰拱（或铺底）下方设置2处接地体。

（4）综合洞室下方的接地极采用2.1×1.5×0.6 m的钢筋笼，钢筋笼钢筋均采用$\phi16$，钢筋间距15 cm，外覆C20混凝土包裹，钢筋净保护层厚度不小于35 mm。钢筋笼通过与其焊接的$\phi16$钢筋伸入到设置贯通地线的电缆槽内，露出到电缆槽内的钢筋头增加接地端子。当实测接地电阻大于4 Ω时，在接地体内填加长效物理降阻剂。同时，钢筋笼通过与其焊接的另一根$\phi16$钢筋伸入到综合洞室内，并在距离综合洞室底面约1 m处露头，钢筋头增加接地端子，作为测试端子使用。

（5）隧道仰拱（或铺底）下方的接地体采用热镀锌扁钢接地网（扁钢规格为50 mm×4 mm），沿线路纵向长20 m，网格间距1 m，纵横向间隔两倍锚杆长度左右打一根锚杆，扁钢网通过锚杆接入地层内，锚杆长2.5～3 m。扁钢之间、扁钢与锚杆之间采用焊接，其中扁钢网中心位置的环向扁钢两端焊接$\phi16$钢筋伸入隧道两侧设置贯通地线的电缆槽内，露出到电缆槽内的钢筋头增加接地端子。接地扁钢网与综合洞室接地电阻综合考虑，保证贯通地线上接地电阻不大于1 Ω。接地体应有35 mm混凝土层。

三、隧道未开挖地段接地极的设置

隧道未开挖地段，具体分为如下几种情况。

（1）Ⅱ级围岩无砟轨道地段的接地极设置按照“二、已经开挖完成但衬砌未完成的隧道内接地极的设置”中布置于隧道铺底下方。

（2）双线隧道Ⅱ级围岩有砟轨道地段的接地极设置采用铺底钢筋，纵向长度以100 m间隔，利用其中20 m段落的结构钢筋作为一个接地极。

（3）Ⅲ、Ⅳ、Ⅴ级围岩地段，每100 m作为一个单元，利用环向锚杆、环向连接钢筋（钢架）和边墙底部纵向连接钢筋作为接地极。

四、纵向接地钢筋

纵向接地钢筋设置于水沟、电缆槽侧壁内，将水沟侧壁钢筋中最上层的$\phi12$钢筋替换为$\phi16$钢筋，每100 m断开一次，在100 m中部与2、3条所述的接地极中心位置伸出的环向连接钢筋连接，并引入设置贯通地线的电缆槽内。

五、接触网滑道槽与闪络保护

（1）未施工段落的二次衬砌无钢筋时，架立的环向钢筋与滑道槽连接，并且环钢筋与纵向贯通接地钢筋连接。

（2）未施工段落的二次衬砌有钢筋时，选用环向结构钢筋与滑道槽连接，并且环向接地钢筋与纵

向贯通接地钢筋连接，纵向钢筋按拱顶 0.5 m，其他部位 1 ~ 1.5 m 间距选取作为闪络保护钢筋，且每 100 m 断开一次。

六、施工方法及注意事项

（1）双线隧道每个综合洞室底板下方均设置接地极，单线隧道内行车方向左侧综合洞室底板下方均设置接地极，综合洞室施工前应检查下方是否有接地极，综合洞室底部接地体必须在综合洞室铺底完成前实施，在综合洞室开挖时下部一次扩挖，接地极钢筋笼就位且连接钢筋安放合适后再浇注混凝土。

（2）隧道底部接地极在未施工仰拱（铺底）段落实施，除Ⅱ、Ⅲ级围岩地段需要向下扩挖外，其余段落均不需扩挖。

（3）需要露出到电缆槽内及综合洞室内的钢筋在隧道衬砌、电缆槽施工时，必须加以保护，保证钢筋完整，接地端子与钢筋应可靠连接。

（4）在隧道底部有防水层，连接扁钢需要穿过防水层时，采用止水环止水，并对连接钢筋进行防腐处理。

（5）在设置接触网接地钢筋处，环向连接钢筋应先与接触网接地钢筋连接，再与纵向接地钢筋连接。

第十四章　防灾安全监控工程

第一节　防灾安全监控工程施工

一、工程概况

本线防灾安全监控工程由室外电缆以及室内风雨监测系统组成。雨量监测系统按成都铁路局雨量监测系统既有模式建设，由现场监测设备、雨量监测主机、传输。雨量监测子系统由现场监测设备（雨量计、传输电缆）、现场监控单元和监控数据处理设备等组成。工程数量如表 4-14-1。

表 4-14-1　主要工程数量表

序号	项目名称	单位	数量
1	敷设 WDZ-RVVP $2\times1.0\ mm^2$	hm	4.5
2	敷设 WDZ-BYJ $1\times16\ mm^2$	hm	0.6
3	敷设电源线	条	3
4	敷设六类 8 芯双绞线非屏蔽（UTP-21-6）	10M	4
5	雨量计	套	3

二、室外电缆敷设

（一）电缆敷设准备

确定电缆与其他管线平行、交叉距离，编制防护措施；确定电缆引入位置；确定电缆的存盘位置、运输、敷设方案。准备电缆线路施工的工机具。

（二）电缆铺设

电缆敷设若采用人力牵引的方式进行，敷设较长电缆前，在电缆行径的路线上每隔 20 m 放一个电缆滑车，在路面摩擦太大的地方每隔 10 m 放一个电缆滑车，在转弯处放万向转弯滑车，以防磨坏电缆的外绝缘层或受到机械性损伤。穿钢管时，钢管端口要加强保护，防止损伤电缆。

（三）电缆接续

电缆接续 A、B 端对接，相同的芯组内颜色相同的芯线相接；电缆接续完毕，及时进行芯线对地、线间绝缘电阻值测试。

（四）电缆防护

电缆穿越过道时，防护钢管两端各延伸出轨端长度不得小于 500 mm，钢管内径大于电缆外径的 1.5 倍，管口处用麻袋片堵严。

（五）电缆引入

电缆引入电缆井转弯时，均匀圆滑、整齐美观，不得出现硬弯或背扣现象；引入电缆，排列整齐并分段固定，备用芯线安装在端子上；电缆终端有标明去向的铭牌；电缆引入工作结束后，将电缆引入孔及引入管道口密封。

（六）室外电缆测试

对电缆进行绝缘电阻、芯线对地电阻、芯线直流电阻等电气参数进行测试。

三、风雨检测系统施工

① 风速风向计按非机械式双套设置，并远离现场障碍物干扰。风速风向计安装于接触网支柱上。雨量计主要设置于路基地段及艰险山区铁路易发生滑坡、泥石流及危岩、落石或崩塌地段等处所，雨量计采用非机械式雨量计。雨量计安装于接触网支柱上。

② 固定风向计、雨量计支架的螺母统一朝向线路外侧。风速计、雨量计须满足相关运营条件下强风压要求，保证强风压条件下质量安全、可靠。

③ 施工完成后，所有预埋管件都应该进行防火防鼠孔洞封堵。电缆过电力电缆沟、水沟时用钢管防护放置在沟表面，钢管方向与沟垂直且用化学锚拴固定。

第二节　防灾安全监控工程质量控制

一、室外电缆敷设质量控制

（1）根据施工设计图，核实电缆径路范围内地下管线、障碍及土质情况。

（2）电缆敷设之前要进行电缆单盘测试及配盘，并进行电缆沟的开挖砌制。

（3）敷设时首先检查电缆外观，核对盘号、核对 A、B 端，在引入处、转弯处、预留处、防护处设专人监护，保证电缆的预留量和最小弯曲半径。

（4）敷设电缆结束后要进行电缆沟的回填：在电缆上下部铺不小于 100 mm 厚的软土或细沙层作为电缆的保护层，并加盖保护板或砖块防护，然后进行回填，将回填土一直回填至高于原地面 0.3 m，并及时恢复被损坏的道床、路基和植被，按规定设置电缆标桩。

二、风雨检测系统施工质量控制

（1）风速仪、雨量计支架与接触网杆固定处采用钢板，钢板与接触网杆之间垫橡胶垫片。

（2）固定风速仪、雨量计支架的螺母统一朝向线路外侧，螺栓与接触网杆不得接触，间距>5 mm。

（3）风、雨数据采集器安装方向与列车来车方向一致，其轨旁控制箱中心线距地面 1.5 m。

（4）风、雨现场控制箱接地用 50 mm^2 地线，槽道内贯通地线连接。采用双点压接式，压接点间距 40 ~ 50 mm，压接后做防护处理（防水胶带密封）。

第十五章　客运服务系统

一、工程概况

（一）工程数量

本工程客运站只有遵义站。遵义站客运服务系统由旅客服务系统构成。旅客服信息系统由综合显示系统、客运广播系统、视频监视系统、时钟系统构成。主要工程数量如表 4-15-1。

表 4-15-1　客运服务系统主要工程数量表

序号	项目名称	单位	数量
1	综合显示系统	系统	1
2	客运广播系统	系统	1
3	视频监视系统	系统	1
4	时钟系统	系统	1

（二）技术要求

（1）设备检验：符合产品技术标准和订货合同要求。

（2）安装培训：提前学习设备性能、配线路径等资料，由厂家专员现场指导。

（3）防静电：安装调试有防静电设备时，施工技术人员戴防静电硅胶手套和静电手环。

（4）单机调试：单机调试需满足以下条件：通信机房温度、相对湿度、粉尘要求，防震和防静电、防磁等机房环境符合设备使用要求和设计要求；机架安装位置和安装强度符合设计要求；设备配线已完成，检查核对无误；设备已经可靠接地，接地电阻符合要求；设备单机加电后运转良好、内置风扇正常启动，各单机显示警告状态符合当前实际使用情况；设备性能检测在设备开机通电 30 min 后进行，复核出厂检验报告。

（5）系统调试：单机测试正常的情况下，按系统设计，可靠连接各设备单元，用网管进行数据配置。接入网本地交换机触发的系统启动、接入网触发的系统启动、主链路从故障中恢复、次链路从故障中恢复等启动功能需满足设计要求和相关测试规范。

二、综合显示系统施工

（一）工程概况

按照乘客进、出站流向，站台设置引导信息屏 LED/RGPH7.62（2.44 m × 0.732 m）8 块，进站天桥设置进站通道屏 LED/RGPH7.62（2.93 m×0.732 m）1 块，接入在建渝黔线遵义站旅客服务信息系统综合显示系统后台设备。

（二）施工要求

（1）严格按照图纸施工，在保证系统功能质量的前提下，提高工艺标准要求，确保施工质量。

（2）管路两端设备处导线应根据实际情况留有足够的冗余。导线两端应按照图纸提供的线号用标签进行标识，根据线色来进行端子接线，并应在图纸上进行标识，作为施工资料进行存档。

（3）设备安装牢固、美观，顶装设备横、竖成列，墙装设备端正一致，资料整理正规、完整无遗漏，各种现场变更手续齐全有效。

（三）施工流程

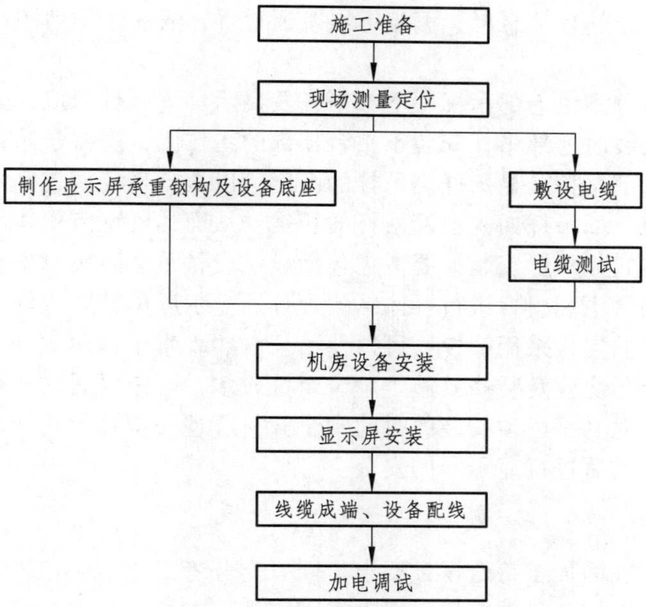

图 4-15-1　施工流程

（四）施工工艺

1．施工准备

审核设计图纸，进行安全、技术交底，明确组织分工、任务要求、质量标准以及安全环境保护要求，进行必要的技术培训。清点施工机具、仪表和工具，并建立台账；做好物资采购及进场检验工作；安装落实施工现场的设备、材料、仪表存放地并配备必要的消防器材。了解现场、车站及机房的管理制度，提前办理必要的准入手续。确定施工方法，编制施工技术措施，保证显示屏安装后不破坏建筑物的强度和美观度。

2．现场测量定位

根据施工图设计，认真进行现场测量定位，确定显示屏安装位置和环境，显示屏承重钢构及预埋件的结构及安装方式等；测量机房内防静电地板高度，绘制设备底座加工图；测量计算各种缆线的长度及工作量，确定缆线敷设方式；对照施工图设计，找出施工参照物，尤其是施工轴线，为显示屏及构件的安装准确定位；避开接触网柱的供电臂。

3．显示屏承重钢构制作

由于每个车站的实际情况有所不同，显示屏钢构的选材与制作要根据设计要求及现场实际情况进行。

施工时需对钢材进行表面预处理，预处理方法采用手工或机械除锈，除锈质量等级要达到设计要求。

钢构按照设计要求焊接，焊缝表面不得有裂纹、未焊透、未熔合、焊瘤、气孔、夹渣等缺陷，焊缝高度 6 毫米满焊。焊接时采取有效措施防止钢结构件变形。

同一块屏的钢构在 x 轴方向和 z 轴方向要保持一致，y 轴方向垂直。误差在钢构可调节范围以内。

预拼装和检验合格的构件方可进行打砂、除锈。打砂、除锈质量符合现行国家标准《涂装前钢材料表面锈蚀等级和除锈等级》和设计要求。打砂除锈质量经质检部检验合格的，方允许按设计要求进行涂装。

钢材或构件经除锈处理经检验合格后立即到喷涂车间上底漆。涂层表面均匀，无流坠，厚度达到设计要求，运输堆放时防止雨淋。油漆完毕经检验合格后方可安装。

4．吊挂式显示屏安装

吊挂式显示屏一般用于站台信息屏、编组屏以及通道屏，安装于站台顶部的混凝土或钢梁结构上以及站内的进出站口。

吊杆式安装的吊挂件分别由上部吊杆、下部吊杆及显示屏连接件组成，采用螺栓进行连接，下部吊杆穿入上部吊杆中。安装时上部吊杆安装于站台顶部的主体上，隐藏于站台顶部主体与站台吊顶之间，在站台上只能看到下部吊杆及显示屏。吊杆的高度可以根据现场调查确定，下部吊杆的上部可加工多个调节孔，用于调节下部吊杆插入上部吊杆的长度，从而达到调节整体吊杆高度的目的。

在无柱雨篷站台吊挂式显示屏安装，要考虑包括显示设备重、附属设备重量及维护结构重量等各种荷载，按照所有荷载的最不利组合进行屏体结构设计。显示屏吊挂固定件采用抱箍形式与雨棚的钢管梁连接，固定件和吊杆的连接采用螺栓，可以使吊杆自然垂直于地面。

吊挂式显示屏的安装与房建及装修等施工单位牵扯较多，一定要做好与相关单位的密切配合，掌握他们的施工工期计划，尤其是吊顶安装的时间和步骤，合理安排施工计划。吊挂件的安装要在吊顶施工之前完成，待吊顶完成后进行显示屏的安装。

5．立柱式显示屏的安装

（1）立柱的加工：立柱的加工符合设计要求，同时充分考虑施工现场的实际情况。立柱一般采用方形钢管进行加工，在方形钢管上焊接显示屏支撑固定件。支撑固定件要焊接牢固，焊接完成后要对焊缝进行打磨，然后根据要求对表面进行处理。具体加工尺寸根据设计要求完成。

（2）预埋立柱底座：由于显示屏的重量都集中在立柱上，立柱底座必须预埋固定牢固。预埋底座安装时一般采用 M22×220 螺栓，能够打通混凝土楼板的位置需将混凝土楼板（站台首次浇注面）打通孔，楼板下部垫 50×50×10 钢板。对于不能打通楼板的位置需使用 M22×210 钢膨胀螺栓。

（3）在预埋底座固定完毕之后，将立柱（方形钢管）焊接在底座上。在立柱的四个面加焊加强脚筋，以确保立柱的牢固。

（4）在显示屏框架上根据两个立柱之间的距离及支撑固定件的位置进行开孔，用于显示屏在立柱上进行吊装固定。一般情况下两个立柱之间的距离为显示屏长度的二分之一。

三、客运广播系统施工

遵义站客运广播系统采用模拟广播系统，系统具备自动广播、人工广播、应急广播等各种广播模式。客运广播系统预留与车站火灾自动报警系统的接口，火灾情况下自动切换为消防广播模式。

（一）工程概况

1．工程数量

遵义站川黔场旅客站台设置 18 个强指向型扬声器（单个功率 30 W），新设遵义站客运广播系统第

18 广播分区、第 19 广播分区；进站天桥设置 5 W 室外壁挂式扬声器 10 台，并入渝黔线遵义站客运广播系统第 13 广播分区；出站地道设置 10 W 壁挂扬声器 3 只，并入渝黔线遵义站客运广播系统第 14 分区；站台左右侧共设置 2 套无线呼叫站；在遵义站信息机房设置 2 台 300 W 功放。新增 2 个广播分区。主要工程数量如表 4-15-2。

表 4-15-2　客运广播系统主要工程数量

序号	项目名称	单位	数量
1	安装扬声器	台	18
2	安装 300 W 功放	台	3

2．技术要求

（1）蓄电池安装：蓄电池安装时，蓄电池滤气帽或安全阀、气塞等拧紧。蓄电池各列排放整齐，每列外侧在一条直线上，偏差不大于 3 mm。电池单体保持垂直和水平，底部四角均匀着力，电池间间隔不大于 5 mm。

（2）防静电：安装调试有防静电设备时，施工技术人员戴防静电硅胶手套和静电手环。

（3）单机调试：电源加电前确保设备布线和接线正确，无碰地、短路、开路、假焊等情况，机架与保护地线可靠连接。测试设备内布线及设备飞电子器件对地绝缘电阻，要求不小于 2 MΩ/500 V。加电后，设备内部电压降不大于 0.5 V。确保不间断电源（UPS）设备过载、短路，蓄电池欠压，熔断器熔断等自动保护电路能准确动作，声光告警电路正常工作。按照说明书进行蓄电池的初次充电。

（4）系统调试：确保人工或自动转换时，对通信设备供电不中断。额定负荷时，输出电压和电流值、蓄电池备用时间符合设计要求和产品技术说明书。输入电源故障时，自动转换到蓄电池组供电，直流输出不中断。通信设备电源报警时，需及时排除故障，严禁强行送电。

（二）施工方法

1．工艺流程

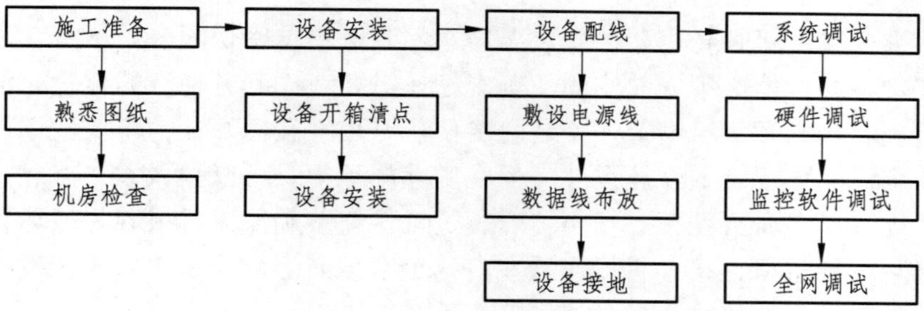

图 4-15-2　工艺流程

2．施工准备

审核设计图纸，进行安全、技术交底，明确组织分工、任务要求、质量标准以及安全环境保护要求，进行必要的技术培训。清点施工机具、仪表和工具，并建立台账；做好物资采购及进场检验工作；安装落实施工现场的设备、材料、仪表存放地并配备必要的消防器材。了解现场、车站及机房的管理制度，提前办理必要的准入手续。确定施工方法，编制施工技术措施，保证广播系统终端设备的安装不破坏建筑物的强度和损坏建筑物的美观。

3．现场测量定位

了解现场、车站内的特殊要求；了解车站房建及其他相关单位的施工进度；根据设计图纸，核查各类预留沟、槽、管、洞是否满足要求；对广播终端设备安装位置根据设计图纸及现场实际情况进行准确定位，并测量广播电缆的实际敷设长度；确定电缆敷设方式和广播终端设备安装方式，调查中还需要考虑到各种灯的位置，消防喷头的位置，空调出风口，以及天花板封顶的造型等对广播终端设备安装的影响。

4．线缆敷设及测试

（1）广播系统线缆敷设主要分为两个部分，一是控制室和主机房及各分配线间之间的网络布线，二是扬声器布线和其他终端布线。网络布线根据设计要求可采用多模光纤或至少五类屏蔽双绞线。扬声器布线：扬声器全部采用高电压输出，因此在信号传输距离上面很远，扬声器布线一般采用：距离为 0～250 m，ZR-RVS2×1.5 的音箱线；距离为 250～500 m，ZR-RVS2×2.5 音箱线。呼叫站布线：ZR-RVVP2×1.0。噪声探测器布线：ZR-RVVP2×1.0。

音量控制器布线采用四线制，即有一对音频信号线和一对控制信号线。

（2）各种广播线缆在敷设前要先进行测试，线缆合格才能进行敷设。广播线缆的规格、质量、路由、截面和位置符合施工图的要求和相关施工规范及验收标准的规定。

（3）两端设备处的线缆根据实际情况留有足够的冗余。线缆的两端均须粘贴标签，以标明走线的去向与来源线缆的走向，标识以系统信源下行为去向，即以机房内设备点为起始端，现场扬声器或噪声探测器为最终端点。

（4）线缆的布放自然平直，不得产生扭绞、打结等现象，不得受到外力的挤压和损伤。在线缆进出线槽部位、转弯处绑扎固定，不同类型的线缆分束绑扎。

（5）在防静电地板下可以将线缆直接布放在地板上，但注意顺直不凌乱，尽量避免交叉，并适当用扎带固定，布线要整齐美观，不得堵住送风通道。

（6）线缆敷设完成后进行测试，以检验敷设过程中缆线是否有损伤，为设备的安装及调试打好基础。

5．预埋吊杆

广播系统部分扬声器需要提前进行吊杆的制作和预埋，根据设计图纸并结合车站房建及装修施工进度将预制好的吊杆预埋到相应的位置，为扬声器安装做好准备。

6．终端设备安装

（1）吸顶扬声器安装：吸顶扬声器的安装要与车站装修单位密切配合，尽量在车站顶棚开始封顶时进行扬声器的安装。扬声器必须安装牢固，美观，还需要考虑到各种灯的位置，消防喷头的位置，空调出风口，以及天花板封顶的造型等。安装孔要使用专用开孔器开孔，不要破坏顶棚的整体效果。开孔直径按照扬声器说明中规定的开孔尺寸，但在实际施工中，可以稍微大一点点，这样安装和取出扬声器会更容易，尤其是石膏天花板，扬声器安装过紧，安装和取出时很容易破坏石膏天花板。安装时将现场布线与扬声器线进行连接；将扬声器左右两个卡爪向上掰开后放入天花板预先开好的安装孔中，卡爪上的弹簧使其回复原位，将扬声器固定在天花板上。

（2）室内壁挂扬声器安装：根据设计要求找好标高，严格按照扬声器后面标注的安装孔位置在墙壁上预埋安装挂件，挂件一定要安装牢固。在墙壁上打眼使用专用的冲击钻，不要破坏墙壁。把现场布线与扬声器线连接，将余留线缆整理好；将扬声器固定在安装挂件上。膨胀螺丝、扬声器上的螺丝等一定要拧紧，以防扬声器掉落。

（3）吊挂扬声器安装：首先根据扬声器安装方式和现场情况预制吊杆，根据车站房建及装修进度进行吊杆预埋。

吊杆安装：吊杆安装在建筑物吊顶之上的混凝土或钢梁结构上。在混凝土结构上安装采用膨胀螺栓；在钢梁结构上安装采用焊接方式。将吊杆下部露出在建筑物吊顶之下，用以安装扬声器。最后将预先敷设的线缆通过吊杆穿线孔穿入钢管，从钢管下部引出。

扬声器的安装：首先将扬声器线缆与现场敷设的线缆进行连接并做好处理。将扬声器上部的钢管穿入吊杆下部钢管内，利用螺栓作为顶丝上入吊杆预先焊接的 6 个螺母及钢管孔内，将扬声器进行固定。

四、视频监控系统施工

（一）工程概况

视频监视系统包括：旅服视频监视系统。车站视频监视系统在进/出站地下通道、站台等处设置前端摄像机，在通信机械室设置应用服务器、存储服务器、磁盘阵列、编码器，以及配套网络、电源设备。在综合监控室、公安值班室分别设置 1 台视频终端。摄像机壁装时安装位置距地 3.5 m，具体安装高度可根据现场情况进行调整。

视频监视系统在站台安装网络一体化快球摄像机（720P）10 套；在站台旅客进出站通道处各设置 1 台定焦抢形摄像机共计 6 台，用以监控站台通往通道的客流情况；在进站天桥安装 2 台一体化快球摄像机（4CIF）；在出站地道安装 2 台一体化快球摄像机（4CIF），接入渝黔线遵义东站综合视频监控系统。

视频监控平台利用渝黔线遵义东站综合视频监控系统平台，本工程扩容综合视频监控系统磁盘阵列 6T。

（二）施工流程

综合视频监控系统施工流程如图 4-15-3 所示。

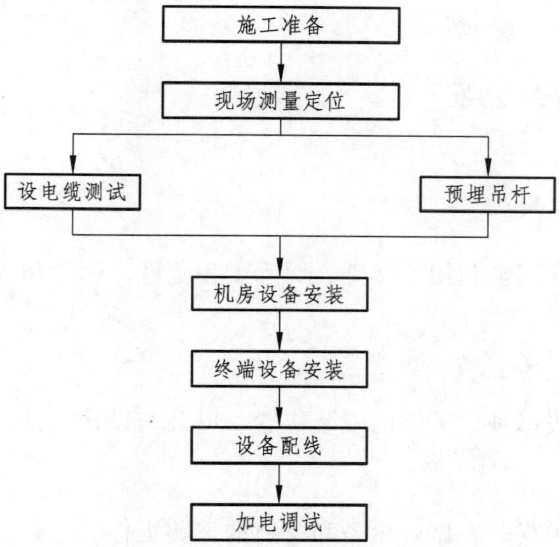

图 4-15-3　视频监控系统施工流程

（三）施工方法

综合视频监控系统通过对各种设备的性能进行实时监测，收集设备运行的状态信息中有故障告警信息时，通过声像发出告警信号，并确定故障发生的时间、地点、故障类型，为用户提供系统故障的快速响应和准确定位。

（四）施工准备

（1）机架的安装必须牢固，水平、垂直度小于 2 mm。

（2）统一配线要求：从通信机房到摄像机、通信机房到监控控股台，根据设计图纸在穿越车顶吊顶时统一布防监控管线，统一布线电缆。

（3）电缆的绑扎要求：电缆的绑扎要求从通信开始直到摄像机，通信机房到监控控制台，绑扎时按规范化施工要求实施。

（4）安装摄像机时，要注意摄像机镜头的视野范围，避免监视死角。

（5）定标区域完成以后，由业主和监理工程师检验合格后，其余区域要按照定标区域的要求渐次推进实施，以确保电视监视系统的安装质量。

（五）设备安装

（1）具备安装条件后，先进行摄像机电缆的穿放、摄像机支撑杆的安装，以配合车站土建吊顶的进行，具体的安装要求如下：

摄像机支撑杆的安装应牢靠、稳固，从摄像机引出的电缆应留有适当的预留，初步安装完后，经通电试验后，观察监事区域的覆盖范围和图像质量。

（2）控制中心监控设备的安装主要为监控机架、中心调度控制台和监视器的安装，机架安装时应竖直平稳，垂直偏差不得超过计划，控制台应安放竖直，台面水平，台面整洁无划痕，监控室内的电缆敷设应从机架、控制台、电视墙底部引入，将电缆顺着所盘方向理直，按电缆的排序次序放入槽内。

（3）确认架内电缆连接正确，机架插槽电路安放位置正确，供电电压稳定平常，经施工监理确认后，正是通电实验，并利用控制中心调度台，对车站进行图像监控，调看任意车站的任意摄像机画面，将画面显示在制定的监视器上，并能直接录放在长时间录像机上，对所有摄像头进行自动轮询，远程摄像机进行遥控，并显示工作班的状态信息和告警信息。

四、时钟系统施工

本工程安装调试双面式子钟 2 块。

（一）施工准备

1．熟悉图纸

在开工前，核对施工设计图纸和相关文件，明确工程范围，熟悉相关技术规范和施工工艺，对作业人员进行技术培训。

2．现场检查

审核设计文件，核对两级母钟、子钟的安装位置，以及与设计文件是否相符合。

3．设备材料选购

根据设施文件和相关技术规范，做好设备和材料的选购工作。

4．机具仪表配备

（二）时钟缆线穿放

根据图纸要求，核对时钟用控制线及电源线的型号规格，裁截穿放长度，穿放时首尾及有过线金处用人工牵引和输出缆线，做到匀速拉动，避免用力过猛。缆线穿放时，用步话机进行通信联络。穿放完毕，对所有缆线进行直流测试并做好记录，做好缆线标识，标明连线规格、型号、长度、设备起止点。

（三）设备安装

1．设备安监

时钟系统的吊件加工的尺寸是否符合技术要求，时钟的外观是否有损伤和掉漆的现象。

2．时钟安装

（1）根据施工图纸和设备安装说明书的要求，将时钟安装到位。安装要牢靠，漆饰完整，外观良好，并注意是否有影响时钟观看的情况。若出现这一情况，与设计监理主工程师商定纠正措施。吊架安装牢固，其负荷强度满足设备安装要求。

（2）时钟安装在土建吊顶装修完工后进行，为防止其他专业交叉施工造成破坏，站厅、站台时钟安装完后，用适当的包装材料密封时钟外壳，阻止灰尘进入时钟机芯。

3．主要设备安装

时钟系统的安装要求配线正确、无错漏现象，配线平整无交叉，预留合理，绑扎美观。并要求统一一、二级母钟子钟的安装工艺。

数字显示子钟的安装，从吊架安装到子钟固定，水平、垂直调整必须统一。指针式子钟的安装高度力求统一。子钟的安装位置符合设计图纸要求，子钟配线成端预留有统一的规定。

4．设备接地

设备、线缆管线等接地符合设计要求。

第十六章　工程接口

第一节　专业间工程接口的施工

一、工程概况

专业间工程接口施工内容包括综合接地施工和电缆槽施工。综合接地施工包括桥梁综合接地、路基综合接地、无砟轨道综合接地、隧道综合接地。电缆槽施工包括路基上电缆槽施工、桥梁及隧道电缆槽施工。

二、接口工程施工流程

接口工程施工流程如图 4-16-1 所示。

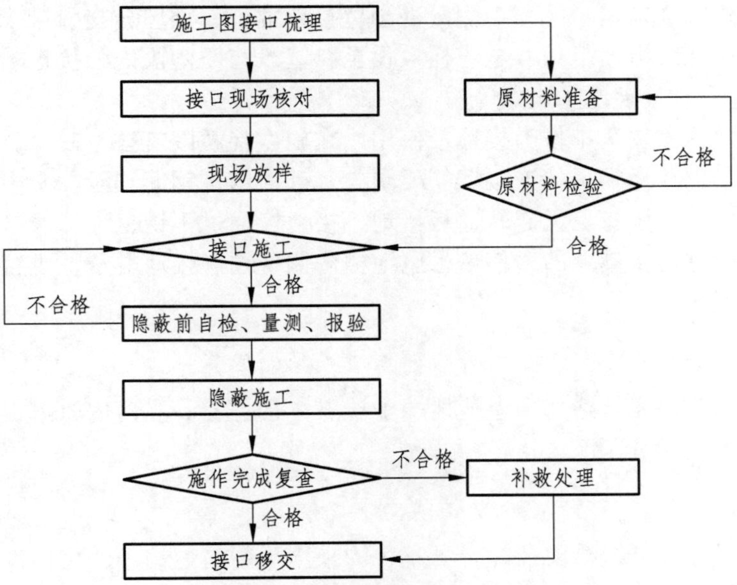

图 4-16-1　接口实施流程

三、主要接口工程施工工艺与技术要点

（一）综合接地施工

综合接地系统由贯通地线、接地装置及引接线等构成。

1．桥梁综合接地

桥梁综合接地主要有桩基础桥墩接地、梁部接地、桥梁地段声屏障接地等，主要表现在混凝土中预埋接地钢筋并与预埋的接地端子连接的形式。施工重点为接地钢筋的焊接质量和长度，单面搭接焊长度不小于 100 mm，双面搭接焊长度不小于 55 mm，焊缝厚度不小于 4 mm。接地端子外路面与混凝土面平齐。

1）桩基础桥墩接地

每根桩选用一根通长接地钢筋，并在承台中形成环接。桥墩中选用两根接地钢筋，一端与承台环接钢筋相接，一端与接地端子相连。接地钢筋应选用非预应力结构钢筋。

2）梁部综合接地

利用梁体结构钢筋，在梁体两端各布置横向接地钢筋 1 根，与纵向接地钢筋采用“L”形焊接连通。纵向接地钢筋设于防护墙下部及上、下行无轨道板间的 1/3 和 2/3 处，纵向贯通整梁。在每跨梁起点侧防护墙、竖墙处设置接地端子。

3）桥梁地段声屏障接地

采用插板式声屏障，与声屏障金属立柱锚栓柱焊接，在每片梁起点处的声屏障遮板预留接地端子与竖墙预埋接地端子相连。

2．路基综合接地

1）贯通地线及分支引接线

路基有纵向贯通接地电缆、分支电缆。在路基接触网基础、路基级配碎石填筑至高于埋设深度 60 mm 后，预留出 60 mm 深、宽度略大于贯通地线直径的槽，在槽底铺设 4 cm 厚粒径不大于 5 mm 的土壤后敷设纵向贯通电缆，并在对应的接触网基础位置预留分支电缆；用同样土壤填平不小于 10 cm 厚度后再进行正常填筑和机械压实。每 500 m 设一处横向连接线。

2）路桥过渡段接地

在临近过渡段的路基通信信号电缆槽侧壁处预留接地端子，预埋分支引接线将接地端子与贯通地线连接。桥梁地段贯通地线沿通信信号电缆槽敷设至路基段与路基段内的接地端子连接。

3）路基地段接地极、接地端子设置

路基地段利用接触网支柱基础作为接地极使用，在施做接触网支柱基础时，在基础沿线路方向小里程侧面预制接地端子，接地端子的连接钢筋要求与基础内结构钢筋和至少两根接触网支柱基础螺栓可靠焊接，接地端子供轨旁设备及无砟轨道板接地，接地极通过不锈钢连接线与通信信号电缆槽内的接地端子连接。每个接触网基础处的通信信号电缆槽内侧壁预制接地端子，供接触网支柱基础（接地极）及轨旁设备接地连接。

3．无轨道综合接地

每 100 m 与线路两侧桥梁、路基预埋接地端子单点 T 形连接，段落内轨道板单元之间进行等电位连接，均采用不锈钢连接线。

4．隧道综合接地

隧道综合接地在于隧道电缆槽内及综合洞室，均采用预制接地端子，按照设计要求施工。

（二）电缆槽施工

电缆槽采用通信信号共槽、电力分槽形式，为盖板式电缆槽。桥上通信电缆槽一般每隔 500 m 设置一处冗长腔（即将槽宽加宽至 500 mm），冗长腔长度以一孔简支梁长度为宜。

1．路基上电缆槽

通信信号槽与电力槽钢筋混凝土整体预制，中间采用隔墙隔离。

盖板式电缆槽和盖板在预制厂集中预制，按照设计要求在设计位置设置手孔。

路基基床表层级配碎石完成后，用开槽机切除基床表层级配碎石，切除范围至电缆槽内侧壁以外 5 cm。切除后于槽底铺设透水砾石或碎石，碎石顶部设 2 cm 厚的 M7.5 水泥砂浆找平层后再进行电缆槽安装。

电缆槽安装完毕后采用 C15 混凝土回填基坑并及时施工槽外混凝土护肩。电缆槽与接触网立柱基础间采用 M7.5 水泥砂浆或 C15 混凝土灌实。

盖板式电缆槽节间采用 M7.5 水泥砂浆勾缝，整体式电缆槽槽节对接时应在接口处涂抹沥青。

2．桥梁及隧道电缆槽

槽身采取在既有混凝土结构（梁面及底板）上现浇，盖板采取预制安装施工，桥梁的电缆槽盖板根据原铁路总公司文件规定和设计文件要求，采用 RPC 材料，由专业厂家预制，运至现场安装；隧道的电缆槽盖板为普通混凝土结构，自行预制安装。

第二节　工程接口的质量控制

一、工程概况

工程接口的质量控制内容包括电力工程接口施工与质量控制、接触网工程接口施工与质量控制。电力工程接口施工与质量控制包括电力与路基专业接口、电力与房建专业接口；接触网工程接口施工与质量控制包括接触网与路基专业接口、接触网与轨道专业接口。

二、电力工程接口施工与质量控制

（一）电力与路基专业接口

在贯通线施工过程中，由于贯通线电缆沟槽为路基专业施工内容，故电力专业需要提前介入路基单位的电缆沟槽施工过程中，确保过轨管线施工无遗漏、整体线路沟槽畅通，符合电力专业施工的要求。经过现场审核、交桩之后，由路基单位、电力专业、监理单位三方签字。

（二）电力与房建专业接口

根据施工界面的划分，变电所室内设备基础孔洞、设备基础槽钢及房屋主接地网由房建单位完成。由于电力专业变电所施工的需要，电力与房建专业在房屋施工过程中保持紧密联系，交换图纸及设备尺寸信息，确保孔洞预留、基础槽钢的工艺及接地网能够满足电力专业设备安装的要求。

三、接触网工程接口施工与质量控制

（一）接触网与路基专业接口

在进行接触网下部施工时，路基刚成型，根本不可能有线路，因此接触网支柱的位置就必须通过交桩、测量来完成。组织路基施工单位给接触网施工单位进行交桩，监理单位全程盯控交桩过程，路基施工单位将线路的中心按照直线每 50 m、曲线每 10 ~ 20 m 进行打桩定位，且线路五大桩均进行打桩标示，接触网施工单位将线路中心桩引致长久稳定、清晰可见的地方，并做好交桩台账，路基单位、接触网专业、监理单位三方签字。通过线路中心交桩，确定接触网基坑位置。路基施工单位提供路基标高台账给接触网施工单位，以便后续与轨道施工单位提供的柜面标高共同确定接触网支柱高度。

在少数桥梁、挡墙等处所，需要路基施工单位提前植入接触网基础化学锚栓，组织路基施工单位、接触网施工单位现场共同确定接触网基坑位置以及化学锚栓类型、植入尺寸。

（二）接触网与轨道专业接口

接触网绝大多数参数都是以轨面高度为准，因此需要轨道施工单位给接触网施工单位提供轨面标高、曲线超高、线路坡度等参数，并与设计单位核对，确定参数准确性。

第十七章　高性能混凝土及耐久性施工

第一节　C60 混凝土的配制与施工

一、原材料选择

（一）胶凝材料

1. 水泥、复合掺和料化学成分及性能指标

在满足强度及耐久性能要求的前提下优先考虑 P·O42.5 低碱普通硅酸盐水泥及提高混凝土早期强度和后期耐久性的复合掺和料，原则上胶凝材料不宜过多，减少混凝土的收缩裂纹，减少水泥用量，适当掺入部分复合掺和料，以降低混凝土的水化热，防止混凝土因早期水化热引起龟裂，由于复合掺和料掺入硅灰等活性材料，具有较高的活性，不利于减少温度变形，因此掺量不宜过大，复合掺和料的掺量以厂家推荐和试配确定。表 4-17-1 至 4-17-3 为重庆拉法基瑞安特种水泥 P.O42.5/52.5 低碱水泥和武汉华轩复合掺和料化学成分及性能指标。

表 4-17-1　水泥部分化学成分及性能指标（重庆拉法基 P·O42.5）

化学成分/%				凝结时间/min		抗压强度/MPa		比表面积/（m^3/kg）	安定性
MgO	SO_3	Cl^-	C_3A	初凝	终凝	3d	28d		
2.61	2.36	0.021	6.89	175	225	23.6	48.9	334	合格

表 4-17-2 水泥部分化学成分及性能指标（重庆拉法基 P·O52.5）

化学成分/%				凝结时间/min		抗压强度/MPa		比表面积/（m^3/kg）	安定性
MgO	SO_3	Cl^-	C_3A	初凝	终凝	3d	28d		
1.35	2.53	0.008	7.29	180	235	28.4	54.7	327	合格

表 4-17-3　复合掺和料部分化学成分及性能指标

化学成分/%			活性指数/min		需水量	烧失量
MgO	SO_3	Cl^-	1d	28d		
7.14	2.98	0.018	128	112	100%	2.7%

2．复合掺和料掺量的比选

在相同水胶比条件下对复合掺和料不同掺量进行了胶砂试配，需水量和活性指数指标应满足《客运专线铁路双块式无砟轨道双块式混凝土轨枕暂行技术条件》（科技基〔2008〕74 号）中需水量不大于 105%、1d 活性指数不小于 125%、28d 活性指数不小于 110%，其强度增长见表 4-17-4。

表 4-17-4　不同复合掺和料掺量下砂浆强度

水泥/g	掺和料/g	1d/MPa	28d/MPa
427.5	22.5	14.1	49.4
405	45	16.7	53.8
382.5	67.5	15.3	46.7

从上述试验数据可以看出随着复合掺和料的增加，抗压强度程抛物线发展，掺量为 10%时强度较高，在强度及耐久性能满足要求的前提下，降低掺和料的掺量，达到节约成本的目的。

（二）骨料

粗骨料应选用级配合理、粒形良好、质地坚固、空隙率小的洁净碎石。骨料的级配对混凝土的密实度、强度及耐久性产生直接的影响，所以粗骨料应以连续级配且获得较大堆积密度与最小空隙率，确定碎石最优掺配比例。降低粗骨料空隙率的另一个有效措施是采用反击式、锤式破碎机生产的骨料，可以获得更多球形的骨料。将 5 ~ 10 mm、10 ~ 20 mm 碎石按比例混合均匀，测其堆积密度，当 5 ~ 10 mm 占碎石质量的 30%，10 ~ 20 m 占碎石质量的 70%时，碎石的堆积密度最大，达 1 590 kg/m^3，颗粒级配满足要求。细骨料应选用级配合理、质地坚固、吸水率低、空隙率小的洁净天然中粗河砂，双块式轨枕混凝土为干硬性混凝土，采用振动成型，所以混凝土配合比应选择较低的砂率，从而减少了单位胶凝材料用量，降低了单位用水量，从而提高了混凝土的密实度，达到提高混凝土强度，防止振动时出现过量的浮浆的要求，但过小的砂率易导致振动不密实，易出现蜂窝麻面，影响混凝土实体及外观质量。细骨料及粗骨料性能指标见表 4-17-5 及表 4-17-6。

表 4-17-5　细骨料部分化学成分及性能指标

表观密度/（kg/m^3）	堆积密度/（kg/m^3）	空隙率/%	硫化物/%	坚固性/%	氯离子含量/%	碱活性
2 660	1 610	39	0.1	3	0	无

表 4-17-6　粗骨料部分化学成分及性能指标

表观密度/（kg/m^3）	堆积密度/（kg/m^3）	空隙率/%	硫化物/%	坚固性/%	氯离子含量/%	碱活性
2 670	1 590	40	0.1	3	0	无

（三）外加剂

掺外加剂是制备高性能混凝土的关键技术之一，外加剂的性能品质、匀质性和与水泥的相容性是配置高性能混凝土的基本条件。选用江苏苏博特新材料有限公司生产的 PCA-I(T)标准型减水剂，其部分化学指标及性能指标见表 4-17-7。

表 4-17-7　外加剂部分化学成分及性能指标

减水率/%	含气量/%	硫酸钠含量/%	CL⁻/%	碱含量/%	收缩率比/%	28d 抗压强度比/%
27	2.6	2.27	0.07	2.19	93	142

二、配合比选择

经试验确定轨枕混凝土原配合比为水泥（P·O42.5 低碱）：掺和料：砂：碎石：水：外加剂=369：41：672：1303：111：4.1。经配料计量，试件按《混凝土物理力学性能试验方法标准》（GB/T 50081—2002）制作成型，采用蒸汽养护方式，过程如下。

① 静停，在室温下（5～30 °C）静停 2 h；② 升温，3h 内升温至 40 ± 2 °C（升温速度≤15 °C/h）；③ 恒温，在 40 ± 2 °C 环境中恒温 5 小时（经试验可保证枕芯温度不超过 55 °C；④ 降温，3h 降至轨枕表面温度与环境温度不超过 15 °C，降温速度不超过 15 °C/h），蒸汽养扩结束后，拆模在标养室内养护至规定龄期，检测 12 h、24 h、28 d 抗压强度，如表 4-17-8 所示。

表 4-17-8　混凝土配比性能及抗压强度

配比编号	混凝土材料用量（kg/m³）						拌合物性能		抗压强度/MPa		
	水泥	掺和料	砂	碎石	水	外加剂	含气量	增实因素	12 h	24 h	28 d
1（P·O52.5）	369	41	679	1262	115	4.1	1.5%	1.09	51.5	55.1	73.7
2（P·O42.5）	369	41	672	1303	111	4.1	1.5%	1.15	48.5	53.1	70.8

三、混凝土的搅拌

（一）混凝土的配料与计量

混凝土原材料配料采用自动计量装置，每周对电子计量秤进行校核依次。水、外加剂、水泥、掺和料称量误差不大于 ± 1%；砂、石称量误差不大于 ± 2%。

C60 混凝土每盘生产 0.712 m³，为了满足称量误差要求，水泥、掺和料两种粉剂材料采用了子母螺旋输送机进行供料，母螺旋完成大部分供料，子螺旋可实现点动微量供料，每盘按 0.7 m³ 算，配水泥 258 kg，首先由母螺旋转动上料约至 255 kg，此时母螺旋停止，子螺旋开始转动，此时可以设置子螺旋的转动时间，在设置的规定时间内点动至此 258 kg 左右，配掺和料 28.7 kg，首先由母螺旋转动上料约至 26 kg，此时母螺旋停止，子螺旋开始转动，此时可以设置子螺旋的转动时间，在设置的规定时间内点动至此 27.8 kg 左右，这样就可以解决粉剂的计量偏差问题；同时也对原材料计量传感器进行了合理配置

（二）混凝土的搅拌

混凝土搅拌采用青岛新型机械有限公司生产的 HZN60 型立轴行星式搅拌机，采用该类型搅拌机避免了卧轴强制式搅拌机存在搅拌盲点的弊端，可更好地使拌合物搅拌均匀。

搅拌过程中严格控制材料计量偏差，确保水胶比。在搅拌机底部安装了 Hydro-Mix VII 数字微波湿度传感器，该传感器可以很方便地接连到计算机控制系统上，并且随时监控搅拌机内拌合物的温湿度，当材料含水发生变化时，能根据湿度及时地调整材料含水。

混凝土搅拌时，先向搅拌机投入粗、细骨料，再加入水泥、矿物掺和料进行干拌，干拌大约为 20S 左

右，再投入水与外加剂继续搅拌至均匀为止，总搅拌时间为 180 s，且混凝土必须搅拌均匀，颜色一致。

（三）搅拌温度控制

在高温环境下如何确保混凝土的入模温度控制在 5 ~ 30 °C，当夏季气温高于 40 °C 时，采用冷水机组制冷水生产混凝土的办法。经过细部优化，将搅拌用水分 12.5 m^3 常温水池和 10 m^3 冷却水池两个水池，由专用冷水机组进行搅拌用水冷却，达到了良好的效果，确保混凝土入模温度。冷水机组如图 4-17-1 所示（彩图见附录 3）。

图 4-17-1　配备的冷水机组

四、混凝土浇筑

混凝土灌注工位采用串联式双振动工位布局模式，双振动工位包括初振工位与终振工位两部分，串联式布局可以将添料过程和密实排气过程分解为两个独立的工艺点，双振动工位如图 4-17-2 所示（彩图见附录 3）。

图 4-17-2　串联式双振动工位

新拌混凝土由集中搅拌站拌制完成后通过混凝土输料小车运至混凝土布料机，在初振工位由布料机内部机电控制的螺旋输送杆向模具相应位置布料，按总厚度分两层均匀布料，第一层料布完后开启振动台，同时布第二层料，边振动边布料直到混凝土高度与模具壳体上边缘一致为准。终振工位主要完成混凝土密实排气以及模具清边清渣处理工作。通过可变频的振动电机对混凝土进行振动密实作业，施工形式如图 4-17-3 所示（彩图见附录 3）。

图 4-17-3　轨枕混凝土布料

第二节　施工质量控制

（1）轨枕混凝土浇筑前首先应将布料斗车回放到设计的混凝土受料处。

（2）布料机受料后轨枕浇筑生产线上应已排放好待浇混凝土轨枕模具，这样浇筑节拍就能丝丝相扣，提高作业效率。浇筑生产台可以排放储备的待浇混凝土轨枕模具和待浇混凝土轨枕模具：储备的待浇混凝土轨枕模具位于生产缓冲区；待浇混凝土轨枕模具应位于混凝土浇筑受料、振动密实的位置，由两组带偏心块的振动台组成。轨枕模具进入振动密实位置后，就会自动下沉（为了对混凝土进行振动，该处带有升降装置），此时两边作业人员应该将该台位的相应限位卡放于模具两端，以避免浇筑振动过程中模具前后移动产生故障而损坏设备机器，影响正常生产。

（3）混凝土布料机的布料方式分为自动和人工两种方法，一般是人工布料为自动布料方式的补充，初期生产阶段获取了足够的布料经验参数后，根据实际情况可以选择单一的布料方式。布料机在受料位置布料时，应按分两层、两次布料原则进行浇筑，这样可以最大限度地控制混凝土浇筑定额量，避免或者减少振动时多余混凝土自流平作用时而溢出，减少物耗，降低浇筑工人作业强度和减少轨枕脱模后模具清理工作强度。

（4）混凝土开始浇筑时，在初振工位布料并开动初振工位的振动台，边布料边振动。浇筑的混凝土为了获得良好的密实效果，首先是开启初振工位振动，待相应模具的布料全部结束后，进入终振工位进行终振，使混凝土中的气泡慢慢地摇出混凝土内部，使混凝土更加密实；同时使模具内的混凝土变成自流平密实状态，表面逐渐变得平整和光滑。

（5）混凝土在进行布料时轨枕模具两侧配置的作业人员应该注意布料量的多少以及防止布料位置的差错。浇筑振动过程观察密实后混凝土面是否充满轨枕槽，要求各处混凝土浇筑后的位置为模具壳体的上部边缘处（即轨枕的挡板），以保证轨枕各断面厚度满足公差要求。如果布料过多，则会导致多余混凝土从轨枕挡板边溢出入模具不需浇筑混凝土的部位，造成浪费和增加清理难度，同时太多布料的还需要进行铲除，加长了工作节拍时间和增大劳动强度（混凝土边浇筑边振动，对于干硬性混凝土则很快就会振动密实）；布料少了可在铁锹上盛放适量的混凝土，作业人员进行适量的添加（如图 4-17-4 所示，彩图见附录 3），这样就会解决上述关于劳动节拍等问题。布料位置偏差同样会增加模具的清理难度和造成浪费。

图 4-17-4　人工添补混凝土

（6）试验室必须按照规定的频次、要求进行混凝土拌合物质量检查和试件的取样，核实混凝土的参数。试件制作在每班开工前 3 盘以内开始从轨枕用料中均匀取样制作，试件与轨枕同条件制作和养护。试验检测得到的信息应及时反馈给搅拌站进行调整处理。混凝土浇筑记录应按时、按实、认真填写。

（7）根据浇筑、振动等有关的工序参数完成浇筑混凝土后，设备操作手停止振动，再次点击该台位，则模具上台，此时放开相应模具两端的限位卡，点清边清渣台位的按钮，模具就会在辊道上运行离开浇筑振动台，进入清边清渣工作状态。

混凝土浇筑过程中，技术质检人员对该工序作业进行全过程检验。混凝土浇注温度应严格控制，新拌混凝土的温度应限制在 5 ~ 30 °C 内，在夏季施工时，采用冷却水等（设置骨料遮盖荫棚或者加冷却水）降温措施来控制混凝土拌合物的最高温度。当本地昼夜平均气温低于 5 °C 或最低气温低于 – 3 °C 时，采用拌合用水加热措施来施工处理。

第十八章　经验体会与问题探讨

川黔铁路遵义城区段线路外迁工程地处遵义城边，并且部分地段纳入渝黔线 I 类变更（同步施工段），同步施工与不同步施工段落交叉，导致施工过程中干扰较大，施工组织难度大；正线两端拨接点及阁老坝站临近既有线的施工比较烦琐；同时，地下各种缆线多，风险点较多，容易造成重大责任事故。

一、临近既有线施工

阁老坝站改扩建工程临近营业线或既有线施工，在整个施工过程中出现了以下安全事故：挖断电缆、控制爆破损坏既有线设施、施工中大型设备侵限影响列车正常运行等。

确保施工期间不出现影响列车正常运行的安全事故，建议从以下几方面进行严格管理：

（1）参与既有线施工的施工单位所有管理人员，都必须参加并通过由各铁路公司组织的既有线施工培训，持证上岗。

（2）既有线施工现场必须设置专职安全员、防护员、驻站联络员，且安全员、防护员、驻站联络员必须是施工单位的在职职工，必须参加并通过由各铁路公司相关单位组织的既有线施工培训，持证上岗。

（3）既有线施工方案必须经铁路公司审批，并有报批的施工计划，并严格按照施工计划组织施工，严禁超范围施工作业。

（4）既有线施工一般都涉及对既有线既有设施，如通信、信号、电力电缆的迁改或保护，要求设备的产权单位或管理单位必须派人到现场防护。

（5）大型施工机械作业，必须实行“一机一人、车过机停”的防护措施。

（6）施工作业区与既有线间设置物理隔离防止施工机械设备侵限，只有保障铁路通信安全、铁路既有线行车安全和机械施工安全，方能确保工程安全、平稳、有序地进行。

二、跨既有线桥梁拆除与架设施工

东南大道立交桥位于遵义市城市主要干道东南大道（又称“苟江大道”）并于川黔铁路 K301+078 附近跨既有川黔线。因川黔线遵义市中心城区李家湾至阁老坝段工程改建，在原桥位拆除原桥，原桥左右两幅共宽 36 m，16 片 1×40 m 简支 T 梁，共设置两个桥台。还建公路立交桥道路中心线与铁路正线交叉里程为 K301+078.8，交叉角 70°，全长 60 m，桥宽 36 m，左右两幅双向六车道城市主干线，12 片 1×40 m 简支预应力箱梁。桥梁拆除与还建都要跨越既有川黔线，梁体拆除及架设清点封锁施工，时间紧，安全风险大。

为了保证既有线行车安全，桥梁拆除前搭设防护棚架，棚架立柱采用ϕ300 钢管，高 9.4 m，分 4 节，由下至上为 3 m+3 m+2 m+1.4 m，光管用法兰盘连接，顺既有线方向间距 4 m，距线路中心线 3 m。接触网电力输电线路中输电线距轨顶高度 6 m，承力索距轨顶高度 7.4 m，防护棚架净空为轨顶标高以上 9.4 m，梁底距离防护棚架净空 0.5 m。

桥梁拆除及架设采用 GCQJ50 m-200 t 型双主桁架桥机，架桥机最大起重量 200 t、最大跨径 50 m，最大起升高度 5 m，整机功率 105 kW。

三、隧道施工

川黔铁路遵义城区段线路外迁工程隧道埋深较浅，不良地质主要为岩溶，低瓦斯，富水软岩。隧道施工中遇到的变更也多为溶洞或岩溶引起的变更。大银山隧道、老木湾二号隧道的溜坍、变形，是因在不良地质施工中施工设计围岩等级与实际围岩等级偏差大，施工中超前地质预报不准确，导致支护措施不力造成安全质量事故，为此在后续的施工中，加强超前地质预报及监控量测的管理，将超前地质预报及监控量测纳入工序管理，遇到此类地质情况，及时根据超前地质预报资料做好围岩变更，加强初期支护，确保了隧道开挖过程中的安全。

附　录

附录一　大事记

2013 年

2013 年 3 月底，完成《改建铁路川黔线遵义市中心城区李家湾至阁老坝段外迁东移工程预可行性研究（送审稿）》并报送遵义市发展和改革委员会。2013 年 4 月 9 日至 10 日，原中国铁路总公司对川黔线李家湾至阁老坝段预可研送审稿进行了审查。

2013 年 9 月 16 日，原中国铁路总公司下达《关于川黔铁路遵义城区段线路外迁工程项目建议书的批复》（铁总计统函〔2013〕727 号）。

2014 年

2014 年 9 月 22 日，原国土资源部下发《关于川黔铁路遵义城区段线路外迁工程项目建设用地预审意见的复函》（国土资预审字〔2014〕175 号）。

2015 年

2015 年 8 月 1 日，川黔铁路遵义城区段线路外迁工程站前工程开工。

2015 年 11 月 12 日，完成四电工程及生产生活设施工程招投标。

2016 年

2016 年 6 月 1 日，站后四电工程开工。

2017 年

2017 年 11 月 1 日，完成全线长轨铺设。

2018 年

2018 年 1 月至 6 月，中国铁路成都局集团有限公司、渝黔铁路有限责任公司组织完成了川黔铁路遵义城区段线路外迁工程静态验收。6 月 20 日，召开静态验收综合组会议，同意通过静态验收，具备动态检测条件。

2018 年 4 月，成都铁路公安局贵阳公安处消防部门会同渝黔铁路公司等单位组织对川黔铁路遵义城区段线路外迁工程生产生活用房、四电用房及相关配套工程进行了消防验收，验收合格。

2018 年 8 月 21 日至 25 日，中国铁路成都局集团有限公司、渝黔铁路有限责任公司组织完成了川黔铁路遵义城区段线路外迁工程工务、接触网专业动态检测，2018 年 11 月 1 日至 3 日组织完成了通信、信号专业动态检测。根据动态检测结果，相关工程动态整体系统功能符合设计要求，总体工程质量合格，同意通过动态验收，具备初步验收条件。

2018 年 11 月 15 日，渝黔铁路有限责任公司上报了《关于申请川黔铁路遵义城区段线路外迁工程初步验收的函》（渝黔工函〔2018〕281 号），提出工程已具备初步验收条件，申请中国铁路成都局集团有限公司进行初步验收。

2018 年 11 月 28 日，中国铁路成都局集团有限公司对渝黔铁路有限责任公司上报的初步验收申请进行了研究，认为川黔铁路遵义城区段线路外迁工程具备初步验收条件，同意启动初步验收。

2018 年 11 月 30 至 12 月 3 日，中国铁路成都局集团有限公司组成初步验收委员会，对川黔铁路遵义城区段线路外迁工程进行现场检查并召开了初步验收会议。

2018 年 12 月 3 日，初步验收委员会委员及设计、咨询、施工、监理等单位在成都召开会议，讨论并形成了《川黔铁路遵义城区段线路外迁工程初步验收报告》，同意工程通过初步验收。

附录二　项目批复等重要文件

（一）项目建议书

2013 年 9 月 16 日，原中国铁路总公司《关于川黔铁路遵义城区段线路外迁工程项目建议书的批复》（铁总计统函〔2013〕727 号）批复了川黔线遵义城区段线路外迁工程建议书。

（二）可研报告及批复

2014 年 9 月 5 日，原中国铁路总公司、贵州省人民政府《关于川黔线遵义城区段线路外迁工程可行性研究报告的批复》（铁总计统函〔2014〕1316 号）批准了川黔线遵义城区段线路外迁工程可行性研究报告。项目总投资 30 亿元，全部为静态投资。

（三）初步设计文件

（1）原中国铁路总公司、贵州省人民政府《关于重庆至贵阳铁路扩能改造工程川黔线遵义城区段外迁东移同步实施工程 I 类变更设计的批复》（铁总办函〔2014〕1465 号），同步实施工程变更设计概算增加合计按 73 300 万元控制。其中，川黔线遵义城区段线路外迁东移引起重庆至贵阳铁路扩能改造工程变更设计概算增加按 23 400 万元控制；川黔线遵义城区段线路外迁东移同步实施工程概算增加按 49 900 万元控制。增加投资由川黔铁路遵义城区段线路外迁工程项目承担，资金由遵义市政府负责筹集。

（2）2014 年 10 月 15 日，原中国铁路总公司、贵州省人民政府《关于川黔线遵义城区段线路外迁工程初步设计报告的批复》（铁总办函〔2014〕1466 号）对川黔线遵义城区段线路外迁工程初步设计进行了批复。初步设计概算总额按 290800 万元控制，全部为静态投资（含铁总办函〔2014〕1465 号文批复的 73300 万元）。

（四）规划

2014 年 6 月 17 日，贵州省住房和城市建设厅颁发本项目建设项目选址意见书（选字 520000201400008 号）同意川黔线遵义城区段线路外迁工程境内规划设计。

（五）用地

2014 年 9 月 22 日，原国土资源部《关于川黔铁路遵义城区段线路外迁工程项目建设用地预审意见的复函》（国土资预审字〔2014〕175 号）批复川黔铁路遵义城区段线路外迁工程拟用地总面积 280.71 公顷，其中永久用地 197.33 公顷，临时用地 83.38 公顷。

（六）水土保持

2014 年 7 月 17 日，水利部《关于川黔铁路遵义城区段线路外迁工程水土保持方案的批复意见》（水保函〔2014〕237 号），川黔铁路遵义城区段线路外迁工程水土保持方案通过了水利部的审查。

附录三　部分设计方案与现场施工图

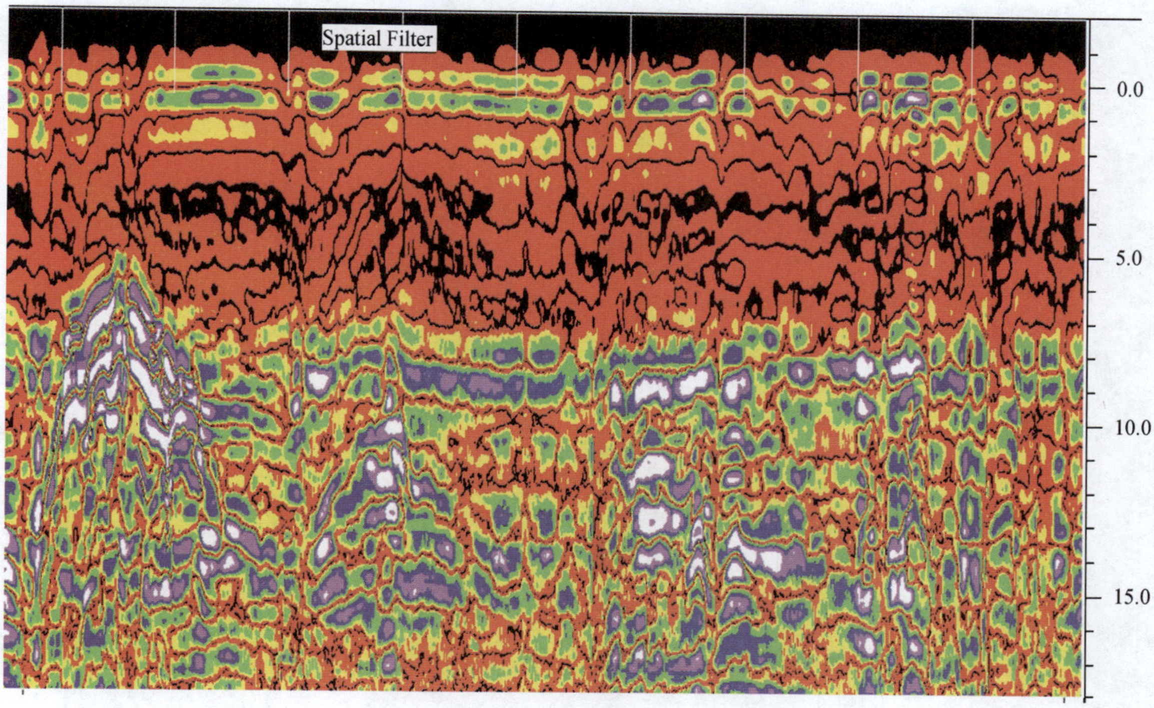

图 3-1-2　地质雷达成果

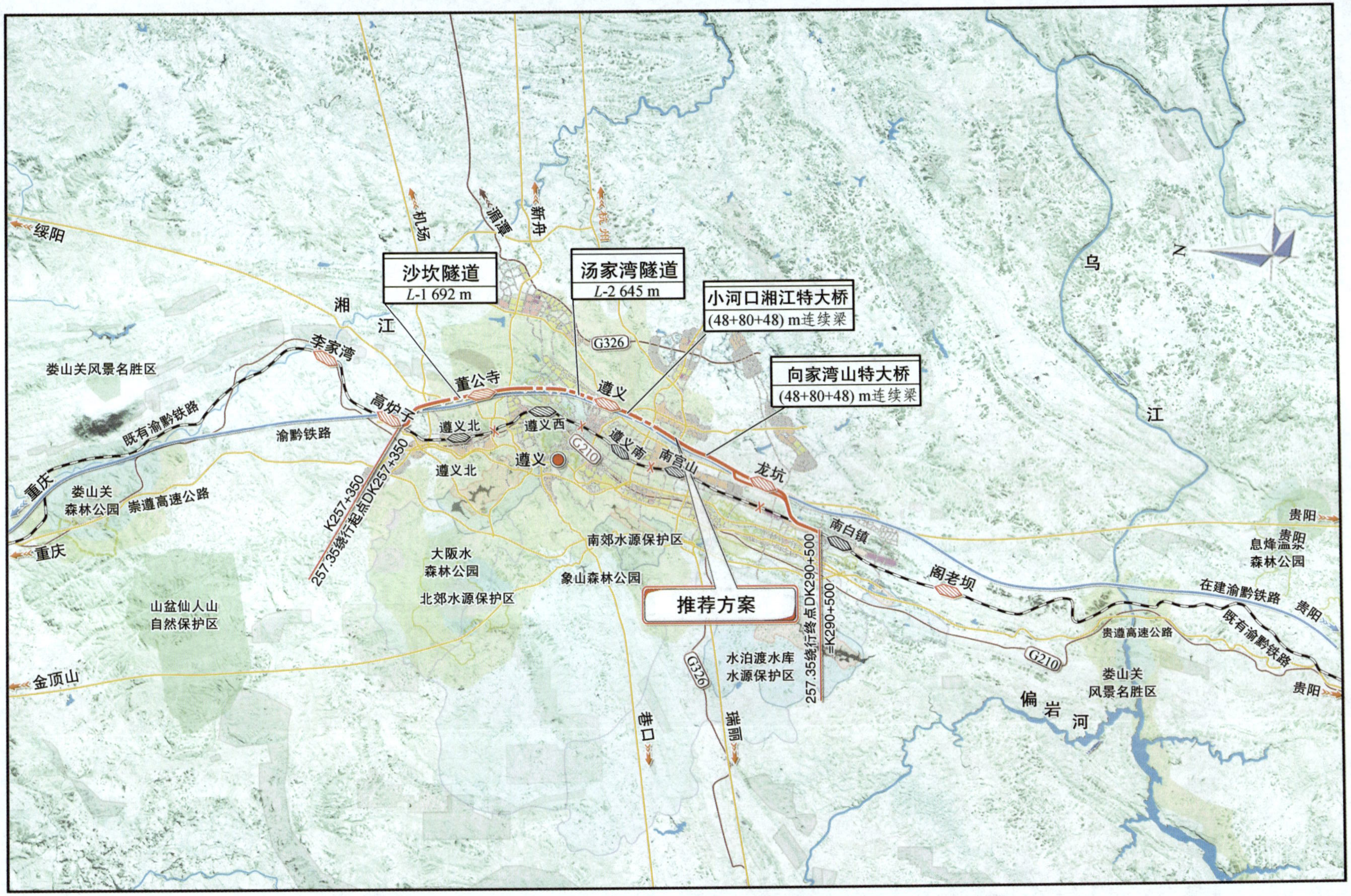

图 3-2-1　川黔铁路遵义城区段外迁工程线路平面示意

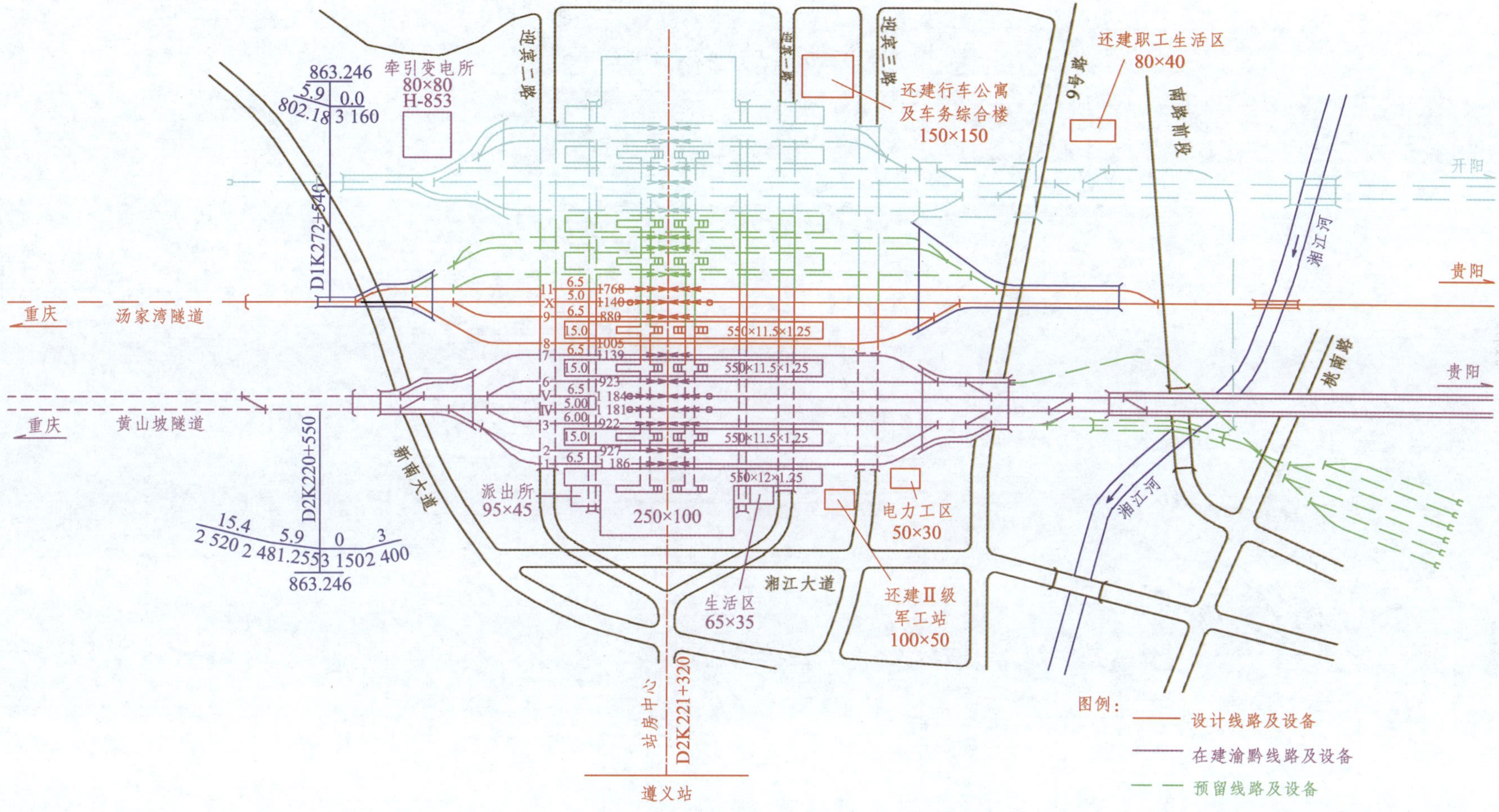
迎宾二路
迎宾一路
迎宾三路
牵引变电所
80×80
H-853
863.246
5.9
0.0
802.18
3 160
还建行车公寓
及车务综合楼
150×150
还建职工生活区
80×40
南路前段
开阳
湘江河
贵阳
重庆
汤家湾隧道
黄山坡隧道
D1K272+540
D2K220+550
550×11.5×1.25
550×12×1.25
250×100
新南大道
派出所
95×45
生活区
65×35
湘江大道
电力工区
50×30
还建Ⅱ级
军工站
100×50
15.4
2 520
2 481.255
3 150
2 400
863.246
站房中心
D2K221+320
遵义站
图例：
设计线路及设备
在建渝黔线路及设备
预留线路及设备
规划城际铁路及设备

3-8-3　遵义站示意

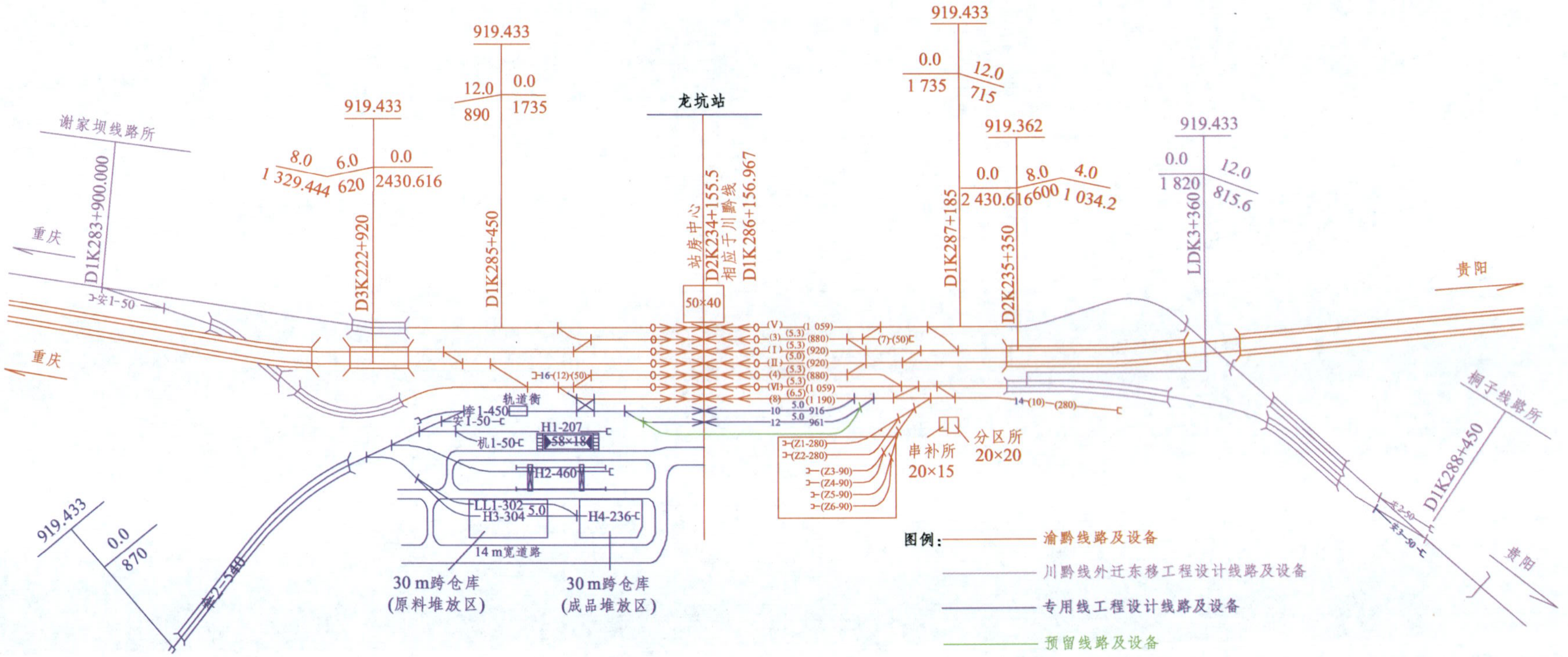

3-8-4 龙坑站平面布置示意

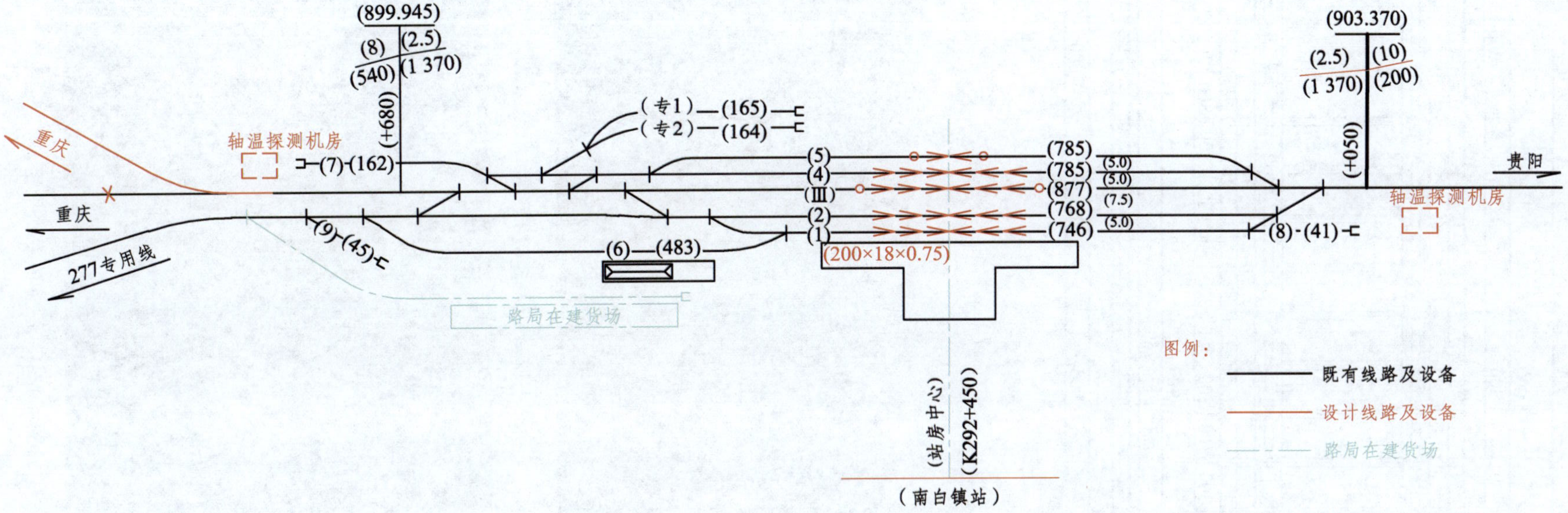

图 3-8-5　南白镇站平面布置示意

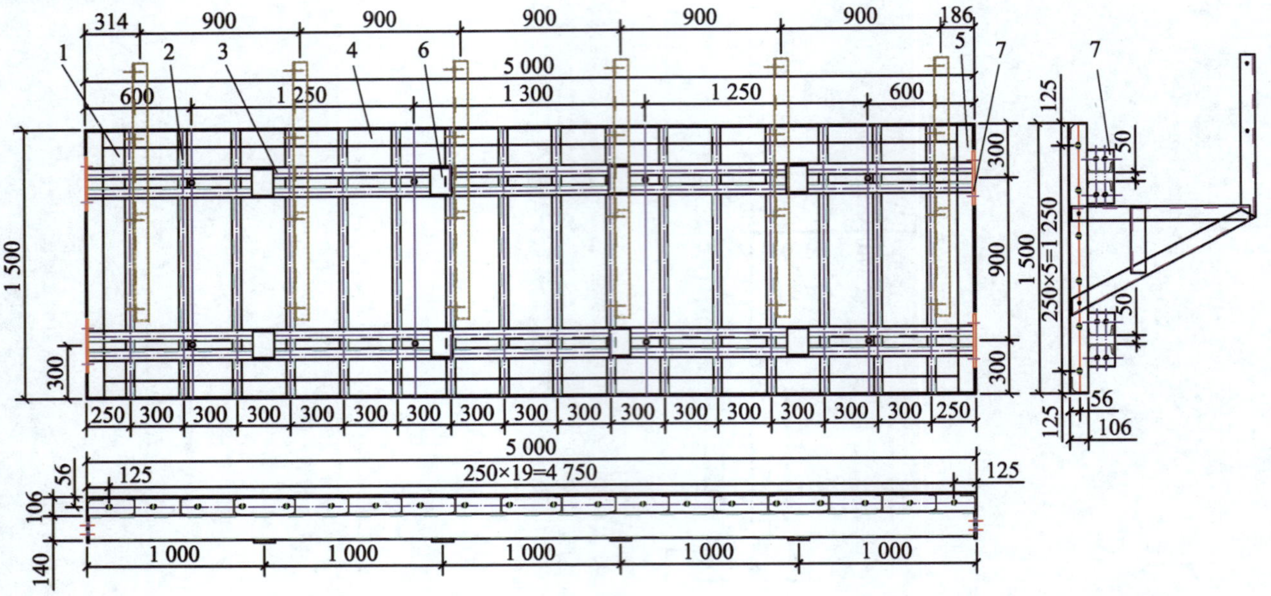

图 4-3-1　墩台施工

图 4-12-2　架线车组编组

图 4-17-1　配备的冷水机组

图 4-17-2　串联式双振动工位

图 4-17-3　轨枕混凝土布料

图 4-17-4　人工添补混凝土